江苏科技大学人文社科优秀学术专著资助计划项目成果

三维变革视角下的江苏文化产业高质量发展研究

黄雪丽　顾　平　著

吉林大学出版社
·长春·

图书在版编目（CIP）数据

三维变革视角下的江苏文化产业高质量发展研究 / 黄雪丽，顾平著. -- 长春：吉林大学出版社，2021.9

ISBN 978-7-5692-8637-3

Ⅰ. ①三… Ⅱ. ①黄… ②顾… Ⅲ. ①文化产业－产业发展－研究－江苏 Ⅳ. ①G127.53

中国版本图书馆CIP数据核字(2021)第161663号

书　　名：三维变革视角下的江苏文化产业高质量发展研究
SANWEI BIANGE SHIJIAO XIA DE JIANGSU WENHUA CHANYE GAOZHILIANG FAZHAN YANJIU

作　　者：黄雪丽　顾　平　著
策划编辑：黄国彬
责任编辑：张维波
责任校对：蔡玉奎
装帧设计：刘　丹
出版发行：吉林大学出版社
社　　址：长春市人民大街4059号
邮政编码：130021
发行电话：0431-89580028/29/21
网　　址：http://www.jlup.com.cn
电子邮箱：jdcbs@jlu.edu.cn
印　　刷：天津和萱印刷有限公司
开　　本：787mm × 1092mm　1/16
印　　张：26
字　　数：430千字
版　　次：2022年2月　第1版
印　　次：2022年2月　第1次
书　　号：ISBN 978-7-5692-8637-3
定　　价：138.00元

前　言

党的十八大以来，以习近平同志为核心的党中央把文化建设提升到一个新的历史高度，把文化自信和道路自信、理论自信、制度自信并列为中国特色社会主义"四个自信"。增强文化自信，不仅需要文化事业的支撑，更需要文化产业的推动。可以说，文化产业是弘扬中华优秀传统文化、引领社会主流文化发展的重要力量。促进文化产业高质量发展，推动经济社会可持续发展，有助于为增强文化自信奠定物质基础。

本书以江苏文化产业为研究对象，以探索文化产业高质量发展内在规律性为研究目标，以江苏文化产业的质量变革、效率提升、发展动力为研究切入点，以期通过梳理提炼江苏文化产业质量变革的路径特点、效率提升的影响因素、发展动力的着力点，对文化产业高质量发展规律性建立认识，助推江苏文化产业进一步实现高质量发展，也为产业高质量发展理论研究添砖加瓦。

本书包括导言部分和主体部分。导言部分梳理了文化产业高质量发展相关概念范畴，对江苏文化产业发展进行了全景式描述。主体部分共三篇，分别研究了江苏文化产业的质量变革、效率提升、发展动力。第一篇在明晰文化产业质量内涵后，对比分析 2005—2012 年、2014—2015 年两个时期江苏文化产业的质量特征，提出了江苏文化产业质量变革的路径特点，给出了提升江苏文化产业质量的对策建议。第二篇研究文化产业高质量发展的效率提升，在分析 2013 年和 2015 年江苏文化产业效率特点后，进一步聚焦研究了江苏文化制造业的效率问题，讨论了影响江苏文化产业效率提升的关键因素，并给出了相应的对策建议。第三篇研究江苏文化产业高质量发展动力。在研究江苏文化产业高质量发展最佳着力点后，先聚焦研究了江苏国有文化企业，为推动国有文化企业进一步落实"社会效益放在首位、实现社会效益和经济效益相统一"发现堵点、清障破难；再聚焦研究江苏文化创意产业，为进一步靶向性培育"新产业、新业态"竞争力、增强高质量发展动力提供参考借鉴。

本书以江苏文化产业高质量发展实践为样本，将思辨研究与实证分析相结合，既研究文化产业高质量发展的概念范畴，又从产业实践中梳理高质量发展的路径特点、关键影响因素、发展着力点。同时，由于文化产业覆盖制造、服务、贸易三个产业类型，虽同属文化产业，但各自有鲜明的产业特征。本书将全局总瞰与聚焦研究相结合，全局总瞰关注江苏文化产业整体，聚焦研究则深入研究文化制造业、国有文化企业、文化创意产业，"点面结合"使本书研究既能全覆盖又有纵深度。此外，本书依据江苏文化产业2005—2016年六千余家三上文化企业的翔实统计数据，以适宜得当的定量研究为主，使研究结论更具科学性。

产业高质量发展作为一个前沿研究课题，亟待从产业实际中凝练理论框架。本书作者自2010年起就在关注规模扩展、增长速度基础上，从质量、效率、动力的角度持续追踪江苏文化产业发展之路，思索和探究产业高质量发展的路径特点和关键影响因素。本书一是梳理界定了文化产业高质量发展的相关概念，二是分析得出了研究期内江苏文化产业质量变革的路径特征、效率提升的主要影响因素、最佳发展着力点，三是为产业高质量发展评价研究提供了可供参考的研究范式。研究探索文化产业高质量的发展内在规律性，既为当下文化产业高质量发展实践提供一定的理论支撑，又为产业高质量发展理论研究提供参考借鉴。

在本书的写作过程中，江苏省统计局为写作提供数据方面的帮助，滕伟、陈诚、陈梓立作为本书作者的硕士研究生，在其研究生就读期间，在指导老师的指导下参与了本书部分章节的写作。在此，一并表示感谢。

黄雪丽　顾平

2020年12月

目　录

导　言

高质量发展是新时期我国经济社会发展的新方向，也是理论研究的新命题。文化产业的高质量发展既是我国建设文化强国的题中之义，也是实现中华民族伟大复兴的内在要求。三维变更视角下江苏文化产业高质量发展研究应运而生。

本篇梳理了文化产业高质量发展相关概念范畴，对江苏文化产业发展进行了全景式描述。

导言共三章，包含第1章到第3章。第1章为绪论；第2章为概念界定及研究现状；第3章为江苏文化产业发展概况。

第1章阐明了本书的研究背景、目的与意义，描述了研究框架、研究内容，介绍了研究方法及创新点；第2章界定了文化及文化产业、高质量发展、产业高质量发展等基本概念，梳理了国内外相关研究；第3章全景式描述江苏文化产业发展概况。

主要研究内容和研究方法见图1。

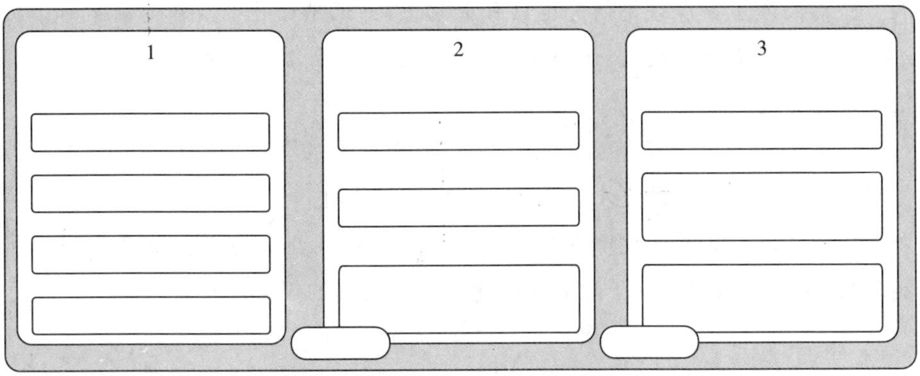

图1　导言主要研究内容和研究方法

本篇主要观点：

1. 在高质量发展背景下，本书以江苏文化产业为研究对象，从质量、效率、动力三个维度探索江苏文化产业高质量发展的发展路径、实施机制，以期为文化产业高质量发展内在规律性的探索和高质量发展的实践活动提供参考借鉴。

2. 本书研究的理论意义一是梳理并界定文化产业高质量发展相关概念，二是探讨江苏文化产业高质量发展的内在规律，三是为产业高质量发展评价研究提供研究范式。本书研究的实践价值一是助力文化产业提质增效、实现高质量发展。二是为文化产业制定相关政策提供借鉴。

3. 本书创新点：一是从产业质量、产业效率、发展动力三方面，全景多维刻画江苏文化产业高质量发展特点、探索江苏文化产业高质量发展规律性；二是研究设计上，全局总瞰与聚焦研究相结合；三是研究方法上，采用持续追踪、定量分析、深度挖掘。

4. 已有文献针对文化产业的研究呈现以下特点：一是成果众多，丰富了我国文化产业基本理论，为我国文化产业健康发展起到了积极的推动作用；二是定性分析居多；三是横截面研究较多，沿着时间轴进行回顾性研究的成果相对较少；四是关注某一维度的成果较多，针对文化产业高质量发展的多维度综合研究较少。

5. 已有文献针对高质最发展的研究呈现以下特点：一是相关研究成果较为丰富。研究主要围绕高质量发展内涵、高质量发展水平评价、实现途径等方面。对质量变革、效益变革、动力变革的研究也有一定成果；二是作为全新的命题，高质量发展的相关概念内涵、理论框架需要进一步探索，总结和提炼高质量发展实践对高质量发展理论研究也具有重大意义；三是文化产业作为新常态下促进经济转型升级的新动力，研究文化产业高质量发展是研究产业高质量发展有机组成部分之一。

6. 江苏省文化历史悠久、底蕴深厚。江苏发展文化产业具有较明显的区位优势。江苏文化产业已逐步成为江苏国民经济支柱性产业，目前呈现出高质量发展特征。研究江苏文化产业高质量发展历程既可助推江苏文化产业进一步实现高质量发展，也有助于对文化产业高质量发展的规律性建立认识。

第1章 绪 论

1.1 研究背景

党的十九大作出“我国经济已由高速增长阶段转向高质量发展阶段”的重大判断,高质量发展是新时期我国确定的新方向和新命题,是经济建设的核心追求。目前关于何为高质量经济、如何实现高质量发展、如何评价产业高质量发展等问题尚在探讨和实践摸索的进程中。文化产业的繁荣发展是中国建设文化强国的题中之义,也是实现中华民族伟大复兴的内在要求,文化产业高质量发展的基本内涵与实施机制等相关问题研究也亟待全面系统地深入研究。本书以江苏文化产业为研究对象,从质量、效率、动力三个维度,探索江苏文化产业高质量发展的发展路径和实施机制,以期为文化产业高质量发展内在规律性的探索和高质量发展的实践活动提供参考借鉴。

1.2 研究目的与意义

1.2.1 理论意义

(1)梳理界定了文化产业高质量发展的相关概念

在目前的文化产业高质量发展理论研究中,概念范畴的研究是重点也是难点。本书在充分研究文献的基础上,尝试对文化产业的质量属性、文化产业效率内涵及其构成、文化创意产业内涵及其构成进行了界定,研究成果既可为文化产业高质量发展相关研究提供概念基础,也可为产业高质量发展的相关概念范畴研究提供参考借鉴。

(2)探讨了江苏文化产业高质量发展的内在规律

本书从产业质量、产业效率、高质量发展动力三方面研究了江苏文化产业高质量发展特征,得到了研究期内江苏文化产业质量变革的路径特征、江苏文化产业技术效率的主要影响因素、江苏文化产业高质量的发展动力等研究所得,一定程度上揭示了江苏文化产业高质量发展的内在规律,丰富了文化产业高质量发展路径研究的成果,也可为产业高质量发展路径研究提供研究思路。

(3)为产业高质量发展评价研究提供了研究范式

如何对产业高质量发展进行评价,是目前产业高质量发展研究中亟待解决的问题之一。本书立足文化产业特点,结合前人研究成果,提出了"文化产业质量特征分析模型""文化产业竞争力评价""江苏文化制造业效率评价""文化创意产业竞争力水平评价"和"文化创意产业竞争力效率分析评价"等指标体系和评价模型,既为文化产业高质量发展评价的理论研究提供参考研究范式,也为产业高质量发展评价研究提供参考借鉴。

1.2.2 实践价值

(1)有助于文化产业提质增效、实现高质量发展

本研究得到的江苏文化产业高质量发展的质量变革路径特点、效率变革的影响因素、发展动力的最佳着力点等结论,一定程度上可揭示江苏文化产业高质量发展的内在规律。对发展内在规律的认识,可助益江苏文化产业进一步又好又快、实现高质量发展,对兄弟省市文化产业发展也有参考借鉴价值。

(2)对制定文化产业政策具有借鉴价值

基于产业发展规律制定产业政策,政策必然更有针对性,更加精准有效。本书从质量变革、效率变革、发展动力三个角度揭示江苏文化产业高质量发展的内在规律,对江苏及兄弟省市相关部门制定文化产业高质量发展政策、推动实现文化产业在推进社会整体进步、发挥文化产业在促进区域经济结构转型升级中的作用具有参考借鉴价值。

本书的部分成果已刊登于江苏省统计局内部刊物《统计分析资料》(该资料直接报送江苏省委、省政府领导及其他相关部门),为推动江苏省文化产业高质量发展提供了重要的决策依据。

1.3 研究框架与研究内容

1.3.1 研究框架

本书在研讨产业发展质量基本概念、基本理论后，就江苏文化产业高质量发展的质量变革、效率提升、发展动力三方面展开研究。研究框架见图1-1。

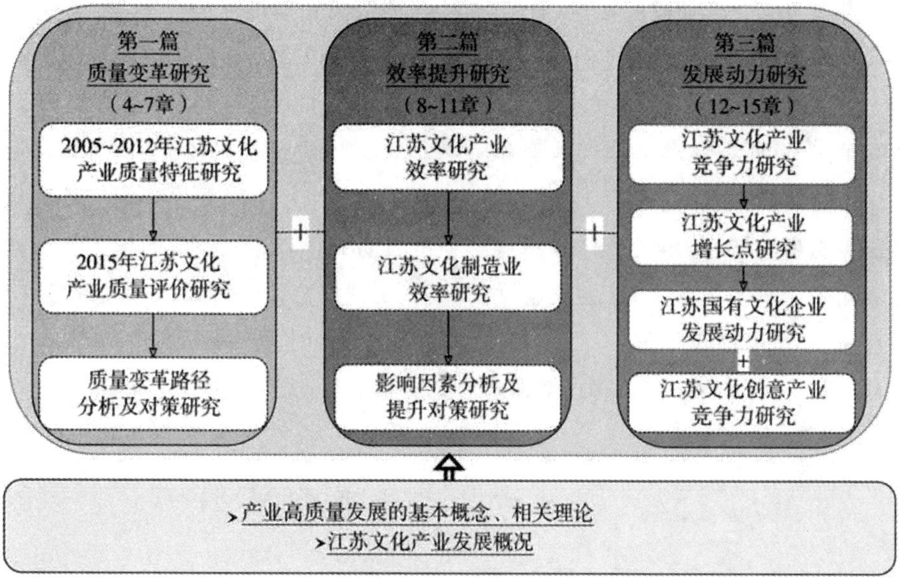

图1-1 研究框架

1.3.2 研究内容

本书由十五章组成，分导言部分（第1章～第3章）、主体内容三篇（第4章～第14章）。

导言部分旨在厘清文化产业高质量发展的基本范畴、全景式扫描江苏文化产业高质量发展现状，为本书后续研究奠定理论基础、建立基本认识。具体包含三章：第一章为绪论；第二章为概念、界定及研究现状；第三章为江苏文化产业发展概况。

第一篇为文化产业高质量发展质量变革研究。本篇共四章，为第 4 章～第 7 章。第 4 章首先明晰文化产业质量内涵；第 5 章和第 6 章分别讨论了 2005—2012 年、2014—2015 年两个发展期江苏文化产业的质量特征；第 7 章在对比分析两个发展期江苏文化产业的质量特征后，提出了江苏文化产业质量变革的路径特点，给出了提升江苏文化产业质量的对策建议。

第二篇为文化产业高质量发展效率提升研究。本篇共四章，为第 8 章～第 11 章。第 8 章明晰文化产业效率的构成和测度；第 9 章为整体研究，在分别讨论 2013 年、2015 年两个时间节点上江苏文化产业效率特征后，对比分析了 2013 年和 2015 年江苏文化产业效率特点；第 10 章聚焦研究文化制造业的效率；第 11 章讨论了江苏文化产业效率的影响因素，给出了提升江苏文化产业效率的对策建议。

第三篇为文化产业高质量发展动力研究。本篇共四章，为第 12 章～第 15 章。第 12 章研究江苏文化产业竞争力特征，第 13 章研究 2014—2015 年江苏文化产业的增长点，通过第 12 章和第 13 章的研究，为江苏文化产业实现高质量发展明晰发展着力点。第 14 章聚焦研究江苏国有文化企业，期望为推动国有文化企业进一步落实“社会效益放在首位、实现社会效益和经济效益相统一”发现堵点、清障破难。第 15 章则聚焦研究江苏文化创意产业，为进一步靶向性培育“新产业、新业态”竞争力、增强产业高质量发展动力提供参考借鉴。

1.4 研究方法与主要创新点

1.4.1 研究方法

本书采用思辨研究与实证分析相结合、定性分析与定量研究相结合的方法展开研究。

(1)理论研究方法：产业高质量发展是前沿研究领域，理论研究既要为高质量发展实践探索提供指导，也要持续完善产业高质量发展理论体系。本书采用文献研究、理论探讨等研究方法，对产业高质量发展的概念范畴研究和相关对策进行研究。

(2)研究产业质量变革的主要方法：使用多元统计分析方法、指标分析法等研究方法。多元统计分析方法用于规范构建“江苏省文化产业质量评价体系”；指标分析法则用于对比分析不同研究期江苏文化产业质量特征。

(3)研究产业效率变革的主要方法：综合使用随机前沿模型、三阶段数据包络方法等效率评价方法。其中，随机前沿模型为参数型效率评价方法，该方法考察经营活动接近前沿面的程度，一是可以评价文化产业的技术效率，二是通过估计变量影响产业效率的程度，判断出影响产业技术效率的关键因素。三阶段数据包络方法兼具参数方法与非参数方法优点，可剔除环境变量与随机变量对效率测算的影响，使效率测算值更能反映决策单元的真实效率状况。此外，本书使用 Malmquist 指数模型分析江苏文化制造业全要素生产率变动情况，并分析影响全要素生产率变动的因素。

(4)文化产业发展动力的主要研究方法：采用了多元统计分析方法、实地调研法、PP-DEA 模型等方法。多元统计分析方法用于规范构建“文化产业竞争力评价指标体系”，以定量评价江苏及兄弟省市的文化产业竞争力。实地调研法用于研判江苏国有文化企业在落实“双效合一”所取得的成效和面临的困难。PP-DEA 模型方法为水平—效率综合评价方法，投影寻踪模型(Projection Pursuit，PP)适合于进行竞争力水平评价，数据包络分析(DEA)则适合进行竞争效率评价，在对复杂对象进行评价研究时，PP-DEA 方法能够有效克服传统综合评价技术的不足，一是投影寻踪模型能够有效处理高维数据，二是综合评价得到的评价结果也更加合理。

1.4.2　创新点

1.4.2.1　全景多维研究江苏文化产业高质量发展特点

目前针对文化产业高质量发展的研究，较多成果围绕文化产业某一具体方面展开，或讨论文化产业发展特点、或讨论文化产业质量水平、或讨论文化产业效率状况，对文化产业高质量发展历程回顾追踪、进行全面多维度的研究并不多见。围绕具体方面的研究固然可能相对深入，但从深刻认识文化产业高质量发展规律、并为产业高质量发展提供分析样本的角度而言，回顾总结发展历程、并从多角度进行研究更具价值。

本书从产业质量、产业效率、发展动力三个维度，研究 2005 年到 2015 年江苏文化产业“由小到大、由弱到强”实现高质量发展历程中的路径特征。三方面的研究相互印证，共同刻画出江苏文化产业高质量发展的状况、特点、影响因素及演进路径特征，使本书在一定程度上揭示出江苏文化产业高质量发展的内在规律性。

1.4.2.2　研究设计上，全局总瞰与聚焦研究相结合

文化产业为社会公众提供文化产品和文化相关产品，覆盖到制造业、服务业、贸易三种产业类型，内部又分为若干大类、中类和小类①，虽同属文化产业，但各自有鲜明的产业特征。因此，本书全局总瞰与聚焦研究相结合，全局总瞰江苏文化产业整体，聚焦研究则深入到具有代表性的内部产业进行精准靶向研究。这一特点主要体现在第二篇和第三篇中，其中第二篇在讨论了江苏文化产业整体效率变动后，聚焦研究规模最大、经济贡献最突出的江苏文化制造业的效率变革；第三篇则在明晰了江苏文化产业高质量发展的竞争优势和发力点后，聚焦国有文化企业和文化创意产业，分别研究文化产业“压舱石”的高质量发展动力源泉和“新产业、新业态”的竞争特点。

全局总瞰与聚焦研究相结合的研究设计从一般和个别的辩证关系出发，兼顾了整体和局部，使本研究既能整体把握江苏文化产业高质量发展特点，又能深入认识代表产业的具体特点，实现了研究深度与广度的统一。

1.4.2.3　研究方法上，持续追踪、定量分析、深度挖掘

本书在使用文献研究、实地调查等定性社会科学研究方法的同时，依据翔实统计数据定量分析，采用定量模型深度挖掘数据信息。

本研究所使用的统计数据时间为从 2005 年到 2015 年，覆盖江苏 13 个大市的文化制造业、文化贸易业、文化服务业 10 个大类、50 个中类的 6700 余家企业，每个企业每年涉及经济指标和财务指标 60 余个。研究借鉴了相关学科的多种研究方法，使用了随机前沿模型、三阶段数据包络方法、Malmquist 指数模型、基于遗传算法的投影寻踪模型、PP-DEA 模型等适宜得当的研究方法，通过静态分析与动态分析相结合、横向对比与纵向对比相结合，深度挖掘统计数据中蕴含的信息，使得出的结论更加科学准确。坚实的数据基础和适宜得当的研究方法相结合，保证了研究的客观性。

---

①　国家统计局在 2004 年颁布的《文化及相关产业分类》中将文化及相关产业划分为 9 个大类、24 个中类。在《文化及相关产业分类(2012)》中将文化及相关产业划分为新闻出版发行服务、广播电视影视服务、文化艺术服务、文化信息传输服务、文化创意和设计服务、文化休闲娱乐服务、工艺美术品的生产、文化产品生产的辅助生产、文化用品的生产、文化专用设备的生产 10 个大类、50 个中类。在《文化及相关产业分类(2018)》中将文化及相关产业划分为 9 个大类、43 个中类。

第 2 章　概念界定及研究现状

2.1　文化、文化产业及相关研究

2.1.1　文化的概念

文化具有丰富的内涵，学者们对于文化概念解读不一。英国学者爱德华·泰勒认为文化是一个复杂的整体，包含了习惯、知识、艺术、法律、道德、信仰以及其他人类作为社会成员而获得的一系列能力、习性在内的一种复合整体。[1]文化有狭义与广义之分。广义的文化指人类所创造的物质财富和精神财富的总和，狭义的文化指意识形态所创造的精神财富。伟大先驱马克思也曾定义过文化，他认为文化是人类在改造自然的劳动对象中产生的，包括精神文化、制度文化和物质文化等因素。

2.1.2　文化产业的概念

马克思在《1844 年经济学哲学手稿》中指出：文艺是工业的特殊部门，最早将文化与工业联系起来；霍克海默与阿多诺明确提出文化产业概念，认为文化产业是生产中的商品逻辑和工具理性，它所提供的娱乐享受是欺骗性的“意识”。[2]

半个多世纪以来，不同学者对文化产业概念的界定有所不同。1947 年，Adono 和 Horkhemier 合作出版了《启蒙的辩证法》，提出了“文化工业”的观点。[2] Marcuse、Benjamin 等对文化产业的概念进行了界定，形成了法兰克福学派“文化产业”理论。[3]芬兰学者芮佳莉娜·罗马认为文化产业是由经济、技术和艺术共同支撑起来的产业。[4]英国学者安迪·C. 普拉特认为以文化形式出现的物质生产活动都属于文化产业。[5]我国学者胡惠林认为文化产业是奠定在知识产权之上的、受经济刺激的大规模复制传统文化的过程。[6] Allen J. Scott(2004)将文化产业理解为实现教育等目的的产出。[7] 目前，各国对文化产业的解释也并不完全一致，称呼上也略有不同。美国称为版权产业、欧盟称作内容产业、英国称为创意产业。

在我国，2000 年 10 月，在党的十五届五中全会通过的《中共中央关于制定国民经济和社会发展第十个五年计划的建议》中，第一次在中央正式文件中使用了“文化产业”这一概念，提出了完善文化产业政策，加强文化市场建设和管理，推动有关文化产业发展的任务和要求。国家统计局在 2004 年颁布的《文化及相关产业分类》中将文化及相关产业定义为“为社会公众提供文化、娱乐产品和服务的活动，以及与这些活动有关联的活动的集合”，之后，在《文化及相关产业分类（2012）》则定义为“为社会公众提供文化产品和文化相关产品的生产活动的集合”，在《文化及相关产业分类（2018）》中继续使用这一定义。

综上，文化产业与其他产业相似之处是追求经济效益，但文化产业一是具有追求社会效益的属性，二是更倾向于将创意转化成产品或服务，更多涉及到“精神”领域，三是文化产业并非由同类企业所构成，内部企业的业务或产品不尽相同，但所提供的产品和服务都可以满足社会公众在文化产品和文化相关产品方面的需要。因此研究文化产业既要关注共性，也要关注内部构成的具体特点。

2.1.3 国内外相关研究

2.1.3.1 国外研究

在文化产业内部，Nadiri(1993)研究发现文化企业投资回报率为 20%～30%。[8] Yusuf 和 Nabeshima(2005)通过分析多国文化产业构成，如日本的动漫、韩国的游戏等，得出不同文化产业能够形成网络组织的结论。[9] Oakley(2006)讨论了“文化创意产业”与“创意产业”，认为两者具有相似的涵义。[10] Greg Richards 和 Julie Wilson(2006)认为文化是旅游业的战略资源，文化旅游将成为热点。[11] John Fiske(2007)解释了文化产业从生产到消费的特质。[12] Lash 和 Lury(2007)认为品牌构建是文化产业的核心。[13] David Hesmondhalgh(2011)从薪酬、劳动时间等方面，考察了英国音像、电视和杂志三个行业，发现英国推动创意产业发展的政策存在偏差。[14] Stefan Seidel(2011)以电影和视觉特效等产业为研究对象，发现创意密集型流程具有高度不确定性。[15] Irma Booyens(2012)以开普敦为例进行研究，指出创意产业已成为促进城市化建设和增加就业机会的有效途径。[16] Christian Barrere(2013)研究了文化遗产对创意产业的影响，认为文化遗产是一把双刃剑。[17] Elif Haykir Hobikoglu 和 Mustafa Cetinkaya(2015)以土耳其的电影行业为研究对象，从董事会、票房收入、投资角度分析乘数效应对城市经济与文化的影响。[18] Fikri Zul Fahmi 等(2016)以印度尼西亚为例，通过计算区位熵来考察创意产业对发展中国家的影响，认为创新型创意产业政策更适用于人力资本充足和经济多元化的地区。[19] Jose Antonio Porfirio 等(2016)以 123 位创意企业家为样本，研究了不同软硬件条件对企业家职能的影响，发现创业生态系统越成熟，企业家利用创业网络获得的融资越少。[20] Leanne Townsenda 等(2016)分析了苏格兰创意产业促进农村发展的现状，研究了宽带在农村创意产业中的作用，认为从事创意工作的宽带接入最小下载速度应为每秒 2MB，如果低于这一数值，建议创意从业者迁移到数字连接更好的地区。[21]

综上，国外学者对文化产业的研究一是多集中于创意产业领域，这与这些国家和地区对文化产业概念范畴的理解有关。二是对文化产业具体细分领域的研究较多，鲜有将一个地区文化产业整体作为研究对象的成果。

2.1.3.2　国内研究

国内针对文化产业的研究可分为现状及发展路径研究、文化产业集聚研究、文化产业竞争力研究、文化产业政策研究等。

(1)现状及发展路径研究

孟育耀和殷俊(2013)分析了重庆文化产业存在融资难、资源向资本转换难等问题，提出发挥文化集聚功能等措施。[22] 金雯和陈舒(2016)认为江苏必须通过路径优化来使文化产业迈上新台阶。[23] 胡宗哲(2016)认为政府顶层设计、提升消费品质等供给侧改革措施将成为克拉玛依文化产业的攻坚利器。[24]

(2)文化产业集聚研究

戴钰(2013)通过因子分析发现需求、政策和文化环境是影响湖南文化集聚度的关键因素。[25] 曹清峰等(2014)利用区位熵指数测算我国文化产业的集聚水平，得出文化产业集聚对区域经济增长存在推动作用的结论。[26] 薛东前等(2015)从经济效益最大化角度出发，将文化集聚类型划分为引领型、长寿型、富裕型和问题型四种。[27]

(3)文化产业竞争力研究

孟东方(2015)使用五要素评估模型分析文化产业现状,提出要素重组、创新驱动、拓展市场等文化产业竞争力提升策略。[31]杨晓琳(2016)构建文化产业竞争力评价体系,发现江苏排名第五,处于第一梯队。[32]王波和吴子玉(2016)利用灰关联度的思想构建评价模型,分析影响文化产业竞争力的因素。[33]翁旭青(2016)从经济实力、社会消费、投资回报、发展环境和就业影响五个方面进行实证分析,揭示了杭州文化产业竞争力与其他大城市相比存在较大差距的原因。[34]

(4)文化产业政策研究

严霜天(2013)通过定量分析,发现税收、奖励和人才三大政策对文化产业影响较大。[28]刘元发(2014)分析了政府在促进文化产业中的作用,重点剖析了财税政策促进文化产业发展的机理。[29]祁述裕(2016)分析了我国文化产业存在执行监管不严、部分政策设计不周密等问题,提出加快文化产业立法、强化政策程序性保障等建议。[30]

综上,学者运用不同方法研究了文化产业,丰富了我国文化产业相关研究的基本理论,并拓宽了研究思路,对我国文化产业更加健康地发展起到了积极推动作用。但研究存在以下局限:(1)定性分析居多,对策建议的准确性、科学性难以保证;(2)以地区作为样本进行横截面研究的成果较多,沿着时间轴按照产业发展历程、回顾追踪研究的成果相对较少;(3)针对文化产业高质量发展的综合研究较少,现有研究或关注文化产业规模,或关注产业效率。

2.2　高质量发展及相关研究

自党的十九大期间提出高质量发展的概念后,相关研究成果较为丰富。主要围绕高质量发展内涵、高质量发展水平评价、实现途径等方面。对质量变革、效益变革、动力变革的研究也有一定成果。

在高质量发展内涵研究方面,黄娅娜等(2019)总结了高质量发展的内涵,又从经济发展的投入质量、过程质量和产出质量三个方面分析高质量发展的现状，指出高质量发展存在文化氛围、体制机制和要素供给方面的问题，最后提出了以三大变革为目标的改进措施。[35]郭春丽等(2019)认为我国经济发展质量受要素供给支撑不足、制度扭曲等多重因素制约，并提出相应的破解之策。[36]李娟等(2019)提出了高质量发展“八大特征”具有的内涵，认为可从微观、中观和宏观三个层面探寻高质量发展内涵。[37]王永昌等(2019)提出高质量发展是一种生产要素投入少、资源配置效率高、资源环境成本低、经济社会效益好的可持续发展，是我国经济发展的客观要求和必然趋势，它具有丰富的内容和多方面的基本特征。从宏观经济层面看，中国经济高质量发展的基本内涵及其趋向主要体现在“发展的中高速趋向、发展的优质化趋向、发展的科技化趋向、发展的金融化趋向、发展的美好生活趋向、发展的包容化趋向、发展的绿色生态趋向、发展的全球化趋向”等方面。[38]

在高质量发展评价方面，以指标体系构建为主要研究方向。朱启贵(2018)依据高质量发展的内涵，提出推进高质量发展的指标体系可由动力变革指标、产业升级指标、结构优化指标等 6 个方面组成。[39]邹颖(2020)以重庆为例，从微观、中观、宏观三个层面建立了重庆市高质量发展评价指标体系，分时间段对重庆市高质量发展进程进行分析，同时还分析了重庆市 38 个区县的高质量发展情况并找出目前存在的问题。[40]李梦欣等(2019)基于五大发展理念，构建新时代中国高质量发展的指标体系，通过层次分析法和 BP 神经网络模拟，测度中国高质量发展指数，进而对中国 2000—2017 年高质量发展状况进行综合评价。[41]郭淑芬等(2019)从动力变革、效率变革和质量变革三个维度构建资源型地区高质量发展评价体系，并用障碍度模型分析阻碍高质量发展的因素。[42]宋潞平(2019)从质量变革、效率变革和动力变革等理念出发，构建了高质量发展指标体系，测算了浙江省 11 个地级市的高质量水平，对比研究了浙江、江苏、广东等地的高质量发展水平。[43]

在高质量发展路径研究方面，学者们认同数字经济的推动作用。张鸿等(2019)阐述了数字经济推动三大变革实现经济高质量发展的路径，并对发展数字经济，实现经济高质量发展提出相应对策。[44]任保平(2020)从理论上研究数字经济引领高质量发展的逻辑、机制与路径，提出数字经济引领高质量发展是由质量变革、效率变革、动力变革三大机制来实现的。[45]韩晶等(2020)探讨了后疫情时代中国经济高质量发展亟需数字经济引领的原因，并从效率、动力和质量变革三个层面分析了数字经济引领中国经济高质量发展的作用机制，分析了当前制约数字经济取得突破式发展的瓶颈约束。[46]

在高质量发展的质量变革、效率变革、动力变革研究方面，对质量变革和动力变革的研究基本为理论研究。[47]刘世锦（2017 年）指出，质量变革包括通常所说的提高产品和服务质量，更重要的是全面提高国民经济各领域、各层面的素质。这是一场从理念、目标、制度到具体领域工作细节的全方位变革。[48]张鹏（2018 年）进一步将质量变革诠释为“形成产品质量、生产质量和生活质量提升、强化的重要管理体制、竞争机制和企业经营激励，并以全面质量提高为基础，形成与之相匹配的市场环境、技术环境和人才资源”。同时提出，质量变革是高质量发展的物质前提和质量基础，是高质量发展空间和环境的基本保障。质量变革的基础是提高产品质量；质量变革的关键是提升生产质量，增加有效供给，减少无效供给；质量变革的目标是提升人们的获得感、安全感和体验感，全面提升生活质量，完善促进消费的体制机制，增强消费对经济发展的基础性作用。[49]付文飙等（2018）给出了质量变革的定义，认为作为“三个变革”的主体，质量变革既是推动中国经济发展从“量变”到“质变”的动力，也是目标与源泉。只有质量变革才能提升供给质量，优化资源配置，才能促进全社会领域的质量创新，激发高质量发展的新动力。[50]史丹等（2018）提出高质量发展体现了发展方式、经济结构、增长动力的根本转变，质量理念将渗透至经济社会发展的各方面、各环节和全过程中。推动质量变革，就是要全面提升企业、产业和宏观经济等多层面、各领域的质量素质。推动效率变革，就是要提高全要素生产率，不断提升劳动、土地、资本等生产要素的使用效率，以更少的要素投入产生更多的产出收益。推动动力变革，就是要从旧的以劳动力与资本密集投入为驱动的发展模式转向新的以创新为驱动的发展模式，实现制度、理论、科技、文化等领域的全面创新，塑造新的国际竞争优势。此外，还提出高质量发展还受到社会文化环境、政策法律环境以及质量技术基础等外部因素的影响，实现高质量发展需要夯实环境基础。同时，推动高质量发展变革必须贯彻新发展理念，积极推动“三个转变”，持续深化体制改革，营造良好的市场环境，以应对高质量发展阶段面临的新矛盾、新问题。[51]陈锡稳（2020）聚焦质量变革战略，从创新、市场、协调、绿色和开放解读质量变革的深刻内涵，进而分析制造业推进质量变革的必要性，并提出推进制造业质量变革的路径。[52]迟福林（2018）给出了动力变革的原因，明晰了动力变革可以解决的问题。[53]王雄飞等(2018)认为财政体制应围绕高质量发展动力变革,重点从创新驱动、消费拉动、均衡发展等方面进行改革,通过健全财税立法体系、优化转移支付制度、全方位深化税制改革,为其提供法律和制度保障。[54]

对高质量发展的效率变革的研究既有定性研究、也有定量研究。茹少峰等(2018)分析了效率变革的内涵及影响效率变革的五个主要因素,并探讨新时代我国经济高质量发展的效率变革路径。[55]李禹墨(2019)提出了一套适应于我国效率变革研究的理论和方法。[56]马成文等(2020)利用主成分分析法对安徽省效率变革水平和经济高质量发展水平进行了测度,运用回归模型法分析了效率变革促进安徽经济高质量发展的效应在分析了制约效率变革的因素后提出了相关的政策建议。[57]王竹君等(2019)将效率划分为宏观效率、中观效率、微观效率三个层面,梳理了制约我国高质量高效率发展的因素并提出政策建议。[58]

综上,高质量发展是一个全新的命题,相关的概念内涵、理论框架需要学者们潜精研思,更需要"从实践中来、到实践中去"的深稽博考,对国家、产业、地区、企业等宏观、中观、微观层面上高质量发展实践的总结和提炼,对高质量发展理论研究具有重大意义。

2.3　产业高质量发展及相关研究

近年来产业高质量发展的研究逐步增多。耿彦斌(2019)研究了交通业高质量发展,提出推进质量变革、供需相向式平衡,推进效率变革、资源配置最优化,推进动力变革、技术与制度协同创新等三个方面的交通高质量发展实施重点。[59]汪鸣(2019)从经济高质量发展和综合运输发展两个方面分析我国现阶段对轨道交通发展的要求,提出未来我国轨道交通发展的战略重点。[60]高俊(2020)分析了民航高质量发展的基本路径,提出必须在观念变革、质量变革、效率变革、动力变革上下功夫。[61]王廷国(2020)分析了出版业高质量发展的现实困境,提出为了实现出版业高质量发展,必须坚持质量变革、效率变革和动力变革的突围之道。[62]段小虎等(2019)分析了咸阳烟叶高质量发展的路径与措施,提出应着力于质量、效率、动力三大变革路径。[63]李庆奎(2018)提出推进电力发展质量、效率和动力变革，提升电能质量和服务质量。[64]王戬勋等(2020)研究了群众体育赛事的高质量发展。[65]宋东东等(2020)对照质量变革、效率变革、动力变革三方面要求，分析存在的主要问题，提出水利高质量发展的目标和措施。[66]

在产业高质量发展水平评价研究方面，以构建评价指标体系为基础，开展定量研究的成果居多。程子潇(2020)提出了国有施工企业的高质量发展评价指标体系。[67]赵恒鑫等(2020)构建了昆山市金融业高质量发展的评价指标体系。[68]王晨曦等(2020)依据"动力变革、效率变革、质量变革"构建了中国体育产业高质量发展评价指标体系并进行了实证研究。[69]丁仕潮等(2020)从质量变革、效率变革、动力变革、需求引领、环境保障 5 个维度、构建由 9 个一级指标、29 个二级指标构成的评价指标体系，并采用熵权法实证研究了 2017 年中国内地各地区文化产业高质量发展水平。[70]

综上，作为高质量发展的重要组成部分，对产业高质量发展的研究已涉及众多产业，文化产业也不例外。

从 2000 年中央正式文件中首次使用"文化产业"概念，到 2011 年《中共中央关于深化文化体制改革 推动社会主义文化大发展大繁荣若干重大问题的决定》中提出"要加快发展文化产业，推动文化产业成为国民经济支柱性产业"。时至今日，文化产业已深入融合到国民经济的大循环中，成为新常态下促进经济转型升级的新动力。研究文化产业高质量发展是研究产业高质量发展的有机组成部分之一。

江苏文化产业在全国文化产业中处于前列，《中国省市文化产业发展指数(2019)》显示：江苏文化产业综合指数连续五年全国排名第三。① 在二十余年的发展过程中，江苏文化产业从小到大、由弱到强，持续提升高质量发展水平。梳理江苏文化产业高质量发展的历程，从中总结和提炼质量变革、效率提升、发展动力的内在规律性，对促进文化产业高质量发展、探索产业高质量发展理论研究具有参考借鉴价值。

---

① 引自 2019 中国文化产业发展指数和文化消费指数发布 · 文旅界 https://news.cncn.net/c.867920.

第 3 章　江苏文化产业发展概况

3.1　江苏文化资源概述

江苏地区文化历史悠久、底蕴深厚。在南京汤山葫芦洞发现的“南京猿人”头骨化石距今约有 30 万年，泗洪顺山集遗址距今约有 8000 年历史。6000 多年前，江苏洪泽湖等地区出现了原始村落，有了农耕文明。3000 多年前，徐国文化、吴越文化、徐吴过渡地带的文化，共同组成了江苏地区的上古文化。

江苏省文化资源丰富，文学、美术、音乐、戏曲、建筑、传统技艺等百花齐放，是中国文化的重要组成部分。楚霸王项羽、南唐后主李煜、陆逊等名人大家在江苏留下了不可磨灭的足迹；王安石、刘禹锡、吴伟业等诗人在江苏留下了传唱的诗篇；紫砂、云锦、刺绣等文化艺术品享誉世界。

江苏丰富的文化资源，为文化产品的创造提供了无限的想象空间与巨大的开发空间。在深挖大众文化需求的前提下，与文化产品相关的各类组织的共同努力下，通过形式多样的再创造，江苏丰富的文化遗产及资源转化成为丰富的文化产品，不断满足着现代人对文化产品日益增长的需求。

21 世纪以来，江苏文化产业进入快速发展的轨道，产业规模、增长速度和经济贡献度在全国均名列前茅。2018 年，江苏文化产业拥有 21.15 万个法人单位，从业人员达 233.5 万人，资产总计为 30900.4 亿元，实现营业收入 15927.2 亿元，仅次于广东，位于全国第二。[①]

---

① 本章数据摘自或整理自：《2019 中国文化及相关产业统计年鉴》、江苏省统计局官网 http://tj.jiangsu.gov.cn/。部分数据由江苏省统计局提供。

3.2　江苏省发展文化产业的区位特点

在地理位置上，江苏位于东部沿海中心，东濒黄海、西连安徽、北接山东，东南与上海和浙江接壤，地跨北纬 30°45′~35°08′，东经 116°21′～121°56′，是北方通往南方的交通要道。全省气候温和，四季分明。

在经济区位上，江苏省处于长江三角洲经济圈的核心地域，毗邻上海，是中国经济发展最快、活力最强、开放度最高的省份之一，现已建成了全方位、立体化、大运量的交通运输网络，优越的区域环境为江苏发展文化产业创造了多种机遇。

在社会经济发展方面，江苏土地面积约为 10.72 万平方千米，下辖 13 个地级市。2019 年常住人口为 8070 万人，实现地区生产总值 99976.62 亿元，居民人均可支配收入 41400 元，比上年增长 8.7%，经济的持续增长和居民可支配收入的不断提高为文化产业的发展提供了机遇。经过多年发展，江苏省社会经济发展取得了显著成就，2015—2019 年人口年均增速为 0.29%，地区生产总值年均增速为 8.38%，城镇和农村常驻居民的人均可支配收入、人均教育娱乐支出保持良好增长势头。具体指标见表 3-1。

表 3-1　2015—2019 年江苏主要社会经济指标年均变动情况

	总人口	地区生产总值	城镇常住居民		农村常住居民	
			人均可支配收入	人均教育文化娱乐支出	人均可支配收入	人均教育文化娱乐支出
全省	0.29%	8.38%	——	——	——	——
南京	0.79%	8.79%	39.62%	43.87%	9.13%	10.50%
无锡	0.31%	8.09%	37.20%	55.25%	8.58%	14.19%
徐州	0.45%	7.59%	38.13%	34.05%	9.19%	10.24%
常州	0.18%	8.80%	36.61%	52.27%	8.61%	11.77%
苏州	0.31%	7.38%	36.20%	41.58%	8.27%	7.59%

（续表）

	总人口	地区生产总值	城镇常住居民		农村常住居民	
			人均可支配收入	人均教育文化娱乐支出	人均可支配收入	人均教育文化娱乐支出
南通	0.06%	9.62%	38.37%	56.86%	8.92%	13.28%
连云港	0.21%	8.03%	37.55%	36.30%	9.04%	9.08%
淮安	0.31%	8.87%	38.59%	17.74%	9.05%	6.33%
盐城	−0.07%	8.06%	37.64%	20.84%	9.03%	2.91%
扬州	0.36%	9.29%	38.26%	26.14%	8.85%	7.70%
镇江	0.21%	7.52%	36.33%	46.99%	8.66%	11.01%
泰州	−0.03%	10.09%	38.50%	44.01%	8.94%	10.32%
宿迁	0.43%	8.43%	37.69%	28.40%	9.14%	7.74%

3.3　江苏省文化产业的发展历程

3.3.1　2006 年之前

2001 年 5 月，江苏召开全省文化工作会议，制定下发《江苏省 2001—2010 年文化大省建设规划纲要》和《加快文化大省建设若干经济政策的意见》两份重要文件，对 21 世纪建设文化大省进行了部署并提出了要求。2005 年为“十五”规划收官之年，“十五”期间江苏积极传承优秀传统文化，切实推进文化大省建设，文化各领域都取得了丰硕成果。这一阶段，各类报刊日益增多、电视节目日益丰富、文艺演出逐步红火，图书和音像制品销量也不断增多，群众文化生活日益丰富。

3.3.2　2006—2012 年

2006 年为“十一五”规划开局之年，2006 年 9 月，全省文化工作会议对大力发展先进文化,加快建设“文化江苏”作出了全面部署,提出将文化产业培育成为国民经济的支柱产业,向文化强省迈进的目标。《中共江苏省委、江苏省人民政府关于发展先进文化建设文化江苏的决定》《江苏省“十一五”文化发展规划》《省政府关于加快文化事业和产业发展的若干经济政策》的出台为这一阶段建设文化强省,推进文化产业发展谋篇布局。

2011 年《中共中央关于深化文化体制改革 推动社会主义文化大发展大繁荣若干重大问题的决定》的出台更进一步推动江苏文化强省建设步伐,江苏文化产业走上大发展、大繁荣之路。

如图 3-1 所示,2006 年到 2012 年期间,江苏文化产业发展可谓迅猛,一是产业规模扩张迅猛,2012 年实现增加值 2330 亿元,为 2006 年的 5.33 倍,在全国的比重由 8.5%上升到 12.9%。二是增长迅猛,年均增幅为 32.2%,2008 年环比增幅更是高达 41%。

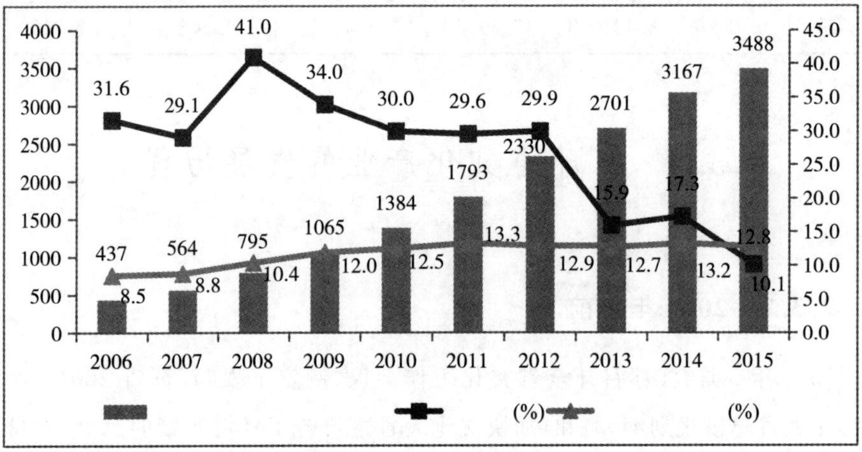

图 3-1 江苏省文化产业近 10 年增长情况及占全国比例[①]

3.3.3 2013—2015 年

这一阶段,全省上下认真贯彻党的十八大精神,抢抓文化大发展大繁荣的历史机遇,把文化产业作为国民经济新增长点和转型升级的重要着力点,快速提升文化产业整体规模和综合实力。

① 数据由 https://wenku.baidu.com/view/ab7e638ccc22bcd126ff0c92.html 资料整理得到。

江苏省政府设立了省级现代服务业(文化产业)发展专项引导资金,与国家文物局等单位签署《关于加快推进江苏文化强省建设的合作协议》携手推进江苏文化强省建设。2015 年下发了《关于加快提升文化创意和设计服务产业发展水平的意见》《关于加快提升文化创意和设计服务产业发展水平行动计划(2015—2017)》《江苏省重点文化产业示范园区、重点文化产业示范基地认定管理办法》等政策文件,从优化发展环境、激发创新活力、培育新增长点、加强人才队伍建设等方面,明确了全省文化产业的发展方向。在省政府积极引导下,各市相继出台一系列扶植文化产业发展的政策,纷纷将文化产业视为经济转型升级的关键产业,促进了新产业、新业态在江苏的迅速发展。

如图 3-1 所示,这一时期,江苏文化产业持续发展,增加值从 2012 年末的 2330 亿元增长到 2015 年的 3167 亿元,年均增幅为 10.77%。与 2006—2012 年年均增幅 32.2%相比,增速仍保持在两位数,但明显放缓,这说明江苏文化产业已走过了“规模小、增速快”的外延式发展阶段。在经济新常态下,转变发展方式,走高质量发展之路,是江苏文化产业持续发展的必然路径。

3.3.4　2016 年至今

2016 年为“十三五”规划开局之年,这一年江苏文化产业增加值达 3384 亿元,较上年增长了 12.8%,实现了“开门红”。

2017 年,党的十九大明确我国经济发展已由高速增长阶段转向高质量发展阶段。江苏文化产业以习近平新时代中国特色社会主义思想为指导,认真贯彻党的十九届五中全会精神,紧紧围绕“五位一体”总体布局和“四个全面”战略布局,围绕建设“强、富、美、高”新江苏的奋斗目标,坚持以社会主义核心价值观为引领,积极探索高质量发展之路。这一时期,江苏文化产业着力推出更多优秀作品,着力构建优秀传统文化传承体系,着力完善公共文化服务体系、文化产业体系、文化市场体系,着力打造“精彩江苏”对外文化交流品牌,呈现出高质量发展特征。

第一,江苏文化产业得到了大发展、大繁荣。

如表 3-2 所示,2015 年到 2017 年,江苏三上文化产业的企业单位数年均增速为 7.53%、年末从业人员年均增速为 0.63%、资产总计年均增速为 16.91%、营业收入年均增速为 6.44%、营业利润年均增速为 11.30%、应交增值税年均增速为 3%,均保持了良好增长态势。

表 3-2　2014 年—2017 年江苏三上文化产业主要指标增速(%)

	企业单位数	年末从业人员	资产总计	营业收入	营业利润	应交增值税
2014 年	9.18	9.64	18.61	17.32	0.92	20.64
2015 年	5.98	5.28	21.96	26.50	8.07	15.22
2016 年	11.13	3.78	13.89	15.77	17.43	11.98
2017 年	4.04	−2.42	20.01	−2.13	5.49	−5.26
2015—2017 年年平均增速	7.53	0.63	16.91	6.44	11.30	3.00

2018 年,江苏文化产业营业收入仅次于广东,位于全国第二,三上文化企业[①] 7587 家、从业人员 110.47 万人,其中,文化制造业利润高、文化服务业人数多(见图 3-2)。

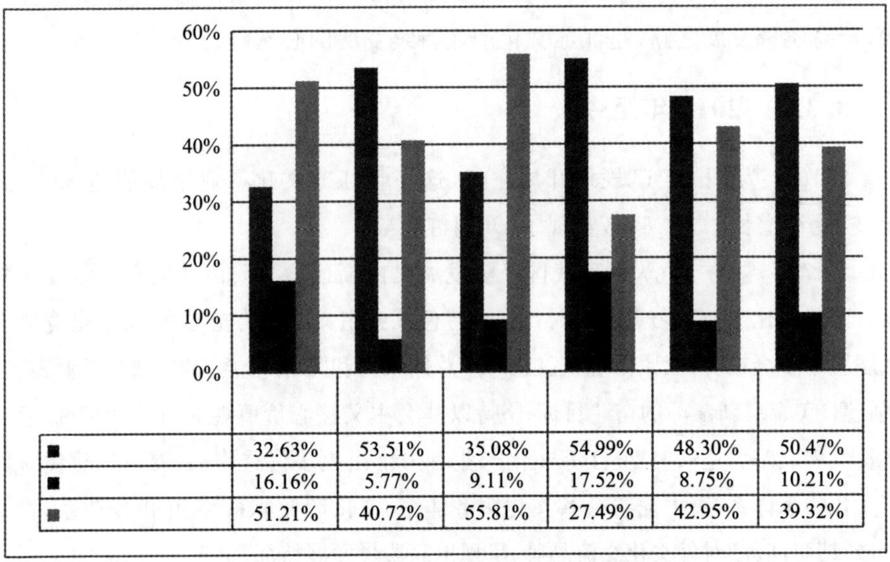

图 3-2　2018 年江苏三上文化产业主要指标对比图

2019 年末,江苏省共有综合档案馆 113 个,向社会开放档案 98.9 万件;共有广播电台 8 座,中短波广播发射台和转播台 21 座,电视台 8 座,广播综合人

① 三上文化企业指"规模以上文化制造业企业、限额以上文化批发和零售业企业、规模以上文化服务业企业"。

口覆盖率和电视综合人口覆盖率均达 100%；全省有线电视用户 1543.2 万户；全年生产故事电影院片 48 部；出版报纸 20.2 亿份，出版杂志 1.1 亿册，出版图书 7.4 亿册。

第二，江苏文化产业已呈现高质量发展特征。

如表 3-2 所示，2015 年到 2017 年江苏三上文化产业主要指标保持了增长，但 2015 年后部分指标的增速开始下降，说明增长速度放缓。但进一步观察可知，江苏文化产业已呈现出高质量发展特征。

2015—2017 年，年末从业人员年均增长 0.63%的情况下，营业收入年均增长 6.44%、营业利润年均增长 11.3%、应交增值税年均增长 3%，显示出人均获利能力较强。2016—2017 年，在营业收入环比下降 2.13%的情况下，营业利润实现了 5.49%的增长，说明江苏文化产业不再单纯依靠规模扩张提升获利能力，已呈现出高质量发展的特征。

与全国水平的对比也印证了这一点，如表 3-3 所示，2017 年江苏省三上文化企业的人均营业收入、人均利润总额、企均营业收入、企均利润均高于全国水平。

表 3-3　江苏省三上文化企业部分平均指标

	人均营业收入（万元/人）	人均利润（万元/人）	企均营业收入（万元/人）	企均利润（万元/人）
全国	111.41	6.35	16298.29	928.62
江苏	119.97	7.94	17896.77	1184.91

在江苏从文化大省到文化强省的建设过程中，江苏文化产业从小到大、由弱到强，在发展过程中逐步成为江苏国民经济支柱性产业。研究江苏文化产业高质量发展历程可对文化产业高质量发展规律性建立认识，助推江苏文化产业进一步实现高质量发展。

第一篇　文化产业高质量发展的质量变革研究

党的十九大报告指出“必须坚持质量第一、效益优先，以供给侧结构性改革为主线，推动经济发展质量变革、效率变革、动力变革”。质量是主体，也是基础，质量水平的高低决定了效率和动力的提升潜力，没有好的质量支持，就没有效率和动力的提升。质量变革是实现文化产业高质量发展的必然途径。

本篇聚焦文化产业高质量发展的质量变革。

本篇共四章，包含第 4 章到第 7 章。第 4 章为文化产业质量内涵研究；第 5 章为 2005—2012 年江苏文化产业质量特征研究；第 6 章为 2015 年江苏文化产业质量评价研究；第 7 章为江苏文化产业质量变革路径及对策研究。

本篇首先明晰文化产业质量内涵；之后，分别研究了 2005—2012 年、2014—2015 年江苏文化产业的质量特征；最后，在对比分析两个时期江苏文化产业的质量特征后，提出江苏文化产业质量变革的路径特点，给出了提升江苏文化产业质量的对策建议。

本篇的主要研究内容和研究方法见图 2。

本篇研究框架：

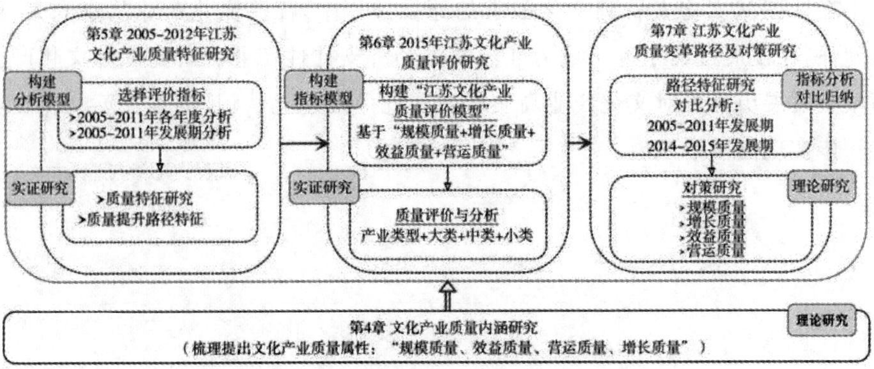

图 2　第一篇主要研究内容和研究方法

本篇主要观点：

1. 文化产业质量有规模质量、效益质量、营运质量、增长质量四大固有质量属性。

2. 2005 年到 2011 年，江苏省文化产业总体处于成长期，有一定实力，但获利能力尚需提高。内部九大产业处于不同的质量区间。江苏文化产业整体产业质量提升的路径，就是内部结构不断优化的过程，呈现出“瘦狗产业不断减少、问号产业加速生成、明星产业努力定型、现金牛产业大类稳步增多”的质量变革路径特征。

3. 2015 年江苏文化产业发展良好。在三种产业类型中，文化制造业产业综合质量最高，其次为文化服务业，文化批发零售业排名第三。在十大类中，文化用品的生产、文化专用设备的生产、工艺美术品的生产三类产业综合质量排名前三。中类综合质量排名前三的依次为工艺美术品的制造、文化用纸的制造、其他文化用品的制造；在中类综合质量前 15 名中，文化用品的生产大类占 5 席、文化创意和设计服务大类占 3 席、文化专用设备的生产大类占 2 席。

4. 2013—2015 年，江苏文化产业质量变革的路径特点为：(1)通过培育和助推，新兴产业迅速崛起；(2)通过挖掘和深耕，传统产业提档升级；(3)从单体增长向产业集群聚合演进。通过质量变革，江苏文化产业传统产业提档升级、新兴产业迅速崛起，上下游产业捏指成拳、产业集群成效初现，已初步聚合形成多业态深度融合、产业有机集聚的“影视文化”“出版发行文化”“工艺美术文化”三大产业集群。

5. 提升江苏文化产业质量的对策包括：通过“引导需求、做大产业”提升规模质量，通过“分类施策、练好内功”提升效益质量，通过“政策引领、内部协调”提升营运质量，通过“培育人才、推动创新”提升增长质量。

第4章 文化产业质量内涵研究

本章讨论质量的概念及相关研究，探讨文化产业质量的属性。

本章梳理提出了文化产业质量有规模质量、效益质量、营运质量、增长质量四大固有质量属性，为本篇研究提供了概念基础。

4.1 质量概念

质量管理理论在实践中不断完善，质量的内涵也在不断丰富，先后出现了“符合性质量”“适用性质量”和“广义质量”三种概念。对质量概念的理解详见表4-1。

表4-1 对质量的不同理解

学者/标准	主要观点
J. M. Juran	产品质量就是产品的适用性[71]
Philip B. Crosby	质量即为产品符合要求的程度[72]
Peter F. Drucker	质量就是满足需要[73]
Armand Vallin Feigenbaum	质量是营销、设计、制造、维修中各种特性的综合体[74]
田口玄一	质量是产品上市后给社会造成的损失[75]
ISO9000	一组固有特性满足要求的程度[76]
卓越绩效评价准则	既关注结果质量，也关注过程质量[77]

从发展历程来看，质量的研究已逐步从关注顾客需求、提供有吸引力的产品质量转向“广义质量”的研究，对质量的研究也不再局限于产品质量领域，企业经营发展质量、产业质量已成为质量研究新的热点领域。

4.2　产业质量相关研究

4.2.1　国外研究

Flam 和 Helpman(1987)通过比较发现:发达国家生产和消费高质量产品;而发展中国家正好相反。[78] Berry(1994)分析了产品质量差异对产品竞争力的影响。[79] Feenstra(1994)将产品价格和数量占国内生产总值的比重作为产品质量。[80] Kaplinsky 和 Morris(2008)认为亚洲新兴经济体具有持续的贸易优势,使撒哈拉以南的劳动密集型产业竞争压力变大。[81] Fontana 和 Nesta(2009)研究发现:企业质量、创新资本、进入前的经验和规模都是决定企业生存的重要因素。[82] Lai(2010)研究了需求下降与产业崩溃之间的关系,发现需求的大规模下降导致劳动密集型产业产出急剧下降。[83] Bjorvatn 和 Coniglio(2012)认为减少产业政策的国家并不一定经历更快的增长。[84] Encarnacion Alvarez 等(2015)从产业质量控制管理角度出发,研究了标准差估计员对过程能力指数的影响,通过仿真发现选择范围较小的估计员对过程能力估计精度要低于有更多选择的估计员。[85]

综上,目前直接研究产业质量的外文文献寥寥无几,早期的研究主要针对产品质量、产业政策领域,就产业竞争力、产品质量和企业质量进行了研究,另一些从工业工程角度出发研究质量控制。早期的产业基础理论研究为产业发展作出了不可替代的贡献;但产业评价方法多为定性研究,分析结果的准确性需要实践的检验;部分学者试图通过国际贸易数据定量分析不同国家产业中产品的质量进而对产业情况进行比较,但没能将其直接上升到产业质量的高度。

4.2.2　国内研究

束怀瑞(2004)指出需要依靠科技创新来提高我国果树产业质量。[86] 陈秀琼,黄福才(2006)从产品、增长方式、运行等 5 个方面对我国旅游产业质量进行定量评价,发现旅游产业质量呈下降趋势。[87] 刘义成(2009)从产业质量的定义出发,提出了评价高端产业质量的方法。[88] 刘伟丽和陈勇(2012)以 Khandelwal

的产品质量模型为依据，通过加权求和得到产业质量阶梯。[89]何维达等(2013)对我国服务业贸易质量进行了实证研究，发现服务业贸易额呈现16%年均增长趋势。[90]宋海燕等(2014)对黄酒产品质量进行了调查，发现股份制企业、国有企业和三资企业的产品质量较好。[91]叶光海(2016)对歙县枇杷管理技术进行了总结，提出了强化栽培管理、分批采收等产业质量提升对策。[92]

综上，国内学者已经意识到产业质量的重要性，并以具体产业为研究对象，提出了提高产业质量的措施。但此类研究首先是限于产业观察范畴，选用的评价指标较少，且往往是该产业所独有的指标。其次是采用传统产品质量管理的思路，所解决的问题仍针对产业内部某一特定个体，局限在“微观质量”层面，未能上升到产业质量的高度；随着经济结构转型升级要求的不断提升，宏观层面“发展质量”研究受到越来越多的关注。

目前，众多学者尝试借鉴产业、竞争力和质量的相关理论对产业质量进行定义，这都属于“广义质量”范畴。荷兰学者 Wolfgang Beck 于 1997 年提出社会质量理论，认为民众应通过参加多样化的社会活动来提升福祉和个人潜力。[93]党的十六届三中全会提出科学发展观，显示我国对质量的追求已从“微观质量”转向“发展质量”。刘义成(2009)认为产业质量是指区域特定产业在发展过程中体现出来的发展力、支撑力和竞争力。[88]程虹(2010)指出人们越来越关注质量的作用，认为质量已从产品领域拓展到其他组织。[94]卢新新(2014)认为旅游产业质量指旅游业表现出来的发展水平和能力。[95]

以上研究成果为本篇研究提供了重要的研究基础，本篇在借鉴相关理论的基础上，立足于文化产业高质量发展要求，综合分析文化产业发展的“过程质量”要求与“结果质量”要求，讨论文化产业质量的属性。

4.3 文化产业质量的属性

文化产业通常指从事物质或精神产品的生产和供应、并以文化为内涵的各种活动的总称；而管理学上的质量是指事物具有的一组固有特性及其满足要求的程度。

对文化产业相关文献进行梳理，可将学者对文化产业质量的解释分为两大类：一类观点将文化产业质量理解为投入产出比、要素利用效率；另一类观点认为文化产业质量不仅包含要素利用率，还应包括产业规模、发展速度、效益等内容。第一类理解属于狭隘的文化产业质量，第二类属于广义的理解，第二类观点被越来越多的学者接受。其实，对文化产业质量的研究就是衡量文化产业的发展程度、质量状况和增长潜能及其对相关者需求的满足程度。因此，本篇研究的文化产业质量是指某一区域在物质和精神产品或服务生产经营过程中所蕴含或体现出来的规模实力、效益水平、管理能力、增长潜力，及其满足利益相关者当前需求和未来需求的程度。因此，文化产业质量具有四大固有质量属性：规模质量、效益质量、营运质量、增长质量。

4.3.1　规模质量

任何产业都应保持适当规模，才能在市场竞争中获得生存机会，文化产业也不例外。在发展过程中，随着规模的扩大可能出现收益递增的规模经济现象，也可能会出现内部结构因规模扩大而趋于复杂、内耗严重的规模不经济现象。为了持续获得规模经济，消除规模不经济，就需要牢牢把握文化产业的规模质量属性。因为规模质量不仅能从文化存量的绝对值方面衡量产业发展现状，还能从规模的增减变化和盈利能力等视角来衡量文化产业的发展水平，在注重衡量产出结果的同时，着重考察文化产业发展的有效性，考察文化资源配置的合理性。此外，规模质量还能影响文化产业的竞争实力乃至国家软实力，毕竟不同国家之间产业的竞争已由以规模竞争为中心转变为以质量竞争为中心的较量。因此，规模质量不仅追求数量扩张的外在表现，还追求质量提高的内在涵养，是推动产业不断发展的基石。

4.3.2　效益质量

效益用于衡量劳动消耗与所获得的成果之间的关系。效益质量属性要求文化产业在发展中应追求较小劳动消耗或更大的产出，它是推动文化产业走内涵式发展道路和文化产业转型升级的必然要求，也是文化产业向质量型产业转型、实现良性循环发展的关键。目前，文化产业主要依靠资源的投入来实现增长，尤其是劳动资源的投入。虽然我国是一个人口大国，但随着人力资源结构的变化和待遇的提升，廉价劳动力的产业成本优势将不复存在，用工成本上升已成为制约文化产业发展的重要瓶颈,这就促使文化产业要不断提高人均产出,努力提升效益质量。

4.3.3 营运质量

文化产业的营运过程就是一个投入产出的有机系统,该系统的运转状态能够反映产业的营运质量。所以,文化产业质量反映在发展过程中即为产业的营运质量,综合表现为文化产业内部资源周转能力、管理能力。产业内部资源周转能力越高,表明资源占用越少、现金流周期越短,这能降低持有成本,有利于提高产业的利润率和资产回报率;同时可以更好地发现和解决日常运营中暴露出来的问题。管理能力能够反映产业运行的规范化、集约化程度。管理能力的提升,不仅有利于产业内部体系的完善,更有助于节约资源、提高经营效率。规模质量、效益质量说明文化产业发展的结果质量,营运质量则描述着文化产业发展的过程质量。因此,文化产业必须注重内部营运质量,以便更好地促进文化产业的长久发展和内部结构的持续优化。

4.3.4 增长质量

文化产业的发展必然伴随着"做大",但盲目强调增长速度,忽略增长的均衡性、增长的结果、增长的效益,可能会导致资源浪费、产业结构严重失衡等问题,甚至会影响经济的持续发展。因此,在加快文化产业发展过程中,应该坚持文化产业增长质量属性。增长质量不仅是文化产业扩张能力的重要表现,还是衡量增长方式属于粗放型还是集约型的重要标准,更是判断文化产业可持续发展的重要标志。增长质量要求文化产业不仅追求产业自身能力的快速扩张,还要关注相同的增长速度下是否拥有更多高质量的内涵。

第 5 章　2005—2011 年江苏文化产业质量特征研究

2000 年 10 月，在党的十五届五中全会通过的《中共中央关于制定国民经济和社会发展第十个五年计划的建议》中，第一次在中央正式文件中使用了“文化产业”这一概念，之后，文化产业迎来了发展机遇，有了广阔的发展空间。江苏省抢抓文化大发展大繁荣的良好机遇，把文化产业作为国民经济新增长点和转型升级的重要着力点，使文化产业整体规模和综合实力得以快速提升，发展势头十分喜人。时至 2012 年，江苏文化产业基本完成了从幼小向壮大的转型，进入快速成长期，回顾总结这一时期江苏文化产业质量特征和变革路径，可认识文化产业从幼小向壮大过程中的质量变革规律性，并为探索产业高质量发展的质量变革路径提供佐证。

本章研究 2005—2011 年江苏文化产业质量特征。

具体研究思路为：

使用 2005—2011 年江苏省文化产业数据[①]，借鉴波士顿矩阵分析法，从效益质量和增长质量两个维度，研究 2005—2011 年江苏文化产业质量特征，讨论江苏文化产业内部九大产业均衡发展路径。

首先，对 2005—2012 年江苏文化产业发展历程进行总体描述；

其次，从效益质量、增长质量选择指标，借鉴波士顿矩阵分析法的思路构建“文化产业质量特征分析模型”分析模型；

再次，从 2006 年到 2011 年各年度、2005—2011 年期间两方面进行分析，讨论 2005—2012 年江苏文化产业的质量特征；

最后，讨论 2005—2011 年江苏文化产业内部九大产业均衡发展的路径。

---

① 2004 年国家统计局制定的《文化及相关产业统计分类》将文化产业划分为三个层次、九个大类、80 个国民经济行业小类。2012 年国家统计局《文化及相关产业分类(2012)》将文化产业划分为 10 个大类、50 个中类、120 个小类。本章 2012 年数据为《文化及相关产业分类(2012)》口径，其余数据为 2004 年口径。

5.1　2005—2012 年江苏文化产业发展概况

按照可比口径[①]，2005 年至 2011 年江苏文化产业增加值连续七年保持在 20% 以上的增速，在全国进位争先成效显著。2004 年，江苏文化产业法人单位实现增加值居全国第 6 位；至 2008 年，文化产业法人单位实现增加值达 795.3 亿元，跃居全国第 3 位；2010 年，江苏文化产业法人单位实现增加值已达1186.9亿元，在全国各省市中仅低于广东，升至第 2 位。2011 年全省文化产业法人单位完成增加值 1535.8 亿元，按不变价计算，比全省 GDP 的增长速度(11%)高 10.1 个百分点；比第三产业增加值的增长速度(11.1%)高 10 个百分点。2011 年，以新闻、出版、广电、文化艺术等传统文化为主的“核心层”实现增加值 373.1 亿元，比 2004 年增长 3.5 倍；以网络文化、休闲娱乐、旅游文化、广告、会展及文化商务代理等为主的新兴文化产业“外围层”实现增加值 423.4 亿元，比 2004 年增长 11.4 倍。

2012 年，江苏文化产业充分发挥自身优势，在加快文化改革发展、建设文化强省方面继续走在全国前列，在文化建设进程中发挥了率先和示范作用。截至 2013 年 4 月底，全省共有文化及相关产业法人单位近 8 万家，低于广东(8.3 万家)；高于浙江(7.5 万家)、北京(6.0 万家)、上海(4.9 万家)、山东(4.7 万家)等省市。文化产业增加值总量继续稳居全国第一方阵。2012 年，全省法人单位完成增加值为 2087.4 亿元，在全国各省市中排名第二，占全国文化及相关产业增加值的 11.6%，比 2010 年提升 0.9 个百分点。按照 2012 年国家统计局正式颁布实施《文化及相关产业分类(2012)》标准，十大文化产业的增加值及排序如表 5-1 所示。

表 5-1　2012 年江苏文化产业法人单位各产业增加值及其比重和位次

文化及相关产业分类	增加值(亿元)	比重(%)	位次
(一)新闻出版发行服务	51.18	2.45	10
(二)广播电视电影服务	57.01	2.73	9
(三)文化艺术服务	93.53	4.48	8
(四)文化信息传输服务	113.2	5.42	7

---

① 由于 2012 年采用了《文化及相关产业分类(2012)》统计口径，考虑到数据的可比性，本章分析使用 2005 年至 2011 年的数据。

（续表）

文化及相关产业分类	增加值(亿元)	比重(%)	位次
(五)文化创意和设计服务	409.7	19.63	2
(六)文化休闲娱乐服务	177.98	8.53	4
(七)工艺美术品的生产	141.48	6.78	5
(八)文化产品生产的辅助生产	209.49	10.04	3
(九)文化用品的生产	711.36	34.08	1
(十)文化专用设备的生产	122.51	5.87	6
合计	2087.44	100.00	—

5.2　2005—2011 年江苏文化产业质量特征的模型分析

为研究江苏文化产业内部结构特征，本节构建了分析模型，使用 2005 年至 2011 年的数据具体讨论江苏省文化产业的内部结构的特征，以期较为深入地认识 2005 年至 2011 年期间江苏文化产业质量特征。

5.2.1　模型构建

5.2.1.1　指标选择遵循的原则

本章在构建江苏省文化产业质量评价体系时，遵从以下原则：

(1)科学性与系统性

科学性指文化产业自身的发展存在一定的规律，应充分研究相关文献资料，遵循相关理论基础，综合考虑指标的层次、数量、权重以及数据计算，反复研究，从而选出符合科学依据的最终指标。

系统性指在选择相关指标时既要考虑产业已有的实际情况，充分反映评价体系，又相互独立形成层次，涵盖全局，从而构成一个有机整体。

(2)代表性与可行性

代表性是指从理论上系统研究文化产业时，要总体上把握研究对象的主要矛盾，保证所选取的指标涵盖的信息全面客观，具有一定代表性。同时，最终确立指标前要精简冗余指标，避免相关性较高或意义相同的指标出现，做到简明且有代表性地概括反映文化产业的综合特征。

可行性原则是指在选取评价指标时，应考虑统计原则，选用统计方法、统计范围及口径相一致的指标，且符合不同时间和空间范围都可获取和可比较的要求，尽量从国家统计年鉴和行业统计年鉴中选择，避免地区统计口径之间的差异。此外，为了使各指标数据具备更好的整理分析效果，尽量采用平均值。

(3)动态与静态结合

由于文化产业的发展是一个不断变化的过程，但在某一个时间段也是会保持相对稳定，因此，在构建指标体系时要充分考虑各地区各个阶段文化产业的发展情况，遵循动静相结合原则，选取合适且在时间段内统计口径和实际意义都没发生显著变化的指标，这样才能把握产业未来发展趋势，分析更加全面合理。

5.2.1.2　模型构建的依据

波士顿矩阵(BCG Matrix)是由美国著名的管理学家、波士顿咨询公司创始人布鲁斯·亨德森于1970年首创的企业产品组合分析和规划的方法。该方法关注如何将企业有限的资源有效地分配到合理的产品结构中去，以保证企业收益，使企业在激烈竞争中能够取胜。波士顿矩阵认为决定产品结构的基本因素有两个：即企业实力与市场引力。将企业实力与市场引力分别置于坐标轴的纵横轴，会出现四种不同性质的产品类型，明星产品、瘦狗产品、问题产品、现金牛产品。

本章借鉴波士顿矩阵的分析思路，构建“文化产业质量特征分析模型”。根据4.3所述文化产业质量属性，用规模质量代表产业实力、用增长质量代表市场引力，据此分析2005—2011年江苏文化质量特征。

在2005—2011年江苏文化产业可得数据范围内，选择“增加值在文化产业总增加值的份额”说明规模质量，选择“文化产业增加值年增长速度”说明增长质量。

(1)规模质量：以2006年到2011年文化产业内部九类产业增加值在文化产业总增加值的份额说明其规模质量。增加值份额高于九类产业增加值的平均份额的类别为规模质量好，低于的类别为规模质量低。增加值的平均份额设定为1/9，即11.11%。

(2)增长质量：各年度分析中，以2006年到2011年各年江苏省文化产业增加值的年增长速度为区分增长快与慢的标准；对2005—2011年进行整体分析时，则以2005年到2011年江苏省文化产业内部九类产业增加值的年平均增长速度作为区分增长快与慢的标准。产业增速高于文化产业增加值年增长速度的类别为增长质量好、市场引力大，低于的类别则为增长质量相对落后、市场引力小。

构建得到的“文化产业质量特征分析模型”如图 5-1 所示。

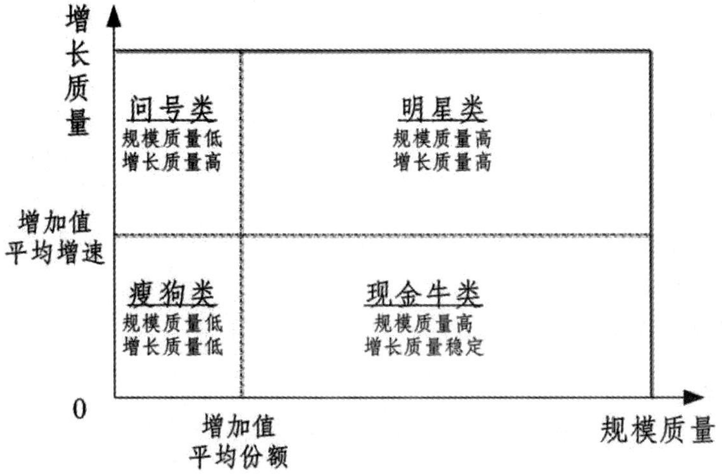

图 5-1　文化产业质量特征分析模型

将全部产业根据规模质量和增长质量划分为四类。

第一类：现金牛类。它包含处于高规模质量、低增长质量象限内的产业，这类产业已进入成熟期，是成熟市场中的领导者，是产业现金的主要来源。

第二类：明星类。它包含处于高规模质量、高增长质量象限内的产业，这些产业可能成为文化产业的现金牛类产业，需要加大投资以支持其迅速发展。

第三类：问号类。它包含处于低规模质量、高增长质量象限内的产业。高增长质量说明市场机会大，前景好，而低规模质量则说明在市场营销上存在问题。

第四类：瘦狗类。它包含处于低规模质量、低增长质量象限内的产业群。其财务特点是利润率低、处于保本或亏损状态，负债比率高，无法为产业带来收益。

5.2.2　各年度产业质量特征分析

根据 2005 年到 2011 年各年文化产业增加值和相应年份九大产业的增加值数据，经过计算，得到年增长速度和产业份额的计算结果，如表 5-2、表 5-3。其中，年增长速度说明增长质量，产业份额说明规模质量，将其带入构建的“文化产业质量特征分析模型”中，得到 2006 年到 2011 年各年江苏省文化产业质量特征的分析结果，见表 5-4。

表 5-2　2006—2011 年各年文化产业及九大产业的增长质量(%)

年份	2006	2007	2008	2009	2010	2011
文化产业年增长速度(较上年)	31.71	34.33	35.41	21.21	23.12	29.39
一、新闻服务	7.69	7.14	331.71	5.01	1.47	36.23
二、出版发行和版权服务	32.32	23.76	19.78	13.22	11.94	18.22
三、广播、电视、电影服务	47.08	16.69	17.29	3.44	30.59	64.29
四、文化艺术服务	19.58	32.00	46.00	1.31	57.75	102.74
五、网络文化服务	16.57	61.42	73.08	86.23	42.83	41.39
六、文化休闲娱乐服务	56.08	48.56	−17.03	46.87	34.62	20.89
七、其他文化服务	27.19	77.13	111.35	25.44	43.75	39.62
八、文化用品、设备及相关文化产品的生产	21.67	32.67	60.59	17.83	21.80	24.50
九、文化用品、设备及相关文化产品的销售	24.37	29.92	56.83	27.45	−20.56	10.77

表 5-3　2006—2011 年各年九大产业规模质量(%)

年份	2006	2007	2008	2009	2010	2011
一、新闻服务	0.03	0.03	0.08	0.07	0.06	0.06
二、出版发行和版权服务	16.48	16.18	13.43	12.54	11.41	10.42
三、广播、电视、电影服务	9.74	8.47	7.33	6.26	6.64	8.43
四、文化艺术服务	3.03	2.98	3.21	2.68	3.44	5.39
五、网络文化服务	0.45	0.54	0.69	1.06	1.23	1.35
六、文化休闲娱乐服务	20.00	22.12	13.55	16.42	17.96	16.78
七、其他文化服务	3.52	4.64	7.24	7.50	8.75	9.44
八、文化用品、设备及相关文化产品的生产	40.90	40.39	47.90	46.57	46.07	44.33
九、文化用品、设备及相关文化产品的销售	5.85	5.66	6.55	6.89	4.44	3.80

表 5-4　2006 年到 2011 年各年江苏省文化产业的质量区间分布

	2006	2007	2008	2009	2010	2011
现金牛类	八	八、二	八	六	二、六	六、八
明星类	二、六	六	二、六	二、八	八	
问号类	三	五、七	一、四、五、七、九	五、七、九	三、四、五、七	一、三、四、五、六
瘦狗类	一、四、五、七、九	一、四、三、九	三	一、三、四	一、九	二、九

具体为一、新闻服务；二、出版发行和版权服务；三、广播、电视、电影服务；四、文化艺术服务；五、网络文化服务；六、文化休闲娱乐服务；七、其他文化服务；八、设备及相关文化产品的生产；九、文化用品、设备及相关文化产品的销售。

如表 5-4 所示：

(1)出版发行和版权服务(第二类)、设备及相关文化产品的生产(第八类)、文化休闲娱乐服务(第六类)是江苏省文化产业的主要获利来源。2006 年到 2011 年的各年中，这三类基本在明星类和现金牛类之间摆动，为发展比较好的产业大类，也是江苏省文化产业的主要获利来源。

(2)网络文化服务(第五类)、其他文化服务(第七类)属于问号类。2006 年时这两类产业为瘦狗类，但 2007 年到 2011 年这两类产业都处于问号类中，说明这两类产业已经成功解决了增长速度的问题，但还需要进一步关注如何提高增加值的总量水平。

(3)广播、电视、电影服务(第三类)、文化艺术服务(第四类)有摆脱瘦狗类向问号类发展的趋势。2006 年和 2007 年，文化艺术服务(第四类)为瘦狗类，但从 2008 年已进入问号类产业，虽然 2009 年有所波动，但 2010 年和 2011 年两年均处于问号类中。类似的，广播、电视、电影服务(第三类)从 2007 年到 2009 年均为瘦狗类，但 2010、2011 两年均在问号类中，说明这两类产业有很大的可能性可以稳定在问号类产业中。这种变化显示了产业良性发展的趋势。

(4)新闻服务(第一类)、文化用品、设备及相关文化产品的销售(第九类)瘦狗类特征相对明显。2006 年到 2011 年的六年中，这两类有四年属于瘦狗类，并且没有明显向其他类型转化的趋势。

5.2.3　研究期产业质量特征分析

计算江苏省 2005—2011 年的相关数据，得到平均增速、平均份额(见表 5-5)。

表 5-5　2005—2011 年文化产业及九大产业的增长质量、规模质量(%)

	增长质量	规模质量
平均	29.08	11.11
一、新闻服务	39.06	0.06
二、出版发行和版权服务	19.68	12.65
三、广播、电视、电影服务	28.33	7.68
四、文化艺术服务	39.81	3.71
五、网络文化服务	51.83	0.99
六、文化休闲娱乐服务	28.96	17.31

（续表）

	增长质量	规模质量
七、其他文化服务	51.28	7.43
八、文化用品、设备及相关文化产品的生产	29.11	44.88
九、文化用品、设备及相关文化产品的销售	19.02	6.29

将表 5-5 数据带入构建的“文化产业质量特征分析模型”中，得到 2005—2011 年江苏省文化产业质量区间分布，见表 5-6、图 5-2。

表 5-6　2005—2011 年江苏省文化产业质量区间分布

类别	产业类别
现金牛类	二、出版发行和版权服务
明星类	六、文化休闲娱乐服务
	八、文化用品、设备及相关文化产品的生产
问号类	一、新闻服务
	四、文化艺术服务
	五、网络文化服务
	七、其他文化服务
瘦狗类	三、广播、电视、电影服务
	九、文化用品、设备及相关文化产品的销售

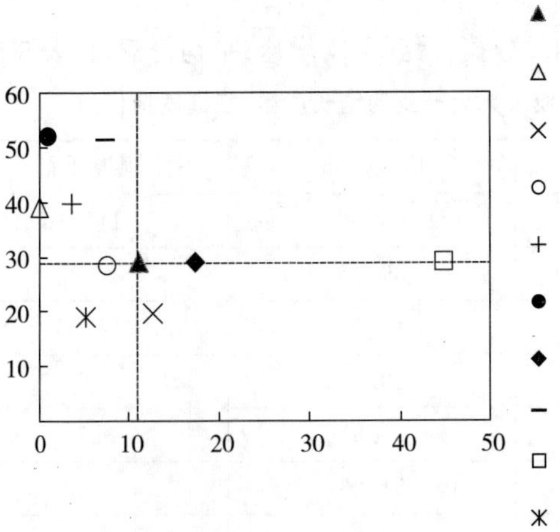

图 5-2　2005—2011 年江苏省文化产业质量区间分布示意图

如表5-6、图5-2所示：

(1)江苏省文化产业的九个大类中，出版发行和版权服务(第二类)属于现金牛类，文化用品、设备及相关文化产品的生产(第八类)和文化休闲娱乐服务(第六类)处于现金牛类和明星类交界处。

(2)江苏省文化产业的九个大类中，新闻服务、文化艺术服务、网络文化服务、其他文化服务(第一、四、五、七类)属于问号类，广播、电视、电影服务(第三类)处于问号类和瘦狗类的交界处。

(3)文化用品、设备及相关文化产品的销售(第九类)属于瘦狗类。

5.2.4　2005—2011年质量特征

2006年到2011年的年度分析、2005—2011年整体分析两方面得到的结论可以互相印证，得到以下结论：

总体而言，江苏省文化产业质量特征为：2005—2011年江苏省文化产业仍处于成长期，有一定实力，但获利能力尚需提高。内部九大产业处于不同的质量区间。

5.2.4.1　江苏省文化产业尚处于成长阶段

在江苏省文化产业的九个大类中，典型的问号类产业有文化艺术服务、网络文化服务、其他文化服务(含文化艺术商务代理服务、文化产品出租与拍卖服务、广告和会展文化服务)(第四、五、七类)，在问号类和瘦狗类间摆动的有广播、电视、电影服务(第三类)和新闻服务(第一类)。九个大类产业中属于问号类的大类超过一半，而且这五类问号类产业中三项属于文化产业核心层，二项属于文化产业外围层，均为江苏省发展文化产业应重点关注的部分，这说明江苏文化产业整体尚需培育，政策和扶持是否准确到位，关系到产业整体的良好的未来发展。

5.2.4.2　第八类、第二类、第六类是江苏文化产业获利的主要来源

在江苏省文化产业的九个大类中，属于现金牛类、明星类的产业有三个，包括第八类(文化用品、设备及相关文化产品的生产)、第二类(出版发行和版权服务)、第六类(文化休闲娱乐服务)。在波士顿矩阵分析中，明星类和现金牛类属于增长质量、规模质量均处于较理想状况的类别。不同之处仅在于明星产品属于新加入市场者，虽已有很好的市场表现，但尚需时间稳定。而现金牛类已为

市场所熟悉,已被消费者广为接受。在江苏文化产业的九个大类中,明星类和现金牛类占 1/3,说明江苏文化产业发展质量较好。

但从 2005—2011 年整体分析的结果看,九大产业中仅有第二类(出版发行和版权服务)属于典型的现金牛类产业,同时,即便是这一类,其增加值份额(12.6%)超过平均份额(11.1%)也很有限。换言之,分析期中,江苏省文化产业中的现金牛类数量不多,表现也不是非常突出。而现金牛类是文化产业增加值的重要来源,只有一个现金牛产业,说明江苏省文化产业的获利能力状况是很脆弱的,一旦市场环境变化导致这一类产业市场份额下降,这个强壮的现金牛可能就会变弱,甚至成为瘦狗,江苏整体文化产业就会面临增加值下滑的情况。因此,目前江苏省文化产业的获利能力有待提高。

5.2.4.3 第九类属瘦狗类产业

年度资料的分析结论、2005－2011 年整体分析的结论均一致性的认为,文化用品、设备及相关文化产品的销售(第九类)属于瘦狗类。处于"规模质量低、增长质量低"质量区间,属于发展相对落后的产业大类。

综上所述,江苏省文化产业具有一定实力,但尚处于成长阶段,总体获利能力需要增强。

5.3 2006—2011 年江苏文化产业质量提升的路径特点

5.3.1 江苏文化产业整体质量提升的路径

整理表 5-5 中处于不同质量区间的江苏文化产业大类产业个数,得到表 5-7。

表 5-7 2006 年—2011 年江苏省文化产业大类质量区间分布情况

	2006	2007	2008	2009	2010	2011	变化趋势
现金牛类	1	2	1	1	2	2	↑
明星类	2	1	2	2	1	0	波动
问号类	2	2	5	3	4	5	↑
瘦狗类	5	4	1	3	2	2	↓

如表 5-7 所示，2006—2011 年，现金牛类产业、问号类产业呈现增加趋势，明星类产业呈现波动趋势，瘦狗类产业呈现下降趋势。

说明江苏文化产业整体产业质量提升的路径，必然是内部结构不断优化的过程。在这一过程中，现金牛类产业不断增加、瘦狗类产业不断减少。2006—2011 年期间，江苏文化产业呈现“瘦狗产业不断减少、问号产业加速生成、明星产业努力定型、现金牛产业大类稳步增多”的质量提升路径特征。

5.3.2　产业质量提升路径

按照 2006 年九大类产业所处的质量区间，整理表 5-5，得到图 5-4、图 5-5、图 5-6，分析质量区间变化情况可知：

在江苏文化产业从幼小向壮大的过程中，产业质量提升路径特点为：在产业幼稚期，沿着“规模质量低、增长质量低”→“规模质量低、增长质量高”→“规模质量高、增长质量高”的路径逐步爬升，进入产业成熟期后，稳定在“规模质量高、增长质量稳定”区间。

① 现金牛类产业、明星类产业质量提升路径为“降本增效、稳定规模质量”

2006—2011 年期间，江苏文化产业现金牛类产业、明星类产业质量优化路径如图 5-3、图 5-4 所示。

处于“规模质量高、增长质量稳定”区间的现金牛产业，如果进入“规模质量高、增长质量高”的明星类产业区间，说明其又一次迎来了增长，是产业发展良好的标志，但需要尽快通过降本增效，稳定其规模质量，以尽快再一次进入“规模质量高、增长质量稳定”区间。

“规模质量高、增长质量高”的明星类产业，更需要内部挖潜，把规模质量转变为现金盈利，才能进入产业的成熟期，进入“规模质量高、增长质量稳定”期间。

2006—2011 年“八、设备及相关文化产品的生产”类质量特征变化

类别	2006	2007	2008	2009	2010	2011
现金牛类	8	8	8			8
明星类				8	8	
问号类						
瘦狗类						

图 5-3　现金牛类产业质量优化路径图

2006—2011年“二、出版发行和版权服务”类质量特征变化

类别	2006	2007	2008	2009	2010	2011
现金牛类		2			2	
明星类	2		2	2		
问号类						
瘦狗类						2

2006—2011年“六、文化休闲娱乐服务”类质量特征变化

类别	2006	2007	2008	2009	2010	2011
现金牛类				6	6	6
明星类	6	6	6			
问号类						
瘦狗类						

图 5-4 明星类产业质量优化路径图

②问号类产业质量提升路径为“关注增长质量”

如图 5-5 所示，“规模质量低、增长质量高”的问号类产业，是非常容易跌入“规模质量低、增长质量慢”质量区间。只有切实增强规模质量，以“扩”为主，才能最终成长为“规模质量高、增长质量稳定”的产业，否则很可能进入“规模质量低、增长质量低”的质量区间。

2006—2011年“三、广播、电视、电影服务”类质量特征变化

类别	2006	2007	2008	2009	2010	2011
现金牛类						
明星类						
问号类	3				3	3
瘦狗类		3	3	3		

图 5-5 问号类产业质量优化路径图

③ 瘦狗类产业质量提升路径为“提升增长质量”

如图 5-6 所示，成功离开“规模质量低、增长质量慢”质量区间的瘦狗类产业，均首先进入“规模质量低、增长质量快”的质量区间。因此，瘦狗类产业首先要解决的是增长问题，要以生存为主，打破规模质量和增长质量两者同时低迷的状态，以增长促规模。

2006—2011 年“一、新闻服务”类质量特征变化

类别	2006	2007	2008	2009	2010	2011
现金牛类						
明星类						
问号类			1			1
瘦狗类	1	1		1	1	

2006—2011 年“四、文化艺术服务”类质量特征变化

类别	2006	2007	2008	2009	2010	2011
现金牛类						
明星类						
问号类			4		4	4
瘦狗类	4	4		4		

2006—2011 年“五、网络文化服务”类质量特征变化

类别	2006	2007	2008	2009	2010	2011
现金牛类						
明星类						
问号类		5	5	5	5	5
瘦狗类	5					

2006—2011 年“九、文化用品、设备及相关文化产品的销售”类质量特征变化

类别	2006	2007	2008	2009	2010	2011
现金牛类						
明星类						
问号类			9	9		
瘦狗类	9	9			9	9

图 5-6　瘦狗类产业质量优化路径图

本章小结

为进一步认识文化产业从幼小向壮大过程中的质量变革规律性，并为探索产业高质量发展的质量变革路径提供佐证，本章分别研究了 2005 年到 2012 年各年江苏文化产业质量特征，讨论了 2005—2011 年江苏文化产业质量特征的变化情况。

研究所得为：

(1)研究借鉴波士顿矩阵的分析思路，以规模质量代表产业实力、用增长质量代表市场引力，选择"增加值在文化产业总增加值的份额"说明规模质量，选择"文化产业增加值年增长速度"说明增长质量，构建了"文化产业质量特征分析模型"；

(2)2005—2011 年，江苏省文化产业具有一定实力，但尚处于成长阶段，总体获利能力需要增强。内部九大产业处于不同的质量区间；

(3)江苏文化产业整体产业质量提升的路径，必然是内部结构不断优化的过程。2005—2011 年期间，呈现出"瘦狗产业不断减少、问号产业加速生成、明星产业努力定型、现金牛产业大类稳步增多"的质量提升路径特征；

(4)在江苏文化产业从幼小向壮大过程中，内部产业质量提升的路径特点为：沿着"规模质量低、增长质量低"→"规模质量低、增长质量高"→"规模质量高、增长质量高"的路径逐步爬升，进入产业成熟期后，稳定在"规模质量高、增长质量稳定"区间。

第 6 章 2015 年江苏文化产业质量评价研究

进入产业快速成长期后，江苏文化产业保持了良好的发展势头，保持在“中国文化产业发展前十强”第一梯队。[①] 研究这一时期江苏文化产业质量特征，可进一步充分认识文化产业快速成长期的质量特征，为全面剖析产业高质量发展质量变革路径提供佐证。

本章研究 2015 年江苏文化产业质量特征。

具体研究思路为：

使用 2014—2015 年江苏省文化产业数据，构建文化产业质量评价模型，从大类、中类、小类分别研究 2015 年江苏文化产业的质量特征。

首先，选择初始指标。分析现有文化产业评价模型，在此基础上从文化产业质量的规模质量、效益质量、营运质量、增长质量四个属性选择初始指标；

其次，指标筛选、确定权重。使用 2014 年江苏文化产业数据，从指标相关性、结构效度方面进行指标筛选，确定最终进入模型指标及各层级的指标权重，构建“江苏省文化产业质量评价模型”；

最后，质量特征评价。剔除 2015 年江苏文化产业数据中缺失较多及数据异常的类别，分别研究讨论 2015 年三种产业类型、大类、中类、小类江苏文化产业的质量特征。

6.1 江苏省文化产业质量评价模型构建

6.1.1 现有文化产业评价模型分析

一些学者借鉴相关理论对文化产业进行了研究，提出了一些评价模型和指

① 引自：http://www.ce.cn/culture/gd/201307/31/t20130731_24620940.shtml.

标体系,具有代表性的文化产业评价模型见表 6-1。

表 6-1　文化产业评价模型

模型	代表	构成要素
3T 理论	理查德·佛罗里达[96]	技术(研发费用占比、每百万人拥有专利数等)、人才(科技人才比例、人力资本比例和就业贡献度)、宽容度(同性恋指数等)
钻石模型	祁述裕[97]	3 大模块(核心竞争力、基础竞争力以及环境竞争力)、5 大要素(生产要素、需求状况、相关产业集群、文化企业战略、政府行为)
层次模型	花建[98]	3 个层次(微观、中观和宏观)、4 大能力(创新能力、拓展能力、成本控制能力、持续发展能力)、7 个竞争力(实力、效益、关联、资源、能力、结构、环境)
分叉树模型	顾乃华和夏杰长[99]	3 个模块(竞争实力、潜在需求能力和潜在供给能力)、12 个竞争面(市场份额、经济地位、发展深度、增长能力、政府扶持、消费便利性、居民文化消费力等)
二维结构模型	王颖[100]	竞争力维度(企业层、产业层、国家或地区层)和发展形态维度(粗放型、集约型和创造型)
价值链模型	李雪茹[101]	4 个一级指标(价值要素、稀缺性要素、不可模仿要素和组织要素)、8 个二级指标(现有实力、影响力、需求、持续发展、文化渗透、创新、相关产业要素、政府要素)
指数模型	香港创意指数[102]	"5Cs"理论,即创意的成果、结构及制度资本、人力资本、社会资本和文化资本
指数模型	中国省市文化产业发展指数[103]	生产力指数(要素投入和资源禀赋)、影响力指数(经济效益和社会效益)、驱动力指数(外部环境)

从上表可看出,文化产业评价模型主要基于以下几种思路:(1)以某一成熟理论为基础,依据相关理论内涵,逐层推导;(2)从后向前追溯,寻找产生结果的原因;(3)按照文化产业运行过程或内在逻辑机理构建评价模型和指标体系;

(4)将显性指标和隐性指标相结合,综合评价文化产业的结果和决定要素。这些研究极大地丰富了文化产业评价理论与方法,有利于文化产业更好地发展。但也存在一定局限:一些评价模型构建过程过于主观;部分评价模型基础指标表述不够具体,庞杂琐碎;较多的研究将地区作为样本进行分析,缺少利用成熟统计口径、针对某一地区文化产业的深入剖析。因此,文化产业评价还未形成统一的评价模型。

6.1.2　初始指标来源

本节依据科学性与系统性、代表性与可行性、动态与静态结合的指标体系构建原则,按照前文界定的文化产业四个质量属性,从规模、增长、效益和营运四个维度,选取 24 个具有代表性的指标,组成文化产业质量研究指标库,详见表 6-2。

表 6-2　江苏省文化产业质量研究指标库

<table>
<tr><th>维度</th><th>指标</th><th>选取依据</th></tr>
<tr><td rowspan="8">规模</td><td>文化产业增加值(亿元)</td><td rowspan="8">乐祥海(2013)[104];
李扬(2013)[105];
陈飞宇(2014)[106];
肖黎(2014)[107];
徐子龙(2014)[108];
张红霞(2014)[109];
张桂玲(2016)[110];
赵利(2016)[111]</td></tr>
<tr><td>经济贡献度(%)</td></tr>
<tr><td>主营业务税金及附加(万元)</td></tr>
<tr><td>所有者权益合计(万元)</td></tr>
<tr><td>营业收入(亿元)</td></tr>
<tr><td>营业成本(亿元)</td></tr>
<tr><td>就业贡献度(%)</td></tr>
<tr><td>应交增值税(亿元)</td></tr>
<tr><td rowspan="6">效益</td><td>全员劳动生产率(万元/人)</td><td rowspan="6">杨文(2012)[112];
刘璇和张向前(2013)[113];
刘燮华等(2013)[114];
张宝英(2014)[115];
汪欢(2014)[116]</td></tr>
<tr><td>应付职工薪酬(亿元)</td></tr>
<tr><td>劳动报酬产出率(%)</td></tr>
<tr><td>人均净利润(万元/人)</td></tr>
<tr><td>资产保值增值率(%)</td></tr>
<tr><td>财政补助收入(亿元)</td></tr>
</table>

（续表）

维度	指标	选取依据
营运	成本管控能力（%）	王文锋（2014）[102]；陈颇和詹新寰（2014）[117]；于泽和朱学义（2014）[118]；王双阳（2014）[119]；何凡（2016）[120]
	总资产周转率（次）	
	营业成本比率（%）	
	资产利润率（%）	
	净资产收益率（%）	
	固定资产产出率（%）	
增长	从业人员增长率（%）	庄锴和王虹（2012）[121]；赵瑞峰等（2014）[122]；尹潇（2016）[123]
	文化产业增加值增长率（%）	
	利润总额增长率（%）	
	主营业务收入增长率（%）	

6.1.3 指标筛选

6.1.3.1 相关性分析

在指标筛选之前，对 2014 年江苏文化产业 120 个小类①原始数据进行了分类整理，剔除了缺失较多及数据异常的类别，剔除后剩余 98 个小类数据，据此进行指标筛选。

在获取、计算所需指标数值后，本节通过指标间的相关系数以及指标与量表总分之间的相关系数来对原始指标进行筛选，指标说明见表 6-3。

运用 SPSS22.0 对 2014 年江苏文化产业 98 个小类数据进行分析，发现文化产业增加值、应付职工薪酬、营业成本和就业贡献度与其他指标相关系数较高；其中，文化产业增加值与经济贡献度相关系数达到了 1，就业贡献度与经济贡献度相关系数达到 0.921，营业成本与收入相关系数达到 0.997，应付职工薪酬与经济贡献度相关系数达到 0.917；通过多次对比分析，决定将这四项指标剔除，借以消除重复反应评价对象而影响结果的隐患。净资产收益率与其他指标

① 本章使用 2014 年、2015 年数据为《文化及相关产业分类（2012）》统计口径，文化产业划分为 10 个大类、50 个中类、120 个小类。

相关系数过低，不利于因子分析，因此将其剔除。政府补助收入和固定资产产出率与量表总分的相关系数都低于 0.2，且 p 值都超过 0.05，因此将这两个指标剔除。剔除这七个指标后，剩余的指标具有相对的独立性和较好的代表性，并与量表总分的相关系数较合理，p 都非常显著，详见表 6-3。

表 6-3　各指标与量表总分的相关性

指标及说明		Pearson 相关性	显著性(双尾)
主营业务税金及附加	指标值可直接获取	0.496	0.000
所有者权益合计	指标值可直接获取	0.495	0.000
人均净利润	指标值可直接获取	0.401	0.000
全员劳动生产率	指标值可直接获取	0.383	0.000
劳动报酬产出率	文化产业增加值/应付职工薪酬	0.420	0.000
资产保值增值率	年末所有者权益/年初所有者权益	0.332	0.001
营业收入	指标值可直接获取	0.670	0.000
成本管控能力	(主营业务成本＋销售费用＋管理费用＋财务费用)/主营业务收入	0.576	0.000
总资产周转率	营业收入/平均资产总额	0.316	0.002
经济贡献度	文化产业增加值/全省 GDP	0.656	0.000
营业成本比率	营业成本与收入的比重	0.340	0.001
应交增值税	指标值可直接获取	0.646	0.000
资产利润率	指标值可直接获取	0.481	0.000
从业人员增长率	当年指标值/上年指标值	0.287	0.004
增加值增长率	当年指标值/上年指标值	0.508	0.000
利润总额增长率	当年指标值/上年指标值	0.484	0.000
主营业务收入增长率	当年指标值/上年指标值	0.413	0.000

6.1.3.2 结构效度分析

(1)KMO 检验和 Bartlett 的球形度检验

KMO 检验和 Bartlett 球形检验结果见表 6-4。

表 6-4 KMO 和 Bartlett 球形检验

KMO 取样适切性量数		0.674
Bartlett 球形度检验	上次读取的卡方	1280.840
	自由度	136
	显著性	0.000

从上表可知,KMO 值大于 0.6;P 值为 0;因此,适合因子分析。

(2)因子提取

根据相关系数矩阵,提取公因子。表 6-5 给出了在特征根大于 1 的条件下的共同度,提取列表示指标共同度的取值,取值区间为 0~1。一般认为,共同度数值应该大于 0.5,但这并不是绝对科学的标准。郑晓薇(2012)认为共同度小于 0.4,则不适合继续进行因子分析。涂婷婷(2015)认为公因子方差大于 0.4 即可接受。

由表 6-5 可知,16 个指标共同度大于 0.5,而资产利润率的共同度为0.473,结合现有研究,可以接受共同度为 0.473 的指标;另外,资产利润率在第四个公因子上的载荷为 0.541,但在其他 3 个公因子上的载荷均小于 0.4(见表 6-7),没有出现横跨因子现象。因此,资产利润率指标可以保留。

表 6-5 公因子方差

基础指标	初始值	提取
主营业务税金及附加	1.000	0.700
所有者权益合计	1.000	0.780
人均净利润	1.000	0.851
全员劳动生产率	1.000	0.898
劳动报酬产出率	1.000	0.666
资产保值增值率	1.000	0.604

（续表）

基础指标	初始值	提取
营业收入	1.000	0.848
成本管控能力	1.000	0.669
总资产周转率	1.000	0.783
经济贡献度	1.000	0.961
营业成本比率	1.000	0.763
应交增值税	1.000	0.857
资产利润率	1.000	0.473
从业人员增长率	1.000	0.691
增加值增长率	1.000	0.724
利润总额增长率	1.000	0.642
主营业务收入增长率	1.000	0.609
提取方法：主成分分析		

(3)总方差解释表

总方差解释情况见表 6-6。从特征值来看，大于 1 的公因子有 4 个；从累计方差贡献率来看，4 个公因子的累计方差贡献率达到了 73.641%，说明所提取的 4 个公因子已经包含了原来 17 个指标中 73.641%的信息量。因此，这 4 个公因子可以较理想的代替原来的指标对江苏省文化产业质量进行分析与描述。

表 6-6　总方差解释

组件	初始特征值			提取载荷平方和			旋转载荷平方和		
	总计	方差百分比	累积%	总计	方差百分比	累积%	总计	方差百分比	累积%
1	4.347	25.571	25.571	4.347	25.571	25.571	4.099	24.112	24.112
2	3.233	19.020	44.591	3.233	19.020	44.591	3.164	18.609	42.722
3	2.687	15.807	60.398	2.687	15.807	60.398	2.754	16.199	58.921
4	2.251	13.243	73.641	2.251	13.243	73.641	2.502	14.720	73.641
5	0.849	4.993	78.635						

（续表）

组件	初始特征值			提取载荷平方和			旋转载荷平方和		
	总计	方差百分比	累积%	总计	方差百分比	累积%	总计	方差百分比	累积%
6	0.716	4.213	82.847						
7	0.615	3.616	86.463						
8	0.472	2.778	89.241						
9	0.451	2.653	91.894						
10	0.359	2.113	94.007						
11	0.270	1.586	95.594						
12	0.236	1.390	96.983						
13	0.202	1.190	98.174						
14	0.122	0.720	98.894						
15	0.093	0.544	99.438						
16	0.064	0.378	99.816						
17	0.031	0.184	100.000						

(4)旋转后的因子载荷图

根据最大方差法进行旋转，使各指标在某个公因子上载荷较大，结果详见表 6-7。

表 6-7　旋转后的成分矩阵

	组件			
	1	2	3	4
经济贡献度	0.975	0.004	0.046	0.085
应交增值税	0.904	0.018	−0.001	0.200
营业收入	0.888	−0.007	0.058	0.239
所有者权益合计	0.867	−0.046	0.091	−0.138
主营业务税金及附加	0.836	−0.020	−0.010	−0.032

（续表）

	组件			
	1	2	3	4
增加值增长率	－0.001	0.813	－0.007	0.252
从业人员增长率	－0.040	0.807	－0.173	－0.092
主营业务收入增长率	－0.012	0.780	0.027	0.003
资产保值增值率	0.001	0.770	－0.061	－0.087
利润总额增长率	0.003	0.751	0.273	0.048
全员劳动生产率	0.057	－0.014	0.943	－0.072
人均净利润	－0.012	－0.058	0.908	0.153
劳动报酬产出率	0.101	0.028	0.809	0.023
总资产周转率	－0.058	－0.111	－0.002	0.876
营业成本比率	0.211	－0.081	－0.297	0.790
成本管控能力	0.173	0.121	0.202	0.764
资产利润率	－0.018	0.214	0.367	0.541
提取方法：主成分分析				
旋转方法：Kaiser 标准化最大方差法				
a. 旋转在 4 次迭代后已收敛				

由表 6-7 可知，经济贡献度、应交增值税、营业收入、所有者权益合计和主营业务税金及附加在第一个公因子上的载荷较大，这些指标能够反映产业的总量，因此将其命名为规模质量。增加值增长率、从业人员增长率、主营业务收入增长率、资产保值增值率和利润总额增长率在第二个公因子上的载荷较大，这些指标反应增长情况，因此将其命名为增长质量。全员劳动生产率、人均净利润和劳动报酬产出率在第三个公因子上具有较大载荷，这三个指标反映的信息都与劳动占有量有关，因此将其命名为效益质量。总资产周转率、营业成本比率、管控能力和资产利润率在第四个公因子上具有较大载荷，这四项指标反应文化产业的运营管理能力，因此命名为营运质量。

(5)成分得分系数矩阵

因子得分系数矩阵详见表 6-8。

表 6-8 成分得分系数矩阵

	组件			
	1	2	3	4
主营业务税金及附加	0.21334	0.00209	−0.01893	−0.05940
所有者权益合计	0.22490	−0.00495	0.02119	−0.10805
人均净利润	−0.02995	−0.03257	0.33047	0.03747
全员劳动生产率	−0.00020	−0.01414	0.34864	−0.06182
劳动报酬产出率	0.00870	−0.00056	0.29479	−0.02148
资产保值增值率	0.01350	0.24712	−0.02931	−0.04988
营业收入	0.21010	0.00058	−0.00314	0.04811
成本管控能力	−0.00197	0.02212	0.04591	0.29989
总资产周转率	−0.06472	−0.05346	−0.02517	0.37044
经济贡献度	0.24126	0.00797	−0.00483	−0.02066
营业成本比率	0.01428	−0.03605	−0.13678	0.32788
应交增值税	0.21783	0.01019	−0.02456	0.03221
资产利润率	−0.03998	0.05258	0.11610	0.21054
从业人员增长率	0.00583	0.25991	−0.06997	−0.04702
增加值增长率	−0.00683	0.25316	−0.02013	0.08916
利润总额增长率	−0.00023	0.23446	0.08976	−0.00360
主营业务收入增长率	0.00339	0.24730	0.00046	−0.01437
提取方法:主成分分析。 旋转方法:Kaiser 标准化最大方差法。 组件评分。				

(6)四个质量属性内部效度分析

本节借助 KMO 值和 Bartlett 球形检验值来重点考察评价体系的效度。使用不同的数据进行效度分析会产生不同结果，一般认为 KMO 值大于 0.6 即可接受。Bartlett 球形检验用于考察指标之间的相关性，如果显著性小于 0.05，则可接受。本章分别对前文探索出来的 4 个文化产业质量属性进行 KMO 和 Bartlett 球形检验，结果见表 6-9。

表 6-9　KMO 和 Bartlett 球形检验

质量属性	检验项目		检验值
规模质量	KMO 取样适切性量数		0.803
	Bartlett 球形度检验	上次读取的卡方	553.571
		自由度	10
		显著性	0
效益质量	KMO 取样适切性量数		0.638
	Bartlett 球形度检验	上次读取的卡方	206.792
		自由度	3
		显著性	0
营运质量	KMO 取样适切性量数		0.605
	Bartlett 球形度检验	上次读取的卡方	119.865
		自由度	6
		显著性	0
增长质量	KMO 取样适切性量数		0.669
	Bartlett 球形度检验	上次读取的卡方	229.448
		自由度	10
		显著性	0

由表 6-9 可知，4 个质量属性的 KMO 检验值都大于 0.6。Bartlett 球形检验结果显示：显著性概率小于 0.01；近似卡方值都大于各自自由度对应的临界值。因此拒绝 Bartlett 球形检验的零假设，认为该部分指标效度结构好。整体效度可见表 6-9。

6.1.4 指标权重确定

6.1.4.1 基础指标权重

现有研究采用不同方法来确定指标权重。理查德·佛罗里达利用等权重法来确定3T理论中各指标权重。钞小静(2016)研究经济增长质量时,把第一主成分中各指标的系数作为权重。[124]

不同的赋权方法有不同的优缺点。等权重法略显简单;层次分析法过于主观;熵权法会忽视决策者的主观意图;灰色关联度有其自身的适用范围。本章借鉴钞小静[124]的研究成果,利用因子得分系数对基础指标进行赋权,将基础指标在其所属的公因子上的系数作为其权重,详见表6-10。

表6-10 基础指标权重

基础指标	权重	基础指标	权重
经济贡献度	0.24126	利润总额增长率	0.23446
应交增值税	0.21783	全员劳动生产率	0.34864
营业收入	0.21010	人均净利润	0.33047
所有者权益合计	0.22490	劳动报酬产出率	0.29479
主营业务税金及附加	0.21334	总资产周转率	0.37044
增加值增长率	0.25316	营业成本比率	0.32788
从业人员增长率	0.25991	成本管控能力	0.29989
主营业务收入增长率	0.24730	资产利润率	0.21054
资产保值增值率	0.24712		

6.1.4.2 质量属性权重

依据总方差解释表来确定四个质量属性的权重,将每个质量属性的方差百分比占累计方差百分比的比重作为其权重,详见表6-11。

表6-11 质量属性权重

质量属性	方差百分比	权重
规模质量	24.112	0.32743
效益质量	16.1993	0.21998
营运质量	14.7203	0.19989
增长质量	18.6094	0.25270

6.1.5　评价模型构建结果

通过使用 2014 年江苏省文化产业相关统计数据，对初始指标进行相关性分析、因子分析、结构效度分析，确立了最终进入评价模型的 17 个指标及其权重。

“江苏省文化产业质量评价模型”见图 6-1。

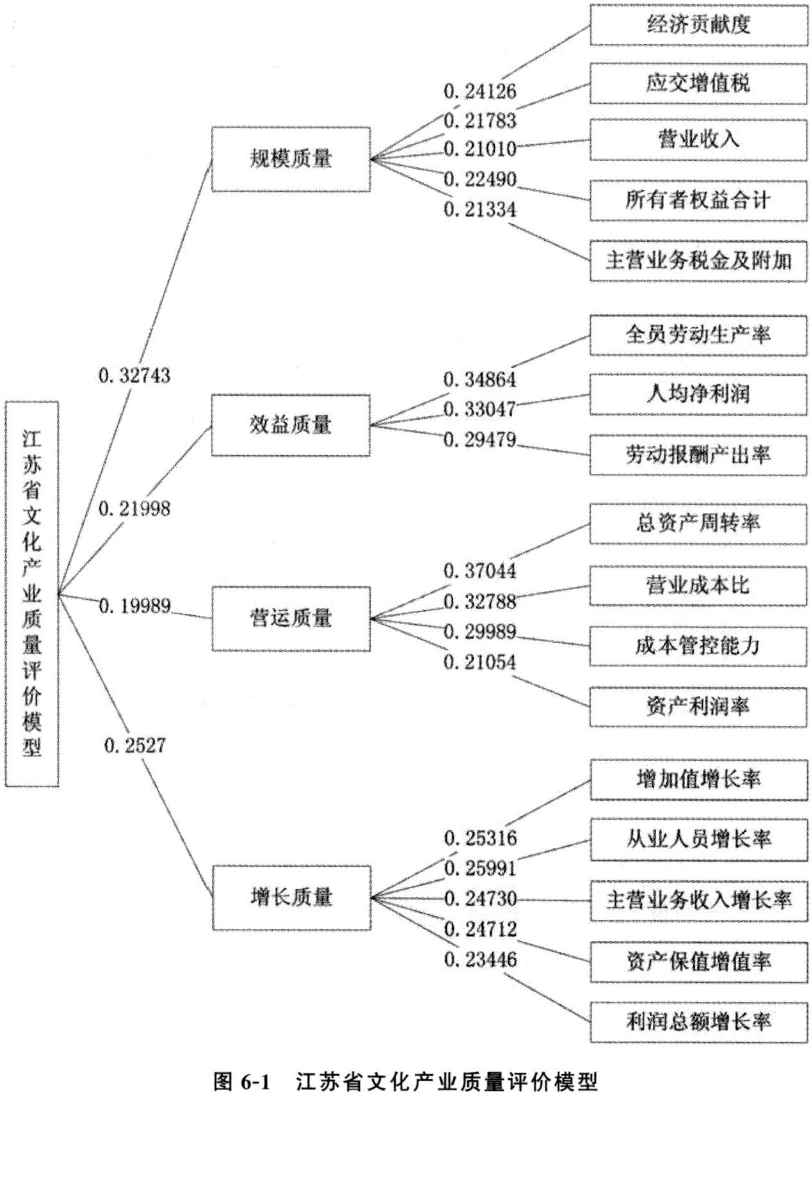

图 6-1　江苏省文化产业质量评价模型

6.2　2015 年江苏省文化产业质量评价与分析

6.2.1　2015 年江苏文化产业发展概况

截至 2015 年底，江苏文化产业企业共计 6819 户，从业人员 116.14 万人，资产总额 11329.85 亿元，所有者权益 5268.92 亿元，实现营业总收入 12453.72 亿元，利润总额 756.07 亿元，净利润 624.33 亿元。统计数据显示，2015 年江苏文化产业呈现强劲的增长态势，各项经济指标较 2014 年都有较大幅度上升。

6.2.1.1　企业规模

2015 年，江苏文化企业的企业数量、从业人员、资产规模总体上呈稳步扩张之势，见表 6-12。

表 6-12　2015 年江苏文化企业数量和年末从业人员的增长

年份	2014 年	2015 年	增幅(%)
企业数量(户)	6434	6819	5.98
年末从业人员(人)	1103172	1161414	5.28
资产总额(亿元)	9294	11329.85	21.9
所有者权益(亿元)	465	526.89	17.33

6.2.1.2　产出和效益

2015 年，江苏文化产业营业收入、利润指标、人均产出均呈现快速增长的态势，见表 6-13、表 6-14。

表 6-13　2015 年江苏文化企业产出情况

年份	营业收入(亿元)		利润总额(亿元)		净利润(亿元)	
	数值	增长率	数值	增长率	数值	增长率
2014 年	9845.22	17.34%	691.18	2.33%	567.96	−2.94%
2015 年	12453.72	26.50%	756.07	9.39%	624.33	9.93%

表 6-14　2015 年江苏文化企业人均产出情况

年份	人均营业总收入(万元)	人均利润总额(万元)	人均净利润(万元)
2014 年	89.24	6.27	5.15
2015 年	107.23	6.51	5.38

6.2.2　2015 年江苏省文化产业质量评价

本节将以行业类别为样本，对江苏文化产业大类、中类和小类组成的三上文化产业的质量进行测评。在正式分析之前，对原始数据进行了分类整理，剔除了缺失较多及数据异常的类别。

在测算产业质量之前，需要对数据进行标准化。由于本书将对江苏文化产业质量和产业效率进行综合分析，而产业效率值在 0～1 之间，为方便综合分析，本节采用离差标准化处理数据。离差标准化转换函数为：$X^* = (X - X_{min})/(X_{max} - X_{min})$，其中 X_{max} 为最大值，X_{min} 为最小值。

6.2.2.1　三种产业类型文化产业质量分析

根据前文的评价模型可得到文化制造、文化服务、文化批零三种产业类型的产业质量得分，见表 6-15。

表 6-15　江苏省三上文化产业质量情况

三上文化产业	规模质量	效益质量	营运质量	增长质量	综合质量	排名
文化制造	1.10743	0.09732	1.11960	1.04144	0.87098	1
文化服务	0.53109	0.04118	0.00000	1.23266	0.49445	2
文化批零	0.00000	0.97390	1.01669	0.00000	0.41747	3

由上表可知，规模以上文化制造业产业质量最高，达到 0.87098，重点文化服务业产业质量排名第二，限额以上文化批发零售业产业质量较低；文化批零业的规模质量和增长质量以及文化服务业的营运质量得分都为 0，这是 0～1 标准化方法所造成，并不意味着该产业在对应的质量属性上毫无质量可言。

2015 年，江苏规模以上文化制造业营业收入达到 7907 亿元，应付职工薪酬 470.33 亿元，资产利润率达到 9.61%，净资产收益率达到 15.02%，应交增值税和营业收入在全省文化产业中占比均超过 70%(详见图 6-2)，产业综合质量也在不断提高。

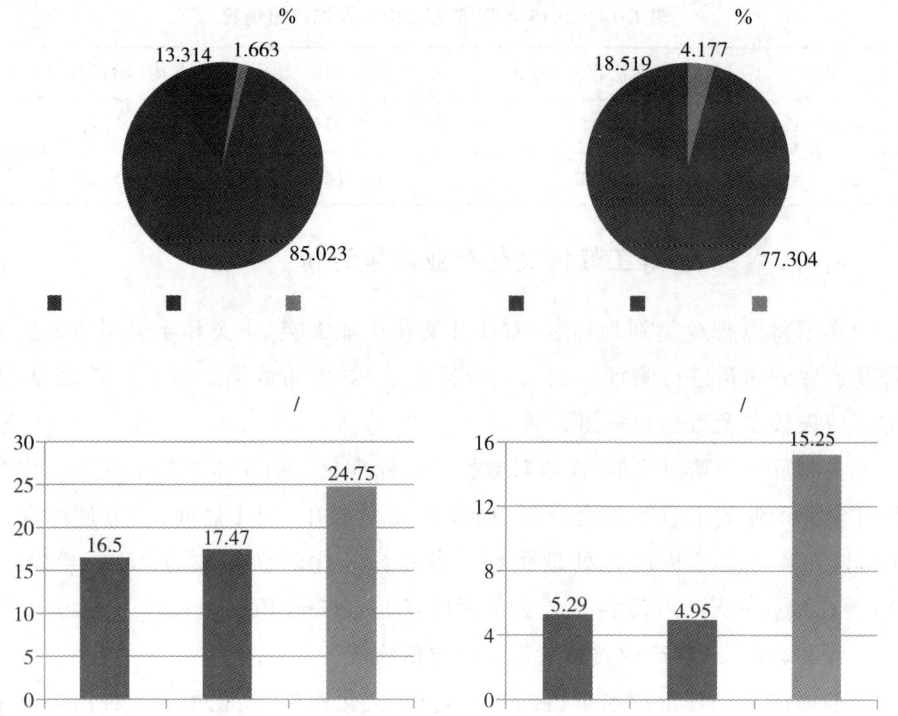

图 6-2　2015 年江苏三上文化产业规模情况

全省重点文化服务业产业质量居中，该产业的增长质量较高，营运质量相对较低。2015 年，该产业获得政府补助收入 12.77 亿元，占全省文化产业补助的 61.8%，主营业务收入增长了 28.26%，增加值增长了 11.08%。

限额以上文化批零产业质量较低，该产业的规模质量和增长质量都较低，但效益质量较高，达到 0.9739。由图 6-2 可知，该类产业在占用较少劳动资源的情况下，获得了较大绩效，全员劳动生产率达到 24.75 万元/人，人均净利润达到 15.25 万元。

6.2.2.2　大类文化产业质量分析

江苏省文化产业大类产业质量得分详见表 6-16 和图 6-3。

文化用品的生产产业质量位居十大类文化产业之首。2015 年江苏文化用品的生产应交增值税达到 114 亿元（见表 6-17），营业收入 5416.7 亿元，所有者权益合计 1734.9 亿元，主营业务税金及附加达到 16.5 亿元；就产业增加值、对社会的贡献而言，在十大类产业中都排在首位，对文化产业的贡献无可替代。

该产业包含的中类产业质量得分名列前茅，其中，文化用纸的制造、其他文化用品的制造和视听设备的制造分别排在第二、三、五位。

表 6-16　江苏省十大类文化产业质量情况

文化产业大类	规模质量	效益质量	营运质量	增长质量	综合质量	排名
文化用品的生产	1.10743	0.34954	1.00216	0.56904	0.78362	1
文化专用设备的生产	0.20857	0.34824	0.97938	0.90928	0.57044	2
工艺美术品的生产	0.27938	0.16840	1.15841	0.73122	0.54486	3
文化创意和设计服务	0.41452	0.21634	0.47547	0.73741	0.46470	4
文化产品生产的辅助生产	0.26996	0.29355	0.75213	0.59130	0.45273	5
新闻出版发行服务	0.02965	0.78196	0.29780	0.70138	0.41849	6
文化休闲娱乐服务	0.18487	0.43959	0.03827	0.93116	0.40019	7
文化信息传输服务	0.13608	0.13740	0.45629	0.78691	0.36484	8
广播电视影视服务	0.02001	0.35250	0.20678	0.87155	0.34567	9
文化艺术服务	0.00092	0.27118	0.09436	0.64049	0.24067	10

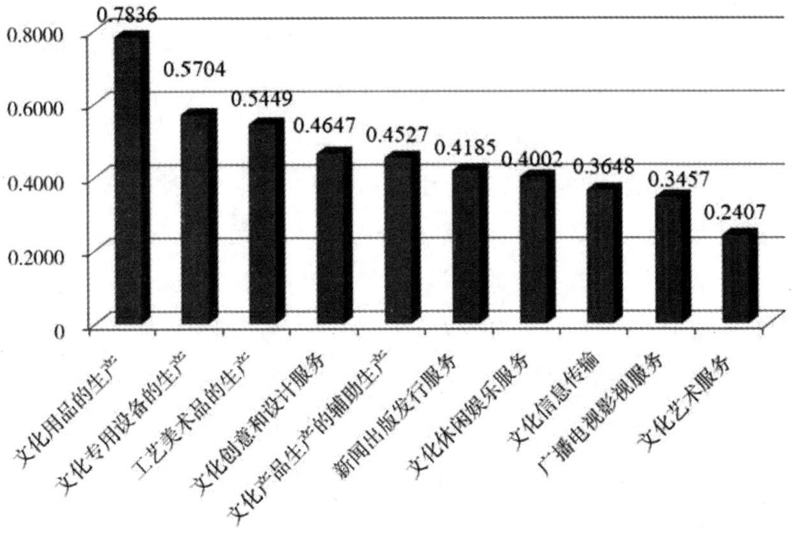

图 6-3　江苏省十大类文化产业综合质量

表 6-17　2015 年江苏省文化产业十大类规模情况

文化产业大类	应交增值税（亿元）	营业收入（亿元）	所有者权益合计（亿元）	主营业务税金及附加（亿元）
文化用品的生产	113.99	5416.66	1734.96	16.50
文化专用设备的生产	20.75	897.46	334.14	4.46
工艺美术品的生产	38.25	1126.24	256.70	6.67
文化创意和设计服务	19.00	1002.41	623.14	13.17
文化产品生产的辅助生产	28.27	895.79	459.63	6.04
新闻出版发行服务	1.94	124.92	192.90	0.61
文化休闲娱乐服务	1.26	218.13	688.33	6.28
文化信息传输服务	5.49	449.99	486.80	2.39
广播电视影视服务	2.11	64.22	110.42	1.09
文化艺术服务	0.74	33.28	64.74	0.68

文化专用设备的生产产业质量位列第二，与文化用品的生产产业质量相比有一定差距。该产业的营运质量和增长质量都超过了 0.9，而规模质量和效益质量得分不高，其中，规模质量只有 0.20857，对产业综合质量产生消极影响；该产业所包含的中类产业印刷专用设备的制造、广播电视电影专用设备的制造和其他文化专用设备的制造综合产业质量得分分别为 0.46976 、0.48389 和 0.36882，在中类产业中，质量水平较高。

工艺美术品的生产的综合产业质量得分为 0.54486，排名第三。虽然该产业的规模质量、增长质量和效益质量得分一般，但营运质量很高，达到 1.15841，对该产业贡献较大；在该产业的中类中，工艺美术品的制造产业质量得分达到 0.59493，排在中类产业首位，对该大类产业的发展起到积极推动作用。

文化创意和设计服务产业质量为 0.4647，排名第四。该产业增加值和营业收入都比较高，但效益质量和营运质量表现一般，人均净利润排名第四，而劳动报酬产出率却排倒数第二，营业成本比率和管控能力排名也都不理想，这些都影响了综合质量。

广播电视影视服务和文化艺术服务产业质量较差，分别排在第九位和第十位;这两类产业的规模质量、效益质量、营运质量和增长质量水平都较低;而且它们所属的中类产业质量得分也都低于平均产业质量得分。

从四个质量属性角度分析,文化用品的生产规模质量最高,并远高于其他产业,表明该类产业规模经济效应较好,从表 6-17 中的相关数据也可以发现该产业规模质量优势十分明显。文化休闲娱乐服务的增长质量最高,2015 年该类产业增加值增长率为 27.6 %,从业人员增长率为 30.5%,利润总额增长率达到 37.9%,综合来看,文化休闲娱乐服务领跑全省文化产业。新闻出版发行服务产业的效益质量最高,达到 0.78196,2015 年该类产业全员劳动生产率超过 24 万元,人均净利润 10 万元,均排在十大类产业首位。工艺美术品生产的营运质量最高,该类产业在 2015 年表现出较强的资金周转能力和销售能力,总资产周转率达到 1.981,资产利润率达到 15%。

6.2.2.3　中类文化产业质量分析

根据上文构建的文化产业质量评价模型,结合标准化后的中类产业数据,可以得到江苏省中类文化产业质量得分,详见附录 6-1。为了更加直观地考察优势中类产业,制作的优势中类产业质量柱形图见图 6-4。

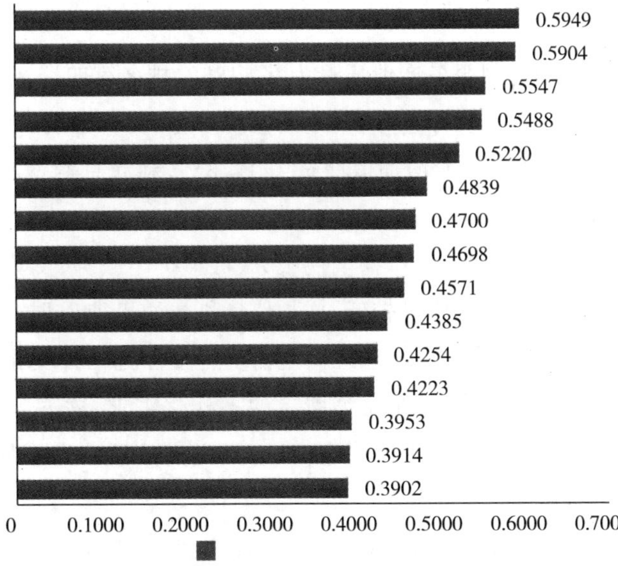

图 6-4　江苏省文化产业优势中类

由图 6-4 中可知,中类综合质量排名前三依次为工艺美术品的制造、文化用纸的制造、其他文化用品的制造。在中类文化产业质量前 15 名分布中,文化用品的生产大类占 5 席、文化创意和设计服务大类占 3 席、文化专用设备的生产大类占 2 席。

工艺美术品的制造产业质量最高，达到 0.59493；由附录 1 可知，规模质量和营运质量对该产业综合质量贡献较高。江苏省工艺美术产业历史悠久、技艺精湛，并且较早地颁布了相应的法规，为工艺美术以法兴业提供了良好的环境；2015 年，该产业应交增值税为 36.48 亿元，居中类首位；总资产周转率、资产利润率分别为 2.04 和 15.43%，在文化产业中类中名列前茅。

文化用纸的制造产业质量排第二，达到 0.59044，规模质量和效益质量对其贡献较大；2015 年，该类产业增加值达 173.06 亿元，营业收入达 1006.21 亿元，所有者权益合计为 702.11 亿元，劳动报酬产出率为 379%，优秀的绩效结果铸就了较高的产业质量；它包含的机制纸及纸板制造的产业质量在小类中排名第一。

其他文化用品的制造产业质量为 0.55474，排名第三，规模质量和营运质量对其综合质量具有显著的积极影响。2015 年，该类产业应交增值税为 29.38 亿元，仅次于工艺美术品的制造，总资产周转率、资产利润率绩效结果也都名列前茅。

印刷复制服务产业质量为 0.54882，排名第四。江苏作为印刷业重镇，大力发展数字印刷和绿色印刷，不断推动产业创新，已展示出向中高端迈进的态势。2015 年，该类产业增加值增长了 14.8%，利润总额增长了 26.1%，呈现出良好的增长势头。

群众文化服务、广播电视服务、摄影扩印服务、文具乐器照相器材的销售和新闻服务的产业质量较低，这与信息科技的迅速发展对其造成冲击有关。随着信息技术的不断进步，能够满足消费者个性化精神文化需求的各种高科技产品层出不穷，极大地满足了消费者的多样化需求，这五类综合质量较低的行业没能及时搭上信息技术的快车，没有及时满足消费者个性化需求，导致发展势头较为缓慢。

就中类文化产业四大质量属性而言：工艺美术品的制造的规模质量最高，达到 0.82755；文化遗产保护服务的增长质量最高，达到 0.77245；发行服务的效益质量最高，达到 0.9739；文化贸易代理与拍卖服务的营运质量最高，达到 1.01286。其中，工艺美术品的制造是江苏省重点发展的行业之一，2015 年，固定资产原价达到 298.04 亿元，应交所得税费达到 15.6 亿元，期末从业人员为 12.59 万人，较上一年增长了 6.24%，产业规模在不断扩大；文化遗产保护服务增加值增长率、从业人员增长率、资产保值增值率分别为 62.27%、17.29%和 118.11%，这都促使其增长质量快速提升；发行服务行业全员劳动生产率、人均净利润和劳动报酬产出率分别为 66.32 万元/人、52.95 万元和 681.69%，三项指标都排在中类首位；文化贸易代理与拍卖服务行业 2015 年总资产周转率高达 8.23 次，位列中类第一，这与人们收入的不断提高、文化代理和拍卖活动比较活跃有一定关系。

6.2.2.4　小类文化产业质量分析

根据上文构建的文化产业质量评价体系，结合标准化后的数据，可以得到江苏省文化产业小类的产业质量得分，详见附录 6-2。为了更加直观地考察优势产业，制作的排名前 20 位的优势小类产业质量图见图 6-5。

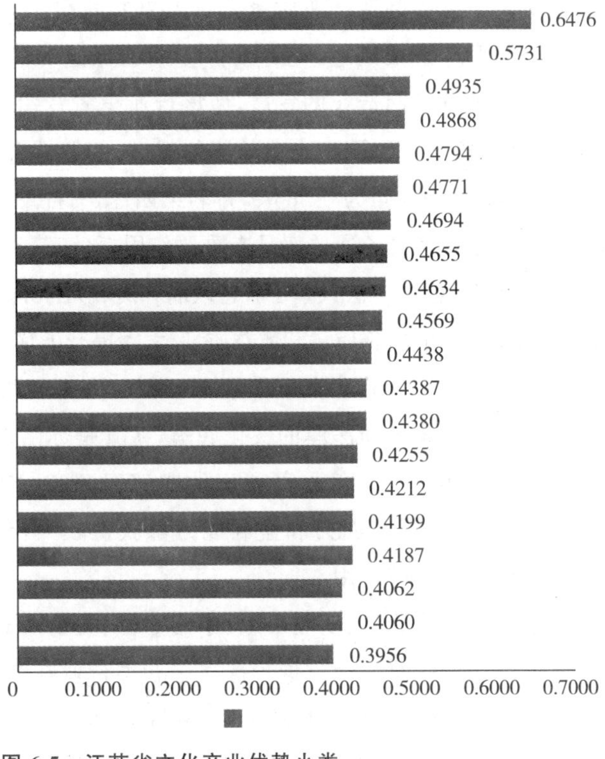

图 6-5　江苏省文化产业优势小类

如图 6-5 所示，在江苏文化产业小类中，机制纸及纸板制造、包装装潢及其他印刷、其他电子设备制造、图书批发、抽纱刺绣工艺品制造产业综合质量排名前五。

机制纸及纸板制造产业质量最高，达到 0.64757，这主要得益于该行业的规模质量。2015 年，该行业规模以上企业有 227 家，资产总计达 1403.16 亿元，营业收入达到 997.7 亿元，主营业务收入增长率为 9.17%，产业规模持续扩大，产业质量不断提高。

包装装潢及其他印刷产业质量为 0.57307，排名第二；该行业规模质量较高，排名第二。随着人们审美品位的不断提高和印刷技术的飞速发展，独具特色的商品外观成为商家吸引消费者的重要工具，这给该行业带来了发展机遇；2015 年，该行业规模以上企业增长到 544 家，为全省贡献 8.76 万个工作岗位，实现工业总产值 688.67 亿元，工业销售产值达到 680.36 亿元，产业规模在不断扩大的同时，产业质量也得到了提升。

其他电子设备制造产业质量为 0.49351，排名第三；江苏省作为长江三角洲重要的外向型经济聚集地，充分发挥劳动力充足和产业集中度较高两大优势，积极引导电子设备制造业的发展，使该行业全省竞争力一直远高于全国平均水平，随着市场竞争的加剧和企业效率的提高，行业综合质量也在不断提升。

图书批发产业质量为 0.48679，排名第四；图书批发作为图书流通的重要环节，对节约社会成本、提高流通效率具有重要作用，是江苏省鼓励发展的绿色环保产业之一，2015 年，限额以上法人单位获得政府补助收入 487.8 万元，实现营业收入50.59 万元，获得了较高的增长质量和效益质量，大大提升了整体产业质量。

抽纱刺绣工艺品制造产业质量为 0.47936，排名第五；江苏抽纱刺绣工艺品产业具有精湛的技艺和深厚的文化底蕴，尤其是苏南地区；2015 年，在政府积极引导和大力扶植下，该产业实现工业总产值 433.18 亿元，出口交货值达到 149.32亿元，资源周转能力和盈利能力都获得较大提高，对其中类和大类的产业质量起到积极促进作用。

其他室内娱乐活动、期刊出版、乐器零售、文物及非物质文化遗产保护和野生动物保护五类行业综合质量较低。这五类行业在 2015 年的绩效结果不够理想，使得四个质量属性得分均较低，导致综合产业质量排名垫底。

就小类文化产业四大质量属性而言，机制纸及纸板制造的规模质量最高，达到 0.98134；电子乐器制造的增长质量最高，达到 0.95785；首饰、工艺品及收藏品批发的效益质量最高，达到 0.9739；中乐器制造的营运质量最高，达到 0.81266。2015 年，规模以上机制纸及纸板制造行业实现工业总产值 995.09 亿元，出口交货值为 86.61 亿元，应交增值税为 22.88 亿元，所有者权益合计达到 699.09 亿元，在小类产业中名列前茅；电子乐器制造业增加值较上一年增长了 143.5%，从业人员增加了 86.14%，利润总额增长了 136.42%，产业增长速度较快；首饰、工艺品及收藏品批发行业劳动生产率、人均净利和劳动报酬产出率均较高，促使其效益质量在小类产业中排第一；中乐器制造行业在 2015 年表现出较强的资金周转能力和盈利能力，因而营运质量最高。

本章小结

为进一步认识文化产业成长期的质量变革的规律性，并为探索产业高质量发展的质量变革路径提供佐证，本章构建了“江苏省文化产业质量评价模型”，在剔除了缺失较多及数据异常的类别后，使用 2015 年江苏文化产业数据 10 个大类、40 个中类、93 个小类数据，研究了 2015 年江苏文化产业的质量特征。

主要研究所得为：

(1)从规模质量、效益质量、营运质量、增长质量四个维度，选择经济贡献度、全员劳动生产率、总资产周转率、增加值增长率等 17 个指标构建了“江苏省文化产业质量评价模型”；

(2)在三种产业类型中，规模以上文化制造业产业综合质量最高，重点文化服务业排名第二，限额以上文化批发零售业排名第三；

(3)在江苏文化产业十个大类中，文化用品的生产、文化专用设备的生产、工艺美术品的生产产业综合质量排名前三；

(4)在江苏文化产业 40 个中类中，“工艺美术品的制造”“文化用纸的制造”“其他文化用品的制造”产业综合质量排名前三。中类产业综合质量前 15 名中，“文化用品的生产”大类占 5 席，“文化创意和设计服务”大类占 3 席，“文化专用设备的生产”大类占 2 席；

(5)在江苏文化产业 93 个小类中，“机制纸及纸板制造”“包装装潢及其他印刷”“其他电子设备制造”“图书批发”“抽纱刺绣工艺品制造”产业综合质量排名前五。

本章附录

附录 6-1　江苏省文化产业中类产业质量测算结果

文化产业中类	规模质量	效益质量	营运质量	增长质量	综合质量	排名
工艺美术品的制造	0.82755	0.14303	0.75869	0.55736	0.59493	1
文化用纸的制造	0.81316	0.31337	0.62369	0.51674	0.59044	2
其他文化用品的制造	0.69548	0.25676	0.74937	0.47781	0.55474	3
印刷复制服务	0.75086	0.17464	0.64743	0.53475	0.54882	4
视听设备的制造	0.69744	0.08293	0.79305	0.46244	0.52199	5
广播电视电影专用设备的制造	0.42554	0.15261	0.65951	0.70896	0.48389	6
发行服务	0.05950	0.97390	0.57171	0.48281	0.47001	7
印刷专用设备的制造	0.05827	0.35110	0.66835	0.94915	0.46976	8
文化用化学品的制造	0.35678	0.37151	0.66900	0.49388	0.45707	9
玩具的制造	0.37154	0.09655	0.79425	0.54162	0.43852	10
建筑设计服务	0.49190	0.11869	0.52532	0.52729	0.42542	11
景区游览服务	0.43172	0.19397	0.33431	0.67828	0.42225	12
广告服务	0.23902	0.28967	0.58022	0.54330	0.39525	13
文化用油墨颜料的制造	0.16822	0.29356	0.66087	0.55272	0.39143	14
文化软件服务	0.40510	0.12119	0.44828	0.55927	0.39023	15
其他文化专用设备的制造	0.20812	0.18480	0.74897	0.43652	0.36882	16
广播电视传输服务	0.24257	0.39224	0.44425	0.43742	0.36505	17
游艺器材及娱乐用品的制造	0.08100	0.09566	0.70532	0.68750	0.36228	18

（续表）

文化产业中类	规模质量	效益质量	营运质量	增长质量	综合质量	排名
互联网信息服务	0.20280	0.01336	0.51157	0.74679	0.36031	19
工艺美术品的销售	0.06448	0.37447	0.72225	0.42381	0.35496	20
乐器的制造	0.02674	0.08345	0.74502	0.68500	0.34913	21
办公用品的制造	0.09755	0.09956	0.68872	0.57853	0.33771	22
电影和影视录音服务	0.05941	0.21609	0.53096	0.64615	0.33640	23
专业设计服务	0.13977	0.15914	0.46874	0.54195	0.31142	24
文化贸易代理与拍卖服务	0.01491	0.39531	1.01286	0.03791	0.30389	25
其他文化艺术服务	0.00772	0.15565	0.48794	0.65226	0.29913	26
其他文化用品的销售	0.03584	0.22731	0.88079	0.22590	0.29488	27
娱乐休闲服务	0.12932	0.25785	0.26286	0.53735	0.28740	28
文化遗产保护服务	0.01851	0.26588	0.01462	0.77245	0.26267	29
文艺创作与表演服务	0.02551	0.12474	0.48465	0.49986	0.25899	30
园林、陈设艺术及其他陶瓷制品的制造	0.01423	0.04020	0.53048	0.51581	0.24988	31
其他文化辅助生产	0.02301	0.07342	0.41515	0.56457	0.24934	32
出版服务	0.08817	0.09492	0.35203	0.49451	0.24508	33
会展服务	0.07538	0.13860	0.29880	0.50360	0.24215	34
增值电信服务	0.01036	0.09943	0.64097	0.32064	0.23442	35
群众文化服务	0.01108	0.30271	0.34794	0.34291	0.22642	36
广播电视服务	0.06135	0.14608	0.27218	0.46280	0.22358	37
摄影扩印服务	0.00322	0.05957	0.35616	0.53077	0.21948	38
文具乐器照相器材的销售	0.03933	0.09042	0.73671	0.14753	0.21731	39
新闻服务	0.00030	0.16159	0.26814	0.50416	0.21665	40

附录 6-2　江苏省文化产业小类产业质量测算结果

文化产业小类	规模质量	效益质量	营运质量	增长质量	综合质量	排名
机制纸及纸板制造	0.98134	0.27311	0.64867	0.54020	0.64757	1
包装装潢及其他印刷	0.79878	0.18592	0.65222	0.55503	0.57307	2
其他电子设备制造	0.51133	0.28492	0.69857	0.48982	0.49351	3
图书批发	0.06820	0.75365	0.62987	0.68368	0.48679	4
抽纱刺绣工艺品制造	0.46672	0.17138	0.73782	0.55939	0.47936	5
信息化学品制造	0.43310	0.32033	0.66336	0.52333	0.47712	6
广播电视接收设备及器材制造	0.38564	0.15851	0.65337	0.70289	0.46936	7
工程勘察设计	0.54500	0.14986	0.58095	0.54598	0.46551	8
玩具制造	0.46687	0.12497	0.71608	0.55356	0.46338	9
影视录放设备制造	0.48254	0.10566	0.71476	0.52544	0.45689	10
首饰、工艺品及收藏品批发	0.02052	0.97390	0.68641	0.33891	0.44381	11
照明灯具制造	0.36918	0.17924	0.68985	0.55599	0.43871	12
软件开发	0.46426	0.15852	0.54216	0.56485	0.43799	13
电子乐器制造	0.00868	0.21267	0.66952	0.95785	0.42550	14
游览景区管理	0.36642	0.17805	0.48080	0.65673	0.42121	15
印刷专用设备制造	0.07211	0.29725	0.64500	0.79920	0.41989	16
电视机制造	0.35803	0.12827	0.75508	0.48420	0.41874	17
电影和影视节目发行	0.01331	0.51628	0.74059	0.55496	0.40620	18
广告业	0.27195	0.25485	0.59949	0.55822	0.40600	19
有线广播电视传输服务	0.26680	0.35560	0.53515	0.48697	0.39561	20
颜料制造	0.15996	0.25565	0.66765	0.59429	0.39225	21
互联网信息服务	0.24586	0.07745	0.58532	0.69378	0.38986	22
复印和胶印设备制造	0.20478	0.21167	0.71809	0.51615	0.38758	23
其他娱乐用品制造	0.05632	0.13845	0.70676	0.75973	0.38215	24
工艺美术品及收藏品零售	0.05793	0.20676	0.67431	0.68560	0.37249	25
其他工艺美术品制造	0.16598	0.13817	0.70135	0.56808	0.36849	26
广播电视节目制作及发射设备制造	0.03596	0.27864	0.64831	0.64462	0.36556	27
天然植物纤维编织工艺品制造	0.08596	0.14120	0.70497	0.64895	0.36411	28
墨水、墨汁制造	0.01342	0.41822	0.65731	0.53648	0.36335	29
网吧活动	0.00174	0.13143	0.59013	0.84327	0.36054	30
金属工艺品制造	0.11300	0.18157	0.69516	0.56690	0.35915	31

（续表）

文化产业小类	规模质量	效益质量	营运质量	增长质量	综合质量	排名
其他文化用品批发	0.03296	0.19096	0.76277	0.60796	0.35890	32
烈士陵园、纪念馆	0.00259	0.61627	0.49608	0.47843	0.35648	33
音像制品出版	0.00175	0.29941	0.68582	0.60242	0.35576	34
音响设备制造	0.11875	0.19638	0.65204	0.55014	0.35144	35
专业化设计服务	0.15963	0.18436	0.56336	0.55614	0.34597	36
应用电视设备及其他广播电视设备制造	0.10176	0.16531	0.66043	0.56757	0.34512	37
地毯、挂毯制造	0.13845	0.13631	0.63611	0.56054	0.34412	38
雕塑工艺品制造	0.04589	0.15083	0.68599	0.62454	0.34315	39
中乐器制造	0.00744	0.16460	0.81266	0.55843	0.34220	40
其他乐器及零件制造	0.00230	0.11474	0.74284	0.65710	0.34053	41
图书出版	0.04035	0.31420	0.53062	0.58615	0.33651	42
记录媒介复制	0.01408	0.27497	0.64772	0.55385	0.33453	43
文具制造	0.05774	0.11968	0.65934	0.59944	0.32851	44
游艺用品及室内游艺器材制造	0.02724	0.11944	0.68791	0.61602	0.32837	45
手工纸制造	0.00990	0.12833	0.64826	0.66047	0.32796	46
公园管理	0.08861	0.22600	0.42630	0.64876	0.32788	47
笔的制造	0.05212	0.12400	0.69136	0.56267	0.32473	48
游乐园	0.07833	0.30966	0.36603	0.61659	0.32275	49
报刊批发	0.00088	0.53266	0.79181	0.18466	0.32240	50
油墨及类似产品制造	0.05451	0.24783	0.61500	0.50123	0.32196	51
电影放映	0.05779	0.17008	0.50378	0.64768	0.32071	52
本册印制	0.02916	0.10102	0.62341	0.61606	0.31206	53
珠宝首饰及有关物品制造	0.02455	0.10384	0.74754	0.52122	0.31202	54
西乐器制造	0.02014	0.08646	0.69770	0.56608	0.30813	55
书、报刊印刷	0.06729	0.13676	0.63654	0.50026	0.30577	56
其他文化艺术业	0.01092	0.16353	0.52690	0.62478	0.30275	57
贸易代理	0.02527	0.32902	0.77703	0.23394	0.29509	58
文艺创作与表演	0.02814	0.16448	0.57193	0.53049	0.29378	59
会议及展览服务	0.08336	0.15409	0.47226	0.53866	0.29171	60
露天游乐场所游乐设备制造	0.02062	0.10232	0.64558	0.52544	0.29108	61
其他出版业	0.00132	0.31024	0.56389	0.43267	0.29073	62

(续表)

文化产业小类	规模质量	效益质量	营运质量	增长质量	综合质量	排名
电影机械制造	0.00342	0.14118	0.55047	0.56788	0.28571	63
装订及印刷相关服务	0.01005	0.14485	0.62038	0.49007	0.28300	64
园林、陈设艺术及其他陶瓷制品制造	0.01977	0.08814	0.59736	0.54198	0.28223	65
文具用品批发	0.05111	0.15233	0.70907	0.35475	0.28162	66
其他未列明商务服务业	0.02726	0.10773	0.51301	0.57816	0.28127	67
照相机及器材制造	0.03271	0.12104	0.69383	0.41614	0.28118	68
幻灯及投影设备制造	0.02231	0.13266	0.67140	0.41903	0.27658	69
电视	0.06844	0.17562	0.44240	0.50144	0.27619	70
漆器工艺品制造	0.00603	0.11185	0.49605	0.59048	0.27495	71
电子游艺厅娱乐活动	0.00125	0.23695	0.46930	0.49687	0.27190	72
博物馆	0.00507	0.29362	0.31503	0.55823	0.27028	73
花画工艺品制造	0.00653	0.11036	0.66537	0.43657	0.26974	74
其他娱乐业	0.02353	0.15078	0.42157	0.56280	0.26736	75
其他文化用品零售	0.01929	0.23069	0.71213	0.26428	0.26619	76
歌舞厅娱乐活动	0.03440	0.15462	0.53349	0.44358	0.26401	77
其他电信服务	0.01386	0.13110	0.62377	0.41021	0.26173	78
报纸出版	0.05692	0.09619	0.48152	0.49138	0.26022	79
群众文化活动	0.01430	0.25631	0.44787	0.43199	0.25976	80
摄影扩印服务	0.00599	0.10222	0.45448	0.54972	0.25421	81
新闻业	0.00296	0.16447	0.40051	0.53455	0.25229	82
艺术表演场馆	0.00437	0.07141	0.46309	0.55903	0.25097	83
卫星传输服务	0.00087	0.11553	0.47400	0.50828	0.24889	84
数字内容服务	0.00970	0.02810	0.49252	0.53990	0.24424	85
照相器材零售	0.00686	0.07848	0.68775	0.32201	0.23835	86
无线广播电视传输服务	0.00132	0.08683	0.36493	0.53077	0.22660	87
电子出版物出版	0.00277	0.19826	0.44544	0.35030	0.22208	88
其他室内娱乐活动	0.00336	0.09043	0.39537	0.48235	0.22191	89
期刊出版	0.00354	0.01085	0.34545	0.58863	0.22134	90
乐器零售	0.00215	0.17447	0.64507	0.19256	0.21669	91
文物及非物质文化遗产保护	0.01497	0.13396	0.21656	0.47172	0.19686	92
野生动物保护	0.00123	0.01243	0.05104	0.19985	0.06384	93

附录 6-3　江苏省文化产业序号对照表(一)

中类产业	序号	中类产业	序号
新闻服务	1.1	版权服务	8.1
出版服务	1.2	印刷复制服务	8.2
发行服务	1.3	文化经纪代理服务	8.3
广播电视服务	2.1	文化贸易代理与拍卖服务	8.4
电影和影视录音服务	2.2	文化出租服务	8.5
文艺创作与表演服务	3.1	会展服务	8.6
图书馆与档案馆服务	3.2	其他文化辅助生产	8.7
文化遗产保护服务	3.3	办公用品的制造	9.1
群众文化服务	3.4	乐器的制造	9.2
文化研究和社团服务	3.5	玩具的制造	9.3
文化艺术培训服务	3.6	游艺器材及娱乐用品的制造	9.4
其他文化艺术服务	3.7	视听设备的制造	9.5
互联网信息服务	4.1	焰火、鞭炮产品的制造	9.6
增值电信服务(文化部分)	4.2	文化用纸的制造	9.7
广播电视传输服务	4.3	文化用油墨颜料的制造	9.8
广告服务	5.1	文化用化学品的制造	9.9
文化软件服务	5.2	其他文化用品的制造	9.1
建筑设计服务	5.3	文具乐器照相器材的销售	9.11
专业设计服务	5.4	文化用家电的销售	9.12
景区游览服务	6.1	其他文化用品的销售	9.13
娱乐休闲服务	6.2	印刷专用设备的制造	10.1
摄影扩印服务	6.3	广播电视电影专用设备的制造	10.2
工艺美术品的制造	7.1	其他文化专用设备的制造	10.3
园林、陈设艺术及其他陶瓷制品的制造	7.2	广播电视电影专用设备的批发	10.4
工艺美术品的销售	7.3	舞台照明设备的批发	10.5

附录 6-4 江苏省文化产业序号对照表(二)

小类产业	序号	小类产业	序号
新闻业	1.1.1	其他工艺美术品制造	7.1.9
图书出版	1.2.1	园林、陈设艺术及其他陶瓷制品制造	7.2.1
报纸出版	1.2.2	首饰、工艺品及收藏品批发	7.3.1
期刊出版	1.2.3	工艺美术品及收藏品零售	7.3.3
音像制品出版	1.2.4	书、报刊印刷	8.2.1
电子出版物出版	1.2.5	本册印制	8.2.2
其他出版业	1.2.6	包装装潢及其他印刷	8.2.3
图书批发	1.3.1	装订及印刷相关服务	8.2.4
报刊批发	1.3.2	记录媒介复制	8.2.5
电视	2.1.2	贸易代理	8.4.1
电影和影视节目制作	2.2.1	会议及展览服务	8.6.1
电影和影视节目发行	2.2.2	其他未列明商务服务业	8.7.1
文艺创作与表演	3.1.1	文具制造	9.1.1
艺术表演场馆	3.1.2	笔的制造	9.1.2
文物及非物质文化遗产保护	3.3.1	墨水、墨汁制造	9.1.3
博物馆	3.3.2	中乐器制造	9.2.1
烈士陵园、纪念馆	3.3.3	西乐器制造	9.2.2
群众文化活动	3.4.1	电子乐器制造	9.2.3
其他文化艺术业	3.7.1	其他乐器及零件制造	9.2.4
互联网信息服务	4.1.1	玩具制造	9.3.1
其他电信服务	4.2.1	露天游乐场所游乐设备制造	9.4.1
有线广播电视传输服务	4.3.1	游艺用品及室内游艺器材制造	9.4.2
无线广播电视传输服务	4.3.2	其他娱乐用品制造	9.4.3
卫星传输服务	4.3.3	电视机制造	9.5.1
广告业	5.1.1	音响设备制造	9.5.2

（续表）

小类产业	序号	小类产业	序号
软件开发	5.2.1	影视录放设备制造	9.5.3
数字内容服务	5.2.2	机制纸及纸板制造	9.7.1
工程勘察设计	5.3.1	手工纸制造	9.7.2
专业化设计服务	5.4.1	油墨及类似产品制造	9.8.1
公园管理	6.1.1	颜料制造	9.8.2
游览景区管理	6.1.2	信息化学品制造	9.9.1
野生动物保护	6.1.3	照明灯具制造	9.10.1
歌舞厅娱乐活动	6.2.1	其他电子设备制造	9.10.2
电子游艺厅娱乐活动	6.2.2	文具用品批发	9.11.1
网吧活动	6.2.3	乐器零售	9.11.3
其他室内娱乐活动	6.2.4	照相器材零售	9.11.4
游乐园	6.2.5	其他文化用品批发	9.13.1
其他娱乐业	6.2.6	其他文化用品零售	9.13.2
摄影扩印服务	6.3.1	印刷专用设备制造	10.1.1
雕塑工艺品制造	7.1.1	广播电视节目制作及发射设备制造	10.2.1
金属工艺品制造	7.1.2	广播电视接收设备及器材制造	10.2.2
漆器工艺品制造	7.1.3	应用电视设备及其他广播电视设备制造	10.2.3
花画工艺品制造	7.1.4	电影机械制造	10.2.4
天然植物纤维编织工艺品制造	7.1.5	幻灯及投影设备制造	10.3.1
抽纱刺绣工艺品制造	7.1.6	照相机及器材制造	10.3.2
地毯、挂毯制造	7.1.7	复印和胶印设备制造	10.3.3
珠宝首饰及有关物品制造	7.1.8		

第 7 章　江苏文化产业质量变革路径及对策研究

第 5 章研究了江苏文化产业从幼小向壮大过程中的质量特征，第 6 章研究了江苏文化产业快速成长过程中的质量特征，两者对比才能更好地分析出江苏文化产业质量变革路径、更全面地认识江苏文化产业质量变革的内在规律性。

本章研究江苏文化产业质量变革路径，并提出提升江苏文化产业质量的对策建议。

具体研究思路为：

在补充分析 2014—2015 年文化产业质量特征后，对比 2005—2011 年、2014—2015 年的江苏文化产业的质量特征，梳理了江苏文化产业质量变革路径特点，并在此基础上提出提升江苏文化产业质量水平的对策。

首先，对 2014—2015 年文化产业质量特征补充分析，将第 5 章的分析范围拓展到江苏文化产业全部 50 个中类，研究时间延展到 2014—2015 年。通过补充分析，进一步明晰 2014—2015 年江苏文化产业中类的质量特征；

其次，对比 2005—2011 年与 2014—2015 年江苏文化产业的质量特征的变化，梳理分析江苏文化产业质量变革的路径特点；

最后，从提升规模质量、效益质量、营运质量、增长质量四个方面提出了提升江苏文化产业质量水平的对策。

7.1　江苏文化产业质量变革的路径特征

要深入认识江苏文化产业质量变革的路径，一是要在发展变化的视角下，通过对比分析建立认识；二是应尽量涵盖江苏文化产业整体。第 6 章对 2015 年江苏文化产业质量状况进行了评价，但受限于数据条件，在剔除了缺失较多及数据异常的类别后，对 2015 年江苏文化产业的 40 个中类进行分析。本节为全面探索江苏文化产业质量变革的路径特点，首先，对 2014—2015 年文化产业质量特征补充分析，将分析范围覆盖到全部 50 个中类、研究时间延展到 2014—2015 年；其次，以文化产业中类为对象、对比 2005—2011 年与 2014—2015 年江苏文化产业的质量特征的变化，并据此分析研究江苏文化产业质量变革的路径特点。

7.1.1　2014—2015 年文化产业中类的补充分析

7.1.1.1　2014—2015 年文化产业 50 个中类产业质量属性分析

(1)选择补充研究的指标。依据 6.1.1.2 所述的指标体系构建原则，结合全部 50 个中类的指标可得性，选用 14 个指标分别说明规模质量、效益质量、营运质量、增长质量。其中，规模质量使用 2015 年江苏文化产业的从业人员、资产总计两个指标；效益质量使用 2015 年江苏文化产业的营业收入、应交增值税两个指标；营运质量使用 2014 年、2015 年江苏文化产业的反映净资产获利能力的净资产收益率，反映人力资源创利能力的人均利润两个指标；增长质量使用 2014—2015 年的从业人员增长率、资产增长率、营业收入增长率、应交增值税增长率、净资产收益率增长率、人均利润增长率六个指标。

(2)分别针对 14 个指标按照指标数值大小排序，分别筛选出位于前 13 位(前 1/4)的中类。

(3)对每个中类进入 14 个指标的前 13 位的次数计数(全部位次见附录7-1)。

(4)在 50 个中类中，次数计数进入前 1/3 的(前 16 名)中类为产业质量相对优秀的产业。

7.1.1.2　2014—2015 年文化产业 50 个中类产业质量属性分析结果

(1)总体质量位于前 1/3 的中类

在 50 个中类中，次数计数进入前 1/3 的(前 16 名)的中类见图 7-1。这些类别为 2014—2015 年发展时期江苏文化产业质量相对优秀的产业。

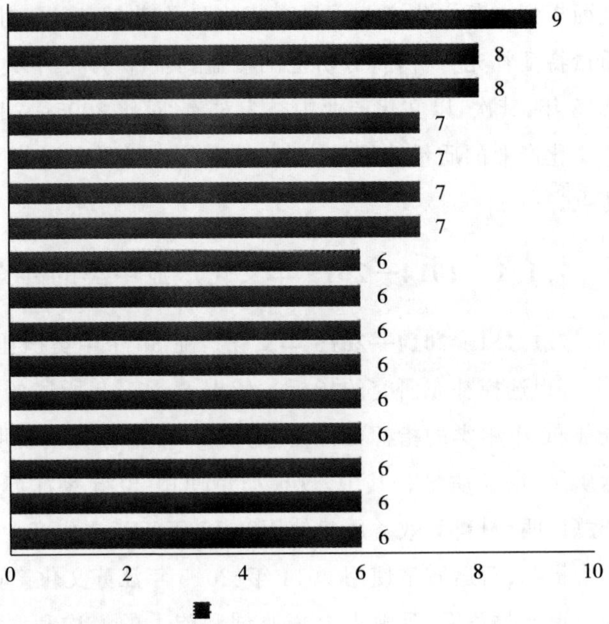

图 7-1　次数计数前 16 位的中类

(2)四个质量属性表现突出的中类分析

为挖掘江苏文化产业质量变革的路径特点，在对 2014—2015 年总体质量位于前 16 位的中类分析后，本节进一步梳理出规模质量、效益质量、营运质量、增长质量四方面表现突出的产业中类，如表 7-1 所示。

表 7-1　质量属性突出的中类

中类名称	表现突出的质量属性	相关指标说明	产业类型
1.3 发行服务	营运质量	两项营运质量指标分别位于 50 个中类的第 5 位、第 10 位	传统产业
2.2 电影和影视录音服务	增长质量	四项增长质量指标超过 50 个中类平均水平	传统产业
3.6 文化艺术培训服务	增长质量 营运质量	从业人员增长率、资产增长率、营业收入增长率、人均利润四项增长质量指标进入 50 个中类的前 4 位；2014 年、2015 年净资产收益率两项营运质量指标位于 50 个中类的第 3 位、第 11 位	传统产业

（续表）

中类名称	表现突出的质量属性	相关指标说明	产业类型
3.7其他文化艺术服务	增长质量 营运质量	从业人员增长率、资产增长率、营业收入增长率、应交增值税增长率四项增长质量指标进入50个中类的前11位；2014年、2015年净资产收益率两项营运质量指标位于50个中类的第4位、第5位	传统产业
4.1互联网信息服务	规模质量 效益质量	从业人员数占比位于50个中类的第11位；营业收入占比位于50个中类的第9位	新兴产业
4.2增值电信服务（文化部分）	增长质量	人均利润增长速度位于50个中类的第7位	新兴产业
5.1广告服务	规模质量 效益质量	二项规模质量指标、二项效益质量指标均进入50个中类的前16位	新兴产业
5.2文化软件服务	规模质量 效益质量	二项规模质量指标位于50个中类前8位；二项效益质量指标均位于50个中类前10位；二项增长质量指标位于前13位、人均利润增长速度位于50个中类的第8位	新兴产业
5.3建设设计服务	规模质量 效益质量	二项规模质量指标、二项效益质量指标均位于50个中类的前13位	传统产业
5.4专业设计服务	增长质量	净资产收益率增速均位于50个中类的前9位，且人均利润增速远超全省平均水平	新兴产业
6.1景区游览服务	规模质量 增长质量	二项规模质量指标位列50个中类的前13位；从业人员增速、应交增值税增速分别两项增长质量指标位于50个中类的第5位和第9位	传统产业
7.1工艺美术品的制作	规模质量 效益质量	二项规模质量指标、二项效益质量指标均位列50个中类的前13位	传统产业
7.2园林、陈设艺术及其他陶瓷制品的制造	营运质量	净资产收益率增速位列50个中类的第5位	传统产业
7.3工艺美术品的销售	增长质量	人均利润增速、净资产收益率增速分别位于50个中类的第10位、第12位	传统产业

（续表）

中类名称	表现突出的质量属性	相关指标说明	产业类型
8.1 版权服务	增长质量	从业人员增长率、应交增值税增长率均位于50个中类之首，总资产增长率和营业收入增长率位于50个中类的第2位	新兴产业
8.2 印刷复印服务	规模质量 效益质量	二项规模质量指标、二项效益质量指标均位列50个中类的前13位	传统产业
8.3 文化经纪代理服务	营运质量	净资产收益率位列50个中类第2，净资产收益率增长率位列50个中类的第1位	新兴产业
8.4 文化贸易代理与拍卖服务	营运质量 增长质量	营运质量的四项指标位列50个中类的前5位；增长质量中从业人员增长率、资产增长率、营业收入增长率、应交增值税增长率四项指标均进入50个中类的前13位	新兴产业
9.12 文化用家电的销售	增长质量	总资产增长率、营业收入增长率均位列50个中类首位；应交增值税增长率、从业人员增长率分别位列50个中类的第2位和第3位	传统产业
9.10 其他文化用品的制造	规模质量 效益质量 营运质量	二项规模质量指标位列50个中类的前8位；二项效益质量指标位列50个中类的第2位和第5位；2014年人均利润、2015年净资产收益率二项运营指标位于50个中类的前12位	传统产业
9.2 乐器的制造	增长质量	人均利润增速、净资产收益率增速分别位于50个中类的第9位和第13位。	传统产业
9.3 玩具的制造	效益质量	二项效益质量指标位列50个中类的第6位和第8位；2014年、2015年净资产收益率增速均进入50个中类的前13位；	传统产业
9.5 影视设备的制造	规模质量 效益质量	二项规模质量指标、二项效益质量指标均进入50个中类的前13位	传统产业
9.7 文化用纸的制造	规模质量 效益质量	二项规模质量指标、二项效益质量指标均进入50个中类的前13位	传统产业
9.8 文化用油墨颜料的制造	效益质量	二项效益质量指标位列50个中类的前15位；2014年人均利润指标位列50个中类的前13位	传统产业

（续表）

中类名称	表现突出的质量属性	相关指标说明	产业类型
9.9 文化用化学品的制造	效益质量 营运质量	二项效益质量指标均位列 50 个中类的前 9 位；2014 年、2015 年人均利润指标位列 50 个中类的第 4 位；净资产收益率增速均进入 50 个中类的第 12 位；	传统产业
10.1 印刷专用设备的制造	增长质量	人均营业利润增长速度、净资产收益率增速均位于 50 个中类的前 4 位	传统产业
10.2 广播电影电视专用设备的制造	规模质量 效益质量	二项规模质量指标、二项效益质量指标均进入 50 个中类的前 13 位	传统产业
10.4 广播电视电影专用设备的批发	营运质量 增长质量	2014 年两项营运质量指标均位于 50 个中类的前 8 位，2015 年两项营运质量指标位于 50 个中类的前 2 位；人均利润增长率、应交增值税增长率均位于 50 个中类的前 4 位	传统产业

7.1.2　质量变革的路径特点

7.1.2.1　培育、助推，新兴产业迅速崛起

位于 2015 年产业综合质量第 4 位和第 5 位的“工艺美术品的生产”“文化创意和设计服务”大类，均为《文化及相关产业分类(2012)》中新增的大类。可见，在当代信息技术所推动的全面感知、互联互通、智慧服务已成为现代生活新常态背景下，文化新业态、新兴文化产业不断涌现、快速发展，发掘新业态、培育新业态是江苏文化产业质量提升的重要路径。

具体到文化产业发展中类，表 7-1 所示的 8 个新兴产业是江苏文化产业中新兴产业的佼佼者，涉及文化创意产业、文化信息服务、版权和文化经纪代理等多个领域，这些新兴产业在国家、省市各级政府的培育政策引导鼓励下快速崛起，已成为江苏文化产业长期可持续增长的生力军。

以“广告服务”“文化软件服务”和“专业设计服务”为例，这三个产业均属于文化创意与设计服务大类，是以创造力为核心的新兴产业。在我省产业结构开始向服务业、高附加值的制造业转变过程中，将创造力转化为生产力的社会需求日益旺盛。2015 年 4 月江苏省下达的《关于加快提升文化创意和设计服务产

业发展水平的意见》等文件，对全省文化创意和设计服务产业的发展进行了全面部署，更是强有力推动了该产业迅速崛起。江苏文化创意产业涌现出了一批国家级项目、国家级园区，以苏州蜗牛数字科技股份有限公司等为代表的科技型文化创意企业更是全球布局，将数字技术与互联网结合，深耕品牌价值、持续研发拥有自主知识产权的数字内容产品，开展通信产品的技术创新、积极探索通信体验的全新模式。

7.1.2.2 挖掘、深耕，传统产业提档升级

通过深入挖掘文化资源，提档升级，向传统文化产业要质量成为江苏文化产业质量变革的重要途径之一。

对比图 5-2 与表 6-16、表 7-1，可见一大批传统文化产业成功地度过了转型期，在 2014—2015 年质量表现良好。其中，“文化用品、设备及相关文化产品的生产”(第八类)在 2005—2011 年期间属于明星类，该大类在《文化及相关产业分类(2012)》中被修订为“文化用品的生产”大类，2015 年“文化用品的生产”大类综合质量排名第一。“文化用品、设备及相关文化产品的销售”(第九类) 2005—2011 年期间属于瘦狗类，该大类在《文化及相关产业分类(2012)》中被修订为“文化专用设备的生产”大类，2015 年“文化专用设备的生产”综合质量排名第二。“其他文化服务”(第七类)2005—2011 年期间属于问号类，在《文化及相关产业分类(2012)》中，原大类“其他文化服务”取消，将其中的广告服务移至新增的“文化创意和设计服务”大类中，其他内容移至新增的“文化产品生产的辅助生产”大类中。2015 年“文化创意和设计服务”大类、“文化产品生产的辅助生产”大类中综合质量排名分别为第四和第五。

从中类看，如表 7-1 所示的 18 个传统文化产业，均为历史悠久、文化积淀深厚的传统产业，借广大人民群众对精神文化生活需求日益增长的东风，这些产业加快提档升级的步伐，强有力地推动了江苏文化产业持续稳定发展的进程。

以“乐器的制造”为例，江苏的乐器制造历史悠久，江苏凤灵乐器集团是全球最大的小提琴生产基地，凤灵乐器连续 13 年世界销量第一，连续 6 年跻身全球乐器音响制造业 150 强。扬州手工制作的古琴、镇江的常敦明品牌等均有较大的知名度和美誉度。随着人们音乐素养、生活品位的不断提升、高雅文化受众面不断扩大，江苏乐器制造企业不断加大人才和研发投入，将传统工艺与现代科技高度融合，加快转型升级，对内积极探索建设特色文化产业园区、对外坚持走出去，把传统文化产业做成新业态，将小产品做出了大文章。

再如，通过旅游业产品结构调整、旅游服务质量，“景区游览服务”中类的发展质量得以提升。在2008—2012年期间，包含旅游文化服务、娱乐文化服务在内的“六、文化休闲娱乐服务”处于明星产品，时至2014—2015年，“景区游览服务”中类的质量水平位于40个中类的第12位，二项规模指标位列50个中类前13位(前1/3)，六项增长质量指标中，两项(从业人员增速、应交增值税增速)分别位于50个中类的第5位和第9位，综合质量水平在50个中类中处于前列。究其原因，转变旅游发展方式、促进旅游产业提质增效起到了极大地推动作用。

江苏省旅游业发展一直保持着较好的发展势头。在国际旅游方面，国际旅游收入从2008年的38.8亿美元上升到2012年的63亿美元，同期国际旅游人数从544.3万人次上升到791.5万人次。在经历2012年到2013年短期的下降后，国际旅游收入和国际旅游人数从2013年开始逐步回升，从2013年的23.8亿美元上升到2015年的35.27亿美元，国际旅游人数从2013年的288万人次上升到2015年的305万人次。

借助指数体系分析方法，可知，2008—2012年间国际旅游总收入的平均增幅为12.88%，而人均消费年增幅仅为2.8%，这意味着这一时期国际旅游收入的增加大部分来源于游客人数的扩张。但在2013—2015年间，江苏国际旅游总收入的平均增幅为16.9%，其中人均消费年增幅的贡献达11.76%，国际旅游收入的增加来源不再是人数的增加，而大部分来源于人均消费的增加。国内旅游有同样的变化特征，2008－2012年间，国内旅游总收入年平均增幅为19.87%，人均消费年增幅为3.8%；2013－2015年间，国内旅游总收入年平均增幅为12.77%，人均消费年增幅为2.9%。虽然国内旅游收入的增加还是以游客人数扩张为主，但人均消费贡献与人数增加贡献比从2008－2012年间的0.899∶1上升到2013－2015年期间的0.9354∶1。人均消费的增加对江苏国内旅游收入增加的贡献度在增加。

发展旅游文化产业，如果仅靠游客人数的增加实现旅游文化产业的扩张，实质上没有真正提高这个产业的质量水平，既不利于产业的可持续发展，也不利于旅游资源的保护。江苏旅游业以转变旅游发展方式、促进旅游产业提质增效为主线，以提升游客满意度为宗旨，大力实施“旅游公共服务提升年”，全面开展“四大专项行动”，推进旅游业发展“六项工程”和“六大举措”[①]，加快构建“畅游江苏”体系，不断争创产业发展新优势，优化了旅游体验、提高了旅游过程中的人均消费水平，使“景区游览服务”中类质量水平不断提升，成为江苏文化产业发展中的新亮点和重要的增加值来源。2016 年 2 月，南京市秦淮区、江宁区、徐州市贾汪区获评“首批国家全域示范区”，另有淮安市金湖县等 8 家单位获批“首批国家全域示范区创建单位”。

7.1.2.3 从单体增长向产业集群聚合演进

当进一步分析 50 个中类的规模质量、效益质量、运营质量、增长质量后，发现 2005－2011 年在完成了江苏文化产业内部优化后，2014—2015 年间，在 50 个中类中已悄然出现江苏文化上下游产业间供需相互对接、良性互动，已从“单兵作战”式的单个产业增长悄然集聚为“集群作战”式的产业集群整体增长，价值增值成效凸显。江苏文化产业在 2015 年前后已形成了规模发展良好、提质增效示范作用较强的三大产业集群：影视文化产业集群、出版发行文化产业集群、工艺美术文化产业集群。它们的共同特征是：跨区域、跨行业、跨媒体、跨所有制，产业上下游有机集聚、深度融合发展。“三大”产业集群所包含的各类产业无论是产业规模、产业人均利润，还是产业净资产收益率在江苏文化产业中均名列前茅，聚合后形成的产业集群捏指成拳，产业效率更高、交易成本更低，正在发挥着“1＋1＞2”的价值增值效应。三大产业集群的形成是江苏文化产业“政策引领、技术创新、供需互动”的集中反映，起到了积极的先行和示范作用，进而有力推动江苏文化产业进一步健康、可持续发展。

(1)影视文化产业集群

影视文化产业集群涉及影视作品制作、影视设备及其专业设备制造、影视传输服务、版权服务等领域，涵盖了文化产业的 5 个大类及其中的 8 个中类(见图 7-2)。该产业集群在版权服务、文化经纪代理服务支撑下，以增值电信服务(文化部分)、电影电视的录音服务等内容产品为上游，通过互联网信息服务到达终端文化消费者，同时带动文化用家电的销售和影视设备的生产、批零贸易。

---

① 六项工程指“诚信旅游创建工程、公共服务优化工程、乡村旅游升级工程、旅游市场拓展工程、区域旅游合作工程、文明旅游倡导工程”；六大举措为“以五大理念引领新发展、以改革创新推动新发展、以有效投入促进新发展、以依法治旅保障新发展、以人才建设支撑新发展、以优良作风助力新发展”。

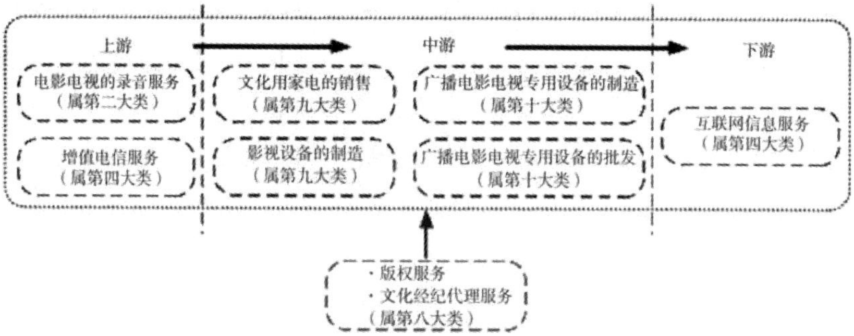

图 7-2　影视文化产业集群

江苏省建有无锡影视城，昆山、张家港等地有国家影视网络动漫实验园，同时在建无锡（国家）数字电影产业园、江苏（国家）未来影视文化创意产业园、甘泉影视服务外包基地。在资源建设的基础上，江苏的影视文化产业集群抓住中国电视电影大发展所带来的机遇，依托江苏强势的经济实力，在时代语境和新技术不断涌现的背景下，与时俱进、更新观念，不断改革创新，有机融合生产与服务、硬设备与软内容，集聚了信息源、传输信道、传输设备等相关产业的资源优势，持续推出精品力作，“江苏广电现象”异军突起，舆论宣传能力显著增强，公共服务水平迅速提升，产业发展保持高速增长的态势，成为大文化产业格局中的重要组成部分。

(2)出版发行文化产业集群

出版发行文化产业集群涉及文化用纸、印刷专用设备的制造、发行服务、版权服务等领域，同样涵盖了文化产业的 4 个大类及其中的 5 个中类（图 7-3）。该产业集群源于出版发行的物质载体——纸张和印刷设备的生产，在数字化印刷、复印后承载了传播内容，通过发行服务到达消费者。

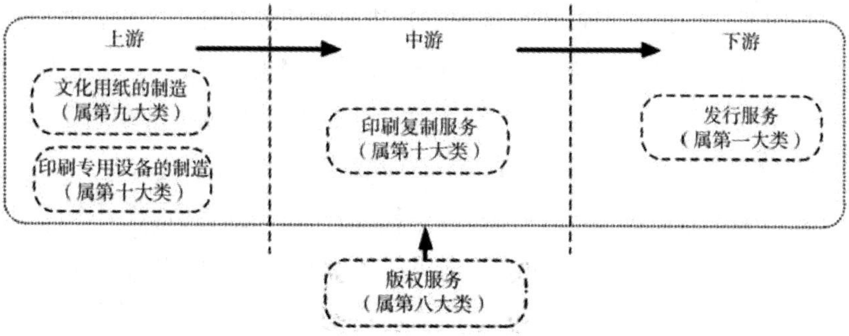

图 7-3　出版发行文化产业集群

江苏的出版发行文化产业集群提供了优质内容的版权服务，从印刷到发行，将内容与数字化印刷、数字化传播紧密结合，使出版功能无限扩大。围绕该产业链还出现了文化用纸的制造、印刷专用设备的制造等行业，这些内在紧密联系并频繁互动的行业及其所属企业就构成了一个庞大的产业集群。江苏出版集团的规模和实力均处于全国同行业中先进位置。凤凰出版传媒集团有限公司在 2015 年国家新闻出版广电总局组织的全国出版集团总体经济规模综合评价中继续保持第一。

(3)工艺美术文化产业集群

工艺美术文化产业集群涉及工艺美术品的制造、工艺美术品的销售、版权服务等领域，涵盖了文化产业的 2 个大类及其中的 4 个中类(图 7-4)。在版权服务的支撑下，生产环节的“工艺美术品的制造”和“园林、陈设艺术的制造”与流通环节的“工艺美术品的销售”之间无缝对接，便利了上下游产业之间的沟通互动，提升了双方的市场渗透能力。

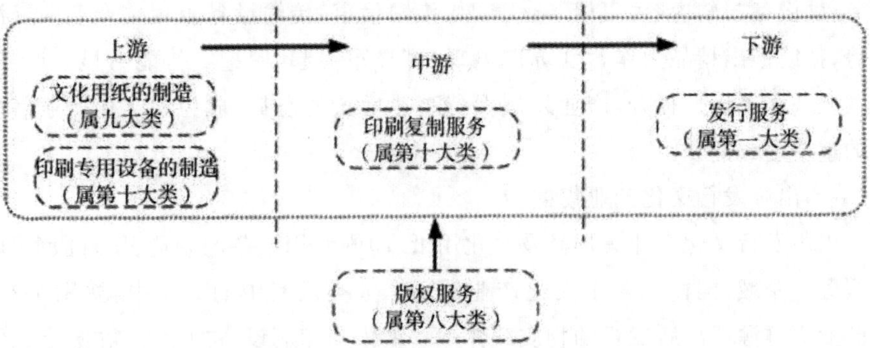

图 7-4　工艺美术文化产业集群

工艺美术文化产业集群的快速发展有其深刻的经济社会背景，宏观上得益于江苏经济社会的快速发展和对外交流的进一步深入，微观上得益于人们消费观念的悄然变化，同时工艺美术品又与文化、旅游、家居装饰产业紧密相连，这些都为江苏工艺美术品市场带来前所未有的巨大机遇。

产业的集聚必然带来人才的集聚，江苏本就以 16.7%的占比居全国工艺美术大师数量首位，产业集群的快速发展更增加了对人才的吸引力。苏州团扇制作人李晶等“85 后”的加入从人才储备上为江苏工艺美术品产业可持续发展注入了新的动能，使得江苏工艺美术品产业既古老又年轻、既经典又时尚，在江苏工艺美术品声名远扬海内外的同时，也进一步见证和传播了江苏的文化魅力。

7.2　提升江苏文化产业质量的对策研究

7.2.1　引导需求、做大产业，提升规模质量

7.2.1.1　积极引导健康的文化消费需求

第一，积极向上的文化产品的供给是拉动文化消费的重要影响因素，文化产品生产企业要深入研究需求，不断创新技术，提供“形式优、内容佳”的文化产品。如为实现“到2015年，实现新闻出版产业总产出3000亿元，增加值900亿元，其中数字出版业总产出超千亿元；到2020年，全省全民阅读率达到中等发达国家水平”目标，江苏充分利用《苏南现代化示范区建设方案》中提出的建设江苏国家数字出版基地的政策利好，以数字出版为新的增长点，以江苏国家数字出版基地为载体，打造出一批在全国有影响力的数字出版龙头企业，提供了优质的文化产品，带动全省数字出版产业跨越式发展。这也使得“发行服务”中类在2014—2015年间中，取得了较好的发展质量，该类人均利润增速位于50个中类的第5位，净资产收益率增速位于50个中类的第10位，2015年质量测算位于40个中类的第7位。

第二，各地市文化产业管理部门要积极引导健康的文化消费需求，把好文化市场的产品生产关，积极鼓励高尚的、符合社会主义核心价值体系的文化产品参与市场竞争，加快提高全省文化产品制作的生产效率和水平。一是积极引导人们多读书、看报，追求高层次的文化娱乐、休闲旅游服务，进一步营造全民阅读的氛围。二是加强对农村文化消费市场的重视。政府部门应当加强引导，制定相关政策，鼓励企业开发农村文化产业消费市场，进一步推动文化下乡。

此外，要充分发挥公益型文化事业和新闻媒体的作用，普及公共文化服务体系，建立以邻里中心、社区和广场文化为主体的公共文化服务场所，让普通群众在茶余饭后都能有机会参与文化消费，从内心真正重视精神层次的消费需求。引导健康的文化消费需求新闻媒体的力量也不可轻视，通过媒体这个平台，大量的电视作品、影片赏析、艺术品鉴别、文化艺术类讲座、图书评价等海量

的信息呈现在观众面前，主动引导观众们对于文化产品的思想内容及核心价值的思考和判断。

7.2.1.2 助推“三大”产业集群做大做强

前文分析显示，江苏文化产业已悄然形成三大产业集群：影视文化产业集群、出版发行文化产业集群、工艺美术文化产业集群。

产业集群形成后，同一产业相关的企业聚集在一起，相互竞争和协作，可以通过有效合作、刺激创新实现降低成本、提高效率等，提升产业的竞争能力、形成一种集群竞争力。产业集群不仅可提高产业的整体竞争能力，还特别有利于中小企业成长，中小企业可以在培训、金融、技术开发、产品设计、市场营销、出口、分配等方面，通过高效的网络化的互动和合作，克服其内部规模经济的劣势，所表现出来的竞争能力就不再是单个企业的竞争力，而是一种比所有单个企业竞争力简单叠加起来更加具有优势的全新的集群竞争力。此外，产业集群能发挥资源共享效应，产业关联企业及其支撑企业、相应辅助机构，如地方政府、行业协会、金融部门与教育培训机构都会在空间上相应集聚，形成一种柔性生产综合体，有利于打造核心竞争力，有利于形成“区位品牌”。

为进一步提升江苏文化产业的规模质量，可立足做大做强三大产业集群，确定重点支持产业，通过文化产业的综合集成规划，进一步形成明确的政策着力点。通过实施重大项目带动战略、培育骨干文化企业、加快文化产业园区和基地建设等推进江苏文化产业提升规模质量。

7.2.2 分类施策、练好内功，提升效益质量

对于综合质量、补充分析排名在后1/4的产业中类（见附录6-1、附录7-1），应针对产业特点，分类施策，帮助这些产业练好内功、提升质量。

7.2.2.1 创新内容，积极融入产业链

对于“广播电视服务”“出版服务”“文艺创作与表演服务”“园林、陈设艺术及其他陶瓷制品的制造”“文具乐器照相器材的销售”等文化产业中类，首先要积极创新产品内容，内容的竞争才是这几类文化产业面临的真正竞争，在当下“90后”、“00后”消费者逐步成为市场主力军的消费环境中，从提升文化产品内容品质入手，例如在积极健康的思想引领下，通过高品质、高感知、新消费、新类型的好产品、好内容，破解“人民日益增长的美好生活需要和不平衡不充分的发

展之间的矛盾”，才能获得广阔市场、提升效益质量。其次，如何融入产业链是这几类文化产业亟待思考的问题。前文研究显示，江苏文化产业在 2015 年前后已形成了规模发展良好、提质增效示范作用较强的三大产业集群：影视文化产业集群、出版发行文化产业集群、工艺美术文化产业集群。“广播电视服务”“出版服务”“文艺创作与表演服务”“园林、陈设艺术及其他陶瓷制品的制造”“文具乐器照相器材的销售”等文化产业，如何在自媒体极大丰富和各类互联网终端极大普及的新技术背景下，改造提升传统业态和传播方式、讲好创作故事、提升产品文化内涵，开发虚拟文娱（VR 文娱、云游戏）、融屏互动、互动影音等形式多样的新产品，积极融入产业链，通过产业链上下游的协作发展，实现共同成长、凸显产业的聚集带动效应，才能使各自的发展更具市场适应性，也可预留出未来发展的空间。

7.2.2.2　深耕市场、向细分市场要效益

“摄影扩印服务”“其他文化辅助生产”等文化产业中类，它们多处于较窄的细分市场中，规模质量和规模增长幅度受限。因此，进一步研究市场需求、精准识别顾客需求，通过激发多场景下产品的需求，提供精心设计的产品、个性化的服务，提高产品与服务的单位价值，向细分市场要效益，是这类文化产业提升效益质量的突破口。

7.2.2.3　积极探索新兴文化产业质量提升的规律性

对于“专业设计服务”“会展服务”“增值电信服务”等文化产业中类，它们或为新兴产业、或为新产业领域，由于出现时日尚短，自身的发展规律本就需要进一步探索，产业如何打造、如何提升质量则更需要进一步探索。一是需要在产业实践中大胆尝试，二是需要通过对产业实践的科学研究，摸索其发展的规律性，并用规律性指导应采取的具体扶持政策和投资战略。相应的，一是需要在文化创新产业的尝试过程中给予扶持的宽松政策，二是需要对产业的发展详加研判，找出产业发展的规律性和瓶颈所在，讨论出改进与扶持方案，并将其列入江苏省文化产业发展长期计划中。

如“版权服务”产业，2012 年，国家知识产权局发布的《2012 年全国知识产权发展状况报告》显示江苏省在版权和植物新品种方面表现较弱，其中，版权登记总量较低，版权输出品种少。但江苏省充分发挥科教优势、开放优势，积极宣传，在江苏省率先建成全国知识产权强省和实施知识产权战略示范省的大背景

下，提高了版权服务的质量水平，在2014—2015年，“版权服务”增长质量良好，从业人员增长率、应交增值税增长率均位于50个中类之首位，总资产增长率和营业收入增长率位于50个中类的第2位。

7.2.2.4 优化质量评价体系，助力非营利性文化产业发展

对于“新闻服务”“群众文化服务”“文化遗产保护”“图书馆与档案服务”等非营利性文化产业，虽然这些大类的质量水平并不占优，但作为非营利性文化产业，在评价其规模质量、效益质量、营运质量、增长质量维度时，不应简单地与营利类文化产业同等对比评价，而应将其作为弘扬社会主义核心价值的主战场，重点关注在弘扬新时期江苏精神、增强主流舆论引领力方面发挥其重要的引领作用。

换言之，评价这些产业中类的质量水平，其规模质量、效益质量、营运质量、增长质量维度应建立符合其特点的评价体系，在评价这些类别时，可立足“彰显苏南文化风采”，从弘扬优秀传统文化、全面提升人文素质、提升公共文化服务水平三个方面制定出有针对性的评价体系评价其社会效应，并综合社会效应的评价结果和经济效应的评价结果，推进其产业质量提升。同时，进一步加大对这些类别产业的投入，推进重点文化服务的建设步伐，使其有更良好的发展环境、能进一步做大做强，发挥其应有的社会效应和思想领域的引领作用。

7.2.3 政策引领、内部协调，提升营运质量

7.2.3.1 加快完善文化产业提质增效政策

通过政策牵引，引导文化产业领域调整“粗放式增长”，向转变发展方式和调整产业结构要质量。进一步建立健全引领产业结构调整、实现产业提质增效的相关政策，针对产品结构、组织结构、所有制结构、技术结构以及区域结构等问题研究并出台相应的提升文化产业质量的政策。

7.2.3.2 重视提高产业内部的协调性

江苏省文化及相关产业总体产业效率较高，但其中一些大类和中类的产业效率尚需提高。江苏省文化及相关产业必须关注产业内部的协调，以经济联系为纽带梳理和串联中大类之间、大类内部、中类内部的信息流、货币流、物流，以进一步提升产业效率。

首先，要加强中类内部的横向一体化发展。文化产业50个中类内部大多

表现为平行产业，虽然属于同一个中类，但产品生产和服务生产时均在自己的专业领域，与其他领域关联度不高。但在市场销售时，它们因能满足同一类消费需求，往往彼此竞争着消费者购买力。通过加强中类内部的横向一体化，可以实现信息共享，既共同做大满足同一类消费需求的市场，也有效避免过度竞争，最终实现中类内部协调发展。

其次，根据不同特点选择不同战略，加强大类内部的协调。文化及相关产业的大类中“新闻出版发行服务”“广播电视电影服务”“工艺美术品的生产”“文化用品的生产”“文化专用设备的生产”五大类内部，均包含同一类产品或服务的生产环节、销售环节，有的还涵盖到服务环节，因此，采用纵向一体化战略协调上下游产业链，实现信息流、资金流、物流的有效快速运转。这样，前向企业可以得到后向企业从终端市场获知的需求信息，后向企业也可以得到更优质的产品，共同享受了信息的经济性、内部协调和控制的经济性，最终降低了交易成本，实现大类内部的规模经济。

7.2.4　培育人才、推动创新，提升增长质量

7.2.4.1　积极引进和培养文化人才

多年来江苏省始终高度关注文化人才的引进和培养，在江苏省“333 人才培养工程”的三个层次上，均有宣传思想文化领域的人才位列其中。但人才的培养需要相当长的周期，人才培养的时间性要求提前布局、超前培养。

为保持江苏文化产业增长后劲，高瞻远瞩布局“文化人才战略”对进一步确保增长质量提升至关重要。随着移动互联网、大数据、云计算、人工智能、区块链等诸多创新科技的不断涌现和广泛应用，文化产业的新产业、新业态不断产生，依托专业领域的专家判断出经济社会、科学技术发展的最新动向，可较为敏捷、科学地确定人才培养与引进的重点方向。依托人才规划、人才新政、文化人才评定等多种手段也可推动文化产业人才集聚。

7.2.4.2　提振传统文化产业创新能力

传统文化产业保持活力，是提升江苏文化产业增长质量水平的重要途径之一。让技术和信息化为传统文化产业赋能，努力推动传统文化产业与新科技融合。互联网早已渗入到文化产业领域，如网络文学、游戏、微电影等，“互联网＋”为文化产业的创新发展提供了无限的想象空间和更为广阔的孵化平台，“互联网

＋文化产业”已成为一种不可避免的趋势，并成为打通传统文化产业发展“梗阻”的利器，为整个文化产业链带来了新的变革机遇。加速传统文化产业的互联网化升级，可积极发展云综艺、云演艺、云展览和文化大数据，大力推动发展移动多媒体广播电视、网络广播电视、高清晰度电视、动漫、3D电影、数字出版。

7.2.4.3 拓展和创新文化产业新业态

文化产业新业态不断涌现，江苏文化产业增长质量才有更好的保障。

数字化、信息化、网络化丰富了文化表现形式，如运用电子出版、数字影视、网络传输等现代技术，催生文化创意、文化博览、动漫游戏、数字传输等新兴产业，在科技与文化高端融合的基础上推动业态的不断创新。积极培育开发如广播电视集成播控、互联网其他信息服务、互联网广告服务、工业设计服务、互联网文化娱乐平台、电子出版物出版、用户可穿戴智能文化设备和虚拟现实设备等文化产业新业态，可为提升增长质量提供保障。

本章小结

为全面认识江苏文化产业质量变革的内在规律性，本章通过对比分析2005—2011年与2014—2015年江苏文化产业的质量特征，研究了江苏文化产业质量变革路径，提出了提升江苏文化产业质量对策建议。

主要研究所得为：

(1)江苏文化产业质量变革的路径特点有三：一是通过培育和助推，新兴产业迅速崛起；二是通过挖掘和深耕，传统产业提档升级；三是从单体增长向产业集群聚合演进。通过质量变革，江苏文化产业传统产业提档升级、新兴产业迅速崛起，上下游产业捏指成拳、产业集群成效初现，已初步聚合形成的多业态深度融合、产业有机集聚的“影视文化”“出版发行文化”“工艺美术文化”三大产业集群；

(2)提升江苏文化产业质量的对策包括：通过“引导需求、做大产业”提升规模质量，通过“分类施策、练好内功”提升效益质量，通过“政策引领、内部协调”提升营运质量，通过“培育人才、推动创新”提升增长质量。

本章附录

附录 7-1　江苏省文化产业中类产业质量补充分析结果

序号	产业名称	规模质量指标中处于前1/3的次数	效益质量指标中处于前1/3的次数	营运质量指标中处于前1/3的次数	增长质量指标中处于前1/3的次数	总计	位次
9.12	文化用家电的销售	2	2	1	4	9	1
8.4	文化贸易代理与拍卖服务	0	0	4	4	8	2
10.2	广播电视电影专用设备的制造	2	2	0	4	8	3
2.2	电影和影视录音服务	0	0	2	5	7	4
8.3	文化经纪代理服务	0	0	3	4	7	5
9.10	其他文化用品的制造	2	2	2	1	7	6
10.1	印刷专用设备的制造	0	0	2	5	7	7
10.4	广播电视电影专用设备的批发	0	0	4	3	7	8
3.6	文化艺术培训服务	0	0	2	4	6	9
3.7	其他文化艺术服务	0	0	2	4	6	10
4.1	互联网信息服务	1	1	0	4	6	11
5.2	文化软件服务	2	2	0	2	6	12
7.1	工艺美术品的制造	2	2	2	0	6	13
8.1	版权服务	0	0	2	4	6	14
9.3	玩具的制造	1	2	2	1	6	15
9.9	文化用化学品的制造	1	2	2	1	6	16

（续表）

序号	产业名称	规模质量指标中处于前1/3的次数	效益质量指标中处于前1/3的次数	营运质量指标中处于前1/3的次数	增长质量指标中处于前1/3的次数	总计	位次
9.5	视听设备的制造	2	2	1	0	5	17
9.7	文化用纸的制造	2	2	1	0	5	18
10.5	舞台照明设备的批发	0	1	4	0	5	19
1.3	发行服务	0	0	1	3	4	20
5.1	广告服务	0	0	4	0	4	21
5.3	建筑设计服务	2	2	0	0	4	22
6.1	景区游览服务	2	0	0	2	4	23
8.2	印刷复制服务	2	2	0	0	4	24
9.2	乐器的制造	0	0	0	4	4	25
9.4	游艺器材及娱乐用品的制造	0	0	0	4	4	26
4.3	广播电视传输服务	1	0	2	0	3	27
7.3	工艺美术品的销售	0	0	1	2	3	28
2.1	广播电视服务	0	0	0	2	2	29
3.4	群众文化服务	0	0	2	0	2	30
3.5	文化研究和社团服务	0	0	1	1	2	31
4.2	增值电信服务（文化部分）	0	0	1	1	2	32
6.3	摄影扩印服务	0	0	0	2	2	33
8.5	文化出租服务	0	0	2	0	2	34
9.8	文化用油墨颜料的制造	0	1	1	0	2	35

（续表）

序号	产业名称	规模质量指标中处于前1/3的次数	效益质量指标中处于前1/3的次数	营运质量指标中处于前1/3的次数	增长质量指标中处于前1/3的次数	总计	位次
9.13	其他文化用品的销售	0	0	1	1	2	36
10.3	其他文化专用设备的制造	1	1	0	0	2	37
1.1	新闻服务	0	0	0	1	1	38
3.3	文化遗产保护服务	0	0	0	1	1	39
5.4	专业设计服务	0	0	0	1	1	40
6.2	娱乐休闲服务	1	0	0	0	1	41
7.2	园林、陈设艺术及其他陶瓷制品的制造	0	0	0	1	1	42
8.6	会展服务	0	0	0	1	1	43
8.7	其他文化辅助生产	0	0	0	1	1	44
9.6	焰火、鞭炮产品的制造	0	0	0	1	1	45
1.2	出版服务	0	0	0	0	0	46
3.1	文艺创作与表演服务	0	0	0	0	0	47
3.2	图书馆与档案馆服务	0	0	0	0	0	48
9.1	办公用品的制造	0	0	0	0	0	49
9.11	文具乐器照相器材的销售	0	0	0	0	0	50

第二篇　文化产业高质量发展的效率提升研究

习近平总书记指出“必须在转变资源利用方式、提高资源利用效率上下功夫”,“用最少的资源环境代价取得最大的经济社会效益”。[①] 国家“十三五”规划强调:提升投资效率和企业效率,拓展产业发展空间,使我国产业迈向中高端水平。在经济结构转型升级、构建资源节约型社会大背景下,文化产业效率水平已成为文化产业高质量发展的重要标志。研究江苏文化产业效率提升,有助于优化文化产业的资源配置,实现产业高质量发展。

本篇聚焦文化产业高质量发展的效率提升。

本篇共四章,包含第 8 章到第 11 章。第 8 章为理论基础,讨论了文化产业效率的构成和测度;第 9 章为整体研究,讨论江苏文化产业效率特征研究;第 10 章为聚焦研究,讨论文化制造业的效率;第 11 章为文化产业效率的影响因素和提升对策研究。

本篇首先明晰文化产业效率的构成和测度;其次从整体上分别研究 2013 年、2015 年两个时间节点上江苏文化产业效率特征,对比分析了 2013 年和 2015 年江苏文化产业效率特点;再次聚焦研究文化制造业的效率;最后研讨了江苏文化产业效率的影响因素,给出了提升江苏文化产业效率、实现产业高质量发展的对策建议。

主要研究内容和研究方法见图 3。

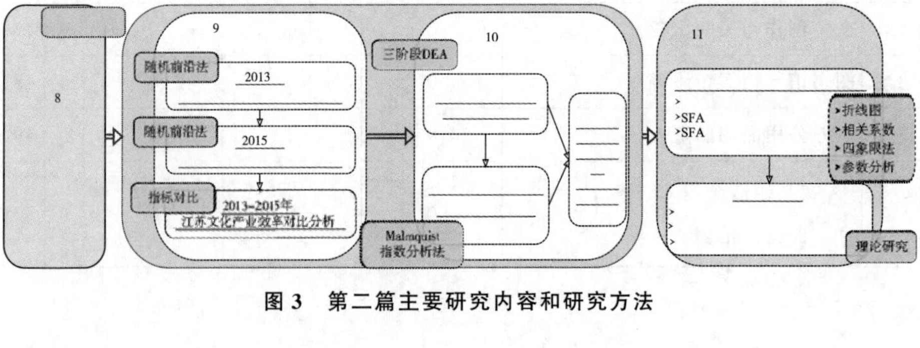

图 3　第二篇主要研究内容和研究方法

① 引自习近平总书记 2017 年 5 月 26 日《在十八届中央政治局第四十一次集体学习时的讲话》。

本篇主要观点：

1. 2013—2015 年间，江苏文化产业效率呈现以下特征：一是三种类型产业的效率均衡性得以提升；二是“文化制造业”“文化服务业”产业效率的位次上升，由 2013 年的第二位和第三位，分别上升到 2015 年的第一位和第二位；三是“文化用品的生产”“文化产品生产的辅助生产”“文化创意和设计服务”稳居江苏文化产业效率十大类的前三位；四是研究期内江苏文化产业中类产业效率的位次顺序基本稳定。

2. 研究期内，产业质量、从业人员投入、固定资产原价、管理费用、政府补助收入均对江苏文化产业的技术效率产生显著影响。其中，产业质量、从业人员投入、管理费用产生正向影响，政府补助收入对文化产业技术效率有显著的负面影响。此外，相较于固定资产原价，从业人员投入的影响更大。

3. 研究期内，江苏文化制造业整体技术效率呈现不断增长态势。三大区域文化制造业技术效率均保持增长态势，苏南地区最高、苏中次之、苏北最低，且苏北与苏南差距较大。江苏 13 市中苏州、南京、无锡、常州文化产业技术效率排名相对靠前。

4. 江苏文化制造业效率影响因素为：在江苏文化制造业“由小变大”的过程中，产业规模扩张为全要素生产率提升的主要原因，而在“从好到优”的过程中，技术进步则推动着江苏文化产制造业全要素生产率提升。影响江苏文化制造业技术效率的主要原因是规模效率相对无效。

5. 可从“分类施政，促效率与质量同步提升”“优化资源配置，提高管理水平，夯实效率提升基础”“多措并举，推动文化制造业效率提升”等三方面进一步提升江苏文化产业效率。

第8章 文化产业效率的构成与测度

本章介绍了本篇研究的理论基础和研究方法,并进行了相关研究的文献梳理。

8.1 效率理论和测度

8.1.1 效率理论

效率理论是产业研究的重要内容。随着多学科的发展,效率这一概念的使用日益广泛,效率这一概念的含义也在不断丰富、发展。

8.1.1.1 古典经济学中的效率理论

在古典经济学中,古典经济学学者们并未明确给出效率的定义,但效率的思想隐含在古典经济学派倡导的经济自由主义之中。亚当·斯密在他的著作《国富论》中提出增加财富的两种方式:一是要通过劳动分工,提高工人的劳动生产率,二是要通过增加资本,以增加从事劳动的人数。亚当·斯密没有确切提出劳动效率或生产效率,本质上来看,劳动生产力属于生产效率的范畴。在古典经济学派中还存在另一种思想:"竞争效率"。亚当·斯密将劳动分工归功于市场交换,而市场交换中存在着自由竞争,劳动生产率的高低决定了竞争效率的高低。法国经济学家萨伊从宏观层面论证了宏观经济效率出现是自由竞争的结果,在这种情况下,宏观经济会达到一种均衡状态,不会出现资源浪费和闲置的状况。从古典经济学的理论,可以得出:劳动分工的出现,促使了劳动生产率的提升,使得企业的生产边界可能向外扩张。

8.1.1.2 新古典经济学派的效率理论

新古典经济学派继承和发展了古典经济学派的思想,认为社会福利最大化可以通过完全市场竞争得以实现,即配置效率达到最优。新古典经济学派对于配置效率的研究方法分成了两派。一是马歇尔采用供求局部均衡分析法的配置效率理论，完全竞争市场满足均衡价格等于边际成本的条件，从而可以实现资源配置的最优；二是以瓦尔拉斯总体均衡分析基础的帕累托效率理论，帕累托明确定义了效率：对于某种条件下的资源配置，不存在其他生产上可行的配置，使得在没有使任何人境况变坏的前提下，使得至少一个人变得更好，那么这个配置就是最优的，即帕累托最优。

8.1.1.3　现代经济学中的效率

随着研究的深入，现代经济学提出了多种效率的定义。Samuelson 把效率定义为尽可能的有效运用经济资源以满足人们的需要，在不减少一种物品的生产时就不能增加另一种物品的生产。[125] 英国剑桥大学经济学家 Farrell(1957)将经济效率分解为技术效率与配置效率，经济效率等于技术效率与配置效率的乘积。其中，技术效率是指在既定的产出下，生产单元理论最小投入和实际投入的百分比，技术效率可以被进一步分解为纯技术效率与规模效率，配置效率主要指在既定的价格体系下生产单元的最优生产成本和实际生产成本的百分比，反映的是有效配置及使用各项资源的能力。[126] 樊纲(1992)认为效率是现有生产资源和它们所提供的人类满足之间的对比关系。[127] 何大昌(2002)将效率分为宏观水平、产业水平、微观水平这三种效率。英国著名的经济学家法约尔将经济效率分为技术效率与配置效率，配置效率用于考察资源分配的最佳模式，技术效率用于评价固定资源投入下的生产水平。还有一些学者认为效率是一个动态的变化。[128] 卫兴华(2008)认为经济对象的效率与速度、质量相关，包含劳动生产率和经济效益的内涵。诺斯还提出了“制度的适应性效率”概念。[129]

8.1.2　技术效率和全要素生产率

8.1.2.1　技术效率

技术效率理论最早由 Farrell 提出。Farrell 认为技术效率是指在产出确定的情况下，决策单元最理想的投入与实际投入的比值。比值越大，表明决策单元的技术效率越高，反之，比值越小，决策单元的技术效率越低。Leibenstein (1966)从产出角度定义了技术效率，认为技术效率就是在相同的投入下生产单元实际产出与理想的最大可能性产出的比率。[130] 此外，Koopmans、Debreu、

Shephard 等学者也开展技术效率的相关研究。

之后,勒宾森在前人研究的基础上,提出 X 效率理论、给出了技术效率的定义。勒宾森认为,技术效率是指在资源配置比例、要素投入范围、市场销售价格不发生变化的情况下,所获得的产出占最大产出的百分比。也就是说,技术效率反映的是决策单元在既定的资源投入下产出增加的能力,或者是在既定的产出下,资源投入量可减少的能力。技术效率值为 1,表明效率水平位于前沿面,投入产出达到最优状态,技术效率值小于 1,表明效率水平离前沿面有一定距离,投入产出未达到最优状态。勒宾森对技术效率的研究成果被广泛应用于目前的效率研究中。

技术效率可进一步分解为纯技术效率和规模效率。纯技术效率是指在不考虑规模报酬变动的情况下、投入资源的利用情况,它主要衡量管理水平和制度等因素对技术效率的影响程度。等于 1 表明被衡量对象的管理水平、政策规章、发展理念、生产技术等要素处于先进水平;小于 1 则说明决策单元可通过改进生产技术、调整发展模式、转变发展思想、完善相应制度等方式来提高投入资源的利用率。规模效率衡量的是投入和产出在数量上能否达到最优的匹配状态。规模效率等于 1,表示产业的投入成本最低,获利性最好;规模效率小于 1,表示投入和产出未达到最优的匹配状态,企业或产业需要调整投入,需要提高技术水平和管理水平,以增加产出。

8.1.2.2 全要素生产率

生产率衡量的是决策单元投入的资源在生产过程中使用的效率,也就是投入与产出的最终比率。根据研究对象和研究范围的不同,生产率的计算可分为单要素生产率和全要素生产率。单要素生产率衡量的是单个投入要素在生产过程中使用的效率,全要素生产率衡量的是所有投入在使用过程中的综合使用效率,是产出数量与所有要素投入量之间的比值。不同于单要素生产率只能测度某一个投入要素、某一个时间段的生产率,全要素生产率观测的是整个运作环节的效率,充分考虑每一个投入量的变化,能够反映整体效率、经济利益的变化情况。

当前,学者们对效率的研究不断丰富,并将效率理论应用于实际的生产活动中去,有力地促进了经济对象的生产经营活动。

8.2 效率测度的方法

就效率评价而言,效率就是产出与投入的比率,而效率问题的核心是资源的有效利用问题,效率测度是判断资源是否有效配置和利用的重要依据。目前两类主要效率测算方法为参数方法与非参数方法。

8.2.1 参数法

参数法作为一种经济计量法,事先需要设定具体的函数形式(成本函数、利润函数或生产前沿面),利用多元统计方法,以样本为基础,求解先前设定的函数参数,通过由前沿生产函数确定的前沿面,测算决策单元的具体效率,最早由Aigner和Chu(1968)提出。参数法主要包括:随机前沿法(SFA)、厚前沿方法(TFA)和自由分布法(DFA)这三种。

随机前沿法(Stochastic Frontier Approach,SFA)是参数分析法中的典型代表。该方法需要确定生产前沿的具体形式,在确定性生产函数的基础上提出了具有复合扰动项的随机边界模型。其主要思想为随机扰动项ε,由v和u组成,其中v是随机误差项,是不能控制的影响因素,具有随机性,用以计算系统非效率;u是技术损失误差项,是可以控制的影响因素,可用来计算技术非效率。参数型随机前沿生产函数体现了样本的统计特性,也反映了样本计算的真实性。

SFA以实际产出偏离生产前沿边界部分由技术无效率项和随机误差项组成,通过极大似然等回归方法确定前沿边界。SFA模型特点如下:(1)SFA考虑随机误差的影响,不易受样本数据质量的影响,效率估计偏差较小;(2)SFA具有统计特性,可对参数进行检验,也可对模型本身进行检验;(3)截面数据使用SFA更具优越性。

厚前沿法(Thick Frontier Approach,TFA)同样定义了效率前沿的函数形式,假定计算得到的是对预计的效率值的偏离,若超出所有观测样本的上下限,则代表随机误差,若偏离在上下限范围之内,则是由低效率导致的(Rien Wagenvoort和Paul Schure,1999)这种方法不假设低效率项和随机误差项的分布类型,认为低效率值在上下限波动,这些区间内存在随机误差。

自由分布法(Distribution Free Approach,DFA)同样定义了效率前沿的函数形式,但以一种不同的方法区分低效率值和随机误差。与 SFA 不同的是,DFA 没有指定低效率项与随机误差的分布形式,而是假定各决策单元的技术效率在一段时间内是稳定的,随机误差相互抵消,在一定时期内其均值为零(Berger,1993)。通过计算样本数据中的每个决策单元的平均残差与小前沿之间的距离,得到每个决策单元的效率值。

8.2.2 非参数法

非参数法不需要明确定义基本的生产函数,也不限定效率前沿的形状,一般适用于难以充分了解决策单元的模型机理的情况。而被大量学者运用的非参数法主要有无界分析法(FDH)和数据包络分析法(DEA)。

无界分析法(Free Disposal Hull,FDH)将每一个决策单元(DMU)与同类决策单元中绩效最好的标杆决策单元进行比较,以此得出每个决策单元(DMU)的效率得分。具体而言,FDH 的分析观察值是投入较少而产量相同,还是相同投入而产量较多。与 DEA 有所不同,DEA 是同虚拟的决策单元(DMU)进行比较,而前者只是在已有的观察值中进行比较。无界分析法(FDH)可以看作是一种特殊的 DEA 方法。

数据包络分析(Data Envelopment Analysis,DEA)是一种运用较为广泛的非参数技术效率分析方法,由美国的 Charnes、Cooper 和 Rhedes 三人于 1978 年首次提出。它将每一个被考察对象看成一个决策单元,每一个决策单元都是一个多投入多产出的系统,从而从投入产出的角度对决策单元的相对有效性进行评价。

数据包络分析法不需要求解出产出、投入的函数关系,根据多个投入指标和多个产出指标,运用线性规划的思想,对决策单元(DMU)进行相对有效性评价的一种分析方法。该方法运用领域广泛,在处理多投入和多产出方面的问题,具有较大的优势。

在使用 DEA 测度全要素生产率方面,使用 DEA 测度全要素生产率属于指数核算方法,最初的全要素生产率指数核算法利用 Laspeyres 指数公式,随着 Charnes 和 Cooper 等在 1978 年提出 DEA 理论,将 DEA 方法和 Malmquist 指数构造方法联系起来，用来测度全要素生产率就成为研究的热点。该种方法首先从投入的角度或者产出的角度利用 DEA 方法定义距离函数，然后在距离函数的基础上构造 Malmquist 指数用来度量生产率，因此这种方法的理论基础为 DEA 理论，并随 DEA 理论的发展而发展。Charnes 和 Cooper 等最先提出的 DEA 模型为 CCR 模型，Caves、Christensen 和 Diewert(1982)在 CCR 模型的基础上构造 Malmquist 全要素生产率指数，来测度技术效率问题；Fare 等(1992)按照 Pisher(1922)的思想，用两个曼奎斯特(Malmquist)生产率指数的几何平均值来计算全要素生产率的变化，然后将该生产率指数分解为相对技术效率和技术进步两个部分。

8.2.3　两种方法的比较

由于学者研究问题的角度不同，或对于分析方法熟练应用程度不同，所选择的分析方法也就不同。

与非参数法相比，参数法主要具有以下优点：①能够较为方便的检验结果的显著性；②考虑了数据问题、运气成分等其他计量问题引起的随机误差；③参数法依照确定的投入产出函数关系，能计算出较为准确的效率值。

非参数法的优点是：①不需知道准确的产出投入函数关系；②不需要权重假设，以决策单元输入输出指标的实际数据求得最优权重，具有一定的客观性；③求得效率，指明了与最优决策目标在哪些投入产出项目上有差距，从而找到提升效率的最优方法。

参数法与非参数法的最主要的区别在于是否要求求解出产出-投入函数关系，当研究问题为较为复杂的决策单元，参数法很难准确求解出函数关系，而非参数法在处理多产出-多输入的有效性评价方面具有绝对优势，且不需要求解具体的投入产出函数关系。一般情况下，对于决策单元技术效率的研究方法的运用多以参数法的 SFA 与非参数法的 DEA 为主，而这两种效率研究方法各有优势，也存在不足，现代效率评价的研究方向是将两种方法进行综合。目前，Fried et al(2002)提出的三阶段 DEA 模型结合了非参数法 DEA 与参数法 SFA 的优势又避免了这两种方法的不足。

8.3 文化产业效率构成及相关研究

8.3.1 文化产业效率的构成

文化产业是以满足文化需要为目标的各种经济活动的总称;而效率是指在相同的产出下生产单元理想的最小投入与实际投入的比率,或指实际产出与理想的最大产出的比率。

本篇综合文化产业和效率理论的研究成果,将文化产业效率界定为:在为了满足人们精神需求的文化生产经营活动中,相同文化资源投入下经济单元实际产出与最大可能性产出的比率或相同文化产出下最小可能性投入与实际投入的比率。文化产业效率实质是一种文化资源配置状态,包含两个组成部分:一是文化产业投入,二是文化产业产出。

文化产业投入是指用于文化产品生产的中间商品或劳务等各种资源。文化产业投入是文化生产经营活动的前提,因为要生产文化产品,就必须把各种文化要素投入生产活动中;投入的要素不仅会引起社会资源的再分配,还会影响产业的结构;并且这些影响将贯穿于文化生产活动整个过程。此外,文化产业投入的各种资源的性能和质量会对文化产业效率产生重要影响。因此,它不仅对生产经营活动的内部关系产生影响,还直接关系到文化经营活动的成败。

文化产业产出是文化产业投入所产生的结果,是文化生产过程中创造的各种可以直接消费或者用于进一步生产的有形文化产品或无形的劳务。文化产业产出是文化生产经营活动的重心,是评价文化产业效率的基础,没有产出的文化产业根本谈不上效率。总之,投入是手段,投入的数量和质量会直接影响产出的效果;产出是目的,是投入的最终归宿。文化产业投入不理想,文化产业发展就缺乏必要的资源,不利于文化产业效率的提高;文化产业产出不理想,就相当于浪费了大量资源而没得到合理的回报,文化产业效率同样得不到提高。

8.3.2 国外研究

国外对产业或者行业的效率影响机制的研究大多数集中在制造业、银行业、服务业等领域，从国际贸易、技术、人力资本、规模效益、R&D 强度等视角对产业效率进行了研究，但对文化产业效率的研究并不多见。Donald Vitaliano（1998）采用 DEA 方法研究了对美国国家图书馆的效率，认为图书馆开放时长对其效率有重要影响。[131] Barros，Matias（2006）以薪酬和运营成本为测量指标，运用 SFA 方法考察了葡萄牙旅行社效率，指出营业额、资本量和劳动力水平是提升效率的关键。[132] Koksal（2007）采用 DEA 方法对土耳其的独立经营旅行社及连锁经营旅行社的效率进行了分析测度，发现除少数几个旅行社的效率能够达到最优状态，其余都处于无效状态。[133] Last A（2010）对德国剧院的效率进行了分析，认为规模效率是推动剧院整体效率提升的重要因素。[134] Hamed Taheri（2013）使用 DEA 方法以德黑兰地区历史博物馆的效率进行研究，认为研究期内该地区历史博物馆的总体效率不高，主要是由于纯技术效率低下。[135] Andrey Vinicius Altoe 等（2017）运用 DEA 测算了巴西配送服务业技术效率，并用回归分析方法考察技术效率和净资产收益率之间的关系。[136]

通过对国外文化产业效率文献梳理，可以发现：国外学者多就某一类从事文化生产或服务的具体行业的效率展开研究，鲜有将文化产业视为整体进行效率研究的成果。

8.3.3　国内研究

国内学者既有针对文化产业某一领域的研究，也有将文化产业视为整体、从不同区域范围进行的研究。

针对具体领域的研究方面，韩元军等（2011）研究了旅游服务质量规制对城市综合技术效率的影响，发现强规制对旅游企业的效率产生了有利作用。[137] 王志民（2014）运用 DEA 对江苏沿江旅游区 6 个地级市旅游资源利用效率进行了测算，认为沿江旅游业的综合效率水平较高。[138] 吴静（2017）运用 STATA 考察了我国文化上市公司企业投资效率，发现政府补助对提升企业投资效率没有显著正向影响。[139] 申鹏鹏等（2018）运用 DEA-Malmquist 指数法研究了 2000—2015 年江苏 13 市旅游业效率，结果表明江苏各市旅游业效率差异明显，且技术进步变化是江苏各市旅游产业全要素生产率增长的主因，产业结构、交通、经济发展程度等因素影响着旅游业效率。[140] 杨芳（2019）讨论了文创产业的效率，[141] 余荣辉（2020）讨论了长江经济带旅游产业的效率。[142]

对文化产业整体研究方面,徐文燕等(2013)运用 DEA-CCR 模型测算了江苏文化产业效率,研究结果表明,江苏文化产业效率较高,但仍出现文化产业投入与产出不匹配的情况,应当通过优化资源配置,依靠技术进步提高文化产业效率。[143] 焦潇(2014)主要从全国的视角研究湖北省文化产业效率,研究结果表明,湖北文化产业技术无效,且存在技术衰退现象,同时认为地区经济发达与文化产业效率不显著。[144] 2018 年之后针对省域范围、全国范围文化产业效率的研究逐渐增多,如吕璇(2019)、徐平平(2019)就省域文化产业效率的研究,李琳琳(2020)就大运河文化带文化产业效率的研究,项志华(2019)、陈家龙(2019)就全国文化产业效率的研究等。

综上,国内学者注重使用定量方法对不同研究范围的文化产业效率进行分析,研究成果有利于减少资源浪费、提高产业的可持续发展能力。相较于以上研究,本篇研究一是成文于 2017 年,是较早开始关注省域文化产业效率的成果;二是本篇研究在分析江苏文化产业整体效率特征后,聚焦研究江苏文化制造业的效率,点面结合更有利于在高质量发展背景下揭示江苏文化产业效率提升的关键问题;三是本篇研究关注文化产业高质量,讨论了文化产业效率提升与文化产业质量提升的关系,提出“质效融合”,以期有助于推动江苏文化产业实现“又好又快”发展。

第 9 章　江苏文化产业效率特征研究

2015 年，江苏省文化产业实现增加值 3488 亿元①，占全国文化产业增加值总量的 12.8%，增速达到 10.1%，成为全省国民经济支柱性产业；其中，规模以上文化制造业、限额以上文化批发和零售业以及重点文化服务业（以下简称三上文化产业）创造就业岗位 116 万个，实现营业收入 12453.72 亿元，净利润达到 624.33 亿元，较上一年均有较大幅度增长。在江苏文化产业大发展大繁荣之际，要进一步实现产业高质量发展就必须进一步提升江苏文化产业效率。研究文化产业效率特征是进一步提升文化产业效率、认识文化产业效率变革规律性的前提。

本章使用基于 Battese & Coelli（1995）的随机前沿模型，在分别研究了 2013 年、2015 年两个时间节点上江苏文化产业效率特征后，从位次变动的角度进行分析得出了 2013 年到 2015 年江苏文化产业效率的变化情况。

具体研究思路为：

首先，研究 2013 年江苏文化产业效率特征。使用随机前沿模型，选择年末从业人员数、固定资产原值作为模型投入变量，选择文化产业增加值为模型产出，分别研究江苏文化产业十三个城市、三种产业类型，大类、中类的产业效率。

其次，研究 2015 年江苏文化产业效率特征。使用随机前沿模型，选择从业人员人数、固定资产原值作为投入变量，管理费用、政府补助收入作为影响因素，文化产业增加值作为模型产出，并在规范选择了随机前沿模型中的函数后，分别研究江苏文化产业三种产业类型，大类、中类、小类的产业效率。

最后，讨论江苏文化产业效率变化情况。从位次变化的角度，对比 2013 年和 2015 年文化产业三种产业类型，大类、中类产业效率变动情况。

① 数据来自搜狐公众平台 http://mt.sohu.com/20170228/n481945739.shtml.

9.1 2013 年江苏文化产业效率研究

9.1.1 指标选取和模型构建

本章采用第三次江苏省经济普查统计数据，应用 SFA 模型，对 2013 年江苏文化产业效率进行计算，并依据计算结果对全省及 13 个市的 10 个大类、50 个中类的三上文化企业的产业效率进行横向和纵向的比较分析，从产业效率视角认识江苏省文化产业的发展情况。

9.1.1.1 指标选取

本章使用 2013 年江苏省文化产业增加值为模型产出数据，使用年末从业人员数、固定资产原值作为模型投入变量，计算 2013 年江苏文化产业效率。

(1)产出变量

文化产业增加值是指在一定时期内的文化生产经营活动的最终成果，它不仅能反映文化产业生产和供应的全部产品和劳务的价值，还能反映文化产业对国内生产总值的贡献。因此，它是核算文化产业的一项重要指标，反映的信息涵盖资产折旧、劳动者报酬、生产税净额、盈余等内容，能够比较合理地衡量文化产业的实际产出效果。

(2)投入变量

文化产业从业人员指从事与文化产业相关的劳动并取得相应劳动报酬的人员。文化产业从业人员是文化产业投入环节不可缺少的因素，因为其他投入资源都不具有主观能动性，都需要依赖从业人员实现相应配置。在效率测算文章中，从业人员被作为自变量的频率较高。所以，从业人员作为主观能动性因素，是研究产业技术效率不可或缺的投入变量。

固定资产指为生产产品、提供服务而持有的、价值达到一定标准的资产。它是企业的劳动手段，也是企业赖以生产经营的主要资产。学者在研究技术效率时，一般都会考虑固定资产或资本对效率的影响。因此，本章使用固定资产原价作为资金投入变量，它不仅能客观反映产业财产的实际情况，还能反映文化产业固定资产净值、资产新旧程度等重要财务信息。

9.1.1.2　模型构建

国内外对投入产出效率的评价方法主要有数据包络方法（DEA）和 SFA 等。DEA 无需设定生产函数，可以避免函数误设等问题，但这种方法无统计特征，处理结果离散程度较大，没有考虑随机因素对效率的影响，可能会高估效率损失。SFA 是一种参数型方法，考察经营活动接近前沿面的程度，可在测算技术效率的基础上，检验相关因素的影响程度。

本章选择 Battese and Coelli（1995）的随机前沿模型以测算文化产业技术效率，此模型如下：

$$Y_{it} = f(x_{it};\alpha)\exp(v_{it} - u_{it}) \quad i = 1,2,\cdots,N \quad t = 1,2,\cdots,T \qquad \text{式(9-1)}$$

式中 Y 表示产出，$f(x_{it};\alpha)$ 表示生产前沿面，x 表示投入向量，α 是待估计参数。误差项为复合结构，主要由 V_{it} 和 u_{it} 组成，且相互独立：$v \in$ i. i. d.，服从对称正态分布 $N(0,\sigma_v^2)$，表示随机扰动项的影响；$u \geqslant 0$，表示技术的无效率项。

根据假定，u 服从正态的截断分布 $N^+(\mu_{it},\sigma_u^2)$，同时假设 μ 为各种影响因素的函数，则有式(9-2)成立。

$$\mu_{it} = \xi_0 + z_{it}\xi \qquad \text{式(9-2)}$$

式中 z_{it} 表示影响技术无效率的变量，ξ_0 为常数项，ξ 为影响因素的系数向量，若系数为正值，则说明该影响因素对技术效率有负的影响，反之则有正的影响。Battese and Coelli（1995）设定方差参数 $\gamma=\sigma_u^2/(\sigma_u^2+\sigma_v^2)$，处于 0～1 之间，以检验复合误差项中技术无效率项所占比重，若 $\gamma>0$，则表明实际产出与最大产出之间的差距既来源于不可控的纯随机因素的影响，又来自技术无效率的影响。

SFA 测算技术效率时，计算结果为 1 表示产业效率处于理想状态。

9.1.1.3　生产函数模型构建

如 8.2.1 所述，SFA 需要确定生产前沿函数的具体形式，本章选用柯布-道格拉斯生产函数（简称 C-D 生产函数）。

模型如下：

$$\ln Y = \beta_0 + \beta_1 \ln L + \beta_2 \ln K \qquad \text{式(9-3)}$$

其中，Y 表示文化产业增加值，L 表示从业人员人数，K 表示固定资产原价，β_0 为截距项，β_i 为待估参数。

9.1.2 2013 年江苏省文化产业效率测算结果与分析

9.1.2.1 江苏省 13 个市文化产业效率对比分析

(1)13 个市文化产业效率总体情况

在江苏省委、省政府的统一领导下,各级地方政府继续大力推进文化产业的建设和发展,结合各自区域的经济社会、人文环境特点,不断开拓创新,文化产业呈现繁荣景象。计算结果表明,一是 2013 年江苏 13 个市的文化产业效率普遍较高,10 个市的产业效率超过 0.9,最低的也达到 0.8875;二是 13 个市文化产业效率的排序情况与江苏省经济社会发展状况相似,同样呈现出由南向北的梯度分布;三是苏州、无锡、常州、南京四个市的文化产业效率排江苏第一方阵,均在 0.97 以上。如表 9-1、图 9-1 所示。

表 9-1 2013 年江苏省 13 个市文化产业效率情况表

城市	产业效率	排名
苏州	0.9862	1
无锡	0.9714	2
常州	0.9712	3
南京	0.9709	4
南通	0.9600	5
镇江	0.9422	6
扬州	0.9400	7
盐城	0.9341	8
淮安	0.9283	9
宿迁	0.9160	10
徐州	0.8921	11
连云港	0.8882	12
泰州	0.8875	13

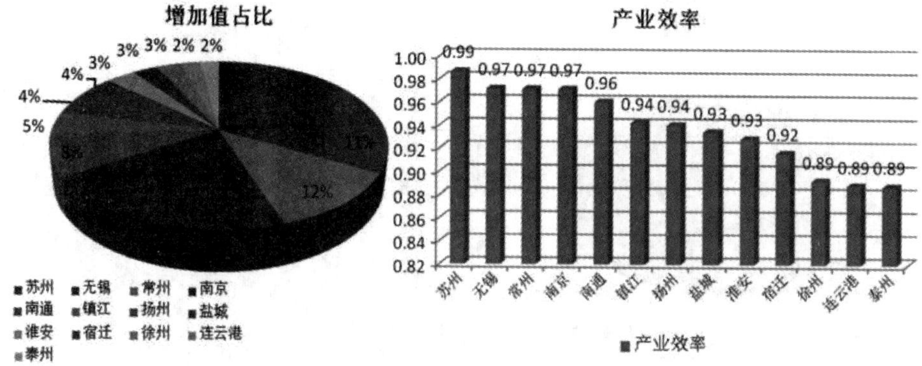

图 9-1　江苏省 13 市 10 大类文化产业增加值占比、产业效率情况

(2)苏州市文化产业规模、产业效率均位列江苏榜首

作为全国最早提出“文化立市”的城市之一，苏州市高度重视文化大发展大繁荣。先后出台了《关于推动苏州文化产业跨越发展的意见》等政策意见，在大力发展文化制造业的同时，重点扶持创意设计业等文化产业项目，文化产业发展呈现规模大、效率高的喜人态势。2013 年苏州市三上文化产业实现增加值 402.9 亿元，文化产业效率高达 0.9862，这两项指标在全省均位列第一。10 大类文化产业中，“文化用品的生产、文化专用设备的生产、文化产品生产的辅助生产”列苏州市前三位，这三类文化产业从业人员有 185240 人，占苏州市三上文化产业全部从业人员的 74.32%，实现增加值 297.58 亿元，增加值占比 73.86%。如表 9-2、图 9-2 所示。

表 9-2　2013 年苏州市 10 大类文化产业效率情况表

类别名称	从业人员(人)	增加值(亿元)	产业效率	排序
文化用品的生产	112620	201.26	0.9905	1
文化专用设备的生产	33160	43.26	0.9516	2
文化产品生产的辅助生产	39460	53.07	0.9494	3
文化创意和设计服务	33739	61.11	0.9174	4
工艺美术品的生产	16896	20.18	0.9010	5
文化休闲娱乐服务	6829	11.52	0.7963	6
文化信息传输服务	3325	7.01	0.6957	7
新闻出版发行服务	1271	2.48	0.6487	8
广播电视电影服务	1209	1.88	0.5900	9
文化艺术服务	742	1.14	0.5727	10

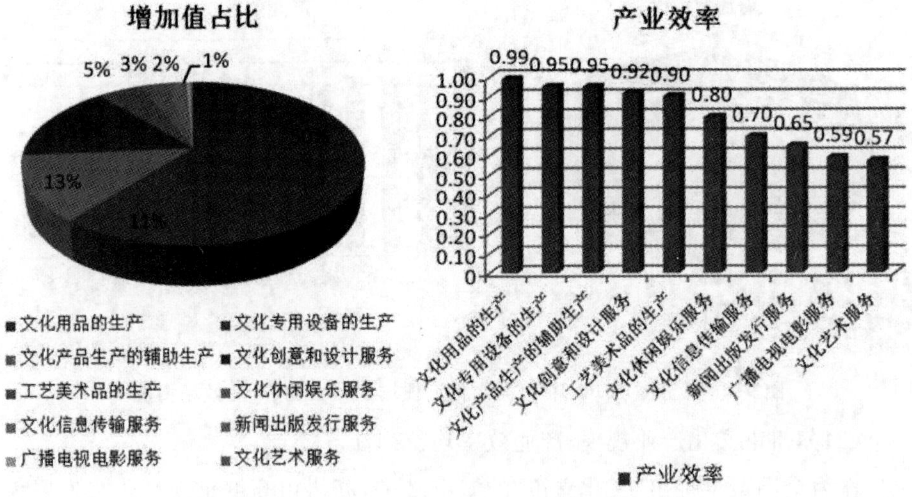

图 9-2　苏州市 10 大类产业增加值与产业效率占比情况

(3)南京市新兴文化产业发展迅猛,传统产业基础雄厚

南京文化底蕴丰厚,发展文化产业有得天独厚的优势,不仅总体规模大,而且产业效率高。2013 年,南京市三上文化产业实现增加值 382.4 亿元,10 大类文化产业中有 7 个大类的产业效率超过 0.9,在江苏排第一(见表 9-3、图 9-3 所示)。南京市充分发挥人才集聚等资源优势,大力发展以互联网技术、信息通信技术、文化创意为主要特征的新兴文化产业,成果丰硕,2013 年"文化信息传输服务、文化创意和设计服务"两类文化产业增加值占比 45.62%,产业效率分别为 0.9784、0.9577,在 10 大产业中位居前两位。

表 9-3　2013 年南京市 10 大类文化产业效率情况表

类别名称	从业人员(人)	增加值(亿元)	产业效率	排序
文化信息传输服务	21572	80.88	0.9784	1
文化创意和设计服务	49609	93.59	0.9577	2
文化用品的生产	26212	118.54	0.9556	3
新闻出版发行服务	8575	25.72	0.9318	4
文化休闲娱乐服务	6066	11.20	0.9119	5
广播电视电影服务	3787	10.07	0.9062	6

（续表）

类别名称	从业人员（人）	增加值（亿元）	产业效率	排序
文化产品生产的辅助生产	11366	15.05	0.9043	7
文化艺术服务	3547	7.22	0.8935	8
工艺美术品的生产	6726	12.40	0.7873	9
文化专用设备的生产	5374	7.76	0.7407	10

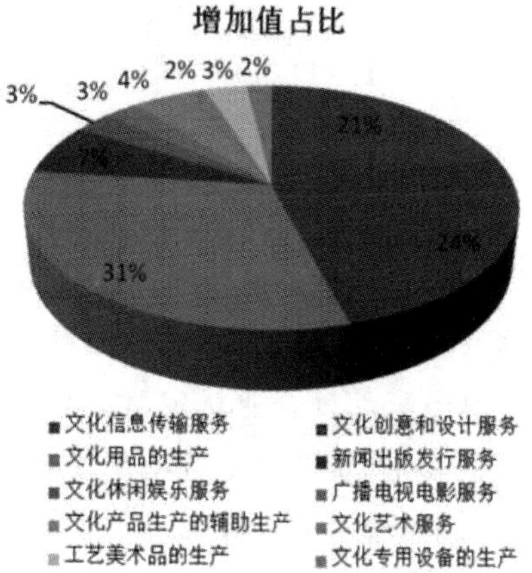

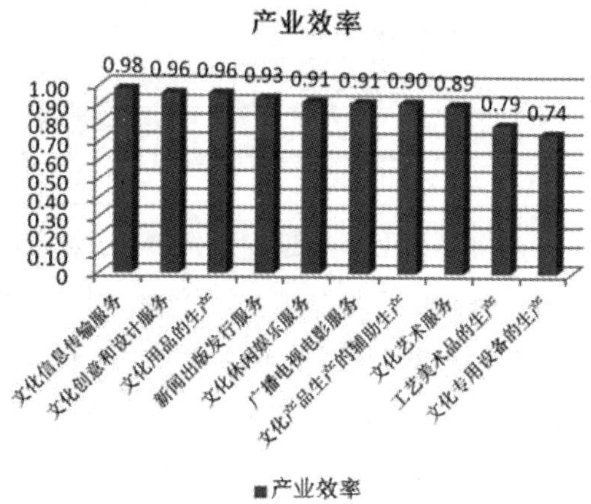

图 9-3　南京市 10 大类产业增加值与产业效率占比情况

(4)无锡、常州两市文化产业发展各具特色

2013 年，无锡市围绕打造“区域性文化中心城市”和“文化影视之都”的文化产业发展定位，着力构筑区域性的文化创新创意中心、文化资源配置高地、市场信息交流平台和文化产业集聚基地，重点支持文化产业和文化企业向市场化、集聚化和专业化发展，初步形成了发展特色和竞争优势。2013 年三上文化产业实现增加值 190.41 亿元，产业效率为 0.9714，全省排名第二，其中，有 5 个大类的产业效率超过 0.9(见表 9-4)。无锡市“文化用品的生产、文化产品生产的辅助生产”两类文化产业从业人员有 66782 人，占三上文化产业全部从业人员的 56.10%，两类产业实现增加值 108.75 亿元，增加值占比 57.11%，产业效率分别为 0.9882、0.9703，在 10 大产业中位居前两位。

表 9-4　2013 年无锡市 10 大类文化产业效率情况表

类别名称	从业人员(人)	增加值(亿元)	产业效率	排序
文化用品的生产	48802	78.55	0.9882	1
文化产品生产的辅助生产	17980	30.20	0.9703	2
文化专用设备的生产	16949	29.92	0.9609	3
文化创意和设计服务	14642	21.79	0.9491	4
工艺美术品的生产	11061	9.74	0.9134	5
文化信息传输服务	2556	8.28	0.8496	6
文化休闲娱乐服务	3412	3.95	0.8241	7
新闻出版发行服务	1795	4.35	0.7774	8
广播电视电影服务	1382	3.20	0.7173	9
文化艺术服务	467	0.44	0.2898	10

常州市文化产业起步早发展快，如今已形成特点鲜明的发展模式。首先，大力扶持文化产业发展。截至 2013 年，常州有 1 家国家级文化产业示范基地、3 家江苏省级文化产业示范基地，19 家企业获得国家动漫企业认定，位列全省第一。其次，紧抓项目建设，依靠载体带动发展。最后，促进产业互动，“文化＋旅游”已成为常州市文化消费的快速成长点。2013 年常州市三上文化产业实现增加值 211.03 亿元，产业效率为 0.9712，全省排名第 4，其中，有 3 个大类的产业效率超过 0.9。“文化用品的生产”产业效率 0.9619，位列常州市十大产业之首(见表 9-5)。

表 9-5　2013 年常州市 10 大类文化产业效率情况表

类别名称	从业人员(个)	增加值(亿元)	产业效率	排序
文化用品的生产	60043	61.73	0.9619	1
文化休闲娱乐服务	8391	30.67	0.9520	2
文化专用设备的生产	8774	15.80	0.9225	3
文化产品生产的辅助生产	7268	14.58	0.8998	4
工艺美术品的生产	13038	17.37	0.8995	5
文化创意和设计服务	32403	56.49	0.8932	6
文化艺术服务	1606	4.43	0.1540	7
新闻出版发行服务	805	1.33	0.1	8
广播电视电影服务	1762	3.64	0.1	9
文化信息传输服务	2990	4.97	0.046	10

(5)江苏其他各市,发挥各自优势努力打造文化品牌

南通市大力发展家纺创意产业,通过版权服务提升文化产业效率。同时,力推单体规模大、传统与现代科技相交融的科技体验类文化产业项目。南通市"文化用品的生产、工艺美术品的生产、文化产品生产的辅助生产"产业效率超过 0.9。

镇江市的金东纸业在文化用纸的制造上引领了镇江市文化产业发展。镇江市"文化用品的生产"产业效率高达 0.9999。

扬州市以毛绒玩具为依托,从"创建基地、搭建平台、扶持重点、打造亮点"等四个方面入手发展文化产业,扬州市"文化用品的生产、文化产品生产的辅助生产、工艺美术品的生产"的产业效率大于 0.9。

其他地区,产业效率处于领先地位的产业情况见表 9-6。

表 9-6　2013 年南通等市 10 大类文化产业效率情况表(产业效率大于 0.9)

地区	产业名称	从业人员(人)	增加值(亿元)	产业效率	区域内排序
徐州	文化休闲娱乐服务	2655	4.58	0.9498	1
	工艺美术品的生产	7935	15.25	0.9405	2
	文化创意和设计服务	2501	5.55	0.9227	3
	文化用品的生产	5747	11.39	0.9123	4
	文化信息传输服务	1943	2.00	0.9010	5
南通	文化用品的生产	16328	38.48	0.9828	1
	工艺美术品的生产	45828	68.15	0.9624	2
	文化产品生产的辅助生产	2834	6.11	0.9097	3
连云港	文化信息传输服务	927	1.60	0.9997	1
	文化用品的生产	12124	23.45	0.9876	2
淮安	文化用品的生产	15582	26.96	0.9998	1
盐城	文化信息传输服务	1280	1.334416	0.9999	1
	文化用品的生产	33828	54.54823	0.9967	2

（续表）

地区	产业名称	从业人员（人）	增加值（亿元）	产业效率	区域内排序
扬州	文化用品的生产	33341	60.12083	0.9953	1
	文化产品生产的辅助生产	2420	4.946674	0.9585	2
	工艺美术品的生产	4091	5.609672	0.9254	3
镇江	文化用品的生产	23777	51.6147	0.9999	1
宿迁	广播电视电影服务	94	0.09	0.9916	1
	文化艺术服务	28	0.05	0.9903	2
	文化信息传输服务	983	0.64	0.9824	3
	文化创意和设计服务	1202	1.23	0.9476	4
	新闻出版发行服务	3059	2.89	0.9228	5

9.1.2.2　三种产业类型产业效率分析

(1)三种产业类型文化产业总体产业效率水平

如表 9-7 所示，2013 年，江苏省三种产业类型文化产业的产业效率中，文化批零产业的产业效率最高，文化服务业紧随其后。文化制造业的产业效率相对较低，说明需在进一步分析 2013 年文化制造业内部效率的前提下，提升三种产业类型文化产业效率方面的均衡性。

表 9-7　2013 年江苏省三种产业类型文化产业效率情况

三上文化产业	平均效率	排名
文化批零业	0.8374	1
文化服务业	0.7314	2
文化制造业	0.2799	3

(2)文化批零业产业效率在三类文化产业中占领先地位

2013 年，江苏省文化批零业共有法人单位 1045 个，实现增加值 99.793 亿元，产业效率为 0.8374，在三类文化产业中名列首位。

①效率较高的产业小类

在文化批零业的小类中，有 8 类产业的产业效率大于 0.9，整个产业呈现又好又快的发展质态（见表 9-8）。

表 9-8　2013 年江苏省文化批零产业效率情况(产业效率高于 0.9)

类别名称	从业人员(人)	增加值(亿元)	产业效率	排序
图书、报刊零售	8945	18.02	0.9855	1
图书批发	1718	9.47	0.9823	2
首饰、工艺品及收藏品批发	12982	19.52	0.9729	3
家用电器批发	6364	12.32	0.9645	4
珠宝首饰零售	5218	9.48	0.9548	5
工艺美术品及收藏品零售	3063	4.90	0.9351	6
家用视听设备零售	4240	5.17	0.9082	7
电气设备批发	545	2.18	0.9001	8

图书、报刊零售和图书批发产业进入新的发展阶段,产业效率领先。2013 年江苏省委、省政府把“居民综合阅读率”纳入江苏基本实现现代化指标体系,使图书、报刊零售和图书批发业的发展进入了崭新的发展阶段。2013 年全省图书、报刊零售和图书批发实现增加值 27.49 亿元,两个产业的产业效率分别高达 0.9855、0.9823,创整个文化批零业之最。

首饰、工艺品及收藏品批发、珠宝首饰零售、工艺美术品及收藏品零售的产业效率明显提升。经济社会的快速发展,百姓对工艺美术制品、珠宝首饰制品的需求不断增加。这些行业自身也不断创新,提升了产品品位。2013 年,“首饰、工艺品及收藏品批发”业实现增加值 19.52 亿元,列文化批零业榜首,产业效率高达 0.9729。“珠宝首饰零售业”实现增加值 9.48 亿元,列文化批零业第三位,产业效率高达 0.9547。

②效率较低的产业小类

文化批零业的小类中,报刊批发、音像制品及电子出版物零售等产业效率相对较低,产业效率位于后六位的产业见表 9-9 所示,其产业效率低于 0.8。

表 9-9　2013 年江苏省文化批零业中产业效率相对较低的产业情况

类别名称	产业效率
音像制品及电子出版物零售	0.7778
报刊批发	0.7338
乐器零售	0.7197

(续表)

类别名称	产业效率
其他文化用品批发	0.6829
通信及广播电视设备批发	0.5713
照相器材零售	0.4743

(3)文化服务业在文化产业中占重要地位

江苏省文化服务业发展迅速,形成了多门类、多层次、多样化的文化服务体系,较好地满足了广大人民群众日益增长的多元化、多层次的精神文化需求,促进了社会文化生活的繁荣和发展,形成了由娱乐业、演出业、音像业、网络文化业、文化旅游业、文物和艺术品业等组成的文化产业体系。其中,在信息技术和网络技术快速发展的支撑下,网络游戏、创意、动漫等新兴文化服务业发展势头迅猛。

2013 年江苏重点文化服务业共有法人单位 2382 个,从业人员达 28.64 万,实现增加值 548.08 亿元,产业效率为 0.7314,在三类文化产业中居中。

①效率较高的产业小类

在重点文化服务业小类中,有 12 类产业的产业效率高于 0.8,这 12 类产业具有较高的产业效率。如表 9-10 所示。

表 9-10　2013 年江苏省重点文化服务业产业效率情况表(产业效率高于 0.8)

类别名称	从业人员(人)	增加值(亿元)	产业效率	排序
有线广播电视传输服务	26090	92.12	0.9767	1
游览景区管理	17640	37.96	0.9572	2
工程勘察设计	60377	104.09	0.9494	3
软件开发	65893	95.56	0.9116	4
广告业	17457	45.35	0.9065	5
游乐园	5965	11.76	0.8886	6
公园管理	3705	11.56	0.8823	7
专业化设计服务	9894	24.27	0.8759	8
报纸出版	8813	15.25	0.8392	9
会议及展览服务	5071	11.16	0.8387	10
电视	4317	7.84	0.8112	11
歌舞厅娱乐活动	6941	9.95	0.8085	12

其中，有线广播电视传播服务产业效率最高，为0.9767。与休闲相关的六个产业也具有较高的产业效率，它们分别为：游览景区管理0.9572（第二位）、游乐园0.8886（第六位）、公园管理0.8823（第七位）、会议及展览服务0.8387（第十位）、电视0.8112（第十一位）、歌舞厅娱乐活动0.8085（第十二位）。

②文化服务业中，传统文化服务业产业效率位次偏后

文化服务业中，产业效率位于后十位的类别如表9-15所示，其产业效率均低于0.65。这十类中，除文化娱乐经纪人、卫星传输服务外，八类均为传统文化服务业，说明传统文化服务业产业效率并不理想，具体数据见表9-11。

表9-11　2013年江苏省文化服务业中产业效率相对较低的产业情况

类别名称	产业效率
娱乐及体育设备出租	0.6466
图书出租	0.6460
文化娱乐经纪人	0.6452
网吧活动	0.6437
音像制品出版	0.6433
卫星传输服务	0.6431
摄影扩印服务	0.6421
无线广播电视传输服务	0.6418
艺术表演场馆	0.6386
期刊出版	0.6253

(4)文化制造业规模最大，机制纸及纸板制造的产业效率最高

作为文化产业的核心产业之一的文化制造业发展迅猛，规模不断壮大，2013年江苏文化制造业共有法人单位2499个，从业人员达66.63万，实现增加值1152.32亿元，上述三项指标在三类文化产业中均位居第一。由于这类产业内部的小类产业发展极不平衡，使整个分类中的产业效率排位最低。

①效率较高的产业小类

如表9-12所示，在文化制造业的小类中，有11类产业的产业效率高于0.8，表明这11类产业具有较高的产业效率。

表 9-12 2013 年江苏省文化制造业产业效率情况表(产业效率高于 0.8)

类别名称	从业人员(人)	增加值(亿元)	产业效率	排序
机制纸及纸板制造	59973	157.32	0.9778	1
包装装潢及其他印刷	86265	147.10	0.9558	2
电视机制造	22933	128.45	0.9423	3
其他电子设备制造	46342	70.28	0.9158	4
玩具制造	70497	89.44	0.9158	5
影视录放设备制造	74614	105.25	0.9064	6
抽纱刺绣工艺品制造	45973	68.27	0.8973	7
信息化学品制造	24439	51.03	0.8907	8
照明灯具制造	32522	47.22	0.8636	9
广播电视接收设备及器材制造	23683	35.71	0.8257	10
颜料制造	8946	25.81	0.8150	11

②文化产业制造业中,依靠手工制作、艺术再创作的类别的产业效率存在较大提升空间

文化制造业中,产业效率位于后十位的类别有园林、陈设艺术及其他陶瓷制品制造、花画工艺品制造、手工纸制造、电子乐器制造、漆器工艺品制造、其他娱乐用品制造、焰火、鞭炮产品制造、其他乐器及零件制造、露天游乐场所游乐设备制造、电影机械制造。

9.1.2.3 十大类文化产业效率分析

(1)江苏省文化产业总体产业效率水平较高

2013 年,江苏省委、省政府坚持把文化建设摆上突出位置,进一步加大文化强省建设推进力度,外部紧紧抓住江苏城镇化建设速度加快、文化市场需求旺盛的文化产业发展机遇,内部充分发挥江苏文化产业在基础设施、人力资本上的优势,文化产业发展呈现出又好又快的局面。2013 年,江苏省文化产业总体产业效率较高,10 大类文化产业的平均产业效率高达 0.8986。在 10 大类产业中,“文化用品的生产”产业效率最高,产业效率高达 0.991,“文化产品生产的辅助生产”“文化创意和设计服务”的产业效率紧随其后,分别为:0.944 和0.935;10 大类中只有“广播电视电影服务”“文化艺术服务”两大类的产业效率小于 0.8,充分显示江苏文化产业呈现良好的发展质态。如表 9-13、图 9-4 所示。

表 9-13　2013 年江苏省十大类文化产业效率情况

类别名称	从业人员（人）	增加值（亿元）	产业效率	排序
文化用品的生产	406560	759.12	0.9910	1
文化产品生产的辅助生产	114132	187.68	0.9440	2
文化创意和设计服务	156164	272.36	0.9352	3
文化信息传输服务	49254	119.86	0.9321	4
文化专用设备的生产	72460	115.35	0.9318	5
工艺美术品的生产	126638	179.67	0.9215	6
文化休闲娱乐服务	39523	76.75	0.8940	7
新闻出版发行服务	22910	50.30	0.8867	8
广播电视电影服务	11516	22.93	0.7975	9
文化艺术服务	9127	16.19	0.7524	10
平均产业效率	0.899			

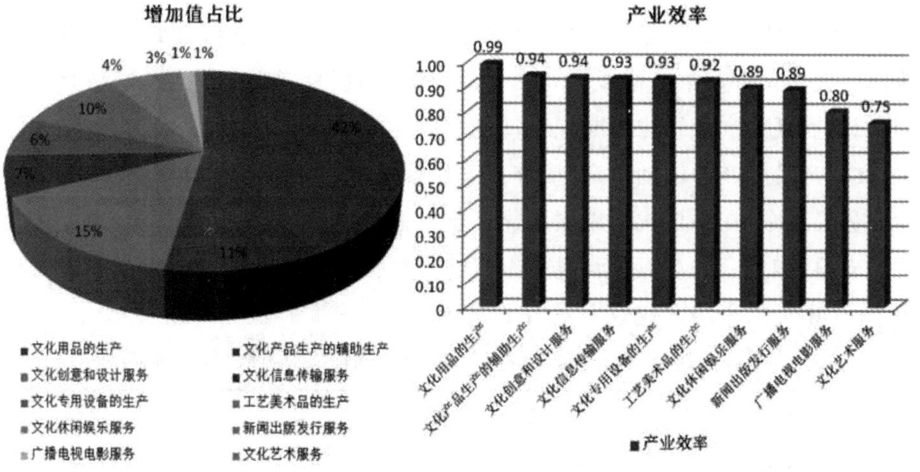

图 9-4　江苏省十大类文化产业增加值占比、产业效率情况

（2）“文化用品的生产”优势明显，产业规模、产业效率均位列第一

江苏省作为一个文化大省，“文化用品的生产”不论产业规模还是产业效率在 10 大行业中均位列第一。2013 年，江苏省“文化用品的生产”从业人员

406560 人，占三上文化产业从业人员的 40.32%，实现增加值 759.12 亿元，增加值占比 42.16%，其产业效率位居榜首，高达 0.991，其中，“文化用纸的制造、视听设备的制造、其他文化用品的制造”产业效率居于前三位，分别为 0.9740、0.9578、0.9175(见表 9-14)。

表 9-14 2013 年江苏省“文化用品生产”产业效率情况

类别名称	从业人员(人)	增加值(亿元)	产业效率	排序
文化用纸的制造	61014	158.57	0.9740	1
视听设备的制造	112784	251.34	0.9578	2
其他文化用品的制造	78864	117.50	0.9175	3
文化用化学品的制造	24439	51.03	0.8733	4
文化用油墨颜料的制造	12659	32.78	0.8385	5
玩具的制造	70497	89.44	0.8311	6
50 个中类平均产业效率	0.564			

(3)“文化产品生产的辅助生产”产业效率位列前茅

包括印刷复制服务、会展服务在内的“文化产品生产的辅助生产”大类，实现产业增加值 187.68 亿元、增加值占比 10.43%，产业效率 0.944，两项指标均位居十大文化产业第二位置。2013 年，江苏省印刷复制服务业大力发展数字印刷及绿色印刷，产业结构不断优化，转型升级稳步推进，产业效率高达 0.946，位居“文化产品生产的辅助生产”榜首。而独具特色的江苏会展服务业在 2013 年发展势头不减，初步形成了以国际化企业为主体、国际化城市为基础、国际化人才为支撑的对外开放新局面，呈现出良好的发展态势，产业效率达 0.6797，也高于 50 个中类的平均产业效率 0.564(具体数据见表 9-15)。

表 9-15 2013 年江苏省“文化产品生产的辅助生产”产业效率情况

类别名称	从业人员(人)	增加值(亿元)	产业效率	排序
印刷复制服务	104814	168.17	0.9460	1
会展服务	5071	11.16	0.6797	2
50 个中类平均产业效率	0.564			

(4)"文化创意和设计服务"产业发展态势喜人

2013年,江苏省进一步加大文化创意园建设的力度,文化创意和设计服务产业发展速度快、集聚程度高、重点行业发展突出,形成了各具特色的区域品牌。"文化创意和设计服务"大类中各中类的产业效率均高于0.8,且均高于50个中类的平均产业效率0.564,具体数据见表9-16。

表9-16　2013年江苏省"文化创意和设计服务"产业效率情况

类别名称	从业人员(人)	增加值(亿元)	产业效率	排序
建筑设计服务	60377	104.09	0.9151	1
文化软件服务	68436	98.65	0.8904	2
广告服务	17457	45.35	0.8768	3
专业设计服务	9894	24.27	0.8041	4
50个中类平均产业效率	0.564			

(5)"工艺美术品生产"产业成绩斐然,产业效率领先

"十三五"期间,江苏工艺美术品生产行业在不断扶持、巩固一批全国传统工艺美术类产品的同时,针对现代工艺美术类产品,科学引导、培育了一批适度规模的特色产区和产业集群,2013江苏省"工艺美术品生产"实现增加值179.67亿元,增加值占比9.98%,位列十大类第四,产业效率0.922,位列十大类第六。该大类中所包含的工艺美术品的制造、工艺美术品的销售两个中类产业效率水平均高于50个中类的全省平均水平,分别定为0.9084、0.7015,具体数据见表9-17。

表9-17　2013年江苏省"工艺美术品生产"产业效率情况

类别名称	从业人员(人)	增加值(亿元)	产业效率	排序
工艺美术品的制造	99701	142.14	0.9084	1
工艺美术品的销售	21263	33.90	0.7015	2
50个中类平均产业效率	0.564			

9.1.2.4　中类文化产业效率分析

附录9-1给出了2013年江苏省文化产业中类产业效率值。有50%的中类产业效率值超过全省文化产业效率均值,有8个中类文化产业效率值超过0.9,

为了更好地分析优势行业，制作了文化产业中类效率前15名柱形图。见图9-5。

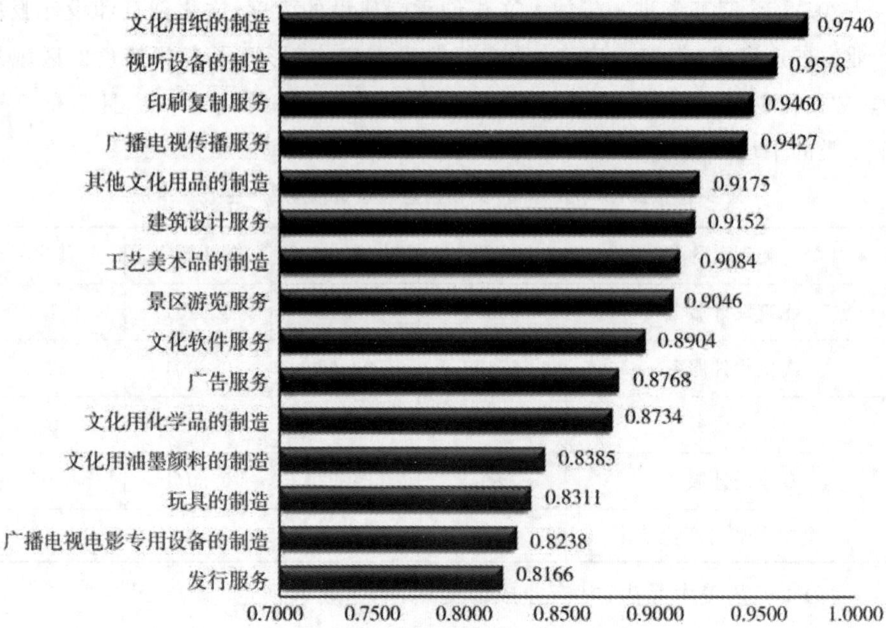

图 9-5　文化产业中类效率前 15 名分布图

如图9-5所示，2013年文化产业中类前15名效率分布情况中，文化用品的生产大类占6席，文化创意和设计服务产业大类占3席。

2013年，江苏文化产业中类中“文化用纸的制造”效率最高，这类中包括机制纸及纸板制造和手工纸制造两个小类，其中机制纸及纸板制造的产业效率为0.9778，位居文化产业小类产业效率之首。

“视听设备的制造”主要包括电视机、音响设备、影视录放设备的制造，2013年，该行业快速发展，产业效率达到0.958，其中电视机制造、影视录放设备制造两个小类产业效率超过0.9。

“印刷复印服务”属于文化服务业，2013年产业效率为0.946，位于中类第三位，内部的包装装潢及其他印刷小类产业效率超过0.95，产业效率较高。

2013年，江苏文化产业50个中类产业中，产业效率排名后五位的中类产业包括“摄影扩印服务”“文具乐器照相器材的销售”“广播电视电影专用设备的批发”“游艺器材及娱乐用品的制造”“园林、陈设艺术及其他陶瓷制品的制造”，这几类产业效率低于0.24。

9.2　2015年江苏文化产业效率研究

9.2.1　指标选取和模型构建

9.2.1.1　指标选取

在借鉴相关研究成果的基础上，对2015年江苏省文化产业大类、中类和小类组成的三上文化产业分别进行效率测算与分析时，选取文化产业增加值作为产出变量，选取使用频率较高的从业人员人数和固定资产原值作为投入变量，并选取管理费用和政府补助收入作为影响因素；投入变量影响的是产出，而影响因素影响的是投入-产出所测量的效率。研究时对原始数据进行了分类整理，剔除了数据缺失较多以及数据异常的行业。

其中，产出变量（文化产业增加值）、投入变量（从业人员人数、固定资产原值）的含义与9.1中类似。内外部环境变量中的管理费用说明内部环境因素，政府补助则代表外部环境影响。

(1)管理因素

组织环境理论及组织变革理论均指出，一个组织的发展变化主要受外部宏观环境及内部管理因素的影响。管理费用是指组织生产经营活动而发生的各种费用，它能够恰当地反映管理因素对文化产业产生的具体影响。文献研究发现，通过定量分析发现管理费用对技术效率存在显著影响，如唐辉(2014)评价我国食品产业效率时，得出管理费用与效率呈正相关的结论。[145]因此，本章研究将管理费用作为管理因素的代表指标纳入内外部环境变量。

(2)政府影响

文化产业已成为优化经济结构的重要载体，因此，必须考虑政府在文化产业发展中的影响。政府不仅能够通过颁布法规等手段间接地促进文化活动的顺利展开，还可以通过经费补助等方式直接为文化活动提供资金支持，使文化企业为了获得补贴而调整投资行为，引导文化资源合理配置。因此，有较多文献都将政府财政补助或者资助作为影响技术效率的重要因素。但不同的学者发现的政府补贴对相关行业效率的影响结论不尽相同。如刘海英和谢建政

(2016)研究发现政府补贴对粮食生产效率的影响并不显著。[146]顾群(2016)研究发现政府补助对中小企业的创新效率具有负向影响。[147]本章研究将政府补助作为政府影响的代表指标纳入内外部环境变量。

9.2.1.2 生产函数模型构建

本章使用 SFA 测算 2015 年江苏省文化产业效率。9.1.1 中已描述了 SFA 的基本原理,本章不再赘述。

不同于 9.1 直接使用柯布-道格拉斯生产函数(C-D 生产函数)为生产前沿函数的具体形式,本章在更佳的数据条件下、为进一步提高效率测算的准确性,在确定生产前沿函数的具体形式时,先使用柯布-道格拉斯生产函数(C-D 生产函数)和超越对数生产函数两种函数进行测算,再根据拟合结果确定生产前沿函数。

基于 Battese & Coelli(1995)的随机前沿模型分别构建测算江苏省文化产业技术效率的柯布-道格拉斯生产函数(C-D 生产函数)和超越对数生产函数,模型如下:

$$\ln Y = \beta_0 + \beta_1 \ln L + \beta_2 \ln K + (v - u) \qquad \text{式(9-4)}$$

$$\ln Y = \beta_0 + \beta_1 \ln L + \beta_2 \ln K + 0.5\beta_3 (\ln L)^2 + 0.5\beta_4 (\ln K)^2 + \beta_5 (\ln L * \ln K) + (v - u) \qquad \text{式(9-5)}$$

技术无效率模型:

$$u = \delta_0 + \delta_1 Z_1 + \delta_2 Z_2 + \omega \qquad \text{式(9-6)}$$

其中,Y 表示文化产业增加值,L 表示从业人员人数,K 表示固定资产原价,Z_1 表示管理费用,Z_2 表示政府补助收入,β_0 为截距项,β_i、δ_i 为待估参数。误差项由两部分组成,第一部分为随机误差项 $v_{it} \in iid$,假定服从对称的正态分布 $N(0, \sigma_v^2)$;第二部分为无效率 u_{it},服从半正态分布 $N(u, \sigma_v^2)$;同时 v_{it} 和 u_{it} 相互独立。

为了确定哪种函数更适合对江苏文化产业效率进行测算,本章将通过对比两种函数的 γ 值、广义似然比 LR 加以说明。广义似然比(LR)检验统计量计算公式如下:

$$LR = -2\{\ln[L(H_0)/L(H_1)]\} = -2[\ln L(H_0) - \ln L(H_1)] \qquad \text{式(9-7)}$$

其中,$L(H_0)$ 和 $L(H_1)$ 分别是零假设 H_0 和备选假设 H_1 下的对数似然函数值;广义似然比检验统计量服从混合 χ^2 分布,自由度为约束变量个数。

9.2.2　2015年江苏省文化产业效率测算结果与分析

9.2.2.1　三种类型产业的效率分析

由于文化产业三种产业类型样本量较少，在生产函数拟合过程中容易出现高度拟合的假相，所以不宜使用计量软件 Frontier4.1 直接测算文化产业大类的效率值。

通过文献梳理可以发现，当样本量较小无法使用 SFA 直接测算技术效率时，可以通过算数平均或加权平均的方式考察研究对象的效率情况。刁丽琳等(2011)在考察科技环境对区域技术效率影响时，使用算数平均法计算各地技术效率。[148]牛泽东和王文(2016)对装备制造业的技术创新效率进行分析时，通过加权求和的方式计算全国以及东、中、西部地区装备制造业的技术创新效率。[149]本节借鉴相关研究成果，将小类行业增加值占其所属产业类型增加值的比重作为权重，小类文化产业效率进行加权求和可得到三上文化产业平均效率，小类文化产业效率的测算过程见 9.2.3.4，小类产业效率的测算结果见附录 9-3，三上文化产业平均效率见表 9-18。

表 9-18　江苏三上文化产业效率

三上文化产业	平均效率	排名
文化服务业	0.83078	1
文化制造业	0.82951	2
文化批零业	0.71964	3

由表 9-18 可知，文化服务业产业效率最高，达到 0.83078。随着居民对文化产品和服务需求的日益增加，江苏文化服务业获得了快速发展，较好地满足了群众个性化需求；并在信息技术的支撑下，网游、创意、动漫等新兴文化软件服务业发展迅速，产业规模持续扩大；2015 年江苏重点文化服务业共有法人单位 2976 家，从业人员达 34.12 万，实现增加值 583.89 亿元，产业效率在三类文化产业中排名第一。

文化制造业规模最大，产业效率居中。作为文化产业主体的文化制造业是江苏省重点发展的产业之一，2015 年江苏文化制造业共有规模以上法人单位 2788 家，提供就业岗位 74.97 万个，就业贡献度达到 68.27%(详见图 9-6)，实现增加值 1236.82 亿元，增加值、固定资产原价和管理费用占比均超过 50%，是当之无愧的产业砥柱。

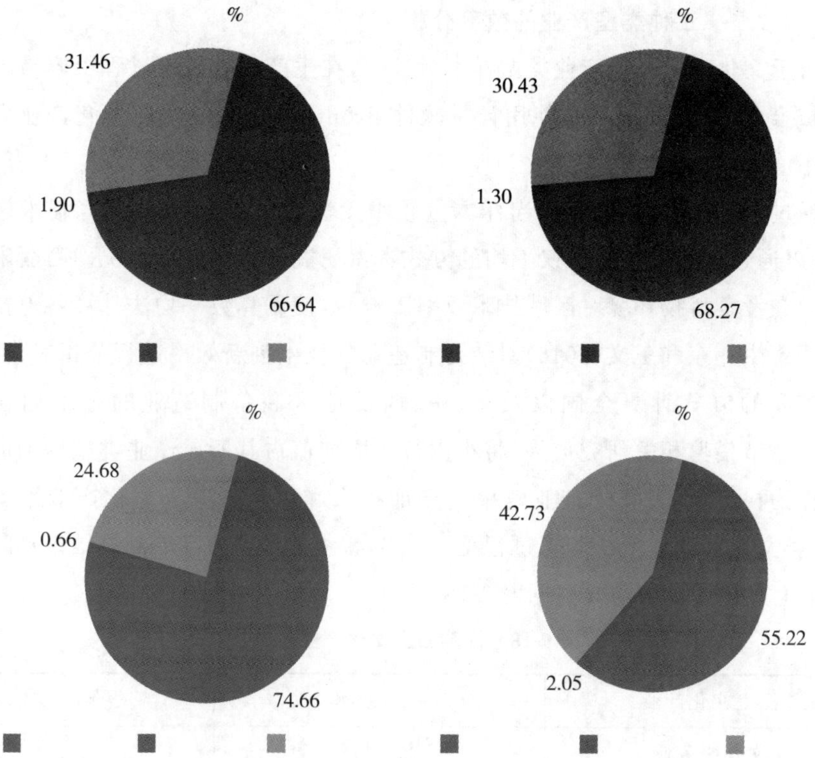

图 9-6 江苏三上文化产业投入产出情况

文化批零业效率相对较低。文化批零业是文化产业大生产过程中的重要环节，是生产者和消费者之间的桥梁，影响着文化产业的运行速度。2015 年，全省限额以上文化批零法人单位 1055 家，较上一年增加 52 家，从业人员较上一年增加 1.5 万人，但由图 9-6 可知，文化批零业的增加值、从业人员、固定资产原价和管理费用在全省文化产业中占比都非常低，产业效率仅为 0.71964。限额以上文化批零业小类中，首饰、工艺品及收藏品批发业效率达 0.87541，图书批发业效率达到 0.84833。随着人们生活水平的不断提升，对工艺美术制品、珠宝首饰制品的需求不断增加，给这些行业的发展提供了良好的需求基础，使得首饰、工艺品及收藏品批发产业效率明显提升。另外，江苏把“居民综合阅读率”纳入现代化指标体系，加强全民阅读组织领导工作，将阅读活动与提高科学发展水平结合起来，为图书批发业创造了发展环境，使图书批发业获得较快发展。

从长远来看，居民消费都有较大发展空间，这也为该行业提供了机遇；因此，文化批零业应该抓住机遇，实现快速提升。

9.2.2.2　十个大类文化产业效率分析

与三种产业类型产业效率分析类似，由于文化产业大类样本量较少，在生产函数拟合过程中容易出现高度拟合的假象，所以不宜使用计量软件 Frontier 4.1 直接测算文化产业大类的效率值。本节借鉴相关研究成果，将小类行业增加值占其所属大类增加值的比重作为权重，对小类效率值加权求和得到大类产业效率，详见表 9-19。

表 9-19　江苏文化产业十大类产业效率

大类	效率值	排序
文化创意和设计服务	0.93145	1
文化产品生产的辅助生产	0.85359	2
文化用品的生产	0.84647	3
文化信息传输服务	0.84067	4
文化专用设备的生产	0.78264	5
工艺美术品的生产	0.73237	6
文化休闲娱乐服务	0.69626	7
新闻出版发行服务	0.69179	8
广播电视影视服务	0.62980	9
文化艺术服务	0.49823	10
平均效率	0.75033	

文化创意和设计服务产业效率最高，达到 0.93145，位居江苏省文化产业效率十大类之首。文化创意和设计服务产业能把无形资源转化为有形的货币价值，并带来新奇的艺术审美体验。江苏文化创意和设计服务资源丰富，发展潜力巨大；在中央政策指引下，江苏结合自身实际，制定了《关于加快提升文化创意和设计服务产业发展水平行动计划(2015—2017)》等文件，全面部署文化创意和设计服务产业的发展，不断提高发展水平，初步成效显著。2015 年，文化创意和设计服务业的增加值是其固定资产投资原价的 1.4 倍，远远高于整个文化产业的平均水平；增加值占比达 16.58%(见图 9-7)，仅次于文化用品生产产业，对整个文化产业就业贡献度达到 15.91%。9.2.2.3 对中类的研究显示文化创意

和设计服务业所包含的 4 个中类效率值均超过 0.8，高于 0.623 的中类产业效率均值，“文化软件服务”效率更是排在中类效率首位，“建筑设计服务”效率也名列前茅。文化创意和设计服务业的管理费用占比 22.61%，对其提高产业效率产生了积极作用。

文化产品生产的辅助生产产业效率较高，达到 0.85359。该类产业主要包括印刷复制服务、文化贸易代理、会展服务等内容。在数字时代，贸易结构开始从有形贸易向无形贸易转变，因此，该类产业获得了较好的发展机遇。2015 年，江苏省文化产品生产的辅助生产产业增加值占比与第七大类工艺美术品的生产并列第三，但其的固定资产原价和管理费用远高于后者，这直接拉升了产业效率。9.2.2.3 对中类的研究显示该类产业包含的印刷复制服务中类产业效率为 0.94053，居该大类产业效率榜首，是推动该大类发展的主要动力。

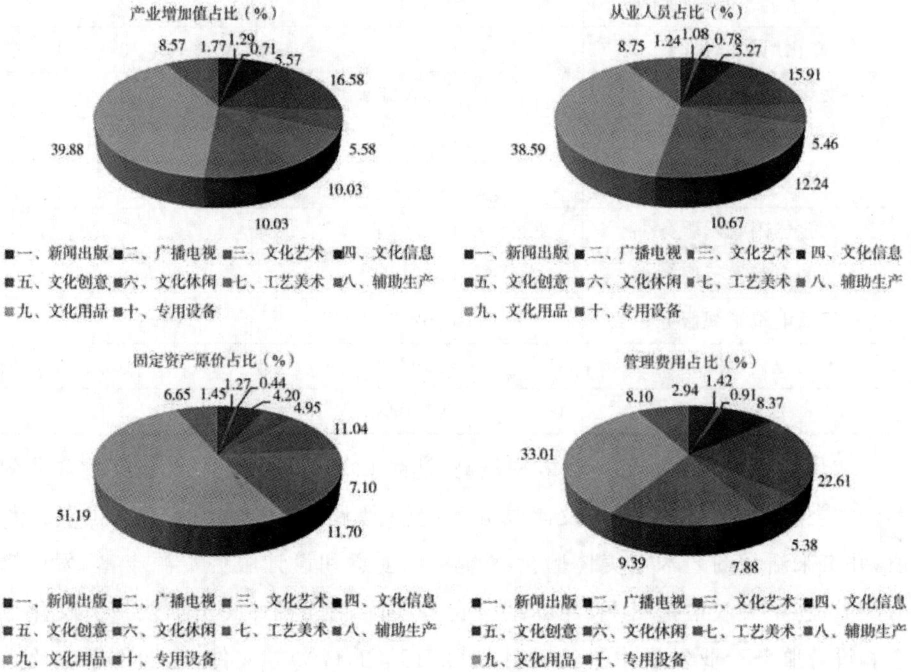

图 9-7 江苏省文化产业十大类投入产出占比情况

文化用品的生产效率达 0.84647，产业效率领先。文化用品的生产包含的中类、小类最多，是文化产业的主体，关系到文化产业的平稳运行；其增加值占比、从业人员占比、固定资产原价占比和管理费用占比均位于江苏整个文化产业的首位；9.2.2.3 对中类的研究显示其所属的中类产业效率较高，其中，其他文化用品的制造、视听设备的制造、文化用纸的制造 3 个行业产业效率均超过 0.9，分别为 0.95489、0.94722、0.91385，位居该类前三。

文化信息传输服务产业效率排名第四，达到 0.84067，高于全省 0.75033 的平均水平；随着信息化建设步伐的不断加快，该类产业获得较快发展，产业增加值、从业人员人数稳步增长；9.2.2.3 对中类的研究显示其所包含的互联网信息服务和广播电视传输服务 2 个中类的产业效率分别达到 0.88513 和 0.85172，均高于中类平均效率值。

文化艺术服务产业效率为 0.49823，处于江苏十大类文化产业的末位。从图 9-7 可知，该类产业的从业人员占比和固定资产原价占比分别为 0.78% 和 0.44%，增加值占比 0.71%，管理费用占比 0.91%，占比均未超过 1%，这与该产业自身特点相关，文化艺术服务产业包括档案馆服务、文化遗产保护服务、群众文化服务和社团服务等中类，该类产业具有公益性、非营利性、竞争性弱的特点，较难充分吸引投资者。

9.2.2.3　中类文化产业效率分析

首先，依据模型估计结果判定柯布-道格拉斯生产函数（C-D 生产函数）和超越对数生产函数两种函数中，哪种生产函数更适合文化产业中类效率的测算。之后，使用选定的模型计算 2015 年江苏省文化产业中类产业效率值。

(1)模型估计结果与分析

分别使用 C-D 生产函数模型和超越对数生产函数模型对江苏文化产业中类估计结果见表 9-20。C-D 生产函数的 γ 值为 0.84418，超越对数生产函数 γ 值为 0.99999，且在 1% 的置信水平下都非常显著，超越对数生产函数 γ 值大于 C-D 生产函数的 γ 值，显示超越对数生产函数更适合；但根据 SFA 的基本理论，该方法默认有两个误差成分：一个为随机扰动项，另一个是技术无效率项；当 γ 值无限接近 1 时，意味着随机扰动项几乎不存在，这违背了随机前沿分析的基本理论假设；而且 Frontier 4.1 操作指导书明确指出 γ 值的取值范围是 0.1～0.9；超越对数生产函数的 γ 值更接近 1，可能只是一种高度拟合的假象。因此，对 γ 值的分析表明 C-D 生产函数模型更适合测算江苏文化产业效率。

同时，从 C-D 函数估计结果来看，σ^2 在 1% 置信水平下显著，说明随机误差和非效率误差显著存在；γ 为 0.84418，表明技术非效率是江苏文化产业中类未达到前沿面的主要影响因素；单边似然比 LR 在 2.5%置信水平下显著，表明 C-D 生产函数拟合效果较好。

表 9-20　江苏文化产业中类效率估计结果

模型	变量	参数	估计结果		
			系数	标准差	t 检验值
C-D 生产函数模型	常数项	β_0	−1.88235***	0.57569	−3.26972
	ln$L$	β_1	0.48728***	0.06722	7.24880
	ln$K$	β_2	0.24604***	0.05366	4.58524
	常数项	δ_0	1.08682***	0.18768	5.79096
	Z_1	δ_1	−0.09100***	0.01071	−8.49886
	Z_2	δ_2	0.20163***	0.07154	2.81836
	σ^2		0.17880***	0.03665	4.87908
	γ		0.84418***	0.08439	10.00344
	对数似然函数值		−7.61155		
	LR		11.24405		
超越对数生产函数模型	常数项	β_0	−7.11466***	2.51840	−2.82508
	ln$L$	β_1	1.72006**	0.72847	2.36120
	ln$K$	β_2	0.24396	0.51212	0.47638
	$0.5(\ln L)^2$	β_3	−0.12848	0.10736	−1.19673
	$0.5(\ln K)^2$	β_4	−0.00445	0.07597	−0.05856
	$\ln L * \ln K$	β_5	−0.00514	0.08074	−0.06372
	常数项	δ_0	1.34891***	0.17974	7.50490
	Z_1	δ_1	−0.05062***	0.01218	−4.15489
	Z_2	δ_2	0.04849	0.16925	0.28647
	σ^2		0.124719***	0.022821	5.46509
	γ		0.99999***	0.00001	120722
	对数似然函数值		−4.2091153		
	LR		16.582011		

注：***、**、* 分别表示在 1%、5%、10%的显著性水平下显著（双侧）。

另外，广义似然比可以更好地确定哪种生产函数更适合，广义似然比的检验结果见表 9-21；由表可知：广义似然比 LR 没有通过 1%的临界值，表明 C-D

生产函数模型更适合测算江苏文化产业效率。

表 9-21　江苏省文化产业中类广义似然比检验

零假设 H_0	对数似然函数值 $\ln L(H_0)$	广义似然比统计量	1%临界值	检验结果
系数均为 0	−7.61155	6.80487	10.501	接受

(2)中类产业效率测算结果与分析

使用 C-D 生产函数计算 2015 年江苏省文化产业中类产业效率值(见附录 9-2)。有 50%中类产业效率值超过全省文化产业效率均值,有 8 个中类文化产业效率值超过 0.9,为了更好地分析优势行业,制作了文化产业中类效率前 15 名柱形图,见图 9-8。

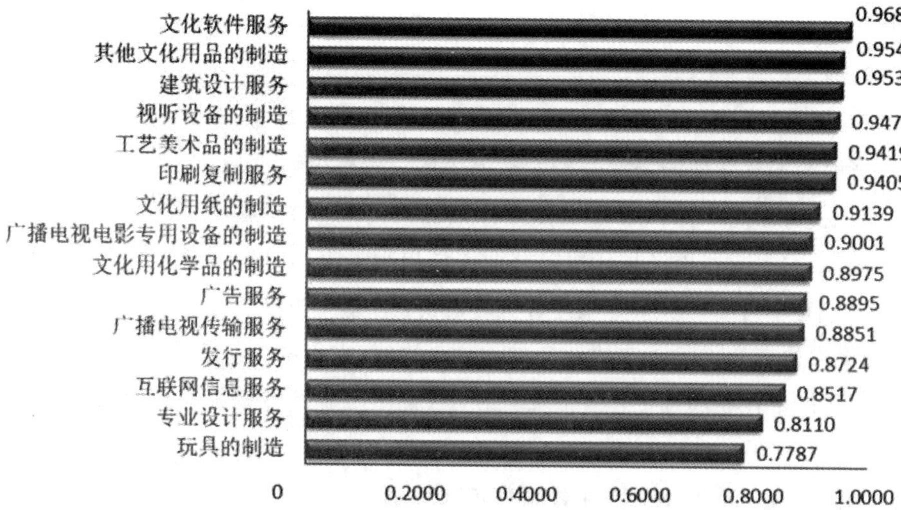

图 9-8　江苏文化产业中类效率前 15 名

从柱形图中可以直观看出文化产业中类前 15 名效率分布情况,文化创意和设计服务产业大类占 4 席,文化用品的生产大类占 5 席,文化信息传输服务产业大类占 2 席。

文化软件服务效率最高,该产业主要指动漫、游戏等软件产品的开发和相关服务,它借助互联网技术的飞速发展,及时地满足顾客多样化的需求,发展速度越来越快;2015 年主营业务收入增长率达到 19%,产业效率高达 0.968。9.2.2.4对中类的研究显示,其所包含的软件开发小类产业效率为 0.9614,位居文化产业小类产业效率之首。

其他文化用品的制造产业效率为0.955,仅次于文化软件服务产业效率,它包含其他电子设备制造、照明灯具制造两个小类,9.2.2.4对中类的研究显示,产业效率值分别为0.93671和0.86451,在小类中排第4位和第13位,均远高于0.58593的效率均值。

建筑设计服务产业效率名列前茅,效率值为0.953,这一方面得益于房地产市场的快速发展,另一方面得益于江苏省积极推进制定建筑设计和装修服务业转型升级实施方案、举办建筑产业人才实训等相关活动;9.2.2.4对中类的研究显示,它所包含的工程勘察设计小类产业效率为0.95323,位列文化产业小类第二。

视听设备的制造主要包括电视机和音响设备的制造,2015年该行业快速发展,资产保值增值率达到102.5%,产业资本运营水平和质量较高,产业效率达到0.947,9.2.2.4对中类的研究显示,其所属的两个小类产业效率均超过0.83,高于产业平均效率。

其他文化辅助生产、文化遗产保护服务、摄影扩印服务、新闻服务以及园林、陈设艺术及其他陶瓷制品的制造五个中类效率很低,均未超过0.3;其中,新闻服务和文化遗产保护服务主营业务收入均出现下滑,园林、陈设艺术及其他陶瓷制品的制造和摄影扩印服务从业人员出现流失,其他文化辅助生产利润总额增长率为-42.4%,下降幅度较大。9.2.2.4对中类的研究显示,这五个文化产业中类包含的小类效率均低于产业效率均值,它们的经济效应可能尚未完全显现,还停留在初级加工生产管理层次上,致使产业效率排名都非常靠后,直接拖累了中类产业效率。

9.2.2.4 小类文化产业效率分析

首先,依据模型估计结果判定哪种生产函数更适合文化产业效率的测算。之后,使用选定的模型计算2015年江苏省文化产业小类产业效率值。

(1)模型估计结果与分析

根据前文构造的生产函数模型,运用计量软件进行极大似然估计,结果见表9-20。由表9-22可知:C-D生产函数的γ值为0.5622,在1%置信水平下显著,超越对数生产函数的γ值为0.49928,只在10%置信水平下显著;从两种生产函数模型的单边似然比LR角度来看,C-D生产函数的拟合效果明显优于超越对数生产函数。而且广义似然比LR没有通过1%临界值(见表9-23),这些都表明C-D生产函数模型更适合。

同时，从 C-D 函数估计结果来看，σ^2 为 0.24524，在 1%置信水平下显著，说明误差项有着十分明显的复合结构；γ 为 0.5622，表明误差中有 56.22%来自技术非效率项；单边似然比 LR 为 17.24046，在 1%置信水平下显著，说明 C-D 生产函数拟合效果非常好。

表 9-22　江苏文化产业小类效率估计结果

模型	变量	参数	估计结果		
			系数	标准差	t 检验值
C-D 生产函数	常数项	β_0	−3.33527***	0.49250	−6.77211
	$\ln L$	β_1	0.63093***	0.06181	10.20751
	$\ln K$	β_2	0.22398***	0.04848	4.62025
	常数项	δ_0	0.83496***	0.19643	4.25067
	Z_1	δ_1	−0.11529***	0.02616	−4.40703
	Z_2	δ_2	0.75474***	0.30664	2.46132
	σ^2		0.24524***	0.03967	6.18173
	γ		0.56220***	0.13638	4.12237
	对数似然函数值		−55.15070		
	LR		17.24046		
超越对数生产函数	常数项	β_0	−3.99700***	0.93200	−4.28864
	$\ln L$	β_1	0.69951**	0.34550	2.02462
	$\ln K$	β_2	0.46960	0.29691	1.58163
	$0.5(\ln L)^2$	β_3	0.00512	0.05743	0.08913
	$0.5(\ln K)^2$	β_4	0.08163	0.05716	1.42798
	$\ln L * \ln K$	β_5	−0.04752	0.05015	−0.94769
	常数项	δ_0	0.67527	0.63856	1.05749
	Z_1	δ_1	−0.07982	0.06689	−1.19339
	Z_2	δ_2	0.19901	0.98421	0.20220
	σ^2		0.24857***	0.03887	6.3946
	γ		0.49928 *	0.28388	1.75878
	对数似然函数值		−57.59617		
	LR		6.61062		

注：***、**、* 分别表示在 1%、5%、10%的显著性水平下显著（双侧）。

表 9-23　江苏文化产业小类广义似然比检验

零假设 H_0	对数似然函数值 $\ln L(H_0)$	广义似然比统计量	1%临界值	检验结果
系数均为 0	−55.1507	4.89094	10.501	接受

(2)小类产业效率测算结果与分析

使用 C-D 生产函数计算 2015 年江苏省文化产业小类产业效率(详见附录 9-3)。

在江苏文化产业小类中,41.9%小类产业效率高于均值,产业效率超过 0.9 的行业有 6 个,低于 0.5 的行业有 36 个;产业效率最高的行业是软件开发业,高达 0.9614,最低的行业是野生动物保护,只有 0.19284,两者差距较大。为了更好地分析优势文化产业,制作了文化产业小类效率前 20 名柱形图,详见图 9-9。

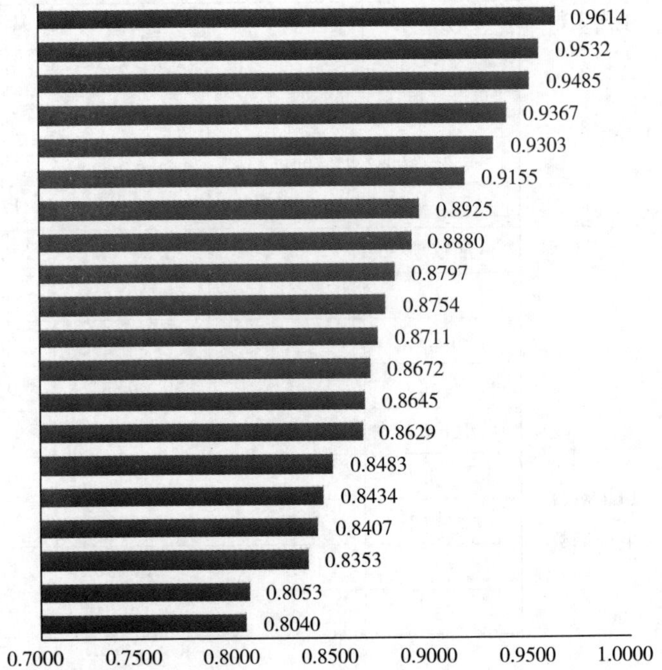

图 9-9　江苏文化产业小类效率前 20 名

软件开发行业效率最高,达到 0.961。江苏积极鼓励发展软件产业,并将其作为制造业的灵魂和服务业的领头羊,较早出台了《江苏省软件产业促进条例》,为软件产业的发展提供了可靠的保障。2015 年,江苏省软件开发产业固定资产投资原价达 58.8 亿元(见图 9-10),实现增加值 115.4 亿元,创造 6.7 万个就业岗位,产业管控能力不断提高,产业效率位列榜首,对其所属的中类和大类产业效率起到促进作用。

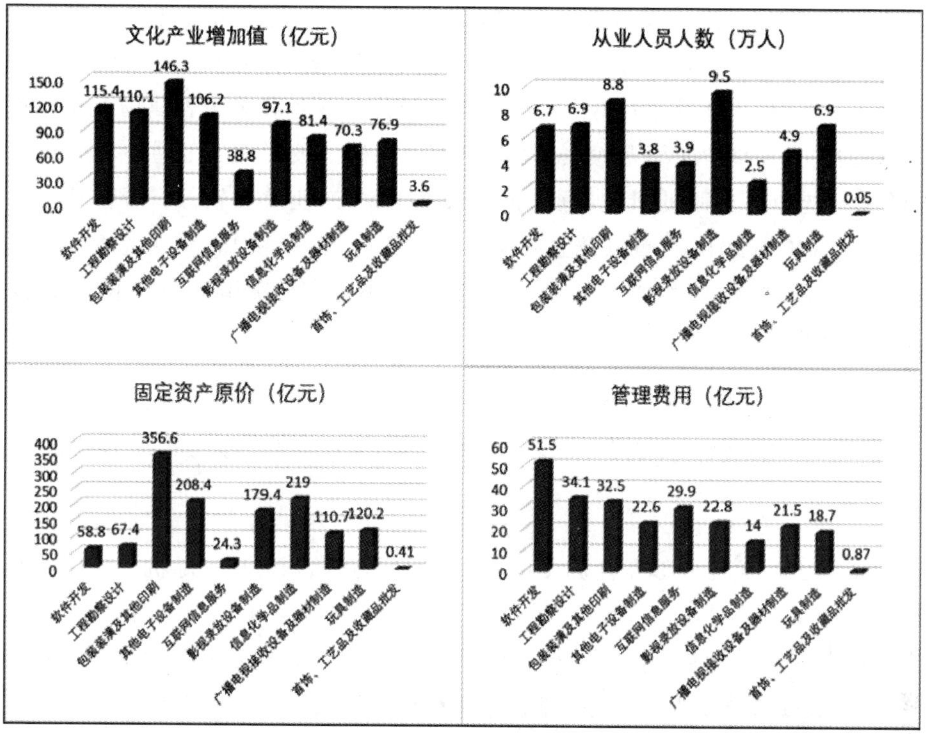

图 9-10　江苏省文化产业小类优势行业投入产出情况

工程勘察设计产业效率达到 0.953,位列第二。该行业属于技术密集型的生产性服务业,能够提高工程项目投资效益和环境效益,在工程建设领域发挥着重要引领作用。江苏省积极发展工程勘察设计产业,将“优秀工程勘察设计奖”作为全省工程勘察设计行业的省级最高奖项;2015 年,全省工程勘察设计产业固定资产投资原价 67.4 亿元,实现增加值 110.1 亿元,提供就业岗位 6.9 万个,综合实力不断增强。

包装装潢及其他印刷产业效率高达 0.949,名列前茅。该行业能够起到传递商品信息、促进销售等作用,调查发现:63%的消费者根据商品的包装决定是否购买,可见,包装装潢已成为商品能否立足市场的一个关键因素。江苏积极发展包装印刷产业,2015 年规模以上企业 544 家,固定资产投资原价 356.6 亿元，实现增加值 146.3 亿元，工业销售产值 680.4 亿元，出口交货值达到 45.6 亿元，较上一年均有较大程度增长。

效率排名倒数五名的行业分别是数字内容服务、无线广播电视传输服务、艺术表演场馆、卫星传输服务和野生动物保护。数字内容服务业虽然实现了 1.318亿元增加值，但营业成本高达 6.44 亿元，依靠政府补助 0.429 亿元，整体绩效不佳，以致产业效率过低。无线广播电视传输服务和艺术表演场馆受到新媒体的冲击，发展势头渐趋缓慢，对产业效率产生消极影响。卫星传输服务目前仍属于垄断性较强的行业，重点企业只有 1 家，产业效率较低。野生动物保护业 2013 年和 2014 年重点企业从业人员分别为 305 人和 408 人，而 2015 年只有 101 人，人员流失严重，并且经济效益较低，不能充分吸引社会资本，导致该产业效率低下。

9.3 2013—2015 年江苏文化产业效率对比分析

研究 2013 年、2015 年江苏文化产业效率时，虽然均使用了随机前沿模型的研究方法，均以江苏省文化产业增加值为模型产出数据、以年末从业人员数和固定资产原值作为模型投入变量，但在计算 2015 年江苏文化产业效率时使用管理费用、政府补助收入作为影响因素进行研究，因此，直接对比效率数值无意义。本节使用效率的位次，分别讨论 2013 年和 2015 年江苏文化产业三种产业类型、大类、中类的产业效率的变动情况。

9.3.1 三种类型产业的效率对比分析

9.3.1.1 效率性均衡性进一步提升

根据表 9-17 和表 9-18，可计算得到三种产业类型文化产业的产业效率离散系数从 2013 年的 0.48 下降到 2015 年的 0.08，全距从 0.557 下降到 2015 年的 0.111。离散系数和全距的数值越小，说明数据的集中程度越高，离散程度越低。因此，从 2013 年到 2015 年，三种类型文化产业的产业效率更接近，三种类型文化产业进一步呈现出均衡发展的态势。

9.3.1.2 位次发生了较明显的变化

如表 9-24 所示，2013 年、2015 年江苏文化产业三种产业类型产业效率的位次发生了较大的变化。首先，“文化服务业”从 2013 年的居中位置上升为产业效率为第一位的产业类型。其次，“文化制造业”从第三位上升到第二位。最后，2013 年时位于三种产业类型产业效率之首的“文化批零业”，到了 2015 年已被“文化服务业”“文化制造业”赶超，位列第三。

以上变化说明，在江苏文化产业的发展历程中，产业效率由流通环节的相对高效率向实体经济相对高效率转变。首先，值得关注的是文化制造业，文化制造业在江苏文化产业中体量大、对文化产业增加值贡献大，是江苏文化产业的支柱产业。而在 2013 年时，由于文化制造业内部的小类产业发展极不平衡，影响了文化制造业整体的产业效率，但到了 2015 年时文化制造业整体产业效率的位次前进，这提示了：作为支柱产业的江苏文化制造业内部的产业效率正在发生显著的变化。其次，文化服务业产业效率位次的提升，提示着江苏文化产业开始向文化服务业要效率，产业效率的发力点已出现可喜的变化。

表 9-24　2013 年、2015 年江苏三上文化产业效率位次对比表

三上文化产业	2013 年	2015 年
文化服务业	2	1
文化制造业	3	2
文化批零业	1	3

9.3.2　十大类产业效率位次对比分析

2013 年、2015 年江苏文化产业内部 10 大类的产业效率位次变化如表 9-25 所示。首先，在文化产业十大类中，2013 年、2015 年，位于前五位的文化制造业占有三席，文化服务业占有两席，这并未发生变化。其次，2013 年、2015 年，产业效率排名第四位到第十位未发生变化，变化主要发生在前三位。“文化用品的生产”“文化产品生产的辅助生产”“文化创意和设计服务”三个大类在 2013 年、2015 年均稳居前三位，但“文化创意和设计服务”大类由第三位上升到第一位，而“文化用品的生产”则由第一位降到第三位。

以上的“变”与“不变”，提示了文化制造业的产业效率变化对江苏文化产业效率变革的影响依然较大，而以“文化创意和设计服务”为代表的文化制造业在江苏文化产业效率变动中，开始起到越来越重要的作用。

表 9-25 2013 年、2015 年江苏省十大类文化产业效率位次对比表

大类	2013 年	2015 年
文化用品的生产	1	3
文化产品生产的辅助生产	2	2
文化创意和设计服务	3	1
文化信息传输服务	4	4
文化专用设备的生产	5	5
工艺美术品的生产	6	6
文化休闲娱乐服务	7	7
新闻出版发行服务	8	8
广播电视影视服务	9	9
文化艺术服务	10	10

9.3.3 中类产业效率位次对比分析

2013 年、2015 年江苏文化产业中类的产业效率位次分布情况比较相似。(2013 年、2015 年江苏文化产业中类的产业效率见附录 9-1 和附录 9-2)。

首先,就总体情况而言,2013 年江苏省文化产业中类产业中,有 50%中类产业效率值超过全省文化产业效率均值,有 8 个中类文化产业效率值超过 0.9。2015 年时,总体产业效率分布基本类似,在全部中类中依然是 50%中类产业效率值超过全省文化产业效率均值,仍然有 8 个中类文化产业效率值超过 0.9。

其次,就分布在前 15 位产业中类而言,除“其景区游览服务”“文化用油墨颜料的制造”由 2013 年的前 15 位,成为 2015 年的 16 位和 19 位,其余均仍位列 2015 年的前 15 位。同时,分布在前 15 位产业中类中,2013 年时文化用品的生产大类占 6 席、文化创意和设计服务产业大类占 3 席,2015 年时文化用品的生产大类占 5 席、文化创意和设计服务产业大类占 4 席,优势大类依然是文化用品的生产大类、文化创意和设计服务产业大类。

最后,就分布在后 10 位产业中类而言,除“其他文化用品的销售”由 2013 年的后十位上升到 2015 年的 25 位,其余 2013 年位于后十位的中类在 2015 年产业效率的位次仍在后十位中。

以上三方面的分析均显示 2013 年、2015 年江苏文化产业中类的产业效率

分布情况比较相似。

综上，2013—2015 年间，江苏文化产业效率的均衡性得以提升，“文化制造业”“文化服务业”产业效率的位次上升，“文化用品的生产”“文化产品生产的辅助生产”“文化创意和设计服务”稳居江苏文化产业效率十大类的前三位。

本章小结

要进一步推进江苏文化产业效率变革，深刻认识江苏文化产业效率特征是前提、也是基础。本章分别研究了 2013 年、2015 年江苏文化产业效率特征，讨论了 2013—2015 年期间江苏文化产业效率的变化情况。

研究所得为：

(1)2013—2015 年间，江苏文化产业效率呈现以下特征：一是三种类型产业的产业效率均衡性得以提升；二是“文化制造业”“文化服务业”产业效率的位次上升，由 2013 年的第二位和第三位，分别上升到 2015 年的第一位和第二位；三是“文化用品的生产”“文化产品生产的辅助生产”“文化创意和设计服务”稳居江苏文化产业效率十大类的前三位；四是江苏文化产业中类产业效率的位次分布总体比较相似。

(2)2013 年，江苏省三种产业类型文化产业的产业效率从高到低为“文化批零产业”“文化服务业”“文化制造业”。江苏省文化产业 10 大类总体产业效率较高，效率前三位的大类依次为“文化用品的生产”“文化产品生产的辅助生产”“文化创意和设计服务”。江苏省文化产业中类中，50％中类产业效率值超过全省文化产业效率均值，效率前三位的中类依次为“文化用纸的制造”“视听设备的制造”“印刷复印服务”。此外，江苏 13 个市的文化产业效率普遍较高，13 个市文化产业效率的排序情况与江苏省经济社会发展状况相似，同样呈现出由南向北的梯度分布，其中苏州、无锡、常州、南京四个市的文化产业效率位列第一方阵。

(3)2015 年，江苏省三种产业类型文化产业的产业效率从高到低为“文化服务业”“文化制造业”“文化批零产业”。江苏省文化产业 10 大类总体产业效率较高，其中，前三位依次为“文化产品生产的辅助生产”“文化创意和设计服务”

“文化用品的生产”。江苏省文化产业中类中，50％中类产业效率值超过全省文化产业效率均值，排名前三位的依次为“文化软件服务”“其他文化用品的制造”“建筑设计服务”。

本章附录

附录 9-1　2013 年江苏省文化产业中类产业效率测算结果

文化产业中类	效率值	排名	文化产业中类	效率值	排名
文化用纸的制造	0.97401	1	广播电视服务	0.57901	25
视听设备的制造	0.95779	2	文化用家电的销售	0.52902	26
印刷复制服务	0.94601	3	文艺创作与表演服务	0.51726	27
广播电视传输服务	0.94269	4	群众文化服务	0.48825	28
其他文化用品的制造	0.91752	5	办公用品的制造	0.48705	29
建筑设计服务	0.91515	6	文化经纪代理服务	0.43197	30
工艺美术品的制造	0.90839	7	舞台照明设备的批发	0.38064	31
景区游览服务	0.90455	8	其他文化艺术服务	0.37959	32
文化软件服务	0.89036	9	其他文化辅助生产	0.36539	33
广告服务	0.87681	10	文化遗产保护服务	0.34788	34
文化用化学品的制造	0.87335	11	增值电信服务(文化部分)	0.34458	35
文化用油墨颜料的制造	0.83848	12	文化艺术培训服务	0.33209	36
玩具的制造	0.83114	13	文化贸易代理与拍卖服务	0.31644	37
广播电视电影专用设备的制造	0.82382	14	版权服务	0.28565	38
发行服务	0.81663	15	乐器的制造	0.26053	39
专业设计服务	0.80414	16	焰火、鞭炮产品的制造	0.25578	40
娱乐休闲服务	0.76903	17	文化出租服务	0.25143	41

（续表）

文化产业中类	效率值	排名	文化产业中类	效率值	排名
出版服务	0.75968	18	新闻服务	0.24921	42
印刷专用设备的制造	0.75182	19	其他文化用品的销售	0.23966	43
电影和影视录音服务	0.71207	20	摄影扩印服务	0.23376	44
工艺美术品的销售	0.70153	21	文具乐器照相器材的销售	0.15239	45
会展服务	0.67973	22	广播电视电影专用设备的批发	0.02429	46
其他文化专用设备的制造	0.67756	23	游艺器材及娱乐用品的制造	−0.04622	47
互联网信息服务	0.61797	24	园林、陈设艺术及其他陶瓷制品的制造	−0.22620	48

附录 9-2　2015 年江苏省文化产业中类产业效率测算结果

文化产业中类	效率值	排名	文化产业中类	效率值	排名
文化软件服务	0.96843	1	娱乐休闲服务	0.58476	21
其他文化用品的制造	0.95489	2	电影和影视录音服务	0.55728	22
建筑设计服务	0.95312	3	出版服务	0.53852	23
视听设备的制造	0.94722	4	办公用品的制造	0.50575	24
工艺美术品的制造	0.94191	5	其他文化用品的销售	0.50079	25
印刷复制服务	0.94053	6	广播电视服务	0.46861	26
文化用纸的制造	0.91385	7	文化贸易代理与拍卖服务	0.44596	27
广播电视电影专用设备的制造	0.90008	8	文艺创作与表演服务	0.4455	28
文化用化学品的制造	0.89747	9	增值电信服务	0.42847	29
广告服务	0.88951	10	游艺器材及娱乐用品的制造	0.41909	30
广播电视传输服务	0.88513	11	文具乐器照相器材的销售	0.41855	31
发行服务	0.87243	12	会展服务	0.36809	32

（续表）

文化产业中类	效率值	排名	文化产业中类	效率值	排名
互联网信息服务	0.85172	13	其他文化艺术服务	0.35818	33
专业设计服务	0.81099	14	乐器的制造	0.35545	34
玩具的制造	0.77869	15	群众文化服务	0.34404	35
景区游览服务	0.71628	16	其他文化辅助生产	0.28051	36
其他文化专用设备的制造	0.71487	17	文化遗产保护服务	0.2666	37
工艺美术品的销售	0.699	18	园林、陈设艺术及其他陶瓷制品的制造	0.23209	38
文化用油墨颜料的制造	0.68999	19	摄影扩印服务	0.22626	39
印刷专用设备的制造	0.63928	20	新闻服务	0.21153	40
平均效率	0.62304				

附录 9-3　2015 年江苏省文化产业小类产业效率测算结果

文化产业小类	效率值	排名	文化产业小类	效率值	排名
软件开发	0.9614	1	笔的制造	0.54415	48
工程勘察设计	0.95323	2	记录媒介复制	0.53981	49
包装装潢及其他印刷	0.94854	3	文具制造	0.53163	50
其他电子设备制造	0.93671	4	歌舞厅娱乐活动	0.53053	51
互联网信息服务	0.93027	5	文艺创作与表演	0.52051	52
影视录放设备制造	0.91547	6	群众文化活动	0.51642	53
信息化学品制造	0.89245	7	天然植物纤维编织工艺品制造	0.51459	54
广播电视接收设备及器材制造	0.88804	8	其他文化艺术业	0.51167	55
玩具制造	0.87974	9	幻灯及投影设备制造	0.50362	56
首饰、工艺品及收藏品批发	0.87541	10	其他娱乐用品制造	0.50089	57

（续表）

文化产业小类	效率值	排名	文化产业小类	效率值	排名
广告业	0.87113	11	书、报刊印刷	0.49364	58
专业化设计服务	0.86721	12	本册印制	0.4828	59
照明灯具制造	0.86451	13	雕塑工艺品制造	0.47777	60
抽纱刺绣工艺品制造	0.86294	14	其他出版业	0.47494	61
图书批发	0.84833	15	电子出版物出版	0.46671	62
机制纸及纸板制造	0.84339	16	博物馆	0.46375	63
电视机制造	0.84073	17	照相机及器材制造	0.46089	64
音响设备制造	0.83528	18	报纸出版	0.45984	65
电影和影视节目发行	0.80526	19	其他娱乐业	0.4493	66
有线广播电视传输服务	0.80396	20	中乐器制造	0.44812	67
图书出版	0.78836	21	照相器材零售	0.43883	68
复印和胶印设备制造	0.7783	22	游艺用品及室内游艺器材制造	0.43071	69
地毯、挂毯制造	0.77382	23	电子游艺厅娱乐活动	0.42328	70
游览景区管理	0.75535	24	珠宝首饰及有关物品制造	0.42315	71
颜料制造	0.74822	25	其他未列明商务服务业	0.42261	72
印刷专用设备制造	0.73066	26	乐器零售	0.42199	73
公园管理	0.70443	27	其他室内娱乐活动	0.41025	74
烈士陵园、纪念馆	0.67412	28	电影机械制造	0.40613	75
游乐园	0.67226	29	漆器工艺品制造	0.39949	76
油墨及类似产品制造	0.66801	30	露天游乐场所游乐设备制造	0.39749	77
应用电视设备及其他广播电视设备制造	0.64962	31	装订及印刷相关服务	0.39712	78
贸易代理	0.6409	32	新闻业	0.39615	79

(续表)

文化产业小类	效率值	排名	文化产业小类	效率值	排名
金属工艺品制造	0.63933	33	西乐器制造	0.39435	80
电视	0.63705	34	花画工艺品制造	0.38941	81
广播电视节目制作及发射设备制造	0.63091	35	摄影扩印服务	0.38797	82
工艺美术品及收藏品零售	0.62555	36	手工纸制造	0.38643	83
音像制品出版	0.62439	37	园林、陈设艺术及其他陶瓷制品制造	0.36008	84
其他工艺美术品制造	0.62261	38	网吧活动	0.34955	85
墨水、墨汁制造	0.60163	39	期刊出版	0.32765	86
其他文化用品批发	0.58091	40	其他乐器及零件制造	0.32513	87
文具用品批发	0.57621	41	文物及非物质文化遗产保护	0.32005	88
其他文化用品零售	0.57328	42	数字内容服务	0.29358	89
电影放映	0.56961	43	无线广播电视传输服务	0.28889	90
报刊批发	0.5586	44	艺术表演场馆	0.27904	91
会议及展览服务	0.55668	45	卫星传输服务	0.22915	92
电子乐器制造	0.55579	46	野生动物保护	0.19284	93
其他电信服务	0.54792	47	平均值	0.58593	

附录 9-4 江苏省文化产业序号对照表(1)

中类产业	序号	中类产业	序号
新闻服务	1.1	园林、陈设艺术及其他陶瓷制品的制造	7.2
出版服务	1.2	工艺美术品的销售	7.3
发行服务	1.3	印刷复制服务	8.2
广播电视服务	2.1	文化贸易代理与拍卖服务	8.4
电影和影视录音服务	2.2	会展服务	8.6

（续表）

中类产业	序号	中类产业	序号
文艺创作与表演服务	3.1	其他文化辅助生产	8.7
文化遗产保护服务	3.3	办公用品的制造	9.1
群众文化服务	3.4	乐器的制造	9.2
其他文化艺术服务	3.7	玩具的制造	9.3
互联网信息服务	4.1	游艺器材及娱乐用品的制造	9.4
增值电信服务	4.2	视听设备的制造	9.5
广播电视传输服务	4.3	文化用纸的制造	9.7
广告服务	5.1	文化用油墨颜料的制造	9.8
文化软件服务	5.2	文化用化学品的制造	9.9
建筑设计服务	5.3	其他文化用品的制造	9.10
专业设计服务	5.4	文具乐器照相器材的销售	9.11
景区游览服务	6.1	其他文化用品的销售	9.13
娱乐休闲服务	6.2	印刷专用设备的制造	10.1
摄影扩印服务	6.3	广播电视电影专用设备的制造	10.2
工艺美术品的制造	7.1	其他文化专用设备的制造	10.3

附录 9-5　江苏省文化产业序号对照表(2)

小类产业	序号	小类产业	序号
新闻业	1.1.1	其他工艺美术品制造	7.1.9
图书出版	1.2.1	园林、陈设艺术及其他陶瓷制品制造	7.2.1
报纸出版	1.2.2	首饰、工艺品及收藏品批发	7.3.1
期刊出版	1.2.3	工艺美术品及收藏品零售	7.3.3
音像制品出版	1.2.4	书、报刊印刷	8.2.1
电子出版物出版	1.2.5	本册印制	8.2.2
其他出版业	1.2.6	包装装潢及其他印刷	8.2.3

（续表）

小类产业	序号	小类产业	序号
图书批发	1.3.1	装订及印刷相关服务	8.2.4
报刊批发	1.3.2	记录媒介复制	8.2.5
电视	2.1.2	贸易代理	8.4.1
电影和影视节目制作	2.2.1	会议及展览服务	8.6.1
电影和影视节目发行	2.2.2	其他未列明商务服务业	8.7.1
文艺创作与表演	3.1.1	文具制造	9.1.1
艺术表演场馆	3.1.2	笔的制造	9.1.2
文物及非物质文化遗产保护	3.3.1	墨水、墨汁制造	9.1.3
博物馆	3.3.2	中乐器制造	9.2.1
烈士陵园、纪念馆	3.3.3	西乐器制造	9.2.2
群众文化活动	3.4.1	电子乐器制造	9.2.3
其他文化艺术业	3.7.1	其他乐器及零件制造	9.2.4
互联网信息服务	4.1.1	玩具制造	9.3.1
其他电信服务	4.2.1	露天游乐场所游乐设备制造	9.4.1
有线广播电视传输服务	4.3.1	游艺用品及室内游艺器材制造	9.4.2
无线广播电视传输服务	4.3.2	其他娱乐用品制造	9.4.3
卫星传输服务	4.3.3	电视机制造	9.5.1
广告业	5.1.1	音响设备制造	9.5.2
软件开发	5.2.1	影视录放设备制造	9.5.3
数字内容服务	5.2.2	机制纸及纸板制造	9.7.1
工程勘察设计	5.3.1	手工纸制造	9.7.2
专业化设计服务	5.4.1	油墨及类似产品制造	9.8.1
公园管理	6.1.1	颜料制造	9.8.2
游览景区管理	6.1.2	信息化学品制造	9.9.1

（续表）

小类产业	序号	小类产业	序号
野生动物保护	6.1.3	照明灯具制造	9.10.1
歌舞厅娱乐活动	6.2.1	其他电子设备制造	9.10.2
电子游艺厅娱乐活动	6.2.2	文具用品批发	9.11.1
网吧活动	6.2.3	乐器零售	9.11.3
其他室内娱乐活动	6.2.4	照相器材零售	9.11.4
游乐园	6.2.5	其他文化用品批发	9.13.1
其他娱乐业	6.2.6	其他文化用品零售	9.13.2
摄影扩印服务	6.3.1	印刷专用设备制造	10.1.1
雕塑工艺品制造	7.1.1	广播电视节目制作及发射设备制造	10.2.1
金属工艺品制造	7.1.2	广播电视接收设备及器材制造	10.2.2
漆器工艺品制造	7.1.3	应用电视设备及其他广播电视设备制造	10.2.3
花画工艺品制造	7.1.4	电影机械制造	10.2.4
天然植物纤维编织工艺品制造	7.1.5	幻灯及投影设备制造	10.3.1
抽纱刺绣工艺品制造	7.1.6	照相机及器材制造	10.3.2
地毯、挂毯制造	7.1.7	复印和胶印设备制造	10.3.3
珠宝首饰及有关物品制造	7.1.8		

第10章 江苏文化制造业效率研究

江苏省委、省政府围绕“强富美高”新江苏的建设目标，相继出台多项鼓励政策推动江苏文化产业发展迈上新台阶，经过多年的发展，江苏文化产业取得了令人瞩目的发展成果，其中，文化制造业资产规模大、产出与盈利高、从业人数多。2015年，江苏文化制造业吸纳就业人员74.97万人，资产总计5239.83亿元，实现营业收入7907.09亿元，应交增值税197.12亿元，分别占全省文化产业的64.55%、46.25%、63.49%、76.73%。[①] 第9章研究发现：文化制造业产业效率不断提升，2013年位于三种产业类型文化产业效率第二位，2015年上升到第一位。无论是产业规模、产业贡献、产业效率，江苏文化制造业的地位都举足轻重。江苏文化制造业效率的提高，对提升文化产业价值、实现江苏文化产业高质量发展、带动区域经济发展极具现实意义。研究文化制造业的产业效率，对于提升江苏文化产业整体效率、认识文化产业效率变革的规律性具有较大的意义。

本章聚焦研究江苏文化制造业效率状况及变动情况。

使用2015年全省2788家规上文化制造业经营数据，采用三阶段DEA静态分析方法和Malmquist指数动态分析方法，对苏南、苏中、苏北及江苏十三个市的文化制造业产业效率及变动情况进行了研究。

具体研究思路为：

首先，在文献研究的基础上构建“江苏文化制造业效率评价指标体系”。

其次，采用三阶段DEA静态分析方法，在剔除外部环境因素以及随机误差对效率测算的影响后，从江苏文化制造业整体、苏南苏中苏北三大区域、十三个市三个层面，研究2013年、2014年、2015年江苏文化制造业效率。

再次，运用Malmquist指数动态分析方法，从全要素生产率的角度，从江苏文化制造业整体、苏南苏中苏北三大区域、十三个市三个层级，研究2013—2015

① 数据来自 http://www.360doc.com/content/17/0203/12/35940102_626189923.shtml。

年期间江苏文化制造业效率变动情况。

最后,研究讨论了影响江苏文化制造业效率的相关因素。

10.1　文化制造业相关理论

10.1.1　文化制造业概念

国家统计局对于文化及相关产业的定义是:为社会公众提供文化产品和文化相关产品的生产活动的集合。依照国家统计局发布的《文化及相关产业分类2012》中明确的文化及相关产业的范围,根据文化产业所处行业不同,可将其分为文化服务业、文化制造业、文化批发与零售业三个产业类型。文化及相关产业的定义涵盖了文化制造业,但国家统计局并未准确地给出文化制造业的定义。

文化制造业作为文化产业研究的一个新兴领域,一些学者也尝试准确定义文化制造业。韩东林等(2016)认为文化制造业具体是指在传统制造业生产流程中融入文化研发、设计、科技等特有元素,使产品附加值最大化和产业链多元化的一个新兴产业领域。[150]张荣刚和刘鹏飞(2016)认为文化制造业指的是与文化产业发展密切相关的制造业。[151]

总之,文化制造业处于文化产业与制造业的交叉领域,故兼具文化产业、制造业的产业特点与属性。而文化制造的发展不仅仅具有经济效益,更具重要的社会效益。且文化制造业更倾向于文化产品的制造,更多地涉及"物质生产"领域,是具有"文化"特色的制造业生产领域。文化制造业概念辨析见图10-1。

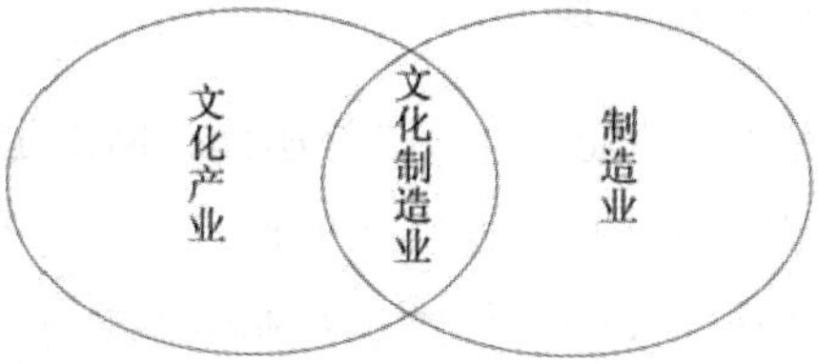

图10-1　文化制造业的概念辨析

10.1.2　文化制造业分类

根据国家统计局2012年制定的《文化产业及相关产业分类》,国家统计局将文化及相关产业分为五个层面。第一个层面包括了文化产品的生产以及文化相关产品的两个部分，第二个层面又将文化及相关产业分为了十个大类；第三个层面又将十个大类分为了 50 个小类，第四个层面 50 个中类继续分为 120 个小类；第五个层面主要是各个小类下设置的延伸层，具体的分类情况见附录 1。其中，文化制造业主要涵盖在文化产业的第七、第九与第十大类之中（剔除批发、零售部分）。本章研究涉及的文化制造业具体行业类别见附录10-1。

10.1.3　文化制造业效率界定

基于对文化制造业概念和效率概念的分析，将文化制造业效率定义为：文化制造业效率主要是指文化制造业的生产活动中各投入与产出的比例关系，反映文化制造业有效配置以及利用资源的能力。

本章采用静态与动态分析相结合的方法，对江苏文化制造业的效率进行讨论：静态分析主要运用截面数据分析江苏文化制造业的技术效率及其分解，包括规模效率、纯技术效率和规模收益状态；动态分析主要运用面板数据分析江苏文化制造业全要素生产效率及其分解，包括技术进步指数、技术效率变化指数、规模效率变化指数、纯技术效率变化指数，通过指数变化讨论效率变化情况。

10.2　江苏省文化制造业发展状况

10.2.1　江苏省文化制造业的产业地位

10.2.1.1　江苏文化制造业发展位于全国文化制造业前列

近年来，江苏文化制造业快速发展，产业产出、产业规模、经济贡献度均名列全国前茅。从绝对量看，2015 年，江苏文化制造业企业单位数位、从业人数、资产总计、营业收入、工业总产值等主要经营指标位居全国第二；利润总额、营业利润等指标位列全国第一。从相对值看，2015 年江苏文化制造业在全国文化制造业资产总计、企业单位数和年末从业人员数量所占的比重分别为 16.63%、13.89%、14.36%；同时，江苏文化制造业在全国文化制造业营业利润、利润总额、营业收入等指标中所占的比重分别为 18.76%、18.40%、17.23%，这些指标均高于前三项指标(见图10-2)。可见，在全国文化制造业中，江苏文化制造业凭借相对较小的资源占用、企业规模和就业规模贡献了相对较高的产出与利润。

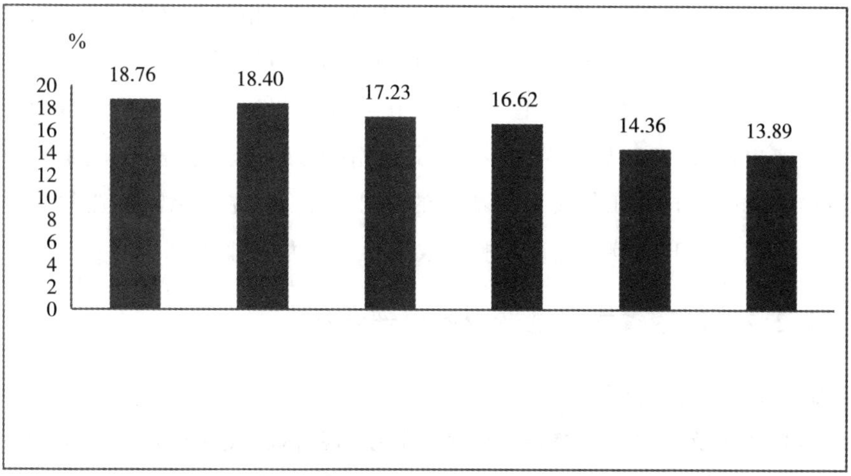

图 10-2　2015 年江苏文化制造业主要经营指标在全国文化制造业中占比

10.2.1.2　在江苏文化产业中，文化制造业占据重要地位

文化制造业、文化批零业和文化服务业共同组成了文化产业，由图 10-3 可见：

首先，2015 年，江苏文化制造业的法人单位占比、从业人数、资产总额、营业收入、所有者权益和净利润，分别占文化产业的 40.89%、64.55%、46.25%、63.49%、50.15%和 63.03%，文化制造业的资产规模、产出与盈利、从业人数都高于文化服务业和文化批零产业，文化制造业作为传统产业在拉动经济增长、吸纳就业方面具有重要的作用；

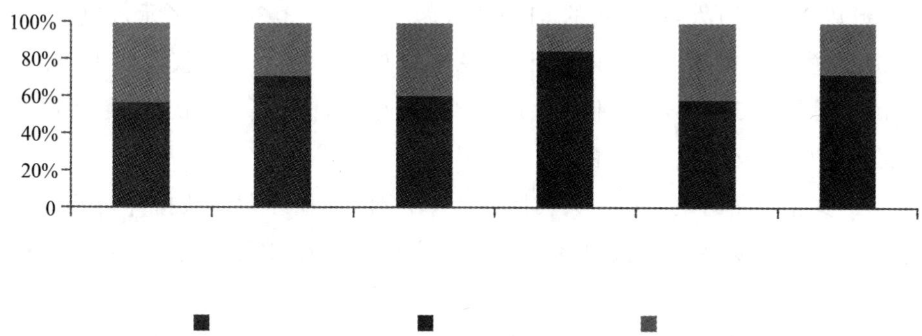

图 10-3　2015 年江苏三上文化产业主要指标占比情况

其次，文化服务业法人单位数为2976家，占全省的43.64%，比重最高，与江苏近年来提倡产业结构提档升级、推动文化服务业发展有关；

最后，文化批零业(批发、零售业)除营业收入高于文化服务业之外，其他主要经营绩效指标远远低于文化服务业与文化制造业，相对其他产业来看，文化批零业在产业规模、盈利、吸纳就业等方面的作用相对较弱。

与江苏文化批零(批发、零售)业和文化服务业相比，江苏文化制造业资产规模大、产出与盈利高、从业人数多。文化制造业在拉动经济增长、吸纳就业方面具有重要的作用，是江苏文化制造业的支柱产业，研究文化制造业的产业效率，对于认识和提升江苏文化产业整体效率具有较大的意义。

10.2.2 江苏省文化制造业的内部结构

10.2.2.1 行业类别

根据《文化及相关产业综合统计报表制度》，我国将文化产业分为了十个大类。工艺美术品的生产、文化用品的生产和文化专用设备的生产这三个大类(剔除了批发、零售中类)组成了文化制造业。

由表10-1可知：

(1)2015年，工艺美术品的生产法人单位最多，达1279家，占文化制造业总量的50.22%，从业人数达23.75万人，占总量的34.43%，资产总计1199.49亿元，占总量的22.89%，所有者权益达597.33亿元，占总量的30.79%，实现净利润达117.37亿元，占总量的33.08%；

(2)文化用品的生产法人单位达1012家，占总量的39.73%，排名第二，从业人数达35.63万人，占总量的51.65%，资产总额达3436.36亿元，占总量的60.36%，资产总额达3436.36亿元，占总量的65.58%，所有者权益达1008.67亿元，占总量的51.99%，营业收入达4165.30亿元，占总量的60.36%，实现净利润达179.22亿元，占总量的50.51%；

(3)文化用品的生产这一大类除法人单位外，其他经营绩效指标均超过总量的50%，位列第一，表明了文化用品的生产规模最大，对江苏文化制造业贡献最高；

(4)文化专用设备的生产法人单位达256家，占总量的10.05%，资产总额达603.98亿元，占总量的11.53%；所有者权益达334.14亿元，占总量的

17.22%；净利润达 58.25 亿元，仅占总量的 16.42%，多个指标均低于工艺美术品的生产和文化用品的生产这两类文化制造业，说明其产业规模最小。

表 10-1　2015 年江苏省规模上文化制造业所属行业主要经营结果

文化制造业行业类别	法人单位（家）	从业人员（万人）	资产总计（亿元）	所有者权益（亿元）	营业收入（亿元）	净利润（亿元）
1. 工艺美术品的生产	1279	23.75	1199.49	597.33	1838.11	117.37
(1)工艺美术品的制造	625	12.59	509.75	233.44	1041.26	59.37
(2)园林、陈设艺术及其他陶瓷制品的制造	17	0.46	19.34	8.44	14.07	0.42
(3)印刷复制服务	637	10.70	670.39	355.46	782.78	57.58
2. 文化用品的生产	1012	35.63	3436.36	1008.67	4165.30	179.22
(1)办公用品的制造	75	1.76	64.09	38.73	109.89	5.57
(2)乐器的制造	26	0.54	16.62	8.34	39.39	1.43
(3)玩具的制造	282	6.91	172.57	92.67	465.76	19.83
(4)游艺器材及娱乐用品的制造	55	1.41	63.66	33.27	94.69	4.45
(5)视听设备的制造	121	13.55	699.27	258.93	1929.00	34.94
(6)焰火、鞭炮产品的制造	1	0.01	0.28	0.26	0.35	0.05
(7)文化用纸的制造	241	5.99	1410.59	702.11	1006.21	41.91
(8)文化用油墨颜料的制造	109	1.46	153.93	73.01	218.55	12.22
(9)文化用化学品的制造	53	2.53	392.63	253.36	407.34	35.54
(10)其他文化用品的制造	290	7.45	462.72	250.10	900.34	65.20
3. 文化专用设备的生产	256	9.61	603.98	334.14	897.46	58.25
(1)印刷专用设备的制造	40	0.59	53.19	26.83	62.38	8.17
(2)广播电视电影专用设备的制造	165	6.28	368.19	191.09	507.43	32.99
(3)其他文化专用设备的制造	51	2.74	182.60	116.22	327.65	17.08

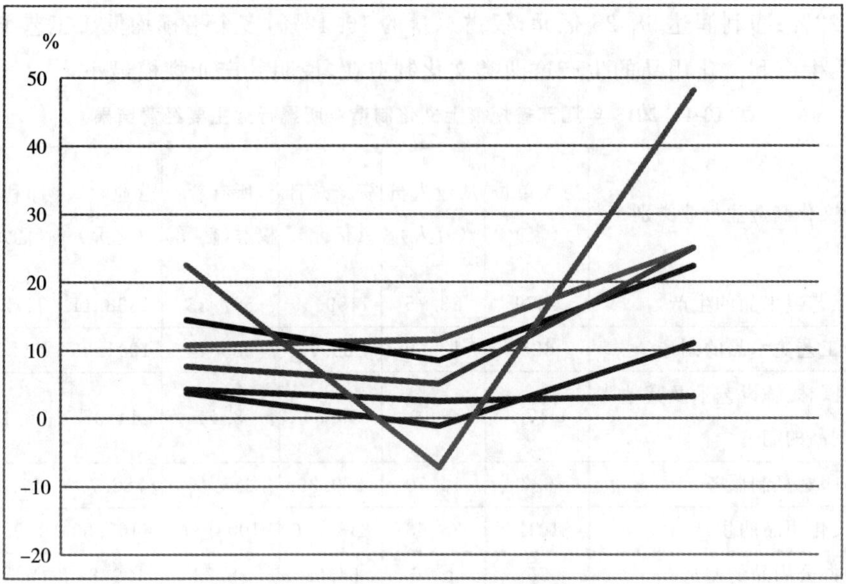

图 10-4　2015 年文化制造业经营指标增长率

由图 10-4 可知，工艺美术品的生产、文化用品的生产和文化专用设备的生产经营绩效指标都有不同程度的增长；其中，文化专用设备的生产行业的净利润、法人单位数、从业人数、资产总计、营业收入和所有者权益增长最快；文化用品的生产行业增速较为缓慢，净利润、从业人员出现了负增长。

10.2.2.2　所有制结构

从不同所有制形式的文化制造业法人单位数及吸纳就业人数来看，结合表 10-2 可知：(1)内资所有制形式的文化制造业企业数目最多，外商投资企业次之，港澳台投资文化制造企业数目最少，三种所有制形式的文化制造业企业数目分别为：2089 家、433 家和 266 家；(2)从吸纳就业人数来看，内资文化制造业企业吸纳人数最多，外商投资企业次之，港澳台投资企业最少，三种所有制形式的文化制造业企业分别吸纳了 38.19 万人，20.08 万人和 16.7 万人；(3)私营企业法人单位数达到 1691 家，占全省文化制造企业总数的 60.65%；从业人数达到 28.01 万人，占全省文化制造企业从业人数的 37.36%，在全省文化制造法人单位数和吸纳就业人数方面均位列第一，说明私营文化制造企业已成为江苏文化制造业发展的生力军；(4)除私营所有制形式的内资企业外，国有、集体等其他内资所有制形式的文化制造业在企业法人单位及吸纳就业人数来看，远不如其他所有制形式的文化制造业企业。

从企业产出和盈利方面来看：(1)外商投资企业营业收入和盈利最高，分别达到 3024.71 亿元和 132.43 亿元，远高于其他所有制形式的文化制造业；(2)私营文化制造业企业在产出和盈利方面，营业收入和净利润分别为 2513.43 亿元和 140.23 亿元，仅次于外商投资企业，但高于港澳台投资企业，港澳台投资企业营业收入和净利润分别为 1360.25 亿元和 61.61 亿元，私营企业、外商投资企业、港澳台投资企业的产出能力和盈利能力不俗；(3)除私营所有制形式的内资企业外，国有、集体等其他内资形式的文化制造企业在营业收入和盈利方面均不如其他所有制形式的文化制造业企业，原因一方面是这些内资企业无论是企业法人单位数还是就业人数均大幅度低于其他所有制形式的文化制造企业；另一方面在于国有、集体形式所有制形式的文化制造业相对更注重社会效益。

从资产总计和所有者权益来看：(1)外商投资企业、私营企业、港澳台投资企业位列全省前三，这三种所有制形式的文化制造业企业资产总额分别为 1127.76 亿元、665.51 亿元和 426.42 亿元；所有者权益分别为 3024.71 亿元、2513.43亿元和 1360.25 亿元。

表 10-2　2015 年江苏省规模上文化制造业所有制情况

登记注册类型	法人单位（家）	从业人员（万人）	资产总计（亿元）	所有者权益（亿元）	营业收入（亿元）	净利润（亿元）
1. 内资	2089	38.19	2263.50	1088.07	3522.13	202.41
(1)国有	3	0.11	3.36	1.37	8.58	0.40
(2)集体	13	0.25	20.13	9.68	53.54	0.88
(3)股份合作	2	0.07	4.32	3.36	3.31	0.44
(4)联营企业	1	0.05	1.03	0.21	2.86	0.20
(5)有限责任公司	309	7.48	648.18	300.20	745.69	49.30
(6)股份有限公司	61	2.09	189.91	100.52	165.82	8.85
(7)私营企业	1691	28.01	1382.58	665.51	2513.43	140.23
(8)其他内资	9	0.14	14.00	7.22	28.90	2.10
2. 港澳台投资企业	266	16.70	846.58	426.42	1360.25	61.91
3. 外商投资企业	433	20.08	2129.76	1127.76	3024.71	132.43

综上可知:(1)外商投资企业和私营企业是江苏文化制造企业的排头兵,私营企业和外商投资企业在吸纳就业方面的作用最大;(2)虽然私营的文化制造业企业在法人单位数及吸纳就业人数方面高于外商投资企业,但外商投资的文化制造业企业在资产总计、所有者权益、营业收入和净利润方面均高于私营企业,侧面反映出外商投资所有制形式的文化制造业企业实力要强于私营企业;(3)除私营企业这类内资企业外,其他内资企业(如国有、集体)等其他所有制形式的文化制造业企业体量较小,私营企业不仅是江苏内资所有制形式文化制造业的排头兵,也是江苏文化制造业发展的中坚力量。

10.2.2.3 地域分布

近年来,江苏省不断推进文化制造业的发展,围绕"强富美高"发展目标,出台了多项发展政策与措施。截至 2015 年底,江苏文化制造企业共计 2788 家,从业人员约 74.97 万人,较上年分别增长了 3.34%和 2.28%;资产总额约 5239.83 亿元,较上年增长 7.62%;所有者权益约 2642.26 亿元,较上年增长 10.58%;实现营业总收入约 7907.09 亿元,较上年增长 11.33%;利润总额约 485.59 亿元,净利润约 396.75 亿元,较上年分别增长 5.57%、8.71%。通过对这些数据的分析可以看出,江苏文化制造业产业规模增速放缓,但总体上处在稳步增长的局面,文化制造业的发展也一定程度解决了劳动力就业的问题,在为社会增加财富的同时,对江苏社会经济的影响力不断增强。

(1)各地域企业规模

2015 年,江苏文化制造业的企业数量、从业人员总体上呈现稳步发展态势。

2015 年,江苏全省文化制造业企业数量达到 2788 户,比 2014 年增加了 3.34%;年末从业人数达 74.97 万人,比 2014 年增加 2.28%,虽然增幅不大,但总体稳步增长,发展较为稳健,见表 10-3。

表 10-3 2013 年—2015 年间江苏文化制造业企业数量和年末从业人员的增长

年份	2013	2014	2015
企业数量(户)	2499	2698	2788
年末从业人数(万人)	66.63	73.30	74.97

就三大区域而言,苏南地区企业规模、从业人数领先,但苏北苏中地区从业人员的增速较快。

①苏南地区文化制造业企业数量领先于苏中、苏北地区。如图 10-5 所示,

苏南地区文化制造业数量最多，占全省50.86%，苏中地区文化制造业数量占全省21.34%，苏北地区文化制造业数量占比27.8%，苏中、苏北地区文化制造业数量落后于苏南地区。

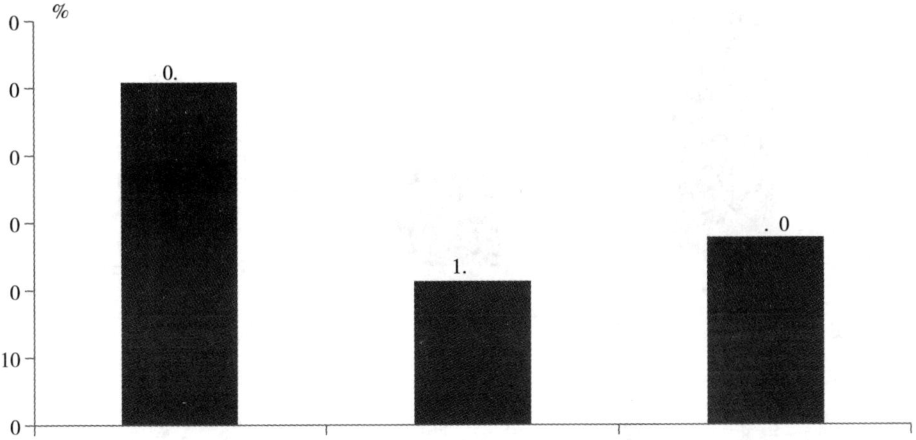

图10-5　2015年江苏苏南、苏中、苏北文化制造业数量全省占比

②苏南、苏中和苏北地区文化制造业从业人数总量存在较大差异。如图10-6、图10-7所示，苏南地区文化制造业从业人数占全省的64.08%，其中，苏州、无锡、常州等市文化制造业从业人数位居全省前列，苏州市文化制造业从业人数最多，达到21.15万人，遥遥领先省内其他城市。苏中和苏北地区文化制造业从业人数全省占比分别为17.58%和18.34%，其中，泰州市、徐州市、连云港市、淮安市文化制造业从业人数较少，远落后于省内其他城市。

③苏中和苏北地区文化制造业企业的从业人数增长总体领先。如图10-8所示，苏南地区文化制造业企业从业人数增长缓慢，苏中和苏北地区大部分城市文化制造业企业的从业人数增长相对较大，其中泰州市和宿迁市文化制造业从业人数增长较快，而苏北城市中，淮安市文化制造业从业人数出现了负增长，文化制造业发展令人担忧。

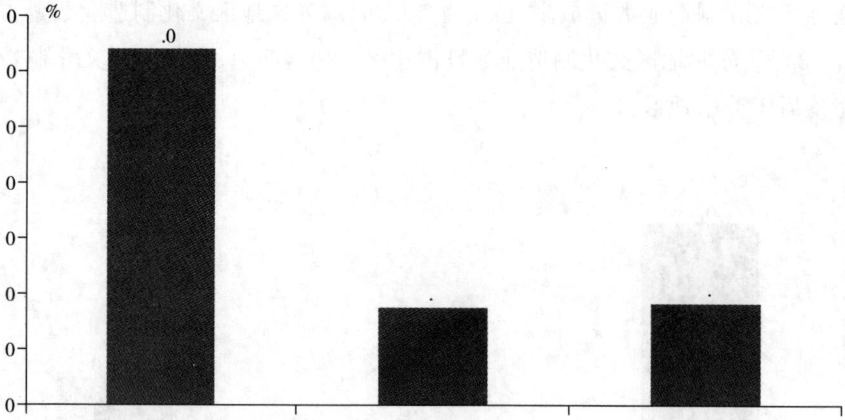

图 10-6　2015 年江苏苏南、苏中、苏北文化制造业企业期末从业人数全省占比

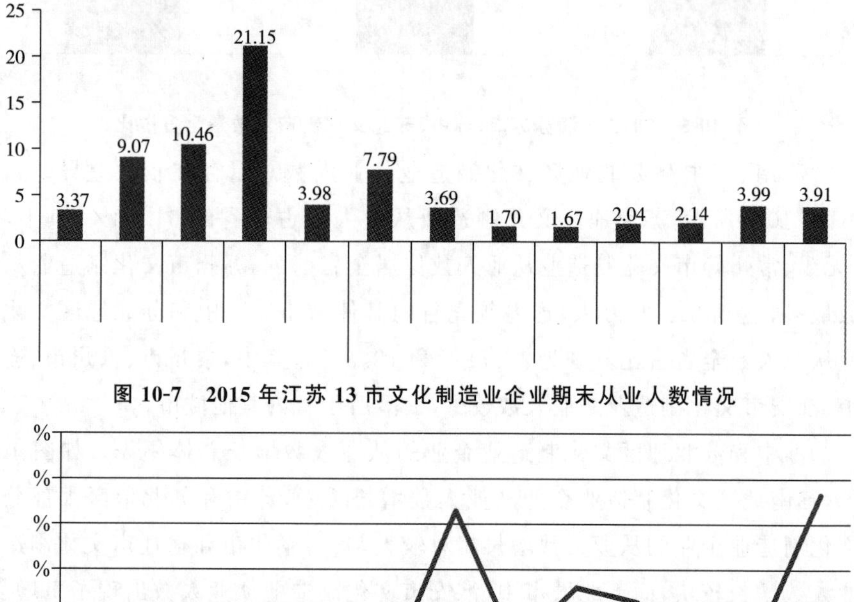

图 10-7　2015 年江苏 13 市文化制造业企业期末从业人数情况

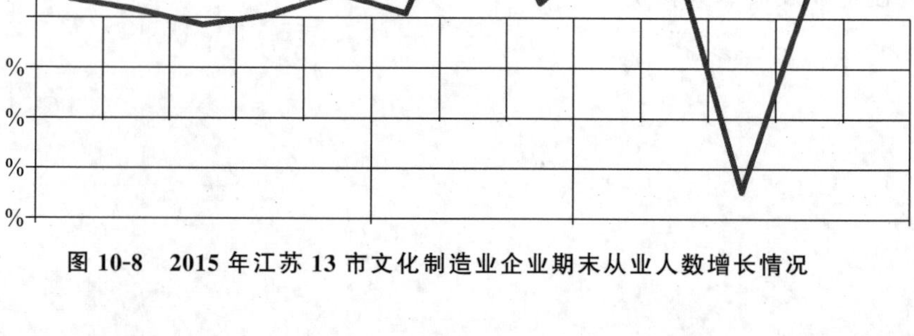

图 10-8　2015 年江苏 13 市文化制造业企业期末从业人数增长情况

（2）各地域资产规模

2015 年末，江苏文化制造业资产总额达 5239.83 亿元，比 2014 年增长了 7.62%；所有者权益为 2642.26 亿元，比 2014 年末增长了 10.58%（见图 10-11）。

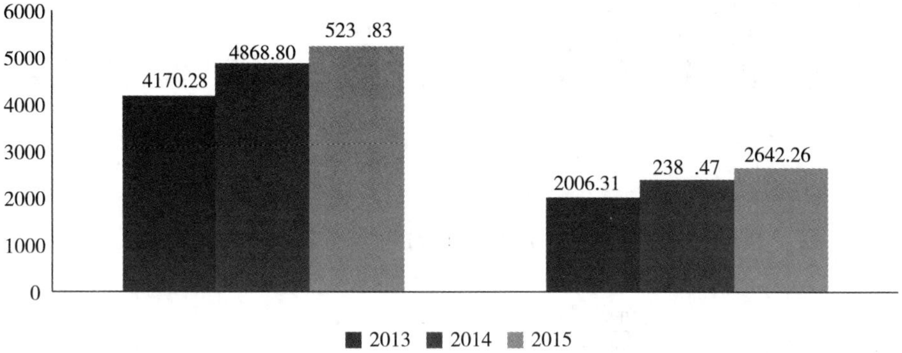

图 10-11　2013 年—2015 年江苏文化制造业年末资产总额和所有者权益的增长

就三大区域的资产情况而言，如图 10-12、图 10-13、图 10-14 所示：第一，苏南地区文化制造业资产规模远大于苏中、苏北地区，资产总计、所有者权益全省占比分别达到 72.91%、72.76%；苏中和苏北地区文化制造业资产规模相差不大，但体量不如苏南地区。第二，苏南地区中，苏州市文化制造业年末资产总额达到 1846.99 亿元，所有者权益达到 950.68 亿元，位列全省第一；南京市文化制造业资产规模较小，资产总额和所有者权益指标绩效结果不如其他苏南城市；第三，苏中地区中，南通市文化制造业资产规模表现较好；第四，苏北 5 市文化制造业企业资产规模较小，盐城市资产规模相对较好，但与苏南地区相比有较大差距。

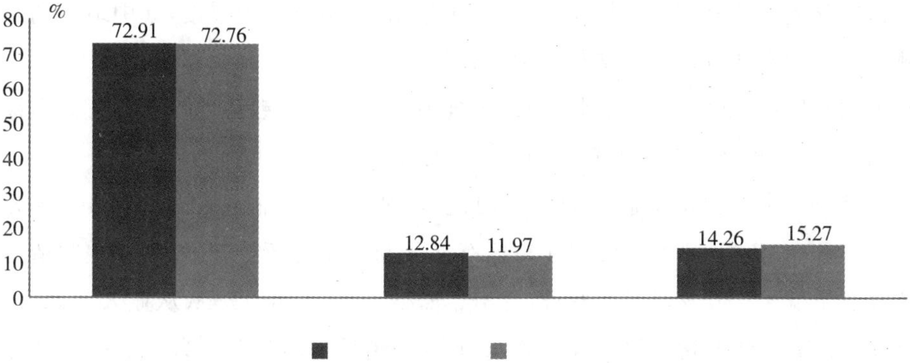

图 10-12　2015 年江苏苏南、苏中、苏北文化制造业所有者权益、资产总计全省占比

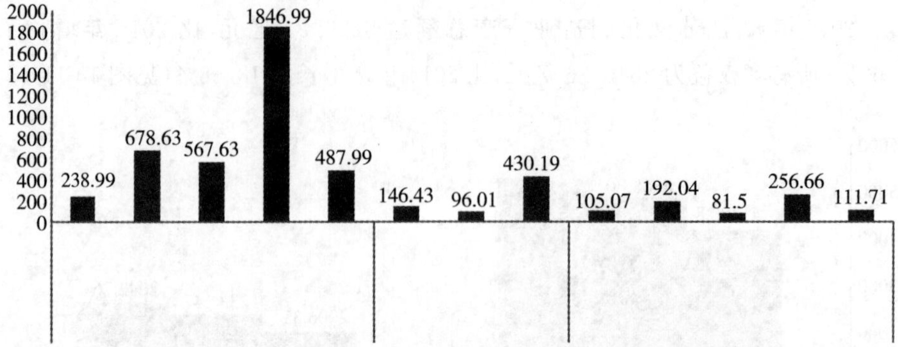

图 10-13　2015 年江苏 13 市文化制造业企业年末资产总额情况

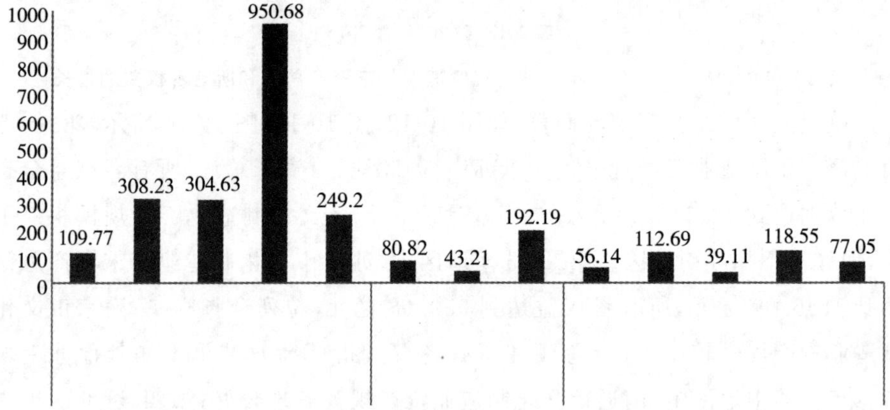

图 10-12　2015 年江苏 13 市文化制造业企业所有者权益情况

就三大区域的资产增长、所有者权益增长情况而言，如图 10-13 所示，苏南地区文化制造业资产规模增长率与 2014 年相比，增长较为缓慢，苏中地区的泰州市文化制造业资产规模增长率增长较快，位列苏中第一，全省相比位列第三；在苏北地区中，淮安市文化制造业资产规模呈现负增长趋势，前景不明朗，而徐州市、连云港市文化制造业资产规模增速较快，呈现良好的发展态势。

就十三个市文化制造业的企业规模看，如表 10-4、图 10-14 和图 10-15 显示：(1)苏州、南通、常州和无锡 4 市拥有文化制造企业超过 300 家，文化制造企业拥有量低于 150 家城市为徐州、泰州、淮安、南京 4 市；(2)从从业人数来看，苏州、常州、无锡和南通这 4 座城市文化制造业吸纳的就业人数远远高于江苏其他城市，徐州、泰州、连云港、淮安这 4 座城市吸纳就业人数排名江苏末端；

(3)从亏损企业数量来看,苏州、南京、泰州、无锡这 4 座城市亏损企业较多,亏损企业占其文化制造企业总数超过 20%,亏损企业数占比较小的城市主要有扬州、宿迁和盐城,亏损企业占比都低于 5%。

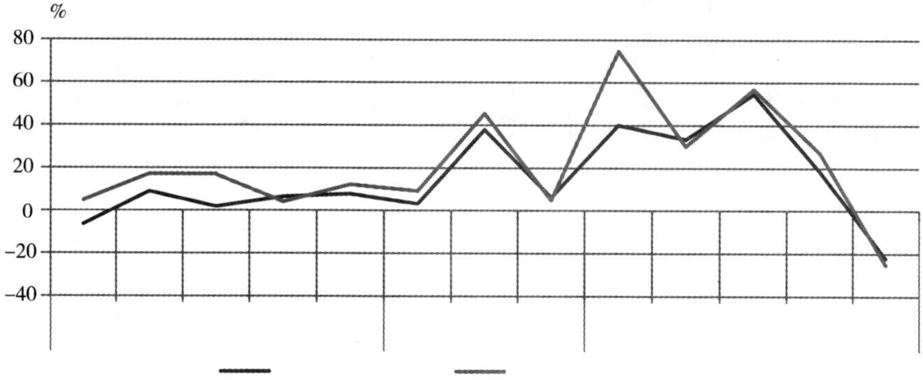

图 10-13　2015 年江苏 13 市文化制造业企业资产总额、所有者权益增长变化情况

表 10-4　2015 年间江苏 13 市文化制造业企业数量、亏损企业与年末从业人员情况表

城市	企业数量(个)	亏损企业(个)	从业人数(万人)
南京市	134	30	3.37
无锡市	304	62	9.07
徐州市	84	5	1.67
常州市	331	51	10.46
苏州市	460	107	21.15
南通市	347	27	7.79
连云港市	151	17	2.04
淮安市	126	11	2.14
盐城市	183	7	3.99
扬州市	151	4	3.69
镇江市	189	16	3.98
泰州市	97	18	1.70
宿迁市	231	8	3.91

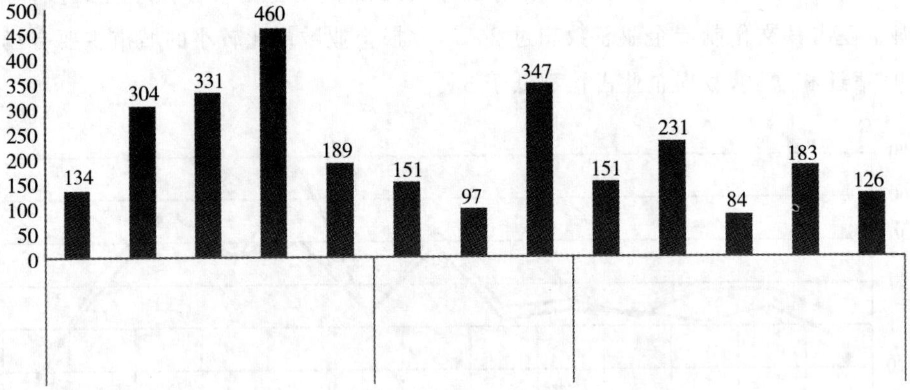

图 10-14　2015 年江苏 13 市文化制造业数量情况

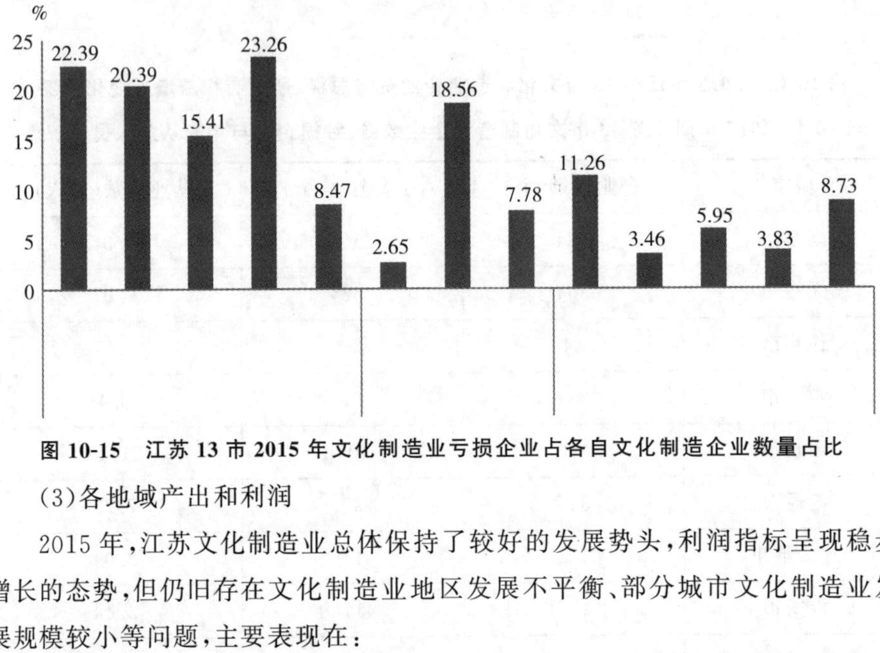

图 10-15　江苏 13 市 2015 年文化制造业亏损企业占各自文化制造企业数量占比

(3)各地域产出和利润

2015 年,江苏文化制造业总体保持了较好的发展势头,利润指标呈现稳步增长的态势,但仍旧存在文化制造业地区发展不平衡、部分城市文化制造业发展规模较小等问题,主要表现在:

①企业产出

2015 年,江苏文化制造业营业总收入合计达到 7907.09 亿元,较 2014 年增长了 11.33%(见图 10-16)。

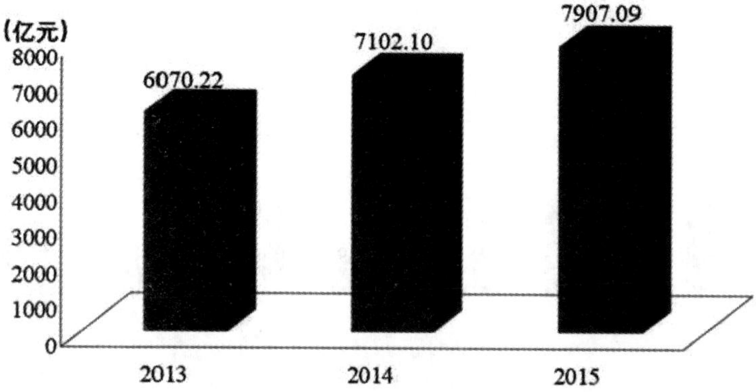

图 10-16　江苏省文化制造业营业总收入的增长

从区域来看，如图 10-17、图 10-18、图 10-19 所示，第一，苏南文化制造业营业收入占比超过 60%，苏中和苏北文化制造业占比相差不大，但远远落后于苏南地区。在苏南 5 市中，苏州文化制造业营业总收入名列前茅，大幅领先其他城市。第二，苏南 5 市文化制造业营业总收入虽位列江苏前列，但较于 2014 年，2015 年整体增长较为缓慢。镇江、泰州、徐州、宿迁这 4 市文化制造业营业总收入出现了大幅度增长，说明各市出台一系列扶植文化制造业发展的政策措施发挥了作用，而淮安文化制造业营业总收入呈现负增长，这与淮安文化制造业发展区位优势不够突出，文化制造业发展政策成效不够明显有关。

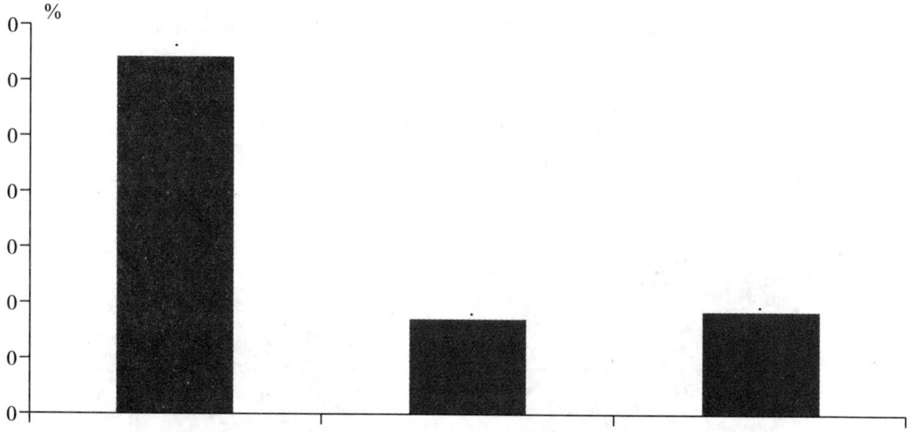

图 10-17　2015 年苏南、苏中和苏北文化制造业营业总收入占比情况

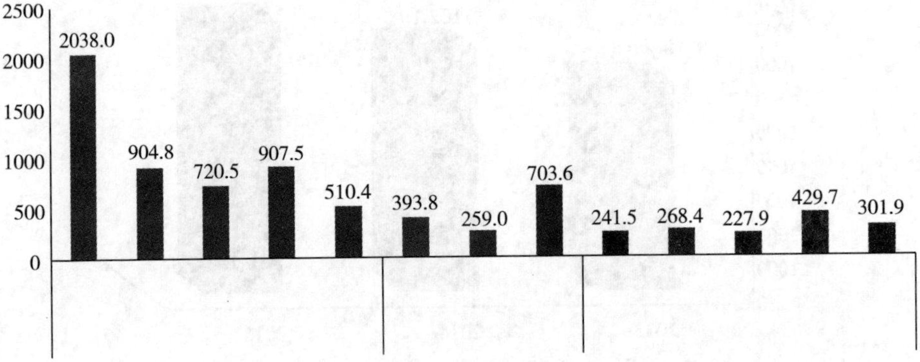

图 10-18　2015 年江苏 13 市文化制造业营业总收入

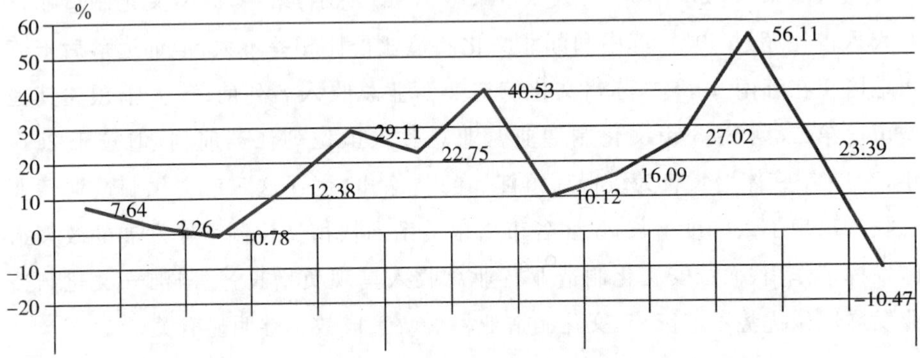

图 10-19　2015 年江苏 13 市文化制造业营业总收入增长情况

②盈利水平

2015 年，江苏文化制造业利润增速加快，全年实现利润总额约 485.59 亿元，净利润 396.75 亿元，比 2014 年分别增加了 5.57%、8.71%（见图 10-20）。

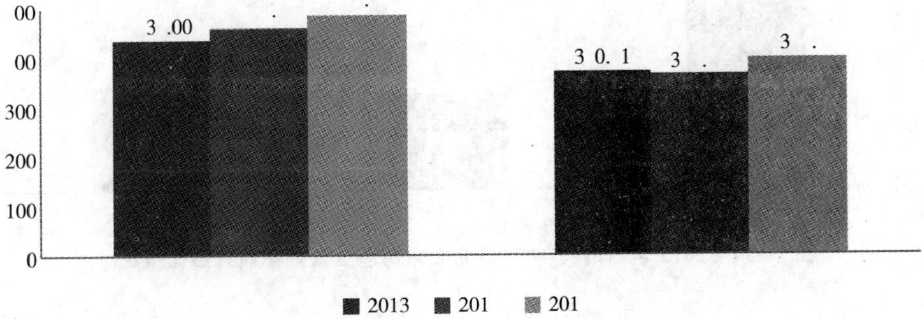

图 10-20　江苏省 2013—2015 年文化制造业利润总额、净利润的增长

从三大区域文化制造业的盈利水平看，如图 10-21 所示：首先，从区域范围来看，苏南文化制造业盈利水平优于苏中和苏北。2015 年苏南文化制造业利润总额和净利润总额分别占全省的 57.87%、58.51%；其次，苏中、苏北两地区盈利水平相差不大，但远远落后于苏南地区。

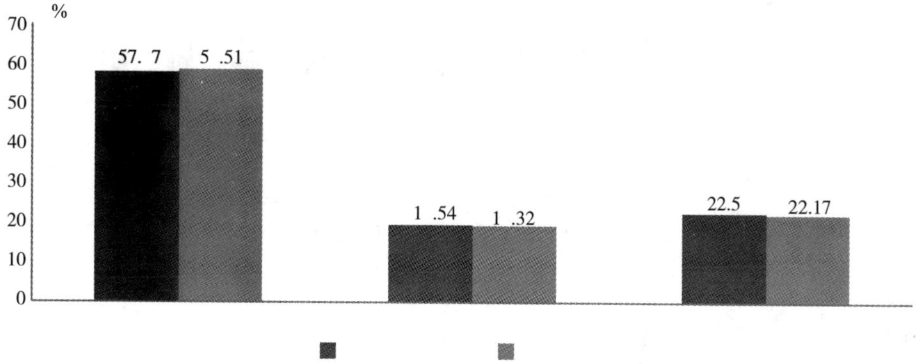

图 10-21　2015 年苏南、苏中与苏北利润总额、净利润全省占比

造成这一现象的主要原因有：第一，苏南地区文化制造业营业收入高于苏中和苏北地区，营业收入的增长带来了净利润与利润总额的提升，2015 年苏南、苏中和苏北地区文化制造业营业收入分别占全省的 64.26%、17.15% 和 18.58%；第二，苏南地区发展文化制造业的区位优势要优于苏中和苏北地区；第三，苏南地区文化制造业企业数目要远大于苏中和苏北地区，2015 年苏南、苏中、苏北地区文化制造业数目分别为 1418 家、595 家和 775 家。

从十三个市文化制造业的盈利水平看，如图 10-22、图 10-23 所示：第一，苏州市文化制造业净利润达到 97.24 亿元，大幅领先江苏其他城市，体现了苏州文化制造业良好的盈利能力，文化制造业发展喜人；第二，苏州、无锡、常州三市文化制造业盈利水平处于江苏省前列，主要原因在于苏锡常作为江苏重要的经济圈，经济较为发达，其制造业基础较为雄厚，推动了文化制造业的发展；第三，南京文化制造业盈利水平较低，一方面与南京文化制造业利润总额偏低有关，另一方面与南京积极实施文化产业转型升级，加大了对文化服务的支持力度有关；最后，苏北 5 市文化制造业盈利水平不相上下，但总体与苏南有一定的差距，主要是苏北 5 市在资金、人才、区位等方面相对于苏南而言优势不够明显，文化制造业有待进一步发展。

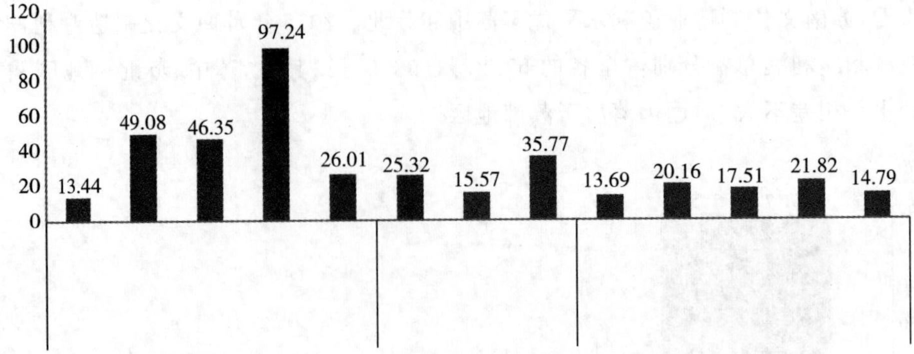

图 10-22　2015 年江苏 13 市文化制造业净利润

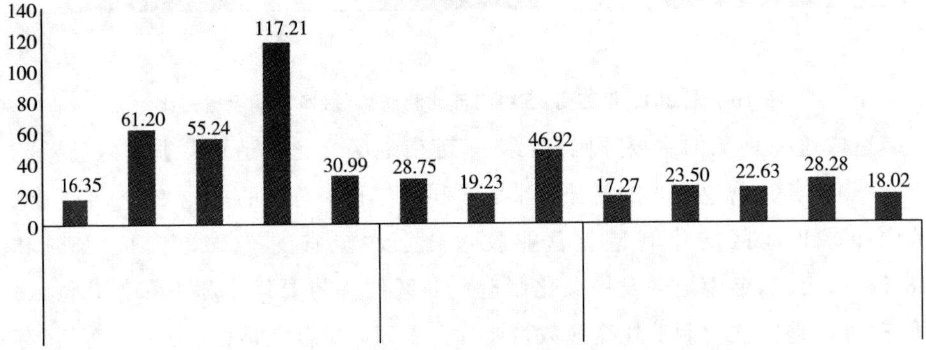

图 10-23　2015 年江苏 13 市文化制造业利润总额情况

从十三个市文化制造业的盈利水平增长情况看，如图 10-24 所示：第一，较 2014 年，无锡文化制造业盈利获得了爆发式增长，利润总额增长率接近 50%，说明无锡市政府支持文化企业上市融资、推进 6 个国家级文化产业园建设等举措取得了成效，以及无锡市文化制造业骨干企业的引领作用不断提升，促使无锡市文化制造业整体获得快速发展；第二，镇江、扬州、泰州、连云港、徐州、盐城等城市文化制造业盈利水平得到提升，体现了这些城市文化制造业发展态势喜人，有较大的盈利潜力；第三，南京、淮安文化制造业盈利水平较 2014 年相比呈现负增长，这与南京积极推动文化产业转型升级有关，而淮安市文化制造业盈利水平出现较大下滑，主要与淮安市文化制造业发展政策成效不够突出有关。

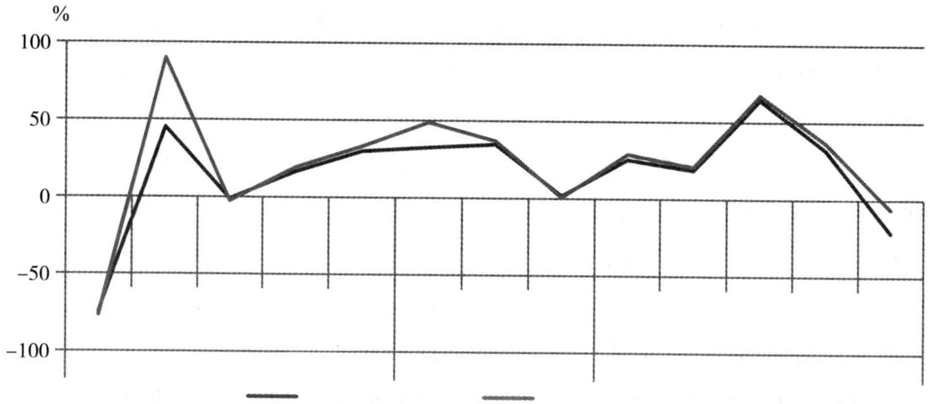

图 10-24　江苏 13 市 2015 年文化制造业利润总额、净利润增长情况

10.3　江苏文化制造业效率评价方法选择

如前文所述，效率评价的参数法与非参数法最主要的区别在于是否要求求解出产出-投入函数关系，由于江苏文化制造业是比较复杂的决策单元，参数法很难准确求解出函数关系，而非参数法在处理多产出-多输入的有效性评价方面具有比较大的优势，且不需要求解具体的投入产出函数关系。因此，对江苏文化制造业效率的评价使用非参数法的 DEA 为主方法。

10.3.1　数据包络分析概述

10.3.1.1　DEA 模型的特点

数据包络分析(Data Envelopment Analysis，DEA)是一种运用较为广泛的非参数技术效率分析方法，DEA 方法原理相对简单，在多投入多产出情况下所获得的生产前沿面稳健性非常好，因此得到了广泛的应用。

运用数据包络分析法对决策单元进行效率评价时，需要注意以下几点：

第一，决策单元(DMU)具有同质性。主要表现为：决策单元具有相同的目标与任务且具有相同的外部环境、具有相同的输入以及输出指标。DEA 评价的是决策单元(DMU)相对于最佳决策单元的效率，若决策单元不具备同质性，则失去了效率评价的意义。

第二，DEA 模型对决策单元(DMU)数量的要求。相对于参数分析方法，DEA 对 DMU 数量的要求较少，但决策单元数目过少，则会出现大部分甚至全部的决策单元均有效的结果，则失去了研究的意义。一般来说，DMU 的数目应大于或等于投入指标数目与产出指标数目的乘积，且大于或等于投入与产出指标数目的 3 倍(Cooper William W，et al.，2007)。当然，这只是一个粗略的指导性原则，还需具体根据 DEA 的分析结果进一步判断。

第三，DEA 模型的投入指标与产出指标应满足具有“同向性”：①投入指标能产生产出指标；② 产出指标是由投入指标产生而来。

第四，DEA 模型导向的选择。对效率的测量方式，DEA 模型可分为投入导向、产出导向与非导向这三种模型导向。投入导向模型从投入的角度测量决策单元无效率程度，关注的是在产出不减少的条件下，决策单元达到技术有效时各项投入减少的程度；而产出导向模型从产出的角度测量决策单元无效率的程度，关注的是在投入不增加的情况下，决策单元达到技术有效时各项产出应该增加的程度；非导向模型同时从投入和产出这两个方面进行测量。

现有的 DEA 模型大约有 100 多种，较为常用的有 10 多种，本节简单介绍 CCR 和 BCC 这两种经典的模型。根据视角的差异，模型又分为：投入主导型和产出主导型。投入主导型指固定各类产出产量不变，然后对投入进行控制和调整；产出主导型指在投入要素固定不变的前提下，对产出做出调整。

(1)基于规模收益不变的 CCR 模型

CCR 模型，又称 VRS 模型，于 1978 年由 Chames，Cooper 和 Rhedes 提出的第一个 DEA 模型。假设有 n 个 DMU(决策单元)，记为 $DMU_j(j=1,,2,\cdots,n)$；每个 DMU 有 m 种输入，记为 $x_i(i=1,2,\cdots,m)$，输入的权重表示为 $v_i(i=1,2,\cdots,m)$；q 种输出，记为 $y_r(r=1,2,\cdots,q)$，输出的权重表示为 $u_r(r=1,2,\cdots,q)$。当前要测量的 DMU 记为 DMU_k，其输入输出比表示为：

$$h_k=\frac{u_1y_{1k}+u_2y_{2k}+\cdots+u_qy_{qk}}{v_1x_{1k}+v_2x_{2k}+\cdots+v_mx_{mk}}=\frac{\sum_{r=1}^{q}u_ky_{rk}}{\sum_{i=1}^{m}v_ix_{ik}}\quad(v\geqslant 0;u\geqslant 0)\quad \text{式(10-1)}$$

总能够得到合适的权系数 v 和 u，满足：

$$h_k\leqslant 1,k=1,2,\cdots,n \quad \text{式(10-2)}$$

所以可以得到如下的 CCR 模型：

$$\begin{cases} \max \dfrac{\sum_{r=1}^{q} u_k y_{rk}}{\sum_{i=1}^{m} v_i x_{ik}} \\ \text{s. t} \quad \dfrac{\sum_{r=1}^{q} u_k y_{rk}}{\sum_{i=1}^{m} v_i x_{ik}} \leqslant 1 \\ v \geqslant 0; u \geqslant 0 \\ i = 1,2,\cdots,m; r = 1,2,\cdots,q; j = 1,2,\cdots,n; \end{cases} \qquad 式(10\text{-}3)$$

对式(10-3)进行 Charnnes-Cooper 变换，把分式规划化为等价的线性规划问题。令：

$$t = \frac{1}{\sum_{i=1}^{m} v_i x_{ik}}, \quad \mu = tu, \nu = tv \qquad 式(10\text{-}4)$$

得到投入导向的 CCR 模型：

$$\begin{cases} \max \sum_{r=1}^{q} \mu_r y_{rk} \\ \text{s. t.} \sum_{r=1}^{q} \mu_r y_{rj} - \sum_{i=1}^{m} \nu_i x_{ij} \leqslant 0 \\ \sum_{r=1}^{q} \nu_i x_{ij} = 1 \\ \nu \geqslant 0; \mu \geqslant 0 \\ i = 1,2,\cdots,m; r = 1,2,\cdots,q; j = 1,2,\cdots,n \end{cases} \qquad 式(10\text{-}5)$$

其对偶模型为：

$$\begin{cases} \max\theta \\ \text{s. t.} \sum_{j=1}^{n} \lambda_j x_{ij} \leqslant \theta x_{ik} \\ \sum_{j=1}^{n} \lambda_j y_{rj} \geqslant y_{rk} \\ \lambda \geqslant 0 \\ i = 1,2,\cdots,m; r = 1,2,\cdots,q; j = 1,2,\cdots,n \end{cases} \qquad 式(10\text{-}6)$$

上述式(10-6)中,约束条件都是用非等式来表示,为了判断决策单元 DMU_k 的 DEA 有效性,在规划的约束中加入松弛变量 S^{+*} 和 S^{+},即:

$$\begin{cases} \min\theta \\ \text{s. t.} \sum_{j=1}^{n}\lambda_j x_{ij} + S_i^- = \theta x_{ik} \\ \sum_{j=1}^{n}\lambda_j y_{rj} - S_r^+ = y_{rk} \\ \lambda_j \geqslant 0 \\ i = 1,2,\cdots,m; r = 1,2,\cdots,q; j = 1,2,\cdots,n \end{cases} \qquad \text{式(10-7)}$$

可以从对偶线性规划即式(10-7)来判断 DMU_k 的有效性,有以下定理:

首先,如果 $\theta^* = 1$,那么决策单元 DMU_k 为弱 DEA 有效,两者为充分必要条件。

其次,如果 $\theta^* = 1$,且 S^{-*} 和 S^{+*} 都为 0,那么决策单元 DMU_k 为强 DEA 有效,两者为充分必要条件。

最后,如果 $\theta^* < 1$,那么决策单元 DMU_k 为非 DEA 有效。

决策单元非 DEA 有效。当 DEA 无效时,模型得到的效率值的经济含义是,此单元在保持产出水平不变时(投入主导型下),以样本中最优(处于效率前沿面上)单元为标准,所需投入量与实际投入量的比例,或者说投入产出效率相对于最优投入产出效率的比值。简单地说,在生产可能集中,保持产出不变的前提下,将各投入要素按统一比例减少(投入主导型),那么此时的投入产出可以达到最优。

上述各式为投入导向模型,下面给出产出导向模型结果:

$$\begin{cases} \max\varphi \\ \text{s. t.} \sum_{j=1}^{n}\lambda_j x_{ij} + S_i^- = x_{ik} \\ \sum_{j=1}^{n}\lambda_j y_{rj} - S_r^+ = \varphi y_{rk} \\ \lambda_j \geqslant 0 \\ i = 1,2,\cdots,m; r = 1,2,\cdots,q; j = 1,2,\cdots,n \end{cases} \qquad \text{式(10-8)}$$

在 CCR 模型中,投入导向和产出导向得到的效率值相等。CCR 模型的产生，使得技术效率的概念拓展到多输入、多输出系统的相对效率评价中，是评价决策单元之间相对效率的一个可信的方式和客观的工具。

(2)基于规模收益可变的 BCC 模型

CCR 模型得出的技术效率包含规模效率的成分，而在实际生产过程中，大多数决策单元往往并不处于最优规模的生产状态，BCC 模型应运而生，基于规模收益可变，于 1984 年，由 Banker、Charnes 和 Cooper 提出。与 CCR 模型不同的是，BCC 模型得出的技术效率排除了规模的影响。

投入导向型 BBC 模型是在式(10-7)的基础上增加了约束条件 $\sum_{j=1}^{n}\lambda_j = 1$，即：

$$\begin{cases} \min\theta \\ \text{s. t.} \sum_{j=1}^{n}\lambda_j x_{ij} + S^- = \theta x_{ik} \\ \sum_{j=1}^{n}\lambda_j y_{rj} - S^+ = y_{rk} \\ \sum_{j=1}^{n}\lambda_j = 1 \\ \lambda \geqslant 0, S^-, S^+ \geqslant 0 \\ i = 1,2,\cdots,m; r = 1,2,\cdots,q; j = 1,2,\cdots,n \end{cases} \quad \text{式(10-9)}$$

式(10-9)的对偶规划为：

$$\begin{cases} \max\sum_{r=1}^{s}\mu_r y_{rk} - \mu_0 \\ \text{s. t.} \sum_{r=1}^{q}\mu_r y_{rj} - \sum_{i=1}^{m}\nu_i x_{ij} - \mu_0 \leqslant 0 \\ \sum_{r=1}^{q}\nu_i x_{ij} = 1 \\ \nu \geqslant 0; \mu \geqslant 0 \\ i = 1,2,\cdots,m; r = 1,2,\cdots,q; j = 1,2,\cdots,n \end{cases} \quad \text{式(10-10)}$$

其中 μ_0 是自由变量，取值范围为(−∞，+∞)，因此在线性规划中 μ_0 前面的符号是正号还是负号，不影响目标函数结果。

产出导向 BCC 模型的规划式为：

$$
\begin{cases}
\max\varphi \\
\text{s.t.} \sum_{j=1}^{n}\lambda_j x_{ij} + S_i^- = x_{ik} \\
\sum_{j=1}^{n}\lambda_j y_{rj} - S_r^+ = \varphi y_{rk} \\
\sum_{j=1}^{n}\lambda_j = 1 \\
i = 1,2,\cdots,m; r = 1,2,\cdots,q; j = 1,2,\cdots,n
\end{cases}
\quad \text{式(10-11)}
$$

产出导向 BCC 模型也是在式(10-8)的基础上增加约束条件 $\sum_{j=1}^{n}\lambda_j = 1$ 构成,其对偶规划式为

$$
\begin{cases}
\min\sum_{r=1}^{m} v_r x_{ik} + v_0 \\
\text{s.t.} \sum_{r=1}^{q}\mu_r y_{rj} - \sum_{i=1}^{m}\nu_i x_{ij} - v_0 \leqslant 0 \\
\sum_{r=1}^{q}\mu_r y_{rk} = 1 \\
\nu \geqslant 0; \mu \geqslant 0 \\
i = 1,2,\cdots,m; r = 1,2,\cdots,q; j = 1,2,\cdots,n
\end{cases}
\quad \text{式(10-12)}
$$

10.3.1.2　DEA 用于文化制造业效率评价的优势、局限性

(1)DEA 在文化制造业效率评价的优势

作为一种非参数估计方法,DEA 本身就具有以下优点:①避免了复杂的投入产出的函数关系与参数估计,处理不同类型的数据不需要进行无量纲处理,简化了问题并增强了评价结果的客观性。②每一个决策单元的各项投入产出权重都是由模型根据最优性原则计算出来的,而不是由决策者预先主观给定的,可避免主观判断,符合公平客观原则。③获得的效率值是相对值,从值的状态不仅可以判断哪些决策单元有效,哪些无效,并且通过投入产出冗余的分析可以看出无效单元在原投入不变的情况下某项产出该增加多少,或者原产出不变的情况下某项投入该减少多少。

针对江苏文化制造业,DEA 在处理其效率评价问题时还具有以下优势:

①DEA 模型可以同时对决策单元的多项投入和多项产出计算相对效率。

江苏文化制造业在江苏文化产业中地位重要，相较于使用单一产出指标说明江苏文化制造业的产出情况，从多角度、使用多个产出指标说明其产出情况，更有利于全面评价江苏文化制造业的产业效率。

②DEA 模型不仅可以将具有同一性质的各决策单元作为参照系进行横向比较，也可以以决策单元自身发展历程为参照系进行纵向分析，解决了小范围地域文化制造业效率评价决策单元过少的问题。这一优点确保了可从江苏三大区域、十三个市的角度研究江苏文化制造业效率。

(2)DEA 模型在文化制造业效率评价的局限性

虽然 DEA 模型在效率评价方面表型出极大的优势，但该方法仍然存在以下局限之处：

①DEA 模型要求决策单元必须具有同质性。决策单元同质性越高，所测算的结果越具有意义。但在现实中所选取的决策单元是不可能具有完全一样的环境、性质，使得 DEA 测度具有无法避免的环境误差。江苏地域经济呈苏南、苏中、苏北梯度分布，十三个市之间经济发展状况、企业管理水平差异较大，这使得三大区域、十三个市的文化制造业处于具有一定异质性的环境中。

②DEA 运用的模型属于线性规划模型，无法克服随机误差的影响。

10.3.2　三阶段 DEA 模型

为解决 DEA 方法无法避免环境因素与随机误差影响的问题，本章选择了兼具参数方法与非参数方法优点的三阶段 DEA 模型对江苏省文化制造业的产业效率进行研究。

Fried(2002)[152]等指出传统的 DEA 模型没有考虑随机噪声、环境因素等对决策单元效率测定的影响，先后发表了 *Incorporating the Operating Environment into a Nonparametric Measure of Technical Efficiency* 与 *Accounting for Environmental Effects and Statistical Noise in Data Envelopment Analysis* 两篇文章，提出了三阶段 DEA 模型方法，前一篇论文探讨了剔除环境因素对 DEA 模型的影响，后一篇论文同时考虑了环境因素(environmental effect)与随机噪声(statistical noise)两个因素。三阶段模型最关键的是第二阶段如何剔除环境因素和随机噪声。

10.3.2.1　第一阶段

本阶段使用投入产出数据，采用传统的 DEA 模型进行效率估算。Fried et

al.(2002)运用的是投入导向型 BCC 模型。BCC 作为 DEA 方法中最为经典的模型之一,前文已做介绍,不再赘述。之所以采用投入导向型是由于投入先于产出发生,即投入是因、产出是果,在实际应用过程中,投入比产出相对更容易控制和调整。

10.3.2.2 第二阶段

数据包络分析法(DEA)作为一种非参数方法,不能从根本上剔除内外部环境变量与随机扰动对效率结果造成的影响。Fried et al.(2002)认为在第一阶段的 DEA 模型中,决策单元的效率结果易受到管理无效率(managerial inefficiencies)、环境因素(environmental effects)和统计噪声(statistical noise)这三种因素的影响。通过将投入松弛变量作为因变量,以诸多外部环境因素为解释变量,构建 SFA(随机前沿分析)模型。

首先,先建立松弛变量:

$$s_{ni} = x_{ni} - x_n \quad \lambda \geqslant 0, n = 1,2,\cdots,N, \quad i = 1,2,\cdots,I \qquad 式(10\text{-}13)$$

其中,S_{ni} 为第 i 个决策单元的第 n 个投入的松弛量,x_{ni} 为第 i 个决策单元的第 n 种投入的实际值,$X_n\lambda$ 为第 i 个决策单元的第 n 种投入值在效率前沿面的最优映射。

其次,建立第二阶段 SFA 回归模型:

$$s_{ni} = f^n(z_i;\beta^n) + v_{ni} + u_{ni}, \quad n = 1,2,\cdots,N, \quad i = 1,2,\cdots,I \qquad 式(10\text{-}14)$$

其中,$f^n(z_i;\beta^n)$ 是确定可行的松弛前沿;$z_i = [z_{1i}, z_{2i}, \cdots, z_{ki}], i = 1,2,\cdots I$,为 k 个环境变量;参数向量 β^n 将被估计;$v_{ni} + u_{ni}$ 为混合误差项,$v_{ni} \sim N(0, X_2)$ 是随机误差项,反映统计噪声,$u_{ni} \geqslant 0$ 反映管理无效率。

最后调整投入变量:

首先,必须从 SFA 回归模型的混合误差中从管理无效率中分离统计噪声。Fried et al 指出可以借助 Jondrow et al 的方法(JLMS)得到管理无效率的条件估计,但并未给出估计公式。因此本章运用罗登跃推导的分离公式,公式如下:

$$E(\mu \mid \varepsilon) = \sigma_* \left[\frac{\varphi\left(\lambda \dfrac{\varepsilon}{\sigma}\right)}{\Phi\left(\dfrac{\lambda\varepsilon}{\sigma}\right)} + \frac{\lambda\varepsilon}{\sigma} \right] \qquad 式(10\text{-}15)$$

其中,$\sigma_* = \frac{\sigma_\mu \sigma_\nu}{\sigma}$,$\sigma = \sqrt{\sigma_\mu^2 + \sigma_\nu^2}$,$\lambda = \sigma_\mu / \sigma_\nu$。随机误差项 μ,计算公式为 $E[\nu_{ni} \mid \nu_{ni}$

$+\mu_{ni}] = s_{ni} - f(Z_i;\beta_n) - E[u_{ni} \mid \nu_{ni} + \mu_{ni}]$。

为了剔除统计噪声和不同运营环境的影响，需要按照下列公式对投入变量进行调整。

$$X_{ni}^A = X_{ni} + [\max(f(Z_i;\hat{\beta}_n)) - f(Z_i;\hat{\beta}_n)] + [\max(\nu_{ni}) - \nu_{ni}] \quad i = 1,2,\cdots,I; \quad n = 1,2,\cdots,N \qquad \text{式(10-16)}$$

其中：X_{ni}^A 是调整后的投入；X_{ni} 是调整前的投入；$[\max(f(Z_i;\hat{\beta}_n)) - f(Z_i;\hat{\beta}_n)]$ 是对外部环境因素进行调整，将所有被评决策单元调整到一个相同的环境；$[\max(\nu_{ni}) - \nu_{ni}]$ 是将所有的被评决策单元的统计噪声（面临的运气）调至相同的情况。

10.3.2.3　第三阶段

本阶段主要将第二阶段中调整后的投入数据 x_{ni}^A 和原产出指标数据重新代入到传统的 BCC-DEA 模型进行计算，最终得到各决策单元的效率值是剔除了外部环境变量以及随机误差影响之后的效率值。对比第一阶段的效率值，更能真实反映出被测决策单元的真实效率水平。

三阶段 DEA 方法操作流程见图 10-25。本章研究在第一阶段运用传统的 DEA 模型测算江苏文化制造业效率，在此基础上得到各市文化制造业投入冗余变量；第二阶段使用随机前沿分析模型，将各市文化制造业投入冗余变量与环境变量进行回归分析，运用陈巍巍[153]、罗登跃[154]提出的分解联合误差项的方法对各市文化制造业投入变量进行调整；第三阶段再次利用 DEA 模型重新计算江苏各市文化制造业效率。

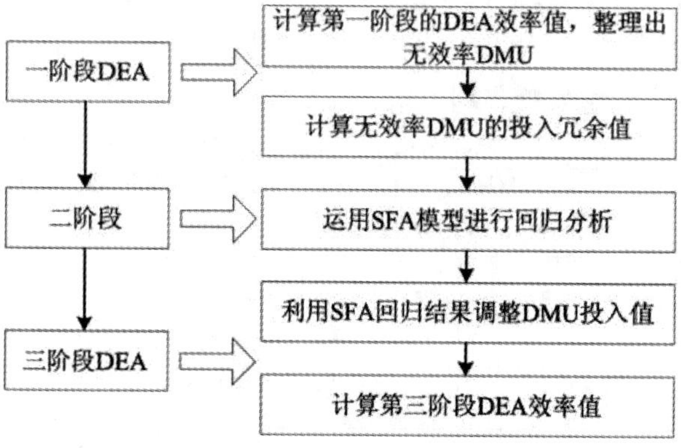

图 10-25　三阶段 DEA 方法操作流程

10.3.3 Malmquist 指数法介绍

10.3.3.1 Malmquist 指数模型简介

三阶段 DEA 模型主要从静态角度对江苏省各市文化制造业的效率进行横向比较分析,一是无法对江苏文化制造业的效率变化进行纵向的动态分析,二是无法体现生产前沿面的移动即技术进步的情况。而 Malmquist 指数引入了时间变量,可以有效弥补三阶段 DEA 模型分析带来的缺点。

Malmquist 指数法由 Sten Malmquist 于 1953 年提出,最初应用于测算生产率,不断发展演变成基于成本、规模效率等 Malmquist 生产率指数模型。在实际的运用中,学者普遍运用 Fare 等人构建的 DEA-Malmquist 指数模型。从 t 时期到 $t+1$ 时期,Malmquist 效率变化指数为:

$$M(x^{t+1},y^{t+1};x^t,y^t)=\left[\frac{D^t(x^{t+1},y^{t+1})}{D^t(x^t,y^t)}\times\frac{D^{t+1}(x^{t+1},y^{t+1})}{D^{t+1}(x^t,y^t)}\right]^{1/2}$$

式(10-17)

其中,$D^t(x^{t+1},y^{t+1})$ 和 $D^{t+1}(x^{t+1},y^{t+1})$ 分别代表两个时期的技术效率值,Malmquist 指数值大于 1,代表全要素生产率(TFP)水平相对于前一年有所提高;反之,若小于 1,则表明全要素生产率(TFP)较前一年有所下降。

10.3.3.2 Malmquist 指数分解

Fare(1994)证明全要素生产率(TFP)可以进一步被分解为:

$$M(x^{t+1},y^{t+1};x^t,y^t)=\left[\frac{D^t(x^{t+1},y^{t+1})}{D^t(x^t,y^t)}\times\frac{D^{t+1}(x^{t+1},y^{t+1})}{D^{t+1}(x^t,y^t)}\right]^{1/2} \quad 式(10\text{-}18)$$

$$=\frac{D^{t+1}(x^{t+1},y^{t+1})}{D^t(x^t,y^t)}\left[\frac{D^t(x^{t+1},y^{t+1})}{D^{t+1}(x^{t+1},y^{t+1})}\times\frac{D^t(x^t,y^t)}{D^{t+1}(x^t,y^t)}\right]^{1/2} \quad 式(10\text{-}19)$$

$$=\text{Techch}\times\text{Effch} \quad 式(10\text{-}20)$$

还可以将 effch 进一步分解为如下:

$$\text{effch}=\frac{D^{t+1}(x^{t+1},y^{t+1}\mid \text{VRS})}{D^t(x^t,y^t\mid \text{VRS})}\left[\frac{D^{t+1}(x^{t+1},y^{t+1}\mid \text{CRS})}{D^{t+1}(x^{t+1},y^{t+1}\mid \text{VRS})}\times\frac{D^t(x^t,y^t)}{D^{t+1}(x^t,y^t)}\right]$$

式(10-21)

$$=\text{pech}\times\text{sech} \quad 式(10\text{-}22)$$

$$\text{pech}=\frac{D^{t+1}(x^{t+1},y^{t+1}\mid \text{VRS})}{D^t(x^t,y^t\mid \text{VRS})}$$

式(10-23)

$$\text{sech}=\left[\frac{D^{t+1}(x^{t+1},y^{t+1}\mid \text{CRS})}{D^{t+1}(x^{t+1},y^{t+1}\mid \text{VRS})}\times\frac{D^t(x^t,y^t)}{D^{t+1}(x^t,y^t)}\right]$$

其中:①Malmquist 指数值大于 1,表明 $t+1$ 期的全要素生产率较 t 期有所提高;Malmquist 指数值等于 1,表明 $t+1$ 期的全要素生产率较 t 期没有变化;Malmquist 指数值小于 1,表明 $t+1$ 期的全要素生产率较 t 期有所降低;

②Techch 为技术进步指数,代表生产前沿面的移动,若 Techch 大于 1,表明存在技术进步,Techch 小于 1,表明存在技术退步。

③Effch 为技术效率变化指数,代表 t 期至 $t+1$ 期相对技术效率的变化程度,Effch 大于 1,表明被评决策单元(DMU)在 $t+1$ 期与 $t+1$ 期前沿面的距离较于 t 期与 t 期前沿面的距离较近,反之相反。

④Effch 可分解为纯技术效率变化指数(Pech)和规模效率变化指数(Sech)。其中,纯技术效率变化指数(Pech)是指由管理水平等因素造成的变化,规模效率变化指数(Sech)则是指自身规模大小的改变对其效率造成的影响。

综上,本章研究方法选择的适切性为:

首先,选择三阶段 DEA 模型的适切性体现在:(1)三阶段 DEA 方法结合了参数法与非参数法的优点;(2)三阶段 DEA 方法对于评价多投入、多产出方面的效率问题具有突出优势;(3)三阶段 DEA 方法,剔除了环境变量、随机误差对决策单元效率评价的影响,使各决策单元处于相同的环境,相比传统 DEA 模型,更能够真实、客观反映江苏文化制造业各决策单元的效率水平。

其次,选择 Malmquist 指数模型的适切性体现在:(1)Malmquist 指数模型可以动态分析江苏文化制造业效率变动情况,将其与三阶段 DEA 模型相结合,可有效弥补三阶段 DEA 模型仅能进行静态分析的局限,实现了对江苏文化制造业效率静态与动态分析的结合;(2)选择 Malmquist 指数模型与三阶段 DEA 模型相结合分析江苏文化制造业效率情况,可进一步揭示江苏文化制造业全要素生产率的变动以及技术进步、技术效率对全要素生产率变动的影响。

10.4 江苏文化制造业效率评价指标体系构建

10.4.1 投入、产出指标的选取

10.4.1.1 投入、产出指标的研究梳理

投入产出指标的选取直接影响着决策单元(DMU)的效率值,因此,在投入

产出指标的选择方面，一要依据指标选择的一般规律，本章依据 5.2.1.2 中提出的科学性、代表性、统一性、系统性、可操作性的原则，二要借鉴国内外学者相关研究成果。

文化制造业作为文化产业与制造业的交叉领域，当前学者对于文化制造业效率的研究较少，因此在江苏文化制造业效率评价体系的指标选择方面，有必要借鉴国内外学者在制造业、文化产业效率评价指标选择方面的研究成果。结合 DEA 模型对于投入产出指标选取方面的原则，对研究成果进行了汇总，见表 10-5。

表 10-5 部分国内外文献投入产出变量的选择

作者	研究对象	投入指标	产出指标
陈伟、刘强(2017)[155]	30 家高端装备制造业企业	固定资产原值 营业成本 流动资产 无形资产 员工人数 资产负债率	主营业务收入 净利润 利润总额 每股收益 净资产收益率 总资产利润率
田泽，程飞(2017)[156]	东部沿海地区装备制造业	年末从业人数 固定资产合计 年末负债合计	主营业务收入 总产值
韩东林，袁茜(2017)[157]	中国文化制造业	研发人员数 企业数 研发经费内部支出	专利申请数 有效发明专利数 新产品销售收入
郭淑芬，郭金花(2017)[158]	中国文化产业	年末从业人数 企业单位数 资产总计	企业营业收入
张荣刚，刘鹏飞(2016)[159]	文化制造业	总资产 从业人员平均数	主营业务收入 工业总产值
王晔君(2015)[160]	上海文化产业	劳动报酬 固定资产原值	增加值 营业收入

（续表）

作者	研究对象	投入指标	产出指标
梁健娟(2014)[161]	饮料制造业	固定资产净值平均余额 从业人数 销售成本 管理费用	销售收入
焦潇(2014)[162]	湖北省文化产业	固定资产投入额 劳动报酬 财政拨款	文化产业总产出 文化产业增加值
仇健勇(2013)[163]	中国省际制造业	固定资产折旧 从业人数	利润总额 制造业总产值
韩学周，马萱(2012)[164]	中国文化产业	固定资产原值 从业人数	文化产业增加值
陈静，雷厉(2010)[165]	中国制造业	固定资产净值年平均余额 流动资产年平均余额 从业人员年平均人数 企业单位数	行业总产值 行业增加值 产品销售收入
李春顶(2009)[166]	中国制造业	固定资产净值年平均余额 从业人员年均人数	年度工业增加值
王飒飒(2009)[167]	江苏制造业	固定资产净值年平均余额 流动资产平均余额 从业人数	工业总产值
Kang SM，Kim MH(2012)[168]	韩国和中国制造业	从业人数 资产总计	增加值 Sox 污染物排放量
Kumar S (2006)[169]	印度工业制造业	从业人数 固定资产价值	总产值
Mahadevan R (2002)[170]	马来西亚制造业	雇佣工人人数 固定资产投资总额	增加值

由表 10-5 可知，在投入变量的选择方面，国内外学者的文献多涉及人力投入、资本投入等方面，但对于具体的投入指标，学者选择各有不同。在人力投入方面，一般将行业从业人数作为人力的体现，而也有一些学者选择劳动报酬；资本方面的投入指标主要有固定资产（原值或净值）、资产总计等，一部分学者如郭淑芬(2017)[158]，韩东林(2017)[157]等将企业单位数作为投入指标，或是将资产负债率等（陈伟，2017）[155]相对数作为投入指标。

在产出指标的选择方面，主要有产业增加值、工业总产值、主营业务收入、销售收入等，陈伟(2017)[155]采用净资产收益率、总资产利润率这种相对数或比率作为产出指标。总而言之，投入指标的选取大都集中在劳动力、资本、费用支出这三个方面，具体的产出指标基于学者的研究目的而存在差异性。

10.4.1.2 选择投入、产出指标

(1)投入指标

柯布-道格拉斯生产函数被经济学家广泛接受，其函数形式为 $Q = AL^{\alpha}K^{\beta}$（其中“L”代表劳动投入，“K”代表资本投入），提示了绝大部分学者都认为劳动力与资本是生产过程的重要投入因素。本章研究依据柯布-道格拉斯生产函数，借鉴前人选择的投入指标，结合江苏文化制造业自身发展特点和数据的可得性，研究选用“规模以上文化制造业期末从业人数”反映劳动力投入、选用“规模以上文化制造业固定资产折旧”反映资本投入。

①规模以上文化制造业期末从业人数

该指标反映了规模以上文化制造企业在岗且取得劳动报酬的全部人员数。就劳动力因素方面的投入指标而言，雇员人数、雇员工作时数、工资报酬等均可作为投入产出指标，其中，将雇员工作时数作为投入指标无疑是更准确的，因为雇员工作时数考虑了雇员属于全职还是兼职，由于缺乏雇员工作时数相关的统计数据，且从业人数与劳动报酬呈正相关关系，因此，选择从业人员指标。此外，从业人数是评价文化制造业效率的重要指标，韩东林(2017)[157]、田泽(2017)[156]等学者在分析产业效率时，均选择从业人数作为投入指标，所以选用被普遍利用的文化制造业期末从业人数这一指标作为投入指标。

②规模以上文化制造业固定资产折旧

该指标反映规模以上文化制造业企业实际占用在固定资产上的资金数额，一定程度上体现了文化制造企业生产及扩张能力的大小以及资本在生产过程中的使用情况，且文化制造企业不同于金融等其他机构，设备、厂房等固定资产投资构成了文化制造企业的绝大部分，另一方面固定资产的利用情况直接影响文化制造业企业的效率。仇健勇(2013)[163]等学者将固定资产折旧作为一项重要的投入指标，因此选用固定资产折旧作为投入指标之一。

(2)产出指标

江苏文化制造业在江苏文化产业中地位重要，发展中既要有规模，更要有获利能力。因此，综合考虑借鉴前人选择的产出指标、数据的可得性，选用“规模以上文化制造业工业总产值”“规模以上文化制造业净利润”作为产出指标。

①规模以上文化制造业工业总产值

该指标反映了文化制造业总量规模、发展水平以及对整个国民经济的贡献力，也说明了文化制造企业本期生产活动的总成果。如选择工业增加值作为产出指标，则难以反映规模节约与资源配置能力的中间产品的转移价值，本章研究参考王飒飒(2009)[167]、陈静等(2010)[165]、S Kumar(2006)[169]等较多学者选择工业总产值作为产出指标的思路，选用规模以上文化制造业工业总产值作为产出指标之一。

②规模以上文化制造业净利润

该指标指企业当期利润总额减去所得税后的金额，能够反映文化制造业企业的获利能力，能否在相同投入下、创造出更多利润，是衡量江苏文化制造业效率的重要产出指标。陈伟、刘强(2017)[155]等学者将净利润作为重要的产出指标。

10.4.1.3　指标适宜性分析

DEA 模型要求：①决策单元数目不应少于投入指标和产出指标数量的乘积；②决策单元数目不少于投入和产出指标数量的 3 倍(Cooper William W，et al.，2007)，③投入指标与产出指标还需满足“同向性”原则，即投入增加时，产出也增加。

江苏拥有 13 个城市，因此，本章决策单元为 13 个。选择的投入指标、产出指标各 2 个，乘积为 4，合计为 4 个。满足 DEA 模型测算效率条件，即决策单元数目不少于投入和产出指标数量的乘积，也不少于投入和产出指标数量的 3 倍。

为验证投入指标与产出指标之间是否具有“同向性”，研究利用 SPSS22.0 软件对选择的投入、产出指标进行 Pearson 检验，具体的检验结果见表 10-6。

表 10-6　2013—2015 年江苏省各市文化制造业投入变量和产出变量 Pearson 检验

投入项 / 产出项	规上文化制造业期末从业人数	规上文化制造业固定资产折旧
规上文化制造业净利润	0.727** (0.000)	0.497** (0.000)
规上文化制造业工业总产值	0.940** (0.000)	0.716** (0.000)

注：** 表示结果通过 0.01 置信水平(双侧)检验;括号内为 P 值。

江苏文化制造业投入指标与产出指标之间的相关系数均为正值,显示投入指标与产出指标之间为正相关,且均能够通过 5%置信水平(双侧)检验,说明文化制造业投入指标与产出指标满足"同向性"条件,适合进行 DEA 效率测算。

10.4.2　环境变量的选取

10.4.2.1　环境变量的研究梳理

环境变量指对文化制造业效率产生影响,但又不在文化制造业决策单元主观控制范围内的因素。通过对国内外产业效率文献的研究,归纳了部分学者对于产业效率研究所选择的环境变量(见表 10-7)。

表 10-7　部分学者对于环境变量的选择

作者	环境变量
李亚男(2017)[171]	人均 GDP、居民消费水平、城市化率、每十万人口高等学校平均在校生数、国内专利申请授权数、文化事业费占财政支出的比重
付冰婵,付雪阳(2017)[172]	企业数、行业工业总产值/企业数、R&D 经费中政府资金的比例、国企总产值/行业工业总产值、三资企业总产值/行业工业总产值、出口交货值/销售总产值、行业人员平均工资
田泽,程飞(2017)[88]	各地区全社会固定投资总额占地区生产总值的比重、各地区政府财政支出总额占地区生产总值的比重、进出口总额占地区生产总值、居民人均消费支出

（续表）

作者	环境变量
曾远东(2017)[173]	单位GDP能耗、人均GDP、人均居民消费水平、财政支出与GDP比重、各地区进出口额/各地区生产总值
谢婷(2016)[174]	研发机构数、产权结构、企业规模、产业绩效、市场结构、政府支持
余诺(2016)[175]	人均GDP、人均文化娱乐消费支出、人均文化产业公共事业投入
张慧(2016)[176]	地区GDP、企业数量、科技经费投入强度、出口交货值占主营业务收入
张锐(2014)[177]	人均地区生产总值、财政拨款、文化产业单位数、产业结构
梁健娟(2014)[161]	资产总计与企业数量的比值、利息支出加上固定资产原值与净值之差、从业人员数乘以行业职工平均工资、公司年末的总负债份额与总资产份额、产成品存货
仇健勇(2013)[163]	各地区GDP(生产总值)、货物出口总额、城镇单位工资总额、规模以上工业企业研究与试验发展(R&D)
王欣(2010)[178]	高中以上学历占总就业人员比例、工业发展比重、金融支持程度、地区生产总值增幅
王家庭，张容(2009)[179]	GDP(国内生产总值)、人均文化娱乐消费支出、文化产业法人单位数、文化事业机构数、文化事业费占财政支出比重

10.4.2.2　选择环境变量

从表10-7可以看出，大多数学者选取的环境变量同时包含宏观、微观因素。宏观方面主要涉及GDP、人均GDP、地区生产总值增幅等，微观方面主要考虑产业的特征因素，主要涉及产业结构、产业企业单位数等变量。较多文献中的行业环境变量包含宏观经济环境、产业竞争环境、经济开放度、产业结构等方面，再结合众多学者们选取的环境变量，依据江苏文化制造业的特点及数据的可得性，从宏观、微观层面选取了相关环境变量，具体如下：

(1)宏观经济环境

各地区经济发展水平直接影响各地区人民的文化需求，也深刻地影响江苏各地区文化制造业效率，人均GDP可以用于衡量一个地区宏观经济运行态势以及各地区人民生活水平的指标。本章选用江苏各市人均GDP作为环境变量。

(2)对外出口水平

江苏作为经济大省和出口大省,外贸对于江苏经济增长的贡献很大,晏玲菊(2009)[180]研究表明出口制造企业与非出口制造企业相比,在生产力、员工规模等方面均优于非出口企业;仇健勇(2013)[163]认为出口对于制造业效率具有一定的促进作用,因此,对外出口水平也会对文化制造业的效率产生一定的影响。本章选用江苏各市文化制造业出口交货值占工业销售产值比重来衡量对外出口水平。

(3)行业人均薪酬

虽然选用行业薪酬作为环境因素的研究相对较少,但随着江苏文化制造业用人成本逐年上升,行业薪酬对于文化制造业的效率影响也不可忽视。区域之间的工资水平差异,会促使低工资地区的劳动力流向高工资地区,加剧各地区文化制造业效率上的差异,同时,行业薪酬的提高有助于为该地区吸引更多的劳动力,提升其文化制造业效率。本章选用江苏各地文化制造业行业人均薪酬加以说明。

(4)城镇化水平

随着当前国家新型城镇化的不断推进,城镇人口不断增长,越来越多的就业人口逐步由第一产业转入到第二、三产业,城镇化的进程也在影响着文化制造业。本章选用城镇人口占各地区总人口比重衡量城镇化水平指标。

综上,本节构建的“江苏文化制造业效率评价指标体系”,见表10-8。

表 10-8 江苏文化制造业效率评价指标体系

	具体指标	说明方面
投入指标	期末从业人数(亿元)	劳动力投入
	固定资产折旧(亿元)	资本投入
产出指标	工业生产总值(亿元)	总产出
	净利润(亿元)	获利能力
环境变量	人均 GDP(万元)	宏观经济环境
	城镇人口占各地区总人口比重(%)	城镇化水平
	文化制造业人均薪酬(万元)	行业人均薪酬
	文化制造业出口值/销售总值(%)	对外出口水平

10.5　基于三阶段 DEA 的江苏文化制造业技术效率研究

上节研究选定了投入变量、产出变量、环境变量，构建了“江苏文化制造业效率评价指标体系”。本节使用该指标体系，代入 2013—2015 年江苏 13 市规模以上文化制造业相关数据①，采用三阶段 DEA 模型测算 2013—2015 年江苏各市文化制造业的效率。

第一阶段采用投入导向型 BCC-DEA 模型对原始投入产出数据进行处理，测得江苏各市文化制造业效率，由于第一阶段的 DEA 模型无法区别江苏各市文化制造业效率低下是由管理因素还是环境因素和随机误差因素造成的，因此需要进行第二阶段的分析；第二阶段将江苏各市文化制造业投入松弛变量作为被解释变量，将环境变量作为解释变量，构建回归模型，剔除外部环境、随机误差对投入松弛变量的影响；第三阶段将调整之后的投入数据与原产出数据代入到 BCC-DEA 模型，再次测算江苏各市文化制造业的效率。

10.5.1　第一阶段传统 DEA 模型效率值分析

本阶段为三阶段 DEA 中的第一阶段。主要采用传统 DEA 方法，以江苏各市规模以上文化制造业从业人数、规模以上文化制造业固定资产折旧为投入指标，以规模以上文化制造业净利润和工业生产总值为产出指标，代入投入导向型的 BCC 模型，运用 DEAP2.1 软件对 2013—2015 年三年间江苏文化制造业整体、三大区域、十三个市文化制造业效率进行测算，得到文化制造业的技术效率(TE)、纯技术效率(PTE)和规模效率(SE)以及各市的规模收益状态。其中，技术效率＝纯技术效率×规模效率，纯技术效率反映的是决策单元由于管理和技术等因素影响的生产效率，即决策单元的实际产出与最大可能产出之间的差距；规模效率是由于规模因素影响的生产效率，反映的是决策单元的实际生产规模与最佳生产规模之间的差距。

---

① 本节数据来源为江苏省统计局、相关年份江苏省统计年鉴。数据为规模以上文化制造业数据(年主营业务收入在 2000 万元及以上的工业企业)，已将投入产出指标调整到 2013 年的价格水平。

10.5.1.1 江苏文化制造业效率整体分析

2013—2015 年江苏文化制造业效率均值见表 10-9。

表 10-9 2013—2015 年江苏文化制造业效率均值(第一阶段)

年份	TE(1) 技术效率(第一阶段)	PTE(1) 纯技术效率(第一阶段)	SE(1) 规模效率(第一阶段)
2013	0.488	0.663	0.761
2014	0.466	0.662	0.746
2015	0.751	0.941	0.801
均值	0.568	0.755	0.769

结合图 10-24 与表 10-9 可知,在不考虑外界环境变量、随机误差对文化制造业效率测算的影响下,从江苏文化制造业效率整体水平进行分析:

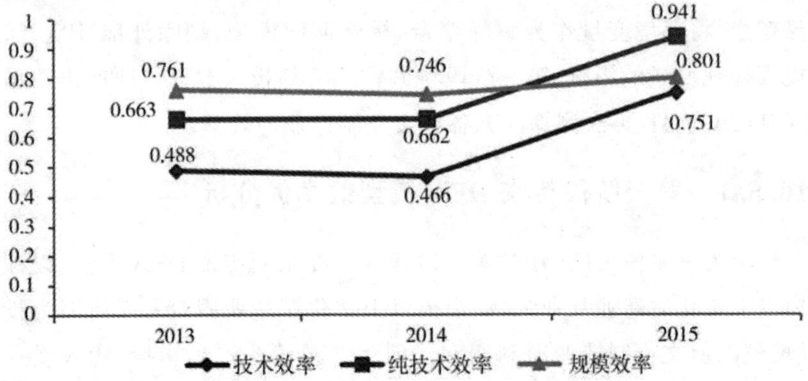

图 10-26 2013—2015 年江苏文化制造业效率均值(第一阶段)

(1)2013—2015 年间,说明江苏文化制造业技术效率总体上呈现增长态势,江苏各市文化制造业技术效率均值分别为 0.488、0.466 和 0.751,2014 年略有下降,其中 2014 年我国文化产业发展进入“换挡期”,需要降低文化产业的发展速度,发展重点转向转型升级,对江苏文化制造业的发展产生了影响,而在 2014 之后,随着“互联网+”的兴起,文化产业与制造业、信息业等多个行业互相融合,文化制造业取得了较大的发展,技术效率显著提升;

(2)2013—2015 年间,江苏各市文化制造业纯技术效率均值为 0.755,规模效率均值为 0.769,纯技术效率和规模效率值总体保持上升态势,规模效率值略有波动，依照 DEA 原理可知，技术效率等于规模效率与纯技术效率的乘积，当技术效率值不为 1(即决策单元技术效率相对无效)，且规模效率值大于纯技术效率值时，表明该决策单元技术效率相对无效主要来自纯技术无效率，由此可知，江苏文化制造业技术效率相对无效主要来自纯技术效率相对无效，即江苏文化制造业企业内部经营管理和决策水平不高，规模效率相对无效程度较轻；

(3)从各年份来看，2013 和 2014 年江苏文化制造业纯技术效率值均小于其规模效率值，说明这两年江苏文化制造业技术效率相对无效主要来自纯技术效率相对无效，即 2013—2014 年江苏文化制造业企业内部经营管理和决策水平不够高，而 2015 年江苏文化制造业规模效率值小于纯技术效率值，说明 2015 年江苏文化制造业技术效率相对无效主要来自规模效率相对无效，即 2015 年江苏文化制造业资源配置及利用能力不够高。

10.5.1.2　三大区域文化制造业效率分析

在不考虑外部环境变量及随机误差对文化制造业效率测算影响下，对苏南、苏中和苏北文化制造业效率水平进行分析，测算结果见表 10-10 和图 10-27。

表 10-10　江苏苏南、苏中和苏北地区文化制造业效率均值(第一阶段)

年份	苏南地区			苏中地区			苏北地区		
	TE(1)	PTE(1)	SE(1)	TE(1)	PTE(1)	SE(1)	TE(1)	PTE(1)	SE(1)
2013	0.516	0.681	0.787	0.503	0.635	0.827	0.452	0.663	0.696
2014	0.510	0.675	0.799	0.464	0.623	0.797	0.423	0.673	0.662
2015	0.700	0.994	0.704	0.790	0.985	0.801	0.778	0.861	0.898
均值	0.575	0.783	0.764	0.586	0.748	0.808	0.551	0.732	0.752

注：TE(1)、PTE(1)和 SE(1)分别代表第一阶段的技术效率、纯技术效率、规模效率。

结合表 10-10 和图 10-27 可知：江苏苏南、苏中、苏北地区文化制造业技术效率、纯技术效率和规模效率整体保持增长态势。

(1)2013—2015 年间，苏南、苏中和苏北文化制造业技术效率均值分别为 0.575、0.586 和 0.551，苏中地区文化制造业技术效率最高，苏南次之，苏北最低，从数据解读来看，说明苏中地区文化制造业资源配置能力、资源使用效率较高，苏南次之，而苏北文化制造业资源配置及资源使用效率相对较低；

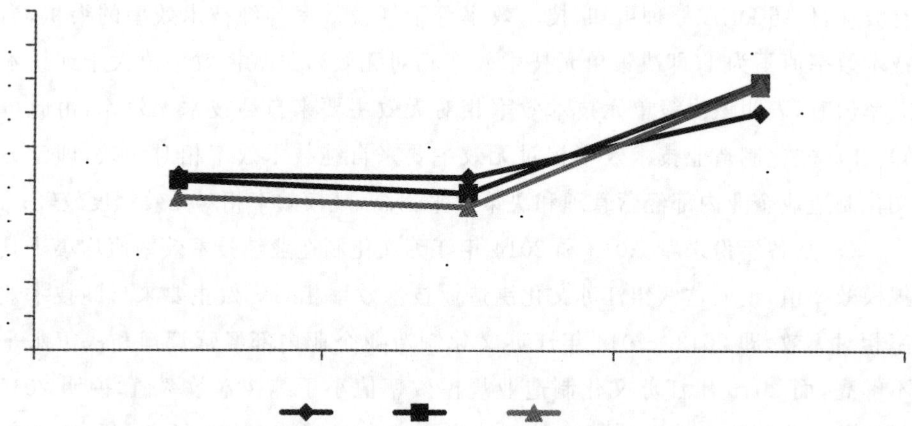

图 10-27　江苏苏南、苏中和苏北文化制造业技术效率均值(第一阶段)

(2)2013—2015 年间,苏南、苏中和苏北地区文化制造业纯技术效率均值分别为 0.783、0.748 和 0.732,苏南地区纯技术效率均值最高,苏中次之,苏北最低,说明苏南地区文化制造业企业内部经营决策与管理水平相对较高,主要原因在于相比于苏中和苏北地区而言,苏南地区高校林立,经济发达,文化制造业发展较快,科技投入大,专门人才多;

(3)2013—2015 年间,苏南、苏中和苏北地区文化制造业规模效率均值分别为 0.764、0.808 和 0.752,苏中地区文化制造业规模效率值最高,苏南次之,苏北最小,说明苏中地区文化制造业实际规模更接近最优产业规模,且苏南和苏北规模效率差距不大,这一点与实际不符。现实中苏南、苏中和苏北产业规模相差巨大,以 2014 年为例,观测“文化制造业工业总产值”描述统计量可以发现,苏南地区文化制造业工业总产值将近苏中地区的 4 倍,是苏北地区的 3.6 倍。

10.5.1.3　江苏各市文化制造业效率分析

在不考虑外部环境变量及随机误差对文化制造业效率测算的影响下,对十三个市文化制造业效率水平进行分析,测算结果见表 10-11。

(1)2013 年江苏各市文化制造业效率横向分析(第一阶段)

2013 年江苏各市文化制造业效率测算结果见表 10-11 与图 10-28。

结合表 10-11 与图 10-28,可知:

①2013 年江苏文化制造业技术效率、纯技术效率和规模效率均值分别为 0.488、0.663 和 0.761,其中纯技术效率均值小于规模效率均值,说明导致 2013

年江苏文化制造业技术效率相对无效的原因主要来源于纯技术效率相对无效，即 2013 年江苏文化制造业企业内部经营管理与决策水平不高导致；

表 10-11　2013—2015 年江苏各市文化制造业效率测算结果

	2013 年			2014 年			2015 年		
	TE(1)	PTE(1)	SE(1)	TE(1)	PTE(1)	SE(1)	TE(1)	PTE(1)	SE(1)
南京市	1	1	1	1	1	1	1	1	1
无锡市	0.42	0.524	0.801	0.412	0.541	0.761	0.615	1	0.615
徐州市	0.532	0.88	0.605	0.442	1	0.442	1	1	1
常州市	0.284	0.31	0.915	0.296	0.298	0.994	0.589	0.971	0.607
苏州市	0.417	1	0.417	0.384	1	0.384	0.554	1	0.554
南通市	0.391	0.416	0.941	0.366	0.385	0.95	0.66	1	0.66
连云港市	0.454	0.751	0.605	0.503	0.75	0.671	0.743	0.828	0.897
淮安市	0.424	0.596	0.711	0.442	0.547	0.807	0.808	0.845	0.957
盐城市	0.355	0.457	0.777	0.399	0.488	0.819	0.629	0.77	0.817
扬州市	0.404	0.49	0.826	0.39	0.485	0.804	0.71	0.954	0.744
镇江市	0.458	0.57	0.804	0.459	0.535	0.858	0.743	1	0.743
泰州市	0.714	1	0.714	0.637	1	0.637	1	1	1
宿迁市	0.493	0.63	0.783	0.331	0.58	0.571	0.708	0.862	0.821
均值	0.488	0.663	0.761	0.466	0.662	0.746	0.751	0.941	0.801

注：TE(1)、PTE(1)和 SE(1)分别代表第一阶段的技术效率、纯技术效率、规模效率。

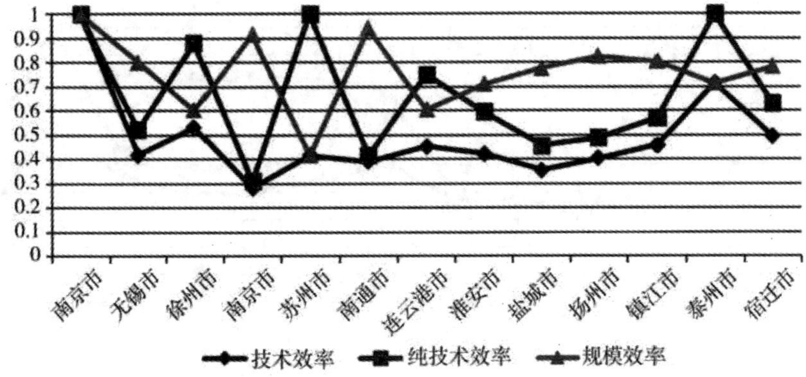

图 10-28　2013 年江苏各市文化制造业效率横向对比(第一阶段)

②2013 年南京市文化制造业达到了技术效率相对有效(技术效率值为 1)，

说明南京市文化制造业 2013 年处于生产前沿面，资源配置及资源使用效率较高，不存在投入冗余，而其他 12 个市的文化制造业均未达到技术效率相对有效；

③徐州市、苏州市、连云港市和泰州市文化制造业的纯技术效率均高于其规模效率，说明造成这些城市文化制造业技术效率相对无效的主要原因是规模效率相对无效(或相对较低)，即这些城市的文化制造业未处于最优产业规模上，即资源配置能力及利用能力较低；

④无锡市、常州市、南通市、淮安市、扬州市、镇江市和宿迁市文化制造业的纯技术效率值均低于其规模效率值，说明导致这些城市文化制造业技术效率相对无效的原因主要是纯技术效率相对无效，体现这些城市在文化制造业企业管理及决策能力相对薄弱；

⑤从 2013 年江苏各市文化制造业技术效率排名来看，南京市、泰州市、徐州市、宿迁市文化制造业位列江苏文化制造业技术效率排名前列，而南通市、常州市、盐城市文化制造业位居全省末游；

⑥部分结果与产业实践存在偏差，其中南京市地处苏南经济发达地区，由于交通便利、市场广阔、劳动力充足以及政策支持等原因，文化制造业发展较快，达到了技术效率相对有效状态，但像宿迁市、徐州市、泰州市等文化制造业相对不发达的地区其技术效率高于全省平均水平，甚至高于苏州、常州、无锡等文化制造业较为发达地区，这一点很难解释，有待进一步检验。

(2)2014 年江苏各市文化制造业效率横向分析(第一阶段)

2014 年江苏各市文化制造业效率测算结果见表 10-11 与图 10-29。

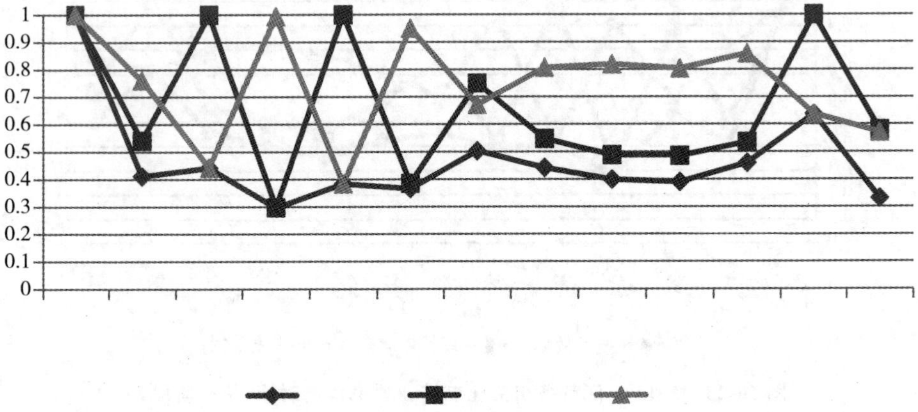

图 10-29　2014 年江苏各市文化制造业效率横向对比(第一阶段)

结合表10-11与图10-29，可知：

①2014年江苏文化制造业技术效率、纯技术效率和规模效率均值分别为0.466、0.662和0.746，其中纯技术效率均值小于规模效率均值，说明导致2014年江苏文化制造业技术效率相对无效的主要原因在于纯技术效率相对无效，而规模效率相对无效影响较小，说明2014年江苏文化制造业企业内部经营管理与决策水平有待提升；

②2014年南京市文化制造业达到了技术效率相对有效（技术效率值为1），说明南京市文化制造业处于生产前沿面，资源配置及资源使用效率较高，不存在投入冗余，而其他江苏省内城市文化制造业均未达到技术效率相对有效；

③徐州市、苏州市、连云港市、泰州市和宿迁市文化制造业纯技术效率均高于其规模效率，说明造成这些城市文化制造业技术效率相对无效的原因主要是规模效率相对无效，即这些城市的文化制造业未处于最优产业规模上，资源配置能力及资源使用能力有待提高；

④无锡市、常州市、南通市、淮安市、盐城市、扬州市和镇江市文化制造业纯技术效率值均低于其规模效率值，说明导致这些城市文化制造业技术效率相对无效的原因主要是纯技术效率相对无效，体现出这些城市在文化制造业企业内部经营管理及决策能力不够高；

⑤从2014年江苏各市文化制造业技术效率排名来看，南京市、泰州市、连云港市文化制造业位列江苏文化制造业技术效率排名前列，而常州市、宿迁市、苏州市和扬州市位列江苏文化制造业技术效率排名末游；

⑥部分结果与产业实践存在偏差，其中南京市地处苏南经济发达地区，由于交通便利、市场广阔、劳动力充足以及政策支持等原因，文化制造业发展较快，达到了技术效率相对有效状态，但像泰州市、连云港市等文化制造业相对不发达的地区其技术效率高于全省平均水平，甚至高于苏州、常州、无锡等文化制造业较为发达地区，这一点很难解释，有待进一步检验。

（3）2015年江苏各市文化制造业效率横向分析（第一阶段）

2015年江苏各市文化制造业效率测算结果见表10-11与图10-30。

结合表10-11与图10-30，可知：

①2015年江苏文化制造业技术效率、纯技术效率和规模效率均值分别为0.751、0.941和0.801，其中规模效率均值小于纯技术效率均值，说明导致2015

年江苏文化制造业技术效率相对无效的主要原因在于规模效率相对无效，纯技术效率相对无效影响较小，即 2015 年江苏文化制造业企业实际规模与理想产业规模相差较大，未能很好发挥文化制造业规模效益；

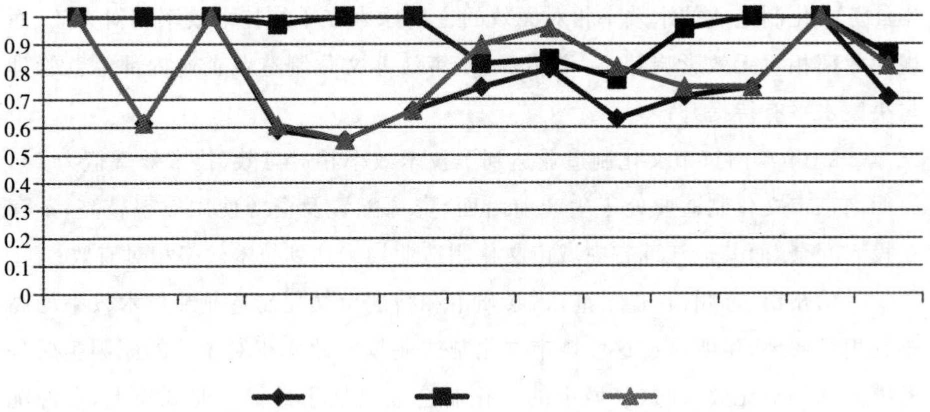

图 10-30　2015 年江苏各市文化制造业效率横向对比（第一阶段）

②2015 年南京市、徐州市和泰州市文化制造业达到了技术效率相对有效（技术效率值为 1），说明这些城市文化制造业处于生产前沿面，资源配置及资源使用效率较高，不存在投入冗余，而其他江苏省内城市文化制造业均未达到技术效率相对有效。在江苏文化制造业产业实践中，苏南城市的管理及决策能力相对较高，而测算结果显示徐州市、泰州市文化制造业处于技术效率相对有效状态，意味着这两个城市文化制造业的管理及决策能力优于除南京以外的苏南城市，这与产业实践不相符，结论还需进一步验证。

③无锡市、常州市、苏州市、南通市、扬州市、镇江市和宿迁市文化制造业纯技术效率均高于其规模效率，说明造成这些城市文化制造业技术效率相对无效的原因主要是规模效率相对无效，即这些城市文化制造业多数企业未处于最优产业规模上；

④连云港市、淮安市和盐城市文化制造业的纯技术效率值均低于其规模效率值，说明导致这些城市文化制造业技术效率相对无效的原因主要是纯技术效率相对无效，体现这些城市文化制造业大多数企业的管理及决策能力相对较低；

⑤从 2015 年江苏各市文化制造业技术效率排名来看，南京市、徐州市、泰州市、淮安市文化制造业位列江苏前列，常州市、苏州市、无锡市、盐城市位居江

苏文化制造业技术效率末游，徐州市、淮安市和泰州市文化制造业技术效率高于全省平均水平，且高于文化制造业较为发达的苏州等市，这一点很难解释，有待进一步验证。

(4)2013—2015 年江苏各市制造业效率纵向分析(第一阶段)

在不考虑外部环境变量及随机误差的影响下，2013—2015 年江苏 13 市文化制造业规模收益测算结果见表 10-12。

表 10-12　2013—2015 年江苏 13 市文化制造业规模收益分析(第一阶段)

城市	2013 年	2014 年	2015 年
南京市	—	—	—
无锡市	DRS	DRS	DRS
徐州市	IRS	IRS	—
常州市	IRS	IRS	DRS
苏州市	DRS	DRS	DRS
南通市	IRS	IRS	DRS
连云港市	IRS	IRS	IRS
淮安市	IRS	IRS	IRS
盐城市	IRS	IRS	DRS
扬州市	IRS	IRS	DRS
镇江市	IRS	IRS	DRS
泰州市	IRS	IRS	—
宿迁市	IRS	IRS	DRS

注："IRS"代表规模收益递增；"DRS"代表规模收益递减；"—"代表规模收益不变。

结合表 10-11 和表 10-12，可知：

①2013—2015 年间，南京市文化制造业技术效率相对有效达成 3 次；徐州市文化制造业技术效率相对有效达成 1 次，泰州市文化制造业技术效率有效达成 1 次，表明这些城市文化制造业多数年份处于生产前沿面，资源配置和资源使用率较高，不存在投入冗余，除此之外，江苏省内其他城市均未达到技术效率相对有效，资源配置和资源使用效率较低。南京地处苏南发达地区由于交通便

利、市场广阔、劳动力充足以及政策支持原因，文化制造业发展相对较好，一直为技术效率相对有效状态，而泰州、徐州等经济相对不发达的城市技术效率优于部分苏南地区城市文化制造业，这一点很难解释、有待进一步验证；

②2013—2015 年间，苏州、南京和泰州文化制造业纯技术效率相对有效达成 3 次，徐州市达成 2 次，南通市、镇江市各达成 1 次，体现这些城市文化制造业企业多数年份内部经营管理及决策能力较高，在目前的技术水平上，其投入资源的使用是有效率的，而江苏其他各市的纯技术效率值在整个样本期内未达到 1，一直处于无效状态，其文化制造业企业经营管理和决策水平有待提高，南京、苏州等市地处苏南，经济发达，文化制造业发展较好，科技投入多，专门人才多，纯技术效率为 1 的年份较多，然而徐州、泰州等文化制造业发展相对较为薄弱的城市文化制造业纯技术效率为 1，相较于其他城市较多，与事实不符；

③南京市文化制造业规模效率相对有效达成 3 次，徐州、泰州市均为 1 次，说明这些城市文化制造业多数年份文化制造业处于最优产业规模，很好地发挥了文化制造业的规模效率，而其余省内城市文化制造业规模效率值在整个样本期内未达到规模效率有效状态，文化制造业实际规模与最优生产规模差距较大。

10.5.1.4 江苏各市文化制造业规模收益分析

2013—2015 年江苏 13 市文化制造业规模收益状况如表 10-12 和图 10-31 所示。

结合表 10-12 和图 10-31，可知：

①2013—2015 年，南京市文化制造业连续三年处于规模收益不变状态，此外 2015 年徐州、泰州也处于规模收益不变状态，即这些城市的文化制造业在样本期内对资源的利用相对较为充分，文化制造业的产出量会随着投入量等比例增加，规模处于最优理想状态；

②2013—2015 年，无锡市、苏州市连续三年处于规模收益递减状态，2015 年，除南京市、徐州市、连云港市、淮安市和泰州市以外，江苏省内其他城市均为规模收益递减状态，说明这些城市在样本期内文化制造业的生产规模的扩大以及对文化制造资源的投入不会带来更多的产量增长；

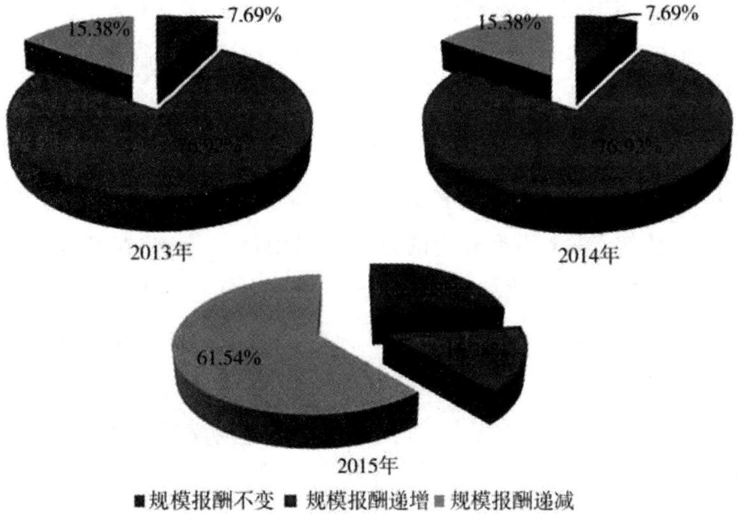

图 10-31　2013—2015 年江苏省文化制造业规模收益(第一阶段)

③2013—2014 年除南京市、无锡市和苏州市以外，江苏其他省内城市文化制造业均处于规模收益递增状态，2015 年连云港市、淮安市文化制造业处于规模收益递增状态，说明这些处于规模收益递增的城市文化制造业的产业规模相对较小，生产规模不足导致不能充分利用生产效率，且文化制造业在更多资本以及资源的投入下其收益会获得增加，需要进一步扩张文化制造业的生产规模，以获得更多的收益。

10.5.1.5　第一阶段传统 DEA 模型对江苏文化制造业效率分析总结

综上所述：

(1)2013—2015 年，江苏文化制造业技术效率呈现增长态势，2014 年略有波动，2015 年技术效率提升明显，但技术效率均值未达到 1，说明江苏文化制造业技术效率处于相对无效状态，技术效率有待进一步提升，且苏南、苏中和苏北地区之间文化制造业效率水平差距较大；

(2)江苏文化制造业纯技术效率均值低于其规模效率均值，文化制造业技术效率相对无效来源于纯技术效率相对无效的可能性较大，规模效率的程度较轻，即代表文化制造业决策与管理水平的纯技术效率不高制约着江苏文化制造业效率的提升；

(3)通过对江苏 2013—2015 年各年文化制造业效率分析发现，部分苏北地区城市的文化制造业技术效率、纯技术效率和规模效率高于江苏省平均水平，甚至高于部分苏南城市，与现实情况不符；

(4)2013—2015 年间江苏每年有将近一半的城市文化制造业规模效率值超过 0.8，差距不大，但现实中江苏各市文化制造业的产业规模相差较大，观测“文化制造业工业总产值”的描述统计量，仅 2013 年最大值和最小值之间相差 11.8 倍，2013 年“净利润”的描述统计量的最大值与最小值之间相差 15.8 倍。

第一阶段传统 DEA 模型分析的研究所得中，(3)与(4)与江苏文化制造业的发展实际情况存在矛盾之处。考虑到江苏地域宽广，各市文化制造业发展所处的外部环境也迥然各异，因此，研究认为对江苏文化制造业效率进行测算时可进一步考虑外部环境因素以及随机误差对效率测算的影响，有必要运用 SFA 方法剔除外部环境因素、随机误差对江苏文化制造业效率评价的影响，使研究得到的结论能更准确地反映和解释江苏文化制造业效率的真实情况。

10.5.2 第二阶段 SFA 回归分析结果

通过第一阶段传统 DEA 模型的分析，得到了决策单元的各投入松弛变量，第二阶段将运用随机前沿分析模型(SFA)，将第一阶段中得到的 2013—2015 年江苏 13 市文化制造业各投入变量的松弛变量作为被解释变量，2013—2015 年江苏各地区人均 GDP、城镇化水平、行业人均薪酬和对外出口水平这四个环境指标作为解释变量，建立 SFA 回归模型。回归分析结果由 Frontier 4.1 软件测得，回归结果见表 10-13、表 10-14 和表 10-15。

表 10-13 2013 年第二阶段 SFA 估计结果

	期末从业人数松弛变量	固定资产折旧松弛变量
常数项	1.67 *	25.7 ***
人均 GDP	−0.02 *	0.32 *
城镇化水平	−0.16 *	−0.92 *
行业人均薪酬	−1.93 *	5.38 ***
对外出口水平	−0.02 *	0.1 *
σ^2	4.84 ***	164.59 ***
γ	0.99999999 **	0.99999994 **
Log likelihood function	−19.8	−43.8
LR test of the one-sided error	7.16 *	9.47 **

注：*** 表示 $p<0.01$；** 表示 $p<0.05$；* 表示 $p<0.1$，下表同。

表 10-14 2014 年第二阶段 SFA 估计结果

	期末从业人数松弛变量	固定资产折旧松弛变量
常数项	1.65 *	22.56 **
人均 GDP	−0.26 **	0.14 *
城镇化水平	−0.04 *	−1.08 *
行业人均薪酬	−1.19 **	8.38 *
对外出口水平	−0.01 *	0.001 *
σ^2	18.42 *	138.68 *
γ	0.99999999 **	0.99999999 **
Log likelihood function	−21.3	−45.0
LR test of the one-sided error	11.25 **	8.3 *

表 10-15 2015 年第二阶段 SFA 估计结果

	期末从业人数松弛变量	固定资产折旧松弛变量
常数项	0.54 *	−3.85 ***
人均 GDP	−0.04 **	0.67 *
城镇化水平	−0.002 *	−0.06 **
行业人均薪酬	−0.05 **	0.85 *
对外出口水平	0.01 *	0.01 *
σ^2	0.70 *	5.66 ***
γ	0.99999999 **	0.99999998 **
Log likelihood function	−4.84	−23.99
LR test of the one-sided error	8.62 *	9.64 **

从表 10-13、表 10-14 和表 10-15 可以看出：

①2013—2015 年第二阶段 SFA 回归结果中，每一个 LR 单边检验误差都通过了显著性检验，说明估计结果在总体上能够接受，即前文所选外部环境变量对文化制造业效率值的影响是显著的，进行 SFA 回归是必要的；

②2013—2015 年各年回归分析中的 γ 为技术效率占总方差的比率，其值均接近于 1，说明管理无效率对投入松弛变量产生了较大的影响，而随机误差的影响较小。

从理论来看，投入变量的松弛变量(投入冗余)越大，表明与效率的生产前沿面的距离就越远,导致效率较低。本章选择的人均GDP、城镇人口比等环境变量均是对江苏各市文化制造业投入松弛变量的回归,当选取的环境变量的回归系数是正数时,表明环境变量的增加会促使投入松弛变量变大,即增加了投入变量的浪费,相对效率就会越低;反之,当选取的环境变量的回归系数是负数时,表明该环境变量的增加,有助于投入松弛变量的减少,即该投入浪费减少,相对效率就会越高。

①人均GDP:2013—2015年,人均GDP与文化制造业期末从业人数松弛变量的回归系数为负数,表明人均GDP的增加,有助于减少从业人数的松弛变量,主要原因在于人均GDP代表一个地区的经济发展水平,地区经济发展水平越高,越能够吸引大量的劳动力和科技人才,从而有助于提升文化制造业的效率;2013—2015年人均GDP与文化制造业固定资产折旧松弛变量的回归系数为正,说明人均GDP的增加,增加了固定资产折旧的松弛变量,即经济越发达的地区,人们对于文化产品的需求越旺盛,文化制造业企业接受市场信号,不断扩大生产规模,从而可能出现重复建设、资源浪费等问题,导致固定资产折旧松弛变量的增加,影响了文化制造业的效率。

②城镇人口比重:2013—2015年,城镇人口比重与文化制造业期末从业人数松弛变量的回归系数为负,表明城镇人口比重的增加,有助于减少文化制造业从业人数的松弛变量,主要原因在于城镇人口比重的增加,能够为文化制造业提供丰富的劳动力,另一方面,一个地区城镇人口比重的增加,说明该地区城镇化进程不断加快,该地区能够吸引大量的人才,有助于提升文化制造业效率;2013—2014年,城镇人口比重和固定资产折旧的松弛变量的回归系数为负数,表明城镇人口比重越大,越有助于减少文化制造业固定资产折旧的松弛变量,2015年城镇人口比重和固定资产折旧的松弛变量的回归系数为正数,表明城镇人口比重越大,增加了文化制造业固定资产折旧的松弛变量。

③行业人均薪酬:2013—2015年,行业人均薪酬与文化制造业期末从业人数松弛变量的回归系数为负,主要原因在于行业人均薪酬的提升,有助于为文化制造业吸引大量的优质劳动力,减少投入浪费;2013—2015年,行业人均薪酬对固定资产折旧投入松弛变量的回归系数为正,表明行业薪酬的增加,增加了固定资产折旧的松弛变量,不利于固定资产折旧投入松弛变量的减少。

④对外出口水平:2013—2014年对外出口水平对文化制造业期末从业人数

投入松弛变量的回归系数为负，说明对外出口水平的增加，能够减小文化制造业从业人数的松弛变量，主要原因是出口的增长，使企业的效益更大，扩大了生产规模，能够招募更多的劳动力，而 2015 年对外出口水平对文化制造业期末从业人数投入松弛变量的回归系数为正，表明对外出口水平的增加，增加了文化制造业从业人数的松弛变量；2013—2015 年，对外出口水平与固定资产折旧投入松弛变量的回归系数为正，表明了对外出口水平的增加，文化制造业企业会过度的增加产业规模，可能会增长对文化制造业投资的浪费，增加了固定资产折旧的投入松弛变量，不利于提升文化制造业的效率。

综上所述，通过第二阶段 SFA 回归分析结果显示，外部环境因素在文化制造业效率测算过程中产生了正向或反向的作用，为了测算出更为准确的效率值，有必要利用 SFA 回归模型剔除外部环境变量和随机误差对投入松弛变量的影响，将调整后的投入指标代入 BCC 模型，以测得更为准确的效率值。

10.5.3　第三阶段 DEA 模型效率值分析

本阶段通过公式 $\chi_{it}^{A} = \chi_{it} + [\max_{i}\{z_{it}\hat{\beta}_i\} - z_{it}\hat{\beta}_i] + [\max_{i}\hat{v}_{it} - \hat{v}_{it}]$，对各决策单元的投入指标进行调整，调整后的投入指标见附录 10-2，并在此阶段中将江苏文化制造业整体、三大区域、十三个市文化制造业调整后的投入指标与原产出指标代入到 BCC 模型，并再次运用 DEAP 2.1 软件测算文化制造业效率值。

10.5.3.1　江苏文化制造业效率整体分析

2013—2015 年江苏文化制造业效率均值见表 10-16 和图 10-32。

表 10-16　2013—2015 年江苏文化制造业效率均值(第三阶段)

年份	TE(3) 技术效率(第三阶段)	PTE(3) 纯技术效率(第三阶段)	SE(3) 规模效率(第三阶段)
2013	0.646	0.906	0.714
2014	0.65	0.854	0.757
2015	0.817	0.951	0.86
均值	0.704	0.904	0.777

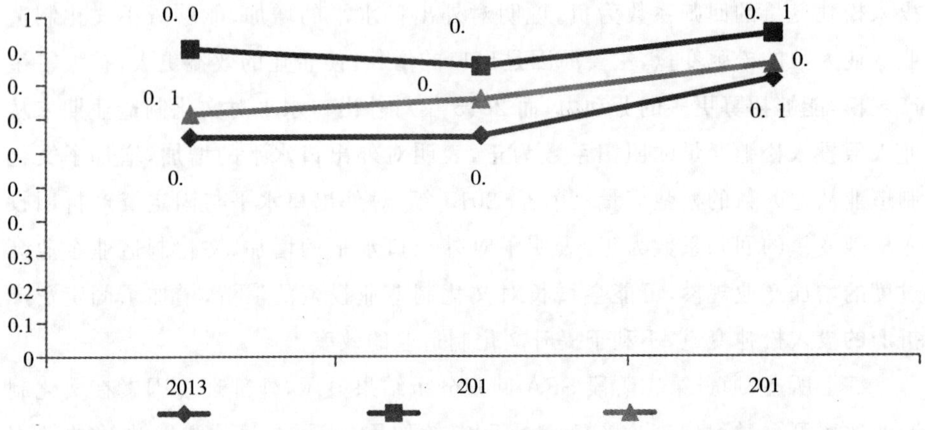

图 10-32　2013—2015 年江苏 13 市文化制造业效率均值趋势(第三阶段)

结合表 10-16 和图 10-32 可知，在剔除外界环境因素、随机误差对江苏文化制造业效率测算的影响后，对江苏文化制造业效率整体水平进行分析得出：

(1)2013—2015 年间，江苏文化制造业技术效率总体上呈现不断增长态势。相较于 2015 年，2013 年和 2014 年文化制造业技术效率偏低，主要原因在于：2014 年我国文化产业发展进入“换挡期”，需要降低文化产业的发展速度，发展重点转向转型升级，对江苏文化制造业的效率产生了影响，而在 2014 之后，随着“互联网＋”的兴起，文化产业与制造业、信息业等多个行业相融合，推动了文化制造业的转型升级，文化制造业的效率在 2015 年获得了较大提升；

(2)历年技术效率值相对于第一阶段均有所上升，调整后的江苏文化制造业技术效率均值为 0.704，而第一阶段测算出的江苏文化制造业技术效率均值为 0.568，证明江苏文化制造业技术效率相对无效部分来源于外部环境、随机误差的影响，而第二阶段 SFA 分析可以发现随机干扰的影响微小，故江苏文化制造业技术效率受外部环境变量影响较大；

(3)2013—2015 年间，调整后的江苏文化制造业纯技术效率年均值分别为 0.904，而第一阶段测算出的江苏文化制造业纯技术效率均值为 0.755，相对第一阶段有所提升，说明江苏文化制造业企业的决策和管理水平较高，而在第一阶段江苏文化制造业纯技术效率被低估，第一阶段得出“纯技术效率相对无效是造成江苏文化制造业技术效率相对无效的主要因素”结论应为受到环境因素和随机误差的干扰所致；

(4)2013—2015 年间，调整后的江苏文化制造业规模效率值略有提升，但均小于同期的纯技术效率值，说明导致江苏文化制造业技术效率相对无效的主要原因是规模效率相对无效，即江苏文化制造业未处于最优产业规模，且未能很好地发挥文化制造业的规模效益。

10.5.3.2　三大区域文化制造业效率分析

在剔除环境因素和随机误差对文化制造业效率测算的影响后，苏南、苏中和苏北文化制造业效率水平见表 10-17。

表 10-17　2013—2015 年江苏苏南、苏中和苏北地区文化制造业效率均值(第三阶段)

年份	苏南地区			苏中地区			苏北地区		
	TE(3)	PTE(3)	SE(3)	TE(3)	PTE(3)	SE(3)	TE(3)	PTE(3)	SE(3)
2013	0.876	0.949	0.918	0.563	0.880	0.647	0.466	0.878	0.551
2014	0.878	0.967	0.917	0.607	0.860	0.716	0.448	0.737	0.509
2015	0.938	0.957	0.978	0.758	0.928	0.819	0.733	0.957	0.768
均值	0.897	0.958	0.938	0.643	0.889	0.727	0.549	0.857	0.609

注：TE(3)、PTE(3)和 SE(3)分别代表第三阶段的技术效率、纯技术效率、规模效率。

(1)2013—2015 年间，三大区域文化制造业技术效率总体呈现增长态势

结合表 10-17 和图 10-33 可知，2013—2015 年间江苏苏南、苏中和苏北地区文化制造业技术效率总体保持增长态势，技术效率均值分别为 0.897、0.643 和 0.549，苏南地区最高、苏中次之、苏北最低，且苏北地区与苏南地区文化制造业技术效率水平差距较大，反映出苏北地区文化制造业在区域、人才、资金、技术等方面的劣势。

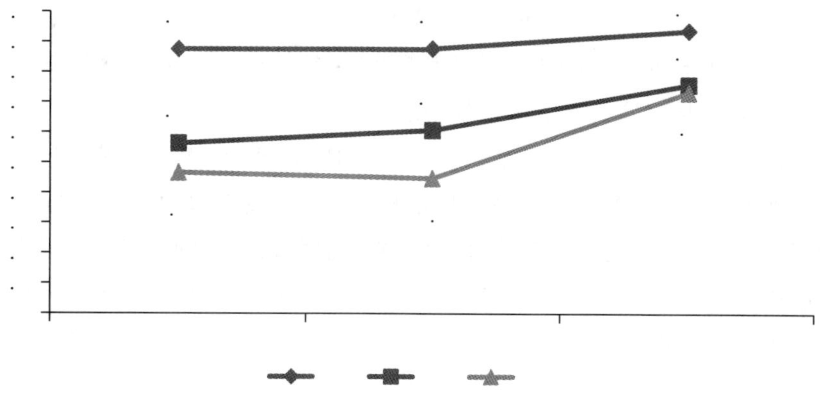

图 10-33　2013—2015 年江苏苏南、苏中和苏北文化制造业技术效率均值(第三阶段)

(2)规模效率相对无效是造成三大区域文化制造业技术效率相对无效的主要原因

从技术效率的构成看,2013—2015 年间苏南、苏中和苏北地区文化制造业规模效率均值都低于其纯技术效率均值,说明规模效率相对无效是造成三大区域文化制造业技术效率相对无效的主要原因,江苏文化制造业产业规模离最优产业规模仍有差距,仍有较大的发展空间。

(3)苏南地区文化制造业纯技术效率最高

结合表 10-17 和图 10-34 可以分析,经过调整后,苏南、苏中和苏北地区在 2013—2015 年间文化制造业纯技术效率均值分别为 0.958、0.889 和 0.857,苏南地区最高,苏中次之,苏北最低,且苏北地区与苏南地区文化制造业纯技术效率水平差距最大,体现了苏北地区文化制造业企业内部经营决策和管理能力有待提升。

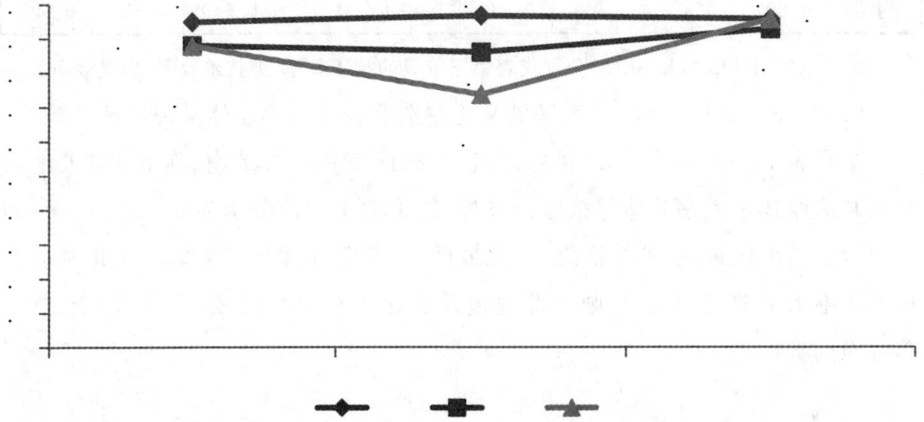

图 10-34　2013—2015 年江苏苏南、苏中和苏北文化制造业纯技术效率均值(第三阶段)

(4)苏南地区文化制造业规模效率最高

结合表 10-17 和图 10-35 可知,2013—2015 年,苏南、苏中和苏北地区文化制造业规模效率保持增长态势,三年文化制造业规模效率均值分别为 0.938、0.727和 0.609,苏南地区规模效率最高,苏中次之,苏北最低,反映出苏南地区文化制造业相比于苏中和苏北地区而言更接近最优产业规模,且更能够发挥好文化制造业的规模效益;

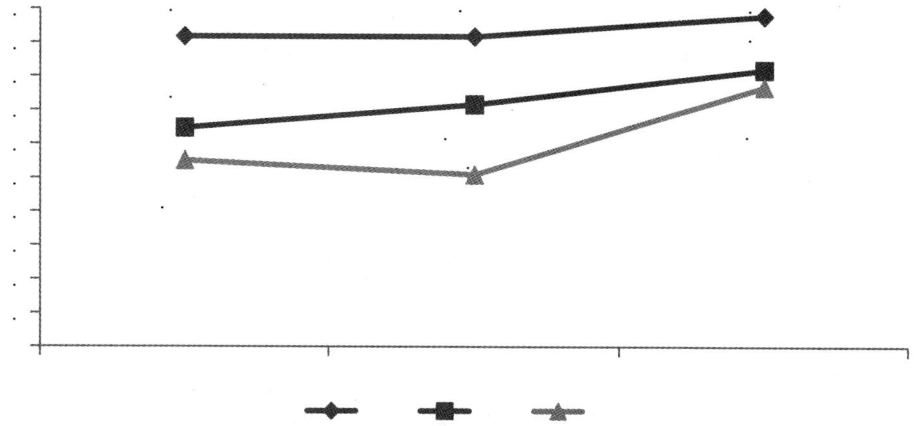

图 10-35　2013—2015 年江苏苏南、苏中和苏北文化制造业规模效率均值(第三阶段)

10.5.3.3　江苏各市文化制造业效率分析

在剔除外部环境变量及随机误差对文化制造业效率测算影响下,对十三个市文化制造业效率水平进行分析,测算结果见表 10-18。

表 10-18　2013—2015 年江苏各市文化制造业效率测算结果(第三阶段)

城市	2013 年			2014 年			2015 年		
	TE(3)	PTE(3)	SE(3)	TE(3)	PTE(3)	SE(3)	TE(3)	PTE(3)	SE(3)
南京市	1	1	1	1	1	1	1	1	1
无锡市	0.897	1	0.897	0.757	0.851	0.897	0.879	0.928	0.947
徐州市	0.418	0.636	0.658	0.349	0.89	0.45	0.712	0.955	0.745
常州市	0.861	0.912	0.944	0.983	1	0.944	1	1	1
苏州市	1	1	1	1	1	1	1	1	1
南通市	0.672	0.783	0.859	0.846	0.763	0.859	0.839	1	0.839
连云港市	0.408	1	0.408	0.394	0.584	0.408	0.693	1	0.693
淮安市	0.4	1	0.4	0.459	0.624	0.4	0.742	0.96	0.773
盐城市	0.559	0.754	0.741	0.491	0.652	0.741	0.747	1	0.747
扬州市	0.632	1	0.632	0.566	1	0.632	0.776	1	0.776
镇江市	0.621	0.832	0.747	0.65	0.986	0.747	0.809	0.859	0.942
泰州市	0.385	0.857	0.45	0.409	0.817	0.658	0.66	0.784	0.841
宿迁市	0.546	1	0.546	0.547	0.933	0.546	0.769	0.872	0.882
均值	0.646	0.906	0.714	0.65	0.854	0.714	0.817	0.951	0.86

注:TE(3)、PTE(3)和 SE(3)分别代表第三阶段的技术效率、纯技术效率、规模效率。

(1)2013 年江苏各市文化制造业效率水平横向分析(第三阶段)

在剔除外部环境因素与随机误差的影响后,2013 年江苏各市文化制造业效率水平测算结果见表 10-18 与图 10-36。

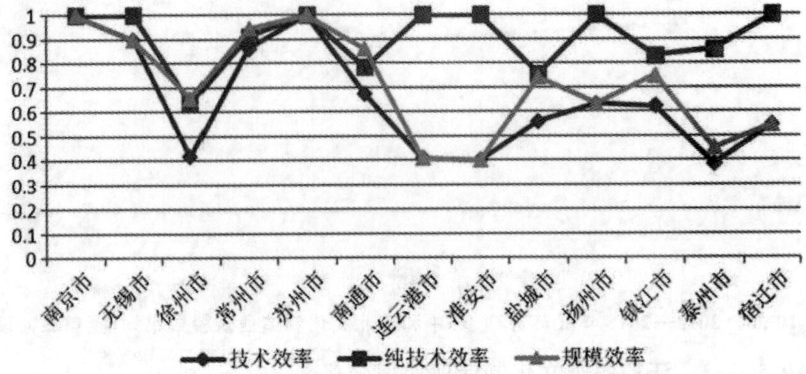

图 10-36　2013 年江苏各市文化制造业效率横向对比(第三阶段)

结合表 10-18 与图 10-36,可知:

①2013 年,江苏各市文化制造业技术效率均值、纯技术效率均值和规模效率均值分别为 0.646、0.906 和 0.714,其中江苏各市文化制造业规模效率均值低于纯技术效率均值,说明 2013 年江苏文化制造业技术效率相对无效的原因主要是规模效率相对无效导致;

②苏州市和南京市文化制造业为技术效率相对有效,说明苏州市与南京市文化制造业处于生产前沿面,资源配置及资源使用效率较高,不存在投入冗余,而其他江苏省内城市文化制造业均未达到技术效率相对有效;

③无锡市、连云港市、淮安市、盐城市、扬州市、镇江市、泰州市和宿迁市文化制造业规模效率均低于其纯技术效率,说明造成这些城市文化制造业技术效率相对无效受到规模效率相对无效影响较大,也说明了这些城市的文化制造业在 2013 年未处于最优产业规模上,且未能发挥好文化制造业规模效益;

④徐州市、常州市和南通市文化制造业纯技术效率低于其规模效率,说明这些城市文化制造业技术效率相对无效主要受其纯技术效率水平影响,体现这这些城市文化制造业企业管理及决策能力有待进一步提高。

此外,第三阶段研究显示 2013 年苏北地区城市文化制造业规模效率普遍低于苏南地区文化制造业,未出现第一阶段中"淮安市、连云港市文化制造业规模效率较高,且高于部分苏南地区城市"的测算结果。

(2)2014年江苏各市文化制造业效率水平横向分析(第三阶段)

在剔除外部环境因素与随机误差的影响后，2014年江苏各市文化制造业效率水平测算结果见表10-18与图10-37。

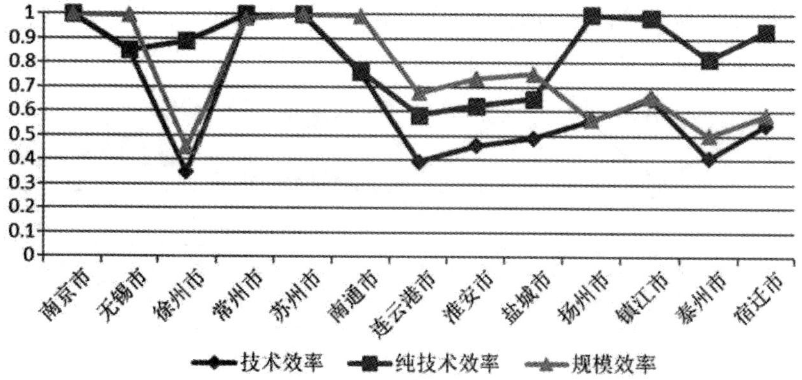

图10-37　2014年江苏各市文化制造业效率横向对比(第三阶段)

结合表10-18与图10-37，可知：

①2014年，江苏各市文化制造业技术效率均值、纯技术效率均值和规模效率均值分别为0.65、0.854和0.757，其中江苏各市文化制造业规模效率均值低于纯技术效率均值，说明2014年江苏文化制造业技术效率相对无效(或技术效率相对较低)的原因主要是规模效率相对无效(或规模效率较低)导致；

②苏州市与南京市文化制造业为技术相对有效状态，说明苏州市与南京市文化制造业处于生产前沿面，在文化制造业产业决策、管理能力、资源配置与利用率上相对于江苏其他城市文化制造业来说比较突出；

③徐州市、常州市、扬州市、镇江市和泰州市文化制造业规模效率均低于其纯技术效率，说明这些城市文化制造业技术效率相对无效受到规模效率影响较大，也说明了这些城市的文化制造业在2014年未处于最优产业规模上，未能发挥好文化制造业的规模效益；

④无锡市、南通市、连云港市、淮安市和盐城市文化制造业纯技术效率低于其规模效率，说明这些城市文化制造业技术效率相对无效主要受其纯技术效率相对无效影响，说明这些城市的文化制造业企业在管理及决策等方面的能力有待进一步提高。

此外，比较江苏各市2014年文化制造业效率可知，2014年苏北地区城市文化制造业规模效率普遍低于苏南地区文化制造业，较为符合实际，未出现第一阶段中"淮安、连云港等市文化制造业规模效率偏高，且高于部分苏南地区城市"的测算结果。

(3)2015 年江苏各市文化制造业效率水平横向分析(第三阶段)

在剔除外部环境因素与随机误差的影响后，2015 年江苏各市文化制造业效率水平测算结果见表 10-18 与图 10-38。

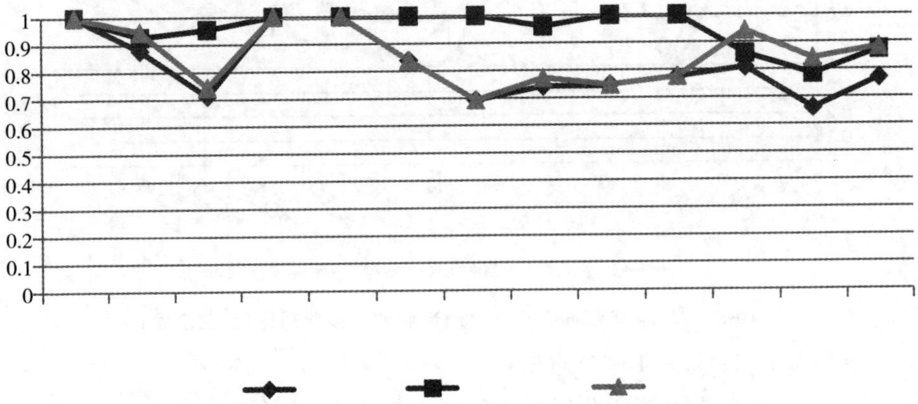

图 10-38　2014 年江苏各市文化制造业效率横向对比(第三阶段)

结合表 10-18 与图 10-38 可知：

①2015 年，江苏各市文化制造业技术效率均值、纯技术效率均值和规模效率均值分别为 0.817、0.951 和 0.86，其中江苏各市文化制造业规模效率均值低于纯技术效率均值，说明 2015 年江苏文化制造业技术效率相对无效的主要原因是规模效率相对无效；

②苏州市、南京市、常州市文化制造业为技术相对有效状态，说明苏州市、常州市和南京市文化制造业处于生产前沿面，在文化制造业产业决策、管理能力、资源配置与利用率上相对于江苏其他城市文化制造业来说比较突出；

③徐州市、常州市、南通市、连云港市、淮安市、盐城市和扬州市文化制造业规模效率均低于其纯技术效率，说明造成这些城市文化制造业技术效率相对无效受到规模效率相对无效影响较大，也说明这些城市的文化制造业在 2015 年未处于最优产业规模上，未能很好地发挥文化制造业的规模效益；

④无锡市、镇江市、泰州市和宿迁市文化制造业纯技术效率低于其规模效率，说明这些城市文化制造业技术效率较低主要受其纯技术效率水平影响，说明这些城市文化制造业企业的内部管理与决策等方面的能力有待进一步提高；

此外，比较江苏 2015 年各市文化制造业效率可知，苏北地区城市文化制造业规模效率普遍低于苏南地区文化制造业，未出现第一阶段中“部分苏北城市文化制造业技术效率高于苏南部分城市的测算结果”。

(4)2013—2015 年江苏 13 市文化制造业效率纵向分析(第三阶段)

第三阶段剔除了外部环境变量及随机误差对效率测算的影响，更能够真实地反映出江苏各市文化制造业的效率水平，为了直观反映出江苏各市文化制造业效率状况，对江苏各市文化制造业技术效率作出排名，具体见表 10-19 和图 10-39。

表 10-19　2013 江苏各市文化制造业技术效率排名

城市	2013	排名	2014	排名	2015	排名
南京市	1	1	1	1	1	1
无锡市	0.897	3	0.846	4	0.879	4
徐州市	0.418	10	0.349	13	0.712	11
常州市	0.861	4	0.983	3	1	1
苏州市	1	1	1	1	1	1
南通市	0.672	5	0.757	5	0.839	5
连云港市	0.408	11	0.394	12	0.693	12
淮安市	0.4	12	0.459	10	0.742	10
盐城市	0.559	8	0.491	9	0.747	9
扬州市	0.632	6	0.566	7	0.776	7
镇江市	0.621	7	0.65	6	0.809	6
泰州市	0.385	13	0.409	11	0.66	13
宿迁市	0.546	9	0.547	8	0.769	8

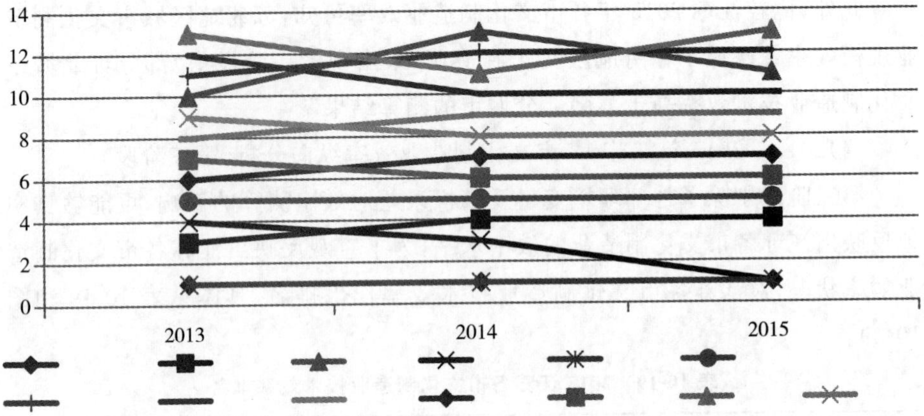

图 10-39　2013—2015 年江苏各市文化制造业技术效率排名

结合表 10-19 和图 10-39 可以看出：2013—2015 年江苏 13 市排名变化不大，只有少数几个地区历年排名存在波动，每年技术效率排名比较靠前的有南京、无锡、苏州、常州、南通等市，技术效率相对落后的为连云港、徐州、泰州等市，联系现状来看：

①作为全国最早提出“文化立市”的城市之一，苏州市始终重视对文化制造业的发展，凭借其优秀的制造业基础、区位优势、产业资金及人才等方面的优势，苏州市文化制造业得到了巨大发展，2013—2015 年，苏州市文化制造业工业总产值分别占全省总量的 27.41%、26.66%和 25.65%，位居全省第一；净利润方面分别占全省文化制造业净利润总量的 19.64%、22.31%和 24.51%，文化制造业工业总值与净利润产出方面均大幅领先省内其他城市；

②作为江苏的省会城市，南京市文化制造业技术效率排名始终位居全省前列，主要与南京市文化底蕴丰厚，文化资源丰富、高校林立，科研优势及区位优势突出有关，这些特点对于发展文化制造业而言是得天独厚的优势。南京市文化制造业总体产业规模大，净利润及工业总产值位居全省前列；

③无锡市和常州市技术效率排名历年均位居江苏前列。无锡和常州两市在文化制造业的发展上各具特色，“十三五”期间无锡市围绕打造“区域性文化中心城市”，着力构筑文化资源配置高地以及文化产业集聚基地，独具特色；而常州市文化制造业起步较早，加之近年大力推动产业互动，促进文化制造业转型升级，文化制造业发展较好；

④南通市 2013—2015 年均位列全省文化制造业技术效率排名第五位，近

年来，南通市大力发展家纺创意产业，力推单体规模大、传统与现代科技相交融的科技体验类文化产业项目，在文化制造业的发展实力不俗，使得南通市文化制造业效率排名较前；

⑤镇江市文化制造业技术效率排名在第六、第七名上下浮动，这与镇江在文化用纸的制造上的优势有关。2013—2015年，镇江文化制造业净利润分别占全省的4.3%、5.36%、6.56%；工业总产值三年分别占全省的5.24%，5.74%和6.34%，排名虽比不上苏州、无锡、南京等文化制造业强市，但领先江苏省内其他城市，其净利润、工业总产值逐年增加，也体现镇江文化制造业正在朝较好面貌发展，发展态势喜人；

⑥扬州市文化制造业技术效率各年排名与镇江市文化制造业排名差距不大，一直以来，扬州市文化制造业依托毛绒玩具大力发展，2013—2015年扬州市文化制造业工业总产值分别占全省的5.68%、4.71%、5.07%，三年净利润分别占全省的4.5%、4.66%和6.38%，工业总产值及净利润占比位居全省前列；

⑦徐州市、连云港市、淮安市、泰州市、宿迁市文化制造业技术效率排名处于江苏文化制造业末游，主要原因在于这些城市文化制造业规模效率和纯技术效率相对其他省内城市相比较低。相较其他城市文化制造业工业总产值及净利润全省占比较低，同时也反映出这些城市在人才、资金、区位、科教能力等方面优势不够突出，文化制造业的发展上存在短板，需要进一步加强文化制造业企业内部决策与管理能力，不断优化产业规模。

10.5.3.4　江苏各市文化制造业规模收益分析

在剔除外部环境因素与随机误差的影响后，对江苏各市文化制造业规模收益的测算结果见表10-20。

表10-20　2013—2015年江苏各市文化制造业规模收益情况(第三阶段)

城市	2013	2014	2015
南京市	—	—	—
无锡市	IRS	DRS	DRS
徐州市	IRS	IRS	IRS
常州市	DRS	IRS	—
苏州市	—	—	—

（续表）

城市	2013	2014	2015
南通市	IRS	IRS	IRS
连云港市	IRS	IRS	IRS
淮安市	IRS	IRS	IRS
盐城市	IRS	IRS	IRS
扬州市	IRS	IRS	IRS
镇江市	IRS	IRS	IRS
泰州市	IRS	IRS	IRS
宿迁市	IRS	IRS	IRS

注："IRS"代表规模收益递增；"DRS"代表规模收益递减；"—"代表规模收益不变。

(1)规模收益整体分析

①结合表 10-20 和图 10-40，可知，2013—2015 年，江苏大部分城市文化制造业处于规模收益递增状态，即文化制造业的产出量增长比例大于其投入量增加的比例，主要原因是资源的集约化使用，也就是文化制造业生产规模不足导致未能充分利用生产效率，同时也显示出，江苏文化制造业如获更多资本以及资源的投入，其收益会相应增加；

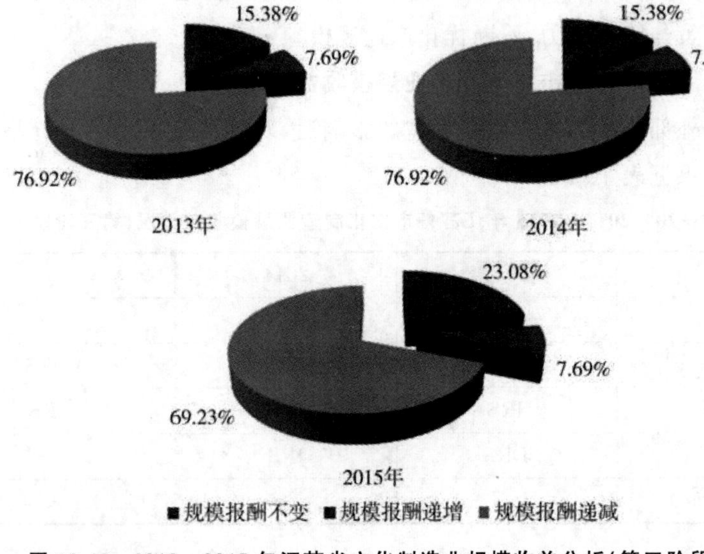

图 10-40　2013—2015 年江苏省文化制造业规模收益分析(第三阶段)

②规模收益不变的城市：2013—2015 年，苏州市、南京市文化制造业连续三年处于规模收益不变状态，2015 年的常州市也处于规模收益不变状态，说明这些城市的文化制造业对资源利用相对较充分，文化制造业的产出量会随着投入量等比例增加；

③规模收益递减的城市：2014—2015 年，无锡市文化制造业处于规模收益递减状态，2013 年的常州市文化制造业也处于规模收益递减状态，说明在研究期内，这些城市文化制造业生产规模的扩大以及对文化制造资源的投入并未带来更多的产量增长；

④规模收益递增的城市：宿迁、淮安、泰州等市文化制造业产业规模相对较小，依旧处于规模收益递增状态，这些城市的文化制造业需要进一步扩张生产规模，以增加更多的收益。

此外，如进一步讨论，苏州、南京等文化制造业处于规模收益不变的城市，其产业规模能否保持不变甚至减小还需进一步研究，本章的研究范围，本章选取的数据仅为江苏各市文化制造业数据，计算的只是江苏范围内的相对效率，所以测算结果都是在江苏省内进行比较，随着全球化进程的加速，江苏企业也必然和全球优秀的企业一起竞争，从省内范围来看，南京、苏州等市文化制造业产业规模已经较为巨大，处于规模收益不变甚至递减阶段，但和省外甚至全球发达的文化制造业相比还有较大差距，所以上述规模收益未处于递增阶段的城市文化制造业，并不意味着其不需要进行文化制造业产业规模扩张。

(2)技术效率、纯技术效率、规模效益的分析

①技术效率：2013—2015 年间，南京市、苏州市文化制造业技术效率相对有效达成 3 次，常州市文化制造业技术效率达成 1 次，说明在研究期内这些城市文化制造业资源配置和资源使用效率较高，不存在投入冗余，而江苏省内其他城市文化制造业在研究期内未达到技术效率相对有效状态，主要受到规模效率相对无效或纯技术效率相对无效影响，具体原因参见各年文化制造业横向分析；

②在纯技术效率上，结合表 10-18 和表 10-20，可知，2013—2015 年间，南京市、苏州市、扬州市文化制造业纯技术效率相对有效达成了 3 次、常州市、连云港市 2 次，无锡市、淮安市、盐城市和宿迁市达成了 1 次，表明这些城市多数年份文化制造业企业内部经营管理和决策水平较高，在目前的技术水平上，其投

入资源的使用是有效率的；

③在规模效益上，结合表10-18和表10-20，可知，南京市、苏州市文化制造业规模效率相对有效达成3次，体现出这些城市文化制造业在多数年份处于最优产业规模，且能够发挥好规模效益；其余省内城市均未达到规模效率相对有效，体现出一些城市文化制造业离最优产业规模仍有差距，还需进一步激发文化制造业的规模效益。

10.5.3.5 第三阶段DEA模型对江苏文化制造业效率分析总结

综上所述，经过第二阶段SFA回归调整，在剔除了外部环境和随机误差对效率测算的影响之后，得到的江苏各市文化制造业的技术效率、纯技术效率、规模效率以及规模收益更符合实际，本小节对第三阶段效率分析主要结论进行总结：

(1)2013—2015年，江苏文化制造业技术效率总体呈现不断增长的态势，2013年与2014年技术效率基本持平，较2015年技术效率相对较低，主要原因在于2014年文化产业进入“换挡期”，需要降低发展速度，而在2014之后，随着产业融合、“互联网＋”的深入，推动了江苏文化制造业的发展；

(2)第一阶段传统DEA模型效率分析得出，影响江苏文化制造业技术效率相对无效的主要原因是纯技术效率相对无效，规模效率相对无效影响程度较小，而在剔除外部环境因素与随机误差对文化制造业效率测算的影响后发现，真正影响江苏文化制造业技术效率相对无效的主要原因是规模效率相对无效，即江苏文化制造业未处于最优产业规模，未能很好发挥文化制造业规模效益；

(3)从规模收益状态来看，江苏大部分城市处于规模收益增长状态，说明江苏多数城市需要更多资本以及资源的投入以获得更多的收益；

(4)江苏文化制造业效率存在较大的区域差异性。具体表现在苏南地区文化制造业技术效率、纯技术效率、规模效率值均为最高，苏中次之、苏北最低，且苏南与苏北地区文化制造业效率差距较大，反映出苏南地区凭借区位、资金、人才、技术等方面的优势，其文化制造业的效率远高于苏北与苏中地区；

(5)从江苏各市文化制造业技术效率历年排名来看，江苏各市文化制造业技术效率排名波动不大，南京市、苏州市、无锡市、常州市、南通市文化制造业位居江苏前列，泰州、淮安、连云港等市相对落后。

10.5.4　第一阶段与第三阶段比较(以 2013 年为例)

10.5.4.1　效率比较分析

由于篇幅所限，仅列出 2013 年江苏文化制造业第一阶段与第三阶段测算所得效率值，以直观展示第一阶段与第三阶段效率值变化情况（见表 10-21）。

表 10-21　江苏文化制造业第一阶段与第三阶段效率值比较(以 2013 年为例)

	TE1	TE3	PTE1	PTE3	SE1	SE3
南京市	1	1	1	1	1	1
无锡市	0.42	0.897	0.524	1	0.801	0.897
徐州市	0.532	0.418	0.88	0.636	0.605	0.658
常州市	0.284	0.861	0.31	0.912	0.915	0.944
苏州市	0.417	1	1	1	0.417	1
南通市	0.391	0.672	0.416	0.783	0.941	0.859
连云港市	0.454	0.408	0.751	1	0.605	0.408
淮安市	0.424	0.4	0.596	1	0.711	0.4
盐城市	0.355	0.559	0.457	0.754	0.777	0.741
扬州市	0.404	0.632	0.49	1	0.826	0.632
镇江市	0.458	0.621	0.57	0.832	0.804	0.747
泰州市	0.714	0.385	1	0.857	0.714	0.45
宿迁市	0.493	0.546	0.63	1	0.783	0.546
苏南	0.516	0.876	0.681	0.949	0.787	0.918
苏中	0.503	0.563	0.635	0.88	0.827	0.647
苏北	0.452	0.466	0.663	0.878	0.696	0.551
省平均值	0.488	0.646	0.663	0.906	0.761	0.714

注：TE1、PTE1 和 SE1 分别代表第一阶段的技术效率、纯技术效率、规模效率。TE3、PTE3 和 SE3 分别代表第三阶段的技术效率、纯技术效率、规模效率。

如表 10-21 所示，剔除了外部环境和随机误差对文化制造业效率测算的影响之后，可知：

(1)调整之后的有效决策单元个数发生了变化

2013 年技术效率相对有效的城市文化制造业个数由 1 个上升到 2 个，纯技术效率有效的城市文化制造业个数由 3 个上升到 7 个，规模效率相对有效的城市文化制造业由 1 个上升到 2 个。

(2)调整之后的效率值发生了变化

从江苏文化产业整体看，2013 年江苏文化制造业技术效率均值从原来的 0.488 上升至 0.646，增长了 32.4%，纯技术效率均值由原先的 0.663 上升到 0.906，增长了 36.7%，而规模效率均值由原来的 0.761 下降到 0.714，降幅达 6.58%，导致在剔除外部环境变量及随机误差对文化制造业效率值的影响之后，规模效率相对无效成为江苏文化制造业技术效率相对无效的主要因素。

从三大区域看，剔除了外部环境和随机误差对文化制造业效率测算的影响之后，苏南、苏中和苏北地区文化制造业技术效率值和纯技术效率值均有较大提升，而规模效率值相比于第一阶段有所下降，且调整之后的规模效率均低于其纯技术效率，说明江苏三大区域技术效率无效的原因主要是规模效率无效。

(3)调整之后的江苏 13 个市的效率值发生了变化

①调整之后的技术效率。无锡市、常州市、苏州市、盐城市、扬州市、镇江市、宿迁市文化制造业技术效率值有所提升，说明这些城市文化制造业之前较低的技术效率确实有一部分是由于环境较差导致，这些城市文化制造业投入冗余没有测算出的那么高；相反，徐州市、连云港市、淮安市、泰州市文化制造业技术效率值有所下降，说明这些城市文化制造业之前较高的技术效率部分是由于有利的环境导致，这些城市的文化制造业投入冗余没有测算出的那么低。

②调整后的纯技术效率。无锡、常州、南通、连云港等市文化制造业的纯技术效率值大幅提升，说明这些城市文化制造业之前较低的技术效率部分是由于较差的环境导致，而不是其文化制造业技术管理水平绝对差；相反，部分城市文化制造业，徐州市、泰州市文化制造业纯技术效率值有所下降，说明这些城市的文化制造业之前的高效率与其所处有利环境有关，这些城市的文化制造业企业内部经营管理与决策水平并没有测算出的那么高。

③调整后的规模效率。苏州、无锡、常州、徐州等市文化制造业规模效率值有所提升，说明这些城市文化制造业之前较低的技术效率部分是由于比较差的环境导致，这些城市文化制造业实际产业规模离最优产业规模的差距没有测算

出的那么大；相反，部分城市文化制造业，如南通市、淮安市、盐城市、泰州市、宿迁市文化制造业规模效率值有所下降，说明这些城市的文化制造业之前的高效率与其所处有利环境有关，这些城市的文化制造业的产业规模没有测算出的那么高。

10.5.4.2　规模收益状态之间的比较

由表 10-22 可知，2013 年第一阶段江苏 13 市文化制造业处于的规模收益递增、不变、递减状态的个数分别为 10 个（76.9%）、1 个（7.69%）、2 个（15.38%），在调整之后的第三阶段，依旧有 10 个（76.9%）为规模收益不变，有 2 个（15.38%）为规模收益不变，而规模收益递减的只有 1 家（7.69%），可见，无论是在第一阶段还是在第三阶段，将近有 76.9%，即江苏有 10 个城市文化制造业处于规模收益递增状态，说明在研究期内扩大文化制造业规模是提高江苏文化制造业效率的当务之急。

表 10-22　规模收益状态比较（以 2013 年为例）

规模收益阶段	第一阶段		第三阶段	
	个数	百分比	个数	百分比
规模收益递增	10	76.9%	10	76.9%
规模收益不变	1	7.69%	2	15.38%
规模收益递减	2	15.38%	1	7.69%
总计	13	100%	13	100%

结合表 10-15 和表 10-22 可知，剔除了外部环境和随机误差对文化制造业效率测算的影响之后，依旧处于规模收益递增状态的主要有无锡市、徐州市、南通市、连云港市、淮安市、盐城市、扬州市、镇江市、泰州市和宿迁市，这些城市文化制造业需要适当扩大经营规模，提高投入要素的效率，以实现规模经济；而常州市由第一阶段的规模收益递增转变为规模收益递减，说明常州市文化制造业的生产规模的扩大以及对文化制造资源的投入不会带来更多的产量增长；经过调整之后，苏州市和南京市文化制造业均为规模收益不变状态，说明这些城市的文化制造业对资源的利用相对较为充分，文化制造业的产出量会随着投入量等比例增加。

10.6 基于 Malmquist 指数的江苏文化制造业全要素生产率变化分析

前节利用三阶段 DEA 模型分析了江苏省各市文化制造业效率，BCC 模型测算的效率值代表同一时间点上的相对效率，可用于衡量同一时间点上不同决策单元效率的大小。但随着时间推移，不同时间点决策单元的效率前沿面会发生变化，对不同时间点上效率值进行比较没有意义。当需要从时间维度考察不同时间点的江苏文化制造业效率的动态变化时，就难以反映江苏文化制造业在不同时期的效率变化情况，而 Malmquist 指数模型可弥补三阶段 DEA 模型效率分析不足。

本节采用 Malmquist 指数分析方法，利用江苏各市文化制造业调整后的投入数据与原产出数据组成的三年面板数据，对江苏省文化制造业在不同时期的效率变化进行分析，使得对江苏文化制造业效率研究更为全面。

通过 10.3.3 中对 Malmquist 指数模型理论的介绍可知，M 指数（文中表示为 Tfpch，又称全要素生产率变化指数）可以被分解为技术效率变化指数（Effch）与技术进步变化指数（Techch），其中技术效率变化指数（Effch）可以被分解为纯技术效率变化指数（Pech）与规模效率变化指数（Sech），Malmquist 指数其表达式见式（10-24），具体分解情况见图 10-41。

$$M = \text{Effch} \times \text{Techch} = \text{Pech} \times \text{Sech} \times \text{Techch} \qquad 式(10\text{-}24)$$

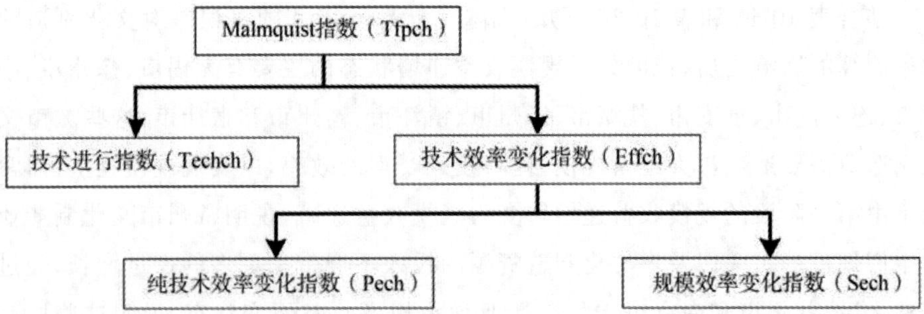

图 10-41 Malmquist 指数分解

10.6.1　江苏文化制造业整体效率动态分析

运用 Malmquist 指数法动态分析 2013—2015 年江苏文化制造业整体效率变化情况，测算结果见表 10-23。

表 10-23　2013—2015 年江苏文化制造业 Malmquist 指数及其分解

时间	Tfpch（全要素生产率指数）	Techch（技术进步指数）	Effch（技术效率变化指数）	其中	
				Pech（纯效率变化指数）	Sech（规模效率变化指数）
2013－2014 年	1.130	1.074	1.052	1.014	1.037
2014－2015 年	1.379	1.188	1.161	1.032	1.125
均值	1.252	1.131	1.106	1.023	1.081

(1)2013—2015 年，江苏文化制造业生产效率保持较快的增长，2014—2015 年增幅相对较大

结合表 10-23 和图 10-41，从 M 指数（Tfpch）的变化显示：2013—2015 年间，M 指数均值为 1.252，大于 1，表明江苏文化制造业生产效率在三年间保持了较快的增长，年均增长率为 25.2%。其中，2013—2014 年江苏文化制造业生产效率增幅相对较小，M 值为 1.13，增长率为 13%；2014—2015 年江苏文化制造业生产效率增幅相对较大，M 值为 1.379，增长率达 37.9%，说明 2014 年以后江苏文化制造业发展更为迅速。

造成上述现象的原因在于 2014 年我国文化产业发展进入“换挡期”，需要降低文化产业的发展速度，发展重点转向转型升级，对江苏文化制造业的发展产生了影响，江苏文化制造业的发展速度开始降低，而在 2014 之后，“互联网＋”的兴起，文化产业与制造业、信息业等多个行业进行融合发展，文化制造业取得了较大的发展，这一结论与前文对江苏文化制造业静态效率分析结论相一致。

(2)2013—2015 年，技术进步是江苏文化制造业生产效率提升的主要原因

结合表 10-23 和图 10-42 可知：2013—2015 年间，技术效率变化指数（Effch）与技术进步变化指数（Techch）均大于 1，说明 2013—2015 年间江苏文化制造业的生产效率年均提升 25.2%，是技术效率和技术进步共同提升带来的综合

作用。其中,技术进步带来的影响为 113.1%,技术效率带来的影响为110.6%,说明技术进步是江苏文化制造业生产效率提升的主要影响因素。进一步分别观察 2013—2014 年、2014－2015 年的 *M* 指数(Tfpch)、技术效率变化指数(Effch)、技术进步变化指数(Techch),也可得出相同的结论。

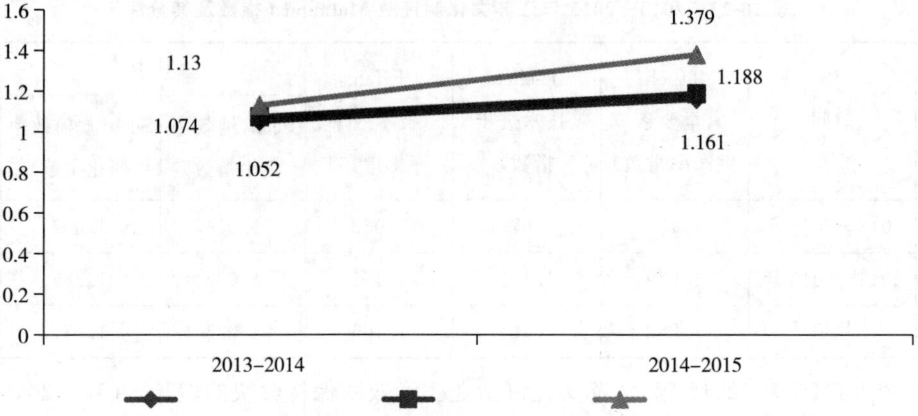

图 10-42 Tfpch、Effch 和 Techch 变化趋势

(3)提升企业内部经营管理及决策能力可进一步提升江苏文化制造业效率

结合表 10-23 和图 10-43 可知:2013—2015 年,江苏文化制造业规模效率变化指数和纯技术效率变化指数均大于 1,表明 2013—2015 年期间江苏文化制造业的产业规模、决策和管理能力均在不断提升。其中,纯技术效率变化指数为 102.3%,小于规模效率变化指数 108.1%,说明产业规模主导着江苏文化制造业技术效率的变化。

进一步观察 2013—2014 年、2014—2015 年的技术效率变化指数(Effch)、纯技术效率变化指数(Pech)、规模效率变化指数(Sech)可知,2013—2014 年,纯技术效率变化指数(Pech)和规模效率变化指数(Sech)对技术效率变化指数(Effch)的影响分别为 101.4%和 103.7%,但 2014—2015 年则分别为 103.2%和 112.5%,进一步说明了产业规模的扩张主导着江苏文化制造业技术效率的变化,也提示了提升企业内部经营管理及决策能力可进一步提升江苏文化制造业效率。

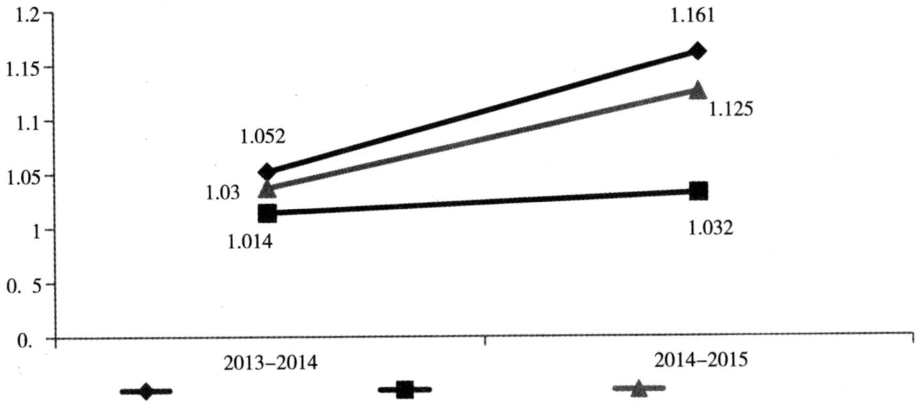

图 10-43　技术效率变化指数(Effch)变化趋势图

综上所述，2013—2015 年，江苏文化制造业生产效率保持较快的增长，2014—2015 年增幅相对较大。江苏文化制造业全要素生产率的提升的主因是技术进步，提升企业内部经营管理及决策能力可进一步提升江苏文化制造业效率。

10.6.2　三大区域文化制造业效率动态分析

10.6.2.1　全要素生产率指数分析

(1)三大区域文化制造业生产效率均不断提高，苏北地区效率增长最快

对苏南、苏中、苏北文化制造业效率变化进行分析，由表 10-24 可知，苏南、苏中和苏北地区文化制造业全要素生产率变化指数分别为 1.206、1.255、1.287，且都大于 1，说明苏南、苏中和苏北地区文化制造业生产效率是不断提高的，且苏北地区文化制造业全要素生产率增长较快，苏中次之，苏南最慢。

表 10-24　江苏三大区域文化制造业 Malmquist 指数及其分解

地区	Tfpch(全要素生产率指数)	Techch(技术进步指数)	Effch(技术效率变化指数)	其中	
				Pech(纯效率变化指数)	Sech(规模效率变化指数)
苏南地区	1.206	1.163	1.038	1.028	1.010
苏中地区	1.255	1.120	1.121	1.027	1.093
苏北地区	1.287	1.105	1.166	1.017	1.147

造成这一现象的原因主要是相比于苏南地区，苏中和苏北地区的底子薄，文化制造业基础不够深厚，但机遇多、要素成本低、市场潜力较大，文化制造业发展的空间也相对较大，同时随着政策的倾斜和资源的转移，苏中和苏北地区文化制造业得到了较快的发展，增长的速度超过了苏南地区，这一现象也符合“产业转移”理论，产业转移能对欠发达的苏中和苏北地区带来技术溢出效应和结构优化效应等许多正效应，从而推动了其文化制造业的发展。2013 年，江苏发布了《江苏省苏北地区工业发展纲要》和《关于促进苏中和苏北结合经济相对薄弱地区加快发展的政策意见》等扶持政策，非常有利于促进苏中和苏北文化制造业的发展。

(2)三大区域文化制造业效率提升的主要原因有一定差异

为了进一步解读造成苏南、苏中、苏北文化制造业生产效率差异的原因，从 *M* 指数(全要素生产率)的构成出发，结合表 10-24 和图 10-44 进行分析：

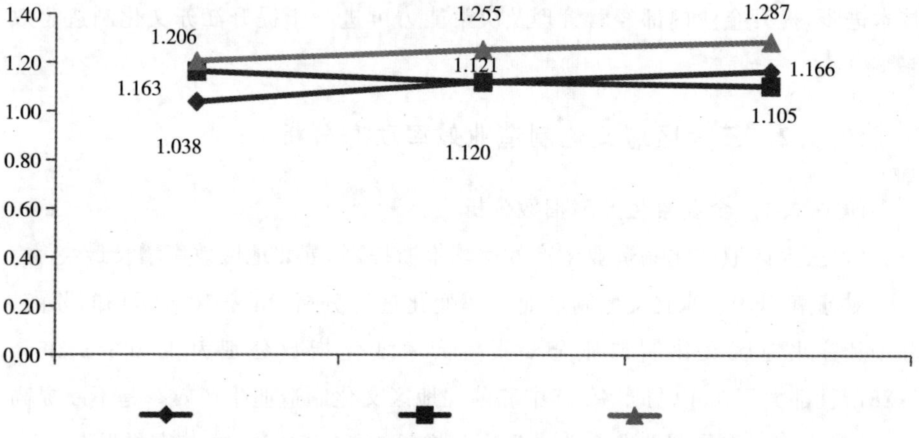

图 10-44　2013—2015 年苏南、苏中和苏北地区 Malmquist 指数分解

①苏南地区文化制造业生产效率年均提升 20.6%，这是技术效率变化指数和技术进步指数的共同作用；其中技术进步指数高于技术效率变化指数，说明技术进步指数主导着苏南文化制造业生产效率的提升；

②苏中地区文化制造业生产效率年均提升 25.5%，这是技术效率变化指数和技术进步指数的共同作用；其中技术效率变化指数大于技术进步指数，说明技术效率变化指数主导着苏中文化制造业生产效率的提升；

③苏北地区文化制造业生产效率年均提升 28.7%，这是技术效率变化指数和技术进步指数的共同作用；其中技术效率变化指数大于技术进步指数，说明

技术效率变化指数主导着苏中文化制造业生产效率的提升。

10.6.2.2　技术进步指数的分析

技术进步指数分析显示：苏南地区文化制造业的技术创新水平领跑江苏。

从技术进步指数来看，苏南、苏中和苏北地区文化制造业技术进步指数都大于1，说明苏南、苏中和苏北地区文化制造业在工艺、流程等方面的应用不断进步，其中，苏南技术进步指数最高，达1.163，苏中技术进步指数次之，为1.210，苏北技术进步指数最低，为1.105，说明苏南地区文化制造业在新设备、新技术等应用上继续领跑江苏，主要原因在于相较于苏中和苏北地区而言，苏南地区经济发达，在区位、人才、资本、科研、技术等方面的优势较为明显。

10.6.2.3　技术效率变动指数的分析

(1)影响三大区域技术效率变化的主要原因有一定差异

从技术效率变化指数来看，苏南、苏中和苏北地区文化制造业技术效率变化指数都大于1，说明苏南、苏中和苏北地区文化制造业技术效率三年间均有所提升，其中，苏北技术效率变化指数最大，苏中次之，苏南最小，主要原因来源于苏南地区文化制造业规模效率增长率低于苏中和苏北地区，结合实际来看，2013—2015年，苏南、苏中和苏北文化制造业总产值年均增长率为12.84%、15.41%和23.06%；苏南、苏中和苏北2013—2015年文化制造业净利润年均增长率为-5.51%、20.22%和23.84%，说明虽然苏南文化制造业产出基数大，但产出年均增长率不如苏中和苏北地区。

①苏南地区文化制造业技术效率年均增长3.8%，这是纯技术效率变化指数和规模效率指数的共同作用；其中纯技术效率变化指数高于规模效率变化指数，说明纯技术效率变化指数主导着苏南文化制造业技术效率变化指数的提升。

②苏中地区文化制造业技术效率年均增长12.1%，这是纯技术效率变化指数和规模效率指数的共同作用；其中规模效率变化指数高于纯技术效率变化指数，说明规模效率变化指数主导着苏中文化制造业技术效率变化指数的提升。

③苏北地区文化制造业技术效率年均增长16.6%，这是纯技术效率变化指数和规模效率指数的共同作用；其中规模效率变化指数高于纯技术效率变化指数，说明规模效率变化指数主导着苏北文化制造业技术效率变化指数的提升。

(2)纯技术效率变化指数分析

技术效率变化指数分解见图 10-45。

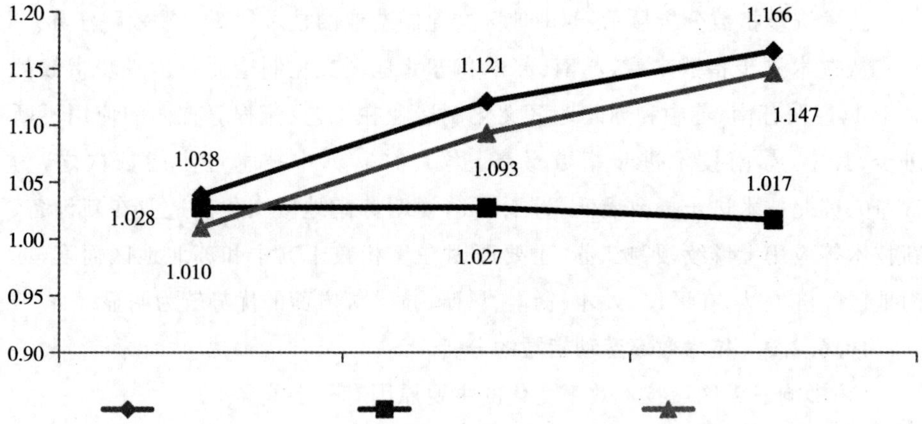

图 10-45　2013—2015 年苏南、苏中和苏北地区文化制造业技术效率变化指数分解

结合表 10-24 和图 10-45 进一步分析纯技术效率变化指数，可知：苏南、苏中和苏北地区文化制造业纯技术效率变化指数均大于 1，反映苏南、苏中和苏北地区文化制造业企业的决策与管理水平是逐年增加的；其中苏南、苏中和苏北纯技术变化指数分别为 1.028、1.027、1.017，其中苏北文化制造业纯技术效率增长相对缓慢，反映了苏北地区文化制造业在企业内部运营管理和决策水平的进步上落后于苏南和苏中地区。苏北地区文化制造业企业需要加快内部经营与管理能力提升的速度。

(3)规模效率变化指数分析

结合表 10-24 和图 10-45 进一步分析规模效率变化指数，可知：苏南、苏中和苏北地区文化制造业规模效率变化指数分别为 1.010、1.093、1.147，均大于 1，说明苏南、苏中和苏北地区文化制造业规模效率三年来有所提升，其中苏北规模效率变化指数最大，苏中次之，苏南最低，说明苏南地区文化制造业产业规模提升较慢，苏中和苏北地区文化制造业产业规模提升较为明显。

结合实际来看，2013—2015 年苏南地区文化制造业工业总产值、净利润、从业人数、固定资产折旧年均增长率为 12.84%、－5.51%(主要受到南京文化制造业净利润下降的影响)、6.33%、6.95%；苏中地区各指标年均增长率为 15.41%、20.22%、6.02%和－10.05%；苏北地区各指标年均增长率分别为 23.06%、23.84%、5.23%、10.65%，从 2013—2015 年江苏三大区域文化制造业工业总产值、净利润、从业人数、固定资产折旧年均增长率来看，苏北大部分指标年均增长率高于苏中和苏南地区，苏中大部分指标年均增长率高于苏南。以上指标显示三大区域文化制造业产业规模的增长情况影响着其规模效率变化指数，进而影响其技术效率变化指数，最终影响到全要素生产率。

综上，通过对苏南、苏中和苏北文化制造业生产效率的动态分析发现：

①苏南技术进步指数最高，苏北和苏中地区文化制造业技术进步指数差距不大，说明苏南地区文化制造业的先进技术更新速度较快，苏中和苏北地区文化制造业的先进技术更新速度大体相当；

②技术进步主导着苏南地区文化制造业生产效率的提升；苏中和苏北地区文化制造业生产效率的差异主要来自技术效率变化指数，而将技术效率变化指数进行分解，发现规模效率变化指数不仅仅主导技术效率变动指数，更影响着全要素生产率；

③从规模效率变化指数来看，苏北年均增幅最大，苏中次之，苏南最小，由于计算的指标均为相对效率，因此只是表明苏南地区文化制造业的规模扩张速度低于苏中和苏北地区。

10.6.3　各市文化制造业效率动态分析

10.6.3.1　全要素生产率指数分析

如表 10-25 所示，江苏 13 市文化制造业全要素生产率变化指数均大于 1，说明江苏 13 市文化制造业生产效率 2013—2015 年间保持了较快增长，反映出江苏文化制造业近三年发展态势喜人。

表 10-25　2013—2015 年江苏各市文化制造业 Malmquist 指数及其分解

城市	位次	Tfpch（全要素生产率指数）	Techch（技术进步指数）	Effch（技术效率变化指数）	其中	
					Pech（纯效率变化指数）	Sech（规模效率变化指数）
泰州市	1	1.348	1.102	1.223	1	1.223
徐州市	2	1.332	1.087	1.225	1.015	1.207
连云港市	3	1.315	1.087	1.21	1.019	1.187

（续表）

城市	位次	Tfpch（全要素生产率指数）	Techch（技术进步指数）	Effch（技术效率变化指数）	其中	
					Pech（纯效率变化指数）	Sech（规模效率变化指数）
盐城市	4	1.298	1.13	1.149	1.057	1.087
宿迁市	5	1.252	1.11	1.128	1.029	1.096
淮安市	6	1.239	1.11	1.117	0.965	1.157
镇江市	7	1.227	1.13	1.086	1.04	1.044
常州市	8	1.224	1.125	1.088	1.051	1.035
扬州市	9	1.218	1.127	1.08	1.048	1.031
无锡市	10	1.213	1.171	1.035	1.047	0.989
南通市	11	1.199	1.131	1.06	1.034	1.025
南京市	12	1.186	1.186	1	1	1
苏州市	13	1.183	1.203	0.983	1	0.983

从 Tfpch（全要素生产率变化指数）值的大小来看，江苏 13 市中文化制造业全要素生产率较高的城市主要有泰州市、徐州市、连云港市、盐城市、宿迁市、淮安市，除泰州市为苏中城市外，其余均为苏北区域的城市。文化制造业全要素生产率较低的主要有苏州市、南京市、南通市、无锡市、常州市等，除南通市为苏中城市外，其余均为苏南区域的城市。

10.6.3.2　全要素生产率指数的构成分析

进一步观察表 10-25，可知，不同城市全要素生产率提升的原因是有差异的。

排名第 1 位到第 6 位的城市（泰州市、徐州市、连云港市、盐城市、宿迁市、淮安市），技术效率变化指数均大于技术进步指数，说明这些城市全要素生产率提升主要是由技术效率变化带来的。同时，在技术效率变化指数中，这些城市的规模效率变化指数均大于纯效率变化指数，说明这些城市技术效率的变化主要是由规模效率变化带来的。综上，泰州市、徐州市、连云港市、盐城市、宿迁市、淮安市这六个城市文化制造业效率提升的主要原因是产业规模扩张。

排名第 7 位的镇江市，其技术进步指数大于技术效率变化指数，说明镇江市全要素生产率提升主要由技术进步变化带来。在技术效率变化指数中，镇江市的纯效率变化指数略小于规模效率变化指数，但两者差距较小，说明内部经营管理和决策水平提升、产业规模扩张两个因素对镇江市文化制造业效率提升作用基本相当，相对产业规模扩张而言，进一步提升内部经营管理和决策水平更有助于镇江市文化制造业效率提升。

排名第 8 位到第 13 位的城市（常州市、扬州市、无锡市、南通市、南京市、苏州市），技术进步指数均大于技术效率变化指数，说明这些城市全要素生产率提升主要是由技术进步变化带来的。同时，在技术效率变化指数中，这些城市的纯效率变化指数均大于规模效率变化指数，这些城市技术效率的变化则主要由纯效率变化带来。综上，常州市、扬州市、无锡市、南通市、南京市、苏州市这六个城市文化制造业效率提升的主要原因是技术进步。相对于技术进步、内部经营管理和决策水平提升两个因素，产业规模扩张对这些城市文化制造业效率提升的影响是最小的。

10.7　江苏文化制造业效率的影响因素分析

三阶段 DEA 对技术效率的研究显示：在剔除环境因素和随机误差影响后，制约江苏文化制造业技术效率的主要原因是规模效率相对无效，即江苏文化制造业未处于最优产业规模，未能很好发挥文化制造业规模效益。基于 Malmquist 指数的全要素生产率变化的研究则显示：技术进步对江苏文化制造业整体生产效率的提升贡献较大，苏中和苏北地区文化制造业企业需要加强内部经营与管理能力的提升。

综上，产业规模、技术进步、管理水平均对江苏文化制造业效率产生影响，但产生显著影响的发展阶段和区域对象存在差异。

10.7.1　产业规模的影响

三阶段 DEA 的研究显示：在剔除环境因素和随机误差影响后，制约江苏文化制造业技术效率的主要原因是规模效率相对无效。除了苏州、南京、常州、无锡 4 个城市外，2015 年江苏其余城市文化制造业均处于规模报酬递增的状态。全要素生产率变化的研究则显示：虽然江苏文化制造业整体全要素生产率提升主要源于技术进步，但泰州市、徐州市、连云港市、盐城市、宿迁市、淮安市这 6 个全要素生产率提升最快的城市，其文化制造业效率提升的主要原因为产业规模扩张。

这提示：产业规模是江苏文化制造业效率提升的重要影响因素。一方面文化制造业产业规模扩张不仅推动了江苏文化制造业效率提升，在泰州市、徐州市、连云港市、盐城市、宿迁市、淮安市更发挥了关键影响作用；另一方面，江苏文化制造业未处于最优产业规模，未能很好发挥文化制造的规模效益。因此，进一步提升江苏文化制造业的产业规模是提升江苏文化制造业效率的重要途径之一。

对于泰州市、徐州市、连云港市、盐城市、宿迁市、淮安市 6 市，虽然相对于苏南地区城市，这些城市的经济相对较为落后、制造业底子较为薄弱，但其要素成本较低，文化制造业发展空间和机会较多，加之江苏省政府对苏北发展的政策倾斜与资源转移，苏北和苏中地区文化制造业规模扩张迅速，以泰州为例，2013—2015 年，泰州市文化制造业工业总产值、净利润、从业人数、固定资产折旧年均增长 37.62%、47.59%、20.68%、56.19%，各项指标年均增长率领跑全省。产业规模的扩张促进了泰州、宿迁、连云港、盐城等城市文化制造业在 2013—2015 年期间全要素生产率快速提升，不仅如此，前文研究还显示，这些城市 2015 年文化制造业仍处于规模报酬递增的状态，因此，积极引入资本、加大资源投入，积极扩张产业规模，可以进一步提升泰州市、徐州市、连云港市、盐城市、宿迁市、淮安市文化制造业的产业效率。

对于苏州市、南京市、常州市、无锡市 4 市，前文研究显示，2015 年，苏州市、南京市、常州市文化制造业处于规模收益不变状态，无锡市文化制造业处于规模收益递减状态。这 4 个城市制造业基础雄厚，文化制造业相对较为发达，文化制造业领域的垄断性、主导性企业较多，而适当的垄断和文化制造业产业规模的扩大能够带来规模经济，从而推动技术效率变动指数的提高，随着不断的发展，超过一定程度之后，文化制造业企业通过垄断获取利润，机构、人员开始变得冗余，企业运行效率下降等，开始不利于技术效率变动指数的提升，也就是规模效率开始显现出收敛性。苏州市、南京市这两个在文化制造业上发展最早、产出领跑全省的城市，在2013年、2014年、2015年已连续三年处于文化制造业规模收益不变状态，也印证了以上分析。因此，南京、苏州、常州等苏南地区的城市文化制造业产业规模基数大，但发展到了一定的规模时，必须进一步深化“文化强省”战略的实施，不断推动文化制造业转型升级，推动文化制造业与其他产业的融合，通过进入新领域、催生新业态，通过“开疆破土”、实现文化制造业在新领域、新业态下的新增长，进而不断提升这些城市的文化制造业的产业效率。

镇江、扬州、南通3市，虽然其文化制造业在2013—2015年期间全要素生产率提升的主要原因是技术进步，但这三个城市2015年文化制造业处于规模报酬递增的状态，因此，积极扩张产业规模，是进一步提升镇江市、扬州市、南通市文化制造业产业效率的途径之一。

10.7.2 技术进步的影响

全要素生产率变化的研究显示：技术进步对江苏文化制造业整体生产效率的提升贡献较大。全要素生产率提升排名相对靠后的城市(镇江市、常州市、扬州市、无锡市、南通市、南京市、苏州市)，其文化制造业效率提升的主要原因为技术进步。全要素生产率提升相对较快的城市(泰州市、徐州市、连云港市、盐城市、宿迁市、淮安市)，其文化制造业效率提升的主要原因为产业规模扩张。

这提示了，在文化制造业“由小变大”的过程中，文化制造业效率提升的主要原因为产业规模扩张；而在“从好到优”的过程中，技术进步则推动着江苏文化产制造业全要素生产率提升。因此，进一步推动江苏文化制造业的技术进步是推动江苏文化制造业效率持续提升的重要途径。

10.7.3 企业管理水平的影响

江苏各市应适度调整文化制造业的产业规模，但从长期来看，一味地调整产业规模并不能真正提高文化制造业的生产效率。江苏文化制造业中，2015年，私营的文化制造业企业1691家、拥有员工28.01万人，创造了2513.43亿元的营业收入、140.23亿元的净利润，外商投资的文化制造业企业433家、拥有员工20.08万人，创造了3024.71亿元营业收入、132.43亿元的净利润。从总量看，私营企业的文化制造业企业数量、营业收入、净利润均高于外商投资的文化制造业企业，而从企业平均来看，外商投资企业人均创造的营业收入是私营企业的 4.7 倍、净利润则为 3.69 倍，外商投资企业人均创造的营业收入是私营企业的 1.68 倍、净利润则为 1.32 倍。与外商投资的文化制造业企业相比，江苏私营的文化制造业企业数量大、拥有员工多，但企业平均盈利和产出低于外商投资的文化制造业企业，结合私营企业法人单位数占全省文化制造企业总数的 60.65%，侧面反映出在江苏较多文化制造业企业仍是粗放式管理，在管理理念方面还有较大提升空间。为了促进文化制造业的可持续发展，江苏各市应加快转变文化制造业的经济增长方式，由劳动密集型向集约型转变，发挥好文化制造业的规模效率，提升文化制造业的发展质量。

本章小结

本章研究江苏文化制造业效率及变动情况。

在江苏文化产业中，文化制造业占据重要地位。在对江苏文化产业整体效率特征建立认识后，本章聚焦研究了江苏文化制造业效率及变动情况。

研究所得为：

(1)在江苏文化产业中，文化制造业资产规模大、产出与盈利高、从业人数多。研究文化制造业的产业效率，对于提升江苏文化产业整体效率、认识文化产业效率变革的规律性具有较大的意义。

(2)构建了“江苏文化制造业效率评价指标体系”：以“文化制造业从人数”和“固定资产折旧”为投入指标，“文化制造业净利润”和“工业总产值”为产出指标，“人均 GDP”“城镇化水平”“对外出口水平”“行业人均薪酬”为环境变量，构建出“江苏文化制造业效率评价指标体系”。

(3)应用三阶段 DEA 模型评价江苏文化制造业效率更具科学性：在“江苏文化制造业效率评价指标体系”进行研究的过程中发现，江苏文化制造业技术效率受环境因素、随机误差的影响(其中，环境因素的影响相对较大)，研究采用的三阶段 DEA 模型可剔除外部环境变量和随机误差的影响，能更为准确地反映和解释江苏文化制造业效率的实际状况，因此，研究使用的方法更具科学性。

(4)江苏文化制造业技术效率特征为：在剔除外界环境因素、随机误差的影响后，2013—2015 年间，江苏文化制造业整体技术效率总体上呈现不断增长态势，相较于 2013 年和 2014 年，2015 年江苏文化制造业技术效率有了较显著的提升。2013—2015 年间江苏三大区域文化制造业技术效率总体保持增长态势，苏南地区最高、苏中次之、苏北最低，且苏北地区与苏南地区文化制造业技术效率水平差距较大。2013—2015 年江苏 13 市产业效率排名位次较为类似，苏州、南京、无锡、常州排名比较靠前。

(5)江苏省文化制造业全要素生产率变化特征为：江苏文化制造业整体全要素生产率在研究期内呈现增长的态势，技术进步对江苏文化制造业生产效率的提升贡献较大。2013—2015 年间，三大区域全要素生产率均呈现递增趋势，苏北地区提升最高，苏中次之，苏南最小；苏南文化制造业生产效率的提升主要源于技术进步，苏中和苏南地区则主要源于产业规模扩张；苏南和苏中区域在研究期内企业内部运营管理和决策水平提升较苏北区域快，苏北区域文化制造业产业规模提升较苏南和苏中明显。2013—2015 年间，江苏省 13 市文化制造业全要素生产率保持了较快增长。其中，全要素生产率变动指数位于第 1 位到第 6 位的城市为泰州市、徐州市、连云港市、盐城市、宿迁市、淮安市 6 市，其文化制造业效率提升的主要原因为产业规模扩张。全要素生产率变动指数位于第 7 位到第 13 位的城市为镇江市、常州市、扬州市、无锡市、南通市、南京市、苏州市，其文化制造业效率提升的主要原因为技术进步。

(6)影响江苏文化制造业效率的因素为：综合技术效率的影响因素和全要素生产率变动的影响因素，可知，在江苏文化制造业“由小变大”的过程中，产业规模扩张为全要素生产率提升的主要原因，而在“从好到优”的过程中，技术进步则推动着江苏文化制造业全要素生产率提升。在这一过程中，企业内部运营管理和决策水平也对文化制造业全要素生产率提升产生影响。影响江苏文化制造业技术效率的主要原因是规模效率相对无效，即江苏文化制造业未处于最优产业规模，未能很好发挥文化制造业规模效益。2015 年，除苏州、南京、常州、无锡 4 个城市外，江苏其余城市均处于规模收益增长状态，更多资本和资源的投入可提升这些城市文化制造业的产业效率。

本章附录

附录 10-1:江苏文化制造业序号对照表

中类行业	序号	小类行业	序号
工艺美术品的制造	7.1	雕塑工艺品制造	7.1.1
		金属工艺品制造	7.1.2
		漆器工艺品制造	7.1.3
		花画工艺品制造	7.1.4
		天然植物纤维编织工艺品制造	7.1.5
		抽纱刺绣工艺品制造	7.1.6
		地毯、挂毯制造	7.1.7
		珠宝首饰及有关物品制造	7.1.8
		其他工艺美术品制造	7.1.9
园林、陈设艺术及其他陶瓷制品的制造	7.2	园林、陈设艺术及其他陶瓷制品制造	7.2.1
印刷复制服务	8.2	书、报刊印刷	8.2.1
		本册印制	8.2.2
		包装装潢及其他印刷	8.2.3
		装订及印刷相关服务	8.2.4
		记录媒介复制	8.2.5
办公用品的制造	9.1	文具制造	9.1.1
		笔的制造	9.1.2
		墨水、墨汁制造	9.1.3
乐器的制造	9.2	中乐器制造	9.2.1
		西乐器制造	9.2.2
		电子乐器制造	9.2.3
		其他乐器及零件制造	9.2.4
玩具的制造	9.3	玩具制造	9.3.1

（续表）

中类行业	序号	小类行业	序号
游艺器材及娱乐用品的制造	9.4	露天游乐场所游乐设备制造	9.4.1
		游艺用品及室内游艺器材制造	9.4.2
		其他娱乐用品制造	9.4.3
视听设备的制造	9.5	电视机制造	9.5.1
		音响设备制造	9.5.2
		影视录放设备制造	9.5.3
焰火、鞭炮产品的制造	9.6	焰火、鞭炮产品制造	9.6.1
文化用纸的制造	9.7	机制纸及纸板制造	9.7.1
		手工纸制造	9.7.2
文化用油墨颜料的制造	9.8	油墨及类似产品制造	9.8.1
		颜料制造	9.8.2
文化用化学品的制造	9.9	信息化学品制造	9.9.1
其他文化用品的制造	9.10	照明灯具制造	9.10.1
		其他电子设备制造	9.10.2
印刷专用设备的制造	10.1	印刷专用设备制造	10.1.1
广播电视电影专用设备的制造	10.2	广播电视节目制作及发射设备制造	10.2.1
		广播电视接收设备及器材制造	10.2.2
		应用电视设备及其他广播电视设备制造	10.2.3
		电影机械制造	10.2.4
其他文化专用设备的制造	10.3	幻灯及投影设备制造	10.3.1
		照相机及器材制造	10.3.2
		复印和胶印设备制造	10.3.3

附录 10-2　第二阶段调整之后的投入值

	调整之后的投入变量		
	期末从业人数	固定资产折旧	
2013 年	南京市	6.28	28.57
	无锡市	11.07	33.33
	徐州市	2.93	13.68
	常州市	8.09	26.14
	苏州市	20.23	57.42
	南通市	6.90	21.86
	连云港市	3.85	16.05
	淮安市	3.11	27.09
	盐城市	6.76	25.68
	扬州市	4.73	28.44
	镇江市	4.85	47.00
	泰州市	3.09	13.49
	宿迁市	4.49	12.28
2014 年	南京市	4.78	27.19
	无锡市	10.47	33.95
	徐州市	3.01	15.05
	常州市	11.48	32.78
	苏州市	22.53	62.56
	南通市	8.17	20.59
	连云港市	3.38	18.54
	淮安市	3.27	30.58
	盐城市	5.61	31.93
	扬州市	4.99	23.89
	镇江市	5.57	50.16
	泰州市	2.68	11.71
	宿迁市	4.01	14.48

（续表）

	调整之后的投入变量		
	期末从业人数	固定资产折旧	
2015 年	南京市	3.63	8.29
	无锡市	9.29	26.93
	徐州市	1.83	6.77
	常州市	10.76	25.95
	苏州市	21.45	58.99
	南通市	7.95	17.68
	连云港市	2.15	7.33
	淮安市	2.33	12.44
	盐城市	4.15	22.20
	扬州市	3.69	18.25
	镇江市	4.35	46.74
	泰州市	1.89	6.28
	宿迁市	3.95	9.00

附录 10-3　第一阶段与第三阶段江苏文化制造业效率比较结果

2013 年						
	TE1	TE3	PTE1	PTE3	SE1	SE3
南京市	1	1	1	1	1	1
无锡市	0.42	0.897	0.524	1	0.801	0.897
徐州市	0.532	0.418	0.88	0.636	0.605	0.658
常州市	0.284	0.861	0.31	0.912	0.915	0.944
苏州市	0.417	1	1	1	0.417	1
南通市	0.391	0.672	0.416	0.783	0.941	0.859
连云港市	0.454	0.408	0.751	1	0.605	0.408
淮安市	0.424	0.4	0.596	1	0.711	0.4
盐城市	0.355	0.559	0.457	0.754	0.777	0.741
扬州市	0.404	0.632	0.49	1	0.826	0.632
镇江市	0.458	0.621	0.57	0.832	0.804	0.747
泰州市	0.714	0.385	1	0.857	0.714	0.45
宿迁市	0.493	0.546	0.63	1	0.783	0.546

（续表）

2013 年						
	TE1	TE3	PTE1	PTE3	SE1	SE3
2013 年						
	TE1	TE3	PTE1	PTE3	SE1	SE3
苏南	0.516	0.876	0.681	0.949	0.787	0.918
苏中	0.503	0.563	0.635	0.88	0.827	0.647
苏北	0.452	0.466	0.663	0.878	0.696	0.551
省平均值	0.488	0.646	0.663	0.906	0.761	0.714
2014 年						
	TE1	TE3	PTE1	PTE3	SE1	SE3
南京市	1	1	1	1	1	1
无锡市	0.412	0.757	0.541	0.851	0.761	0.897
徐州市	0.442	0.349	1	0.89	0.442	0.45
常州市	0.296	0.983	0.298	1	0.994	0.944
苏州市	0.384	1	1	1	0.384	1
南通市	0.366	0.846	0.385	0.763	0.95	0.859
连云港市	0.503	0.394	0.75	0.584	0.671	0.408
淮安市	0.442	0.459	0.547	0.624	0.807	0.4
盐城市	0.399	0.491	0.488	0.652	0.819	0.741
扬州市	0.39	0.566	0.485	1	0.804	0.632
镇江市	0.459	0.65	0.535	0.986	0.858	0.747
泰州市	0.637	0.409	1	0.817	0.637	0.658
宿迁市	0.331	0.547	0.58	0.933	0.571	0.546
苏南	0.51	0.878	0.675	0.967	0.799	0.917
苏中	0.464	0.607	0.623	0.86	0.797	0.716
苏北	0.423	0.448	0.673	0.737	0.662	0.509
省平均值	0.466	0.65	0.662	0.854	0.746	0.714
2015 年						
	TE1	TE3	PTE1	PTE3	SE1	SE3
南京市	1	1	1	1	1	1
无锡市	0.615	0.879	1	0.928	0.615	0.947
徐州市	1	0.712	1	0.955	1	0.745
常州市	0.589	1	0.971	1	0.607	1
苏州市	0.554	1	1	1	0.554	1
南通市	0.66	0.839	1	1	0.66	0.839
连云港市	0.743	0.693	0.828	1	0.897	0.693

（续表）

2015年						
	TE1	TE3	PTE1	PTE3	SE1	SE3
淮安市	0.808	0.742	0.845	0.96	0.957	0.773
盐城市	0.629	0.747	0.77	1	0.817	0.747
扬州市	0.71	0.776	0.954	1	0.744	0.776
镇江市	0.743	0.809	1	0.859	0.743	0.942
泰州市	1	0.66	1	0.784	1	0.841
宿迁市	0.708	0.769	0.862	0.872	0.821	0.882
苏南	0.7	0.938	0.994	0.957	0.704	0.978
苏中	0.79	0.758	0.985	0.928	0.801	0.819
苏北	0.778	0.733	0.861	0.957	0.898	0.768
省平均值	0.751	0.817	0.941	0.951	0.801	0.86

第 11 章 江苏文化产业效率的影响因素和提升对策研究

第 9 章讨论江苏文化产业效率特征、第 10 章聚焦研究江苏文化制造业产业效率，均是为了对文化产业效率变革的内在规律性建立认识。本章进一步梳理影响江苏文化产业效率的因素，并综合第 9 章、第 10 章研究结论提出提升江苏文化产业效率的对策。

具体研究思路为：

首先，讨论影响江苏文化产业效率的因素。使用 2015 年江苏文化产业数据，分别从江苏文化产业的产业质量、SAF 模型投入变量和环境变量两方面，研究其对江苏文化产业效率的影响。

其次，就产业质量对江苏文化产业效率的影响、SAF 模型投入变量和环境变量对江苏文化产业效率的影响、江苏文化制造业产业效率的影响因素三方面，提出提升江苏文化产业效率的对策建议。

11.1 江苏文化产业效率的影响因素研究

11.1.1 产业质量对效率的影响研究

本节以第 6 章测度的产业质量结果和 9.2 中测度的产业效率结果为基础，运用折线图、相关系数定量分析产业质量和产业效率之间的关系，并采用四象限分析法直观定性分析。

11.1.1.1 折线图分析

江苏省文化产业大类、中类和小类的质效折线图见图 11-1、图 11-2、图 11-3。

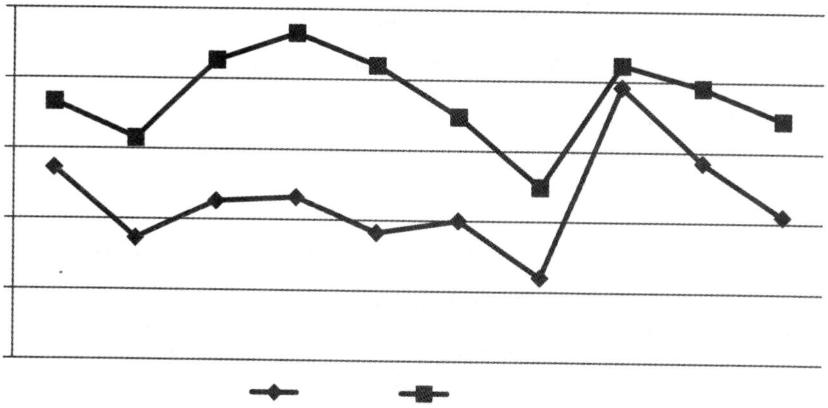

图 11-1　江苏文化产业大类产业质效关系折线图

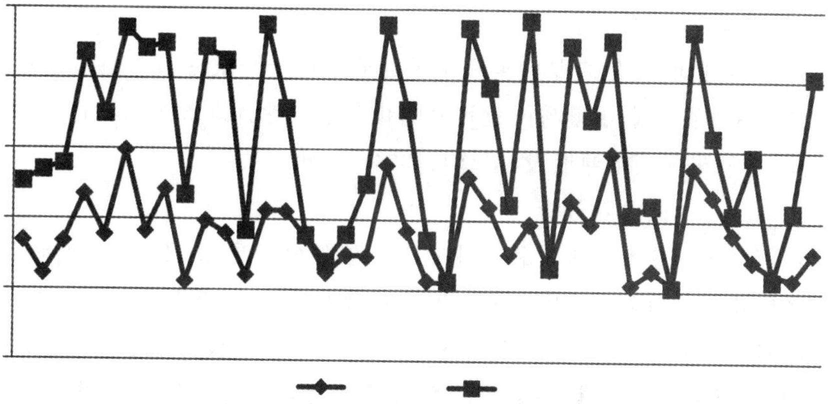

图 11-2　江苏省文化产业中类产业质效关系折线图

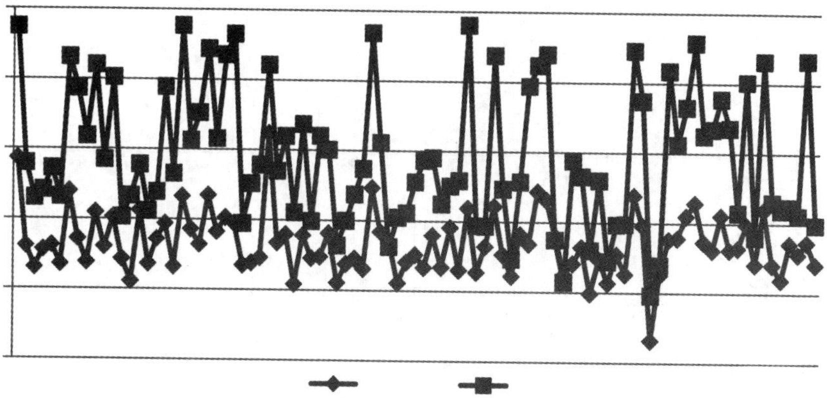

图 11-3　江苏省文化产业小类产业质效关系折线图

由折线图可知，江苏文化产业质量和产业效率存在趋于一致的变化趋势，可以看出江苏文化产业质量和产业效率存在一定的相关关系。

11.1.1.2 相关系数分析

通过直观观察发现产业质量与产业效率存在一定的关系，为了进一步验证定性分析的准确性，进行 Pearson 相关系数检验。

江苏省文化产业质量和产业效率的 Pearson 相关系数检验结果见表 11-1。

表 11-1 产业质量与产业效率的 Pearson 检验

	检验项	大类产业质量	中类产业质量	小类产业质量
产业效率	Pearson 相关性	0.581	0.832**	0.816**
	显著性(双尾)	0.078	0	0

注：** 在置信度(双测)为 0.01 时，相关性是显著的。

由上表可知，文化产业中类和小类的质量得分与效率值存在显著相关性；文化产业大类的产业质量与产业效率的相关系数达到 0.581 为中度相关，虽 p 值大于0.05，未能拒绝原假设，但这与样本量较小有关。

11.1.1.3 四象限分析

江苏文化产业大类质量和产业效率四象限分析见图 11-4。大类质量和产业效率四象限分析分别见图 11-5、图 11-6，图中将文化产业中类和小类名称以数字序号代替，例如 5.3.1 代表第五大类“文化创意和设计服务”中的第三中类“建筑设计服务”里面的第一小类“工程勘察设计”(具体编码详见附录 6-3 和附录 6-4)。

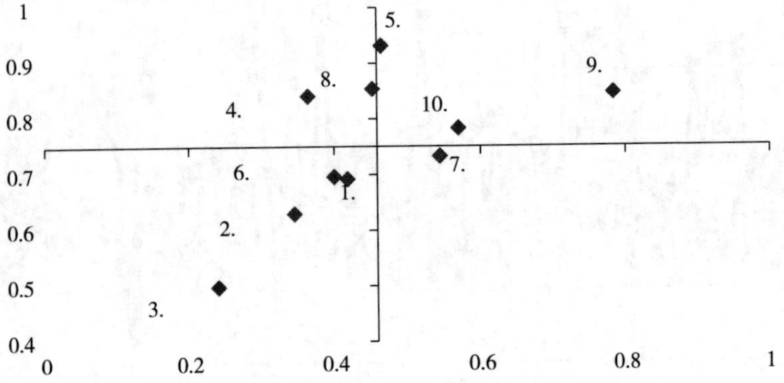

图 11-4 江苏文化产业大类产业质效四象限图

高产业效率 低产业质量	(7.3)、(5.4)	(1.3)、(7.1)、(4.3)、(10.2)、(5.1)、(4.1)、(5.3)、(6.1)、(9.10)、(10.3)、(9.5)、(9.3)、(5.2)、(9.9)、(9.8)、(9.7)、(8.2)、(10.1)	高产业效率 高产业质量
低产业效率 低产业质量	(9.1)、(1.2)、(2.2)、(2.1)、(8.6)、(9.2)、(8.7)、(3.7)、(9.13)、(3.4)、(6.3)、(8.4)、(3.3)、(9.11)、(3.1)、(1.1)、(6.2)、(7.2)、(4.2)	(9.4)	低产业效率 高产业质量

图 11-5　江苏文化产业中类产业质效四象限图

高产业效率 低产业质量	(2.1.2)、(6.1.1)、(8.4.1)、(9.8.1)、(6.2.5)	(8.2.3)、(7.1.6)、(7.1.7)、(9.5.1)、(2.2.2)、(10.3.3)、(5.3.1)、(7.3.3)、(10.2.2)、(10.2.1)、(5.1.1)、(4.1.1)、(9.7.1)、(7.1.2)、(3.3.3)、(9.1.3)、(9.10.2)、(7.1.9)、(5.2.1)、(7.3.1)、(1.2.1)、(1.3.1)、(9.3.1)、(9.9.1)、(9.8.2)、(9.5.2)、(1.2.4)、(10.1.1)、(9.5.3)、(10.2.3)、(6.1.2)、(4.3.1)、(9.10.1)、(5.4.1)	高产业效率 高产业质量
低产业效率 低产业质量	(1.3.2)、(1.2.2)、(8.2.2)、(9.1.2)、(3.3.2)、(2.2.3)、(10.2.4)、(1.2.5)、(6.2.2)、(6.2.1)、(7.1.4)、(10.3.1)、(8.6.1)、(8.2.5)、(9.11.3)、(9.4.1)、(1.2.3)、(7.1.3)、(1.2.6)、(4.2.1)、(6.2.4)、(8.7.1)、(3.7.1)、(9.13.2)、(6.2.6)、(3.4.1)、(6.3.1)、(9.7.2)、(8.2.1)、(5.2.2)、(4.3.3)、(9.11.1)、(9.1.1)、(3.3.1)、(3.1.1)、(4.3.2)、(9.2.2)、(1.1.1)、(6.1.3)、(3.1.2)、(9.4.2)、(7.2.1)、(10.3.2)、(9.11.4)、(7.1.8)、(8.2.4)	(9.2.3)、(7.1.1)、(9.2.4)、(9.13.1)、(9.4.3)、(7.1.5)、(6.2.3)、(9.2.1)	低产业效率 高产业质量

图 11-6　江苏文化产业小类产业质效四象限图

如图 11-4、图 11-5、图 11-6 所示：

第一,较多的文化产业类别集中在第一象限和第三象限,进一步直观印证了文化产业质量与产业效率之间存在相关关系。

第二,处于第三象限的产业类别分别占比 40%(大类)、47.5%(中类)和 49.5%(小类),表明江苏文化产业急需结构调整与升级,文化产业质量和产业效率需要同步提升。

综上,本节研究显示:江苏省文化产业质量和产业效率存在明显的关联。产业效率和产业质量同步提升更有利于江苏文化产业高质量发展。

11.1.2 SFA 模型投入变量、内外部环境变量的影响研究

本节使用 9.2 中 C-D 生产函数模型的模型拟合结果,具体分析投入变量、内外部环境变量对产业效率的影响研究。

11.1.2.1 投入变量的影响

如表 11-2 所示,β_1 和 β_2 分别说明从业人员投入和固定资产原价投入的估计结果。

表 11-2 江苏文化产业中类效率估计结果

变量	参数	系数		说明方面
		中类	小类	
常数项	β_0	−1.88235	−3.33527	——
$\ln L$	β_1	0.48728	0.63093	从业人员投入的影响
$\ln K$	β_2	0.24604	0.22398	固定资产原价投入的影响
常数项	δ_0	1.08682	0.83496	——
Z_1	δ_1	−0.09100	−0.11529	管理费用的影响
Z_2	δ_2	0.20163	0.75474	政府补助收入的影响
σ^2		0.17880	0.24524	误差项的结构特征
γ		0.84418	0.56220	误差的构成
对数似然函数值		−7.61155	−55.15070	整体拟合效果
LR		11.24405	17.24046	整体拟合效果

注:以上系数均在 1%显著性水平下显著(双侧)。

2015 年江苏文化产业中类文化产业的从业人员投入和固定资产原价投入的产出弹性分别为 0.48728、0.24604，且通过了 1%置信水平下的 t 检验临界值，说明江苏文化产业投入和产出之间显著正相关，从业人员和固定资产原价有效推动文化生产活动顺利开展。从系数角度看，每增加 1%的从业人员，会带来 0.487%的文化产业增加，每增加 1%的固定资产原价，会带来 0.246%的文化产业增加；因此，从业人员投入对文化产业效率的带动效果更大。

江苏省文化产业小类的从业人员与固定资产原价两大投入变量的产出弹性分别为 0.63093、0.22398，且都通过了 1%置信水平下的 t 检验临界值，表明江苏省文化产业投入产出之间显著正相关，从业人员与固定资产对发展江苏文化产业非常重要。从业人员的产出弹性大于固定资产原价的产出弹性，说明江苏省文化产业产出主要依靠劳动力资源的投入来实现。这与对中类产业效率估计结果相一致。

11.1.2.2　内外部环境变量的影响

表 9-18 中，δ_1 和 δ_2 给出了管理费用与政府补助收入的估计结果。

从中类看，管理费用在模型中的估计系数显著为负，表明管理费用对文化产业效率的提高起到了显著的促进作用。技术无效率更多地被认为是管理问题造成的，通过增加管理费用，引进先进管理方法，完善信息化管理系统，使管理工作更加规范化，增强管控能力，提高管理水平，有助于文化产业效率的提高。政府补助收入在模型中的估计系数显著为正，表明政府补助收入对文化产业技术效率有显著的负面影响，这说明政府补助对文化产业效率不作为。

两个内外部环境变量对文化产业小类的影响方向与其对中类的影响方向一致。其中，管理费用在模型中的估计系数为－0.11529，并且通过了 1%置信水平下的 t 检验临界值，表明管理费用对文化产业效率的提高起到了显著的促进作用，每增加 1%的管理费用，就会带来 0.11529%的文化产业增加。政府补助收入在模型中的估计系数显著为正，比中类的影响程度更大，这与小类不同文化产业接受政府补助金额不平衡有关，部分小类文化行业没有政府补助，而个别小类文化行业的政府补助数量较大。

综上，投入变量中，从业人员和固定资产原价均影响文化产业效率，相对而言，从业人员投入对文化产业效率的带动效果更大。内外部环境变量中，管理费用对文化产业效率的提高起到了显著的促进作用，但政府补助收入对文化产业技术效率有显著的负面影响。

11.2 江苏文化产业效率提升的对策研究

11.2.1 分类施政,促效率与质量同步提升

11.2.1.1 进一步壮大"双高"行业,增强示范效应

由前节对产业质量和产业效率四象限分析可知,包装装潢及其他印刷、机制纸及纸板制造、工程勘察设计、软件开发、影视录放设备制造、抽纱刺绣工艺品制造、广告业和专业化设计服务等与文化产品生产相关的制造业以及与创意设计相关的服务业既有较高的产业效率,又有较高的产业质量。因此,江苏应抓住"一带一路"倡议的机遇,完善文化产业振兴方案,将产业质效水平较高的行业列为重点支持对象,明确政策的着力点,并提高文化顶层设计的针对性,通过重大项目带动策略,丰富市场主体、培育骨干文化企业,增强企业的经营主体意识,实现局部带动整体发展的效果。

11.2.1.2 精准扶植效率、质量有待提升的行业

文化产业质量和产业效率都较低的行业占比40%左右,表明产业质效水平不高是不争的事实,这也正是国家及各级政府高度重视经济转型升级、提质增效的原因。由前文测算结果可知,歌舞厅娱乐活动、其他文化艺术业、文艺创作与表演、电信增值服务、数字内容服务、群众文化活动、文物及非物质文化遗产保护、卫星传输服务、野生动物保护、博物馆、电子游艺厅娱乐活动、摄影扩印服务、艺术表演场馆等以文化艺术服务和休闲娱乐服务为主的文化行业产业效率和产业质量都比较低,对于这些文化行业应区别对待。首先,文化遗产保护、野生动物保护、博物馆等非营利性行业,应该明确自身角色定位,学习国外非盈利机构组织管理模式,提高管理的有效性。其次,对卫星传输服务、数字内容服务、电信增值服务等具有一定垄断性质的行业而言,需要引入竞争机制,提高资源配置的有效性。最后,对文艺创作与表演、群众文化活动、艺术表演场馆等公益性较强的行业而言,政府部门应当为其调集相应资源,引导这类文化产业有序地发展。

11.2.2　优化资源配置，提高管理水平，夯实效率提升基础

11.2.2.1　加大人才投入，积极引导人才资源流向

根据SFA测算结果可知，人力资源对产业效率具有显著的正向影响。因此，江苏应该充分认识人力资源对提高文化产业效率的重要作用，应进一步集聚人力资源、整合优势；进一步健全与完善文化人才培养和引进制度，大力发展培养优秀复合型人才的普通高等教育，同时注重发展培养实用型人才的职业教育；围绕企业和高校对高端人才的需求，重点引进市场推广、创意设计、影视剧制作和演艺运作等方面的人才。努力加强文化产业高端人才基地建设，为文艺人才的知识互通创造良好的环境，激发创作激情，鼓励文化工作者开发科技含量高、市场前景好的文艺作品，为提高江苏文化产业效率提供强有力的人才支撑。与此同时，文化产业主管部门应全面监控文化市场人资动向，实时掌握人资流向，积极引导人才向附加值高、经济效益好的文化服务类行业流动。

11.2.2.2　提高管理水平，强化效率提升能力

根据SFA测算结果可知，管理费用对产业效率具有显著的正向影响。因此，提高管理水平，有助于强化效率提升能力。

文化产业治理者应学习先进管理模式，提高管理活动规范化和标准化程度；应加强对人、资、物等要素组合方式的调整力度，并对稀缺文化资源进行统一调配，进一步降低生产服务过程成本，强化规模优势；摒弃落后的粗放式扩张思路，坚持“强化内涵”的集约化经营方针，持续提高资产运营和管理服务的档次。文化产品提供企业应积极对标找差，提升内部管理水平。一是向先进地区学习管理经验。苏中、苏北地区应积极树立对标找差的理念，向文化制造业相对发达的苏南地区学习先进的管理与技术经验。二是积极向管理先进的企业取经学习，从企业发展战略的制定、市场需求的了解、生产与市场需求环节的匹配、文化制造业品牌建设、无形资源的利用等环节提升管理水平，则可进一步助力江苏文化制造业提升效率。

11.2.2.3　完善文化融资体系，发挥市场资源配置作用

前文分析显示，由于政府补助收入对文化产业效率并未产生积极影响，而且市场在资源配置中已起决定作用，所以政府不应过多地通过财政力量直接为文化产业提供资金支持，而应通过完善文化市场金融服务系统的方式为文化产

业吸引资金。首先，政府可以鼓励商业银行制定完善的文化金融政策，选择合适的放贷目标，为其提供金融服务，提高资金配置效率。其次，健全文化产业无形资产评估体系，完善无形资产和企业信用抵（质）押制度，在遵守法规的前提下，不断进行文化金融创新，探索无形资产抵（质）押业务，建立专业化文化产业保险机构，消除社会资本进入文化产业的疑虑，为文化产业募集更多社会资金。最后，不断深化文化体制改革，完善文化金融市场竞争机制，逐渐将文化资金配置机制从政府转向市场，形成以市场调节资金为主的新格局。

此外，和其他行业的中小微企业相类似，中小微文化企业也面临企业融资难、融资贵的困境。江苏很多中小微文化企业规模不大，但很有创新活力，想进一步做大做强、拓展自身业务，就需要更多的资金支撑，然而当前多数金融机构不敢轻易给中小企业借款。融资难、融资贵不仅制约着中小微文化企业的发展，部分资金周转不济的传统文化企业，也遇到相同的难题。从机制入手，在文化融资体系内，制定适合中小微文化企业、传统文化企业的资金支持政策，有助于这类企业提升产业效率。

11.2.3　多措并举，推动文化制造业效率提升

江苏文化制造业在江苏文化产业中占据重要地位，提升江苏文化制造业效率对江苏文化产业整体效率提升有重要意义。

11.2.3.1　统筹规划，促进区域产业协调发展

从江苏各市文化制造业的效率分析中发现，江苏各市文化制造业效率差异较为明显，苏南地区文化制造业效率高于苏中和苏北地区。

究其原因，除在苏南地区文化制造业基础好、苏锡常都市圈领先先进制造业等先发优势外，缺少站在全省整体层面、对文化制造业整体进行统筹规划是造成文化制造业效率差异的原因。假定江苏省内城市文化制造业的发展都从本市自身利益出发设定发展战略，如在发展战略中出现发展方向相似，产业结构、产品结构雷同的情况，在江苏省内城市文化制造业发展本就不平衡的状况下，苏南企业在竞争中必然处于优势，进而会影响到苏北区域城市产量规模扩展。这必然不利于江苏文化制造业整体效率提升。

因此，站在全省乃至全国、全球的角度上，为江苏文化制造业制定具有指导作用的战略规划是极其必要的。首先，应从全省乃至全国、全球的角度上，结合

市场前景、竞争状况，明晰未来江苏文化制造业的重点发展领域。其次，为了避免“同质化”竞争，各市文化制造业应梳理盘点本地区特有的文化、区位优势、人力资源特点，实施错位发展，对接全省文化制造业发展战略，积极培育具有竞争力的优质文化制造业，以形成各具特色的文化制造业集群和产业基地，提升文化制造业的规模效应，促进江苏各市文化制造业并进发展。最后，在江苏文化制造业的发展中，苏南文化制造业具有较为明显的传统优势，苏中、苏北文化制造业的发展较为滞后，江苏各地区文化制造业应积极打破地区壁垒，加强与文化制造业发展较为发达地区的产业交流和合作，充分发挥文化制造业的空间正溢出效应，实现文化制造业跨越式发展。

此外，区域间经济发展水平的差异是阻碍江苏文化制造业整体效率水平提升的重要因素。2015 年，苏南、苏中、苏北地区居民可支配收入分别为 4.62 万元、3.48 万元和 2.63 万元，差距明显。因此，江苏各市政府应加快转变经济发展方式、调整经济结构，不断缩小地区经济差距。同时，多措并举提高江苏居民个人收入，努力缩小苏南、苏中和苏北地区间的收入差距，例如：加快经济转型升级，夯实居民增收基础；积极发展民生产业，大力发展非公有制经济，繁荣广大农村经济；不断深化工资制度改革，进一步完善社会保障制度，提高居民收入水平；加大对苏中和苏北地区的政策扶持力度，不断缩小江苏地区间的发展差距。

11.2.3.2　精准施政，推进产业内部协调发展

从江苏文化制造业产业内部来看，虽然江苏文化制造业近年来取得了较大的发展，但文化制造业行业内部之间发展的不平衡性表现较为突出。2015 年，工艺美术品的生产在法人单位、从业人数、资产总额、所有者权益、净利润分别占总量的 50.22%、34.43%、22.89%、30.79%和 33.08%；文化用品的生产这一大类除法人单位指标外，在从业人数、资产总额、所有制权益、净利润等指标均占江苏文化制造业总量的 50%；文化专用设备的生产法人单位、资产总额、所有者权益、净利润指标分别占总量的 10.05%、11.53%、17.22%、16.42%，多个指标占比均低于工艺美术品的生产和文化用品的生产这两类文化制造业，说明其产业规模相对较小。相较于 2014 年，从业人数、所有者权益、资产总计、营业收入等指标的增速来看，文化专用设备的生产大多数指标的增速均为最高，工艺美术品的生产次之，文化用品的生产增速最低，其中净利润呈现负增长态势。

如能结合工艺美术品的生产、文化用品的生产、文化专用设备的生产三个大类的发展特点，精准施政，则可进一步推进内部三类产业进一步共同发展。

11.2.3.3 适度调整、优化产业规模

前文分析显示，规模效率制约了江苏文化制造业技术效率提升。近年来，江苏省委省政府纵观经济发展大势，贯彻落实中央发展方针，先后制定下发了一系列政策文件引导与支持文化制造业的发展。《关于促进文化科技融合发展的二十条政策措施》指出“对于文化科技企业既有普惠政策，又有精准扶持政策，加大对文化科技企业的扶持力度”；《江苏省文化金融合作试验区创建实施办法》为文化产业提供了融资保障；《开拓海外文化市场行动计划(2016—2020年)》指出“文化企业要紧抓‘一带一路’机遇，培育文化品牌，推动江苏优秀文化产品走出去”，一系列的文件为文化制造业的规模扩张发展提供了政策保障。

前文分析显示，不同城市规模效益状况不同。苏州市、南京市、常州市、无锡市4市，镇江市、扬州市、南通市3市，泰州市、徐州市、连云港市、盐城市、宿迁市、淮安市6市，产业规模对其文化制造业效率的影响各有不同。对于苏州市、南京市、常州市、无锡市4市，可进一步发挥领先优势，从培育和发展新领域、新业态入手推动文化制造业转型升级，拓宽文化制造业发展思路。对于镇江市、扬州市、南通市，在关注技术进步的同时，进一步扩展文化制造业的产业规模。对于泰州市、徐州市、连云港市、盐城市、宿迁市、淮安市，则需进一步加大文化制造业规模扩张的速度。一是需要增加企业数量，2015年苏南、苏中、苏北文化制造业数量分别占全省的50.9％、21.3％、27.8％；苏中、苏北企业占比低。二是需要将现有企业做大。以出口交货值全省占比分析，2015年，苏南、苏中和苏北地区文化制造业出口交货值全省比重分别为80.51％、16.5％和3％，苏中、苏北城市占比较低。在服务国内市场的同时，在国家“一带一路”倡议的引领下，放眼国际市场，通过分析、把握国际市场需求，让产品和服务“走出去”是苏北文化制造企业规模扩张的可行途径之一。

11.2.3.4 加大投入，培育可持续创新能力

首先，依托江苏制造业良好的技术创新积淀。江苏制造业实力雄厚，而“秘籍”在于：①江苏始终厚植实体经济优势、坚持创新优势取代成本优势；②突出智能制造主攻方向，大力发展移动通信、物联网、集成电路等新兴产业，全省战略新兴产业占规模以上制造业工业总产值超过30％；③不断改造提升传统产业

与培育壮大新兴产业，推动制造业向价值链高端攀升；④不断加大对技术研发的投入。江苏制造业技术创新优势，无疑是江苏文化制造业的进一步提升技术创新能力的重要依托，江苏文化制造业应充分利用技术资源，向优秀制造业企业学习、借鉴设计过程、研发过程、生产制造过程中的新技术、新方法、新工艺，进一步以技术进步推动技术文化制造业效率提升。

其次，发挥江苏科教人才优势。江苏拥有较多的高等院校和科研院所，高等院校的质量与数量在全国处于前列。2015 年，全省共有普通高校 137 所，在校大学生 171.6 万人，高校数量和在校生人数均居全国首位，南京现有高校达到 44 所，高校在校生总数多达 80.53 万人。江苏区域创新能力连续七年保持全国第一，全省已建国家和省级重点实验室 97 个，科技服务平台 290 个。同时，江苏致力于普及职业技术教育与综合素质教育，越来越多的企业也认识到人才的重要性，注重职工技能的培训；科技人员密度，尤其是高层次人员密度远高于其他省市。江苏文化制造业应进一步依托江苏科教人才优势，向人才要产业效率，助推文化制造业转型升级，向价值链高端攀升。

再次，持续加大研发投入。2013—2015 年，江苏文化制造业新产品销售收入在主营业务收入中的占比分别为 17.37%、16.63%和 14.65%，比重呈现下降趋势。2015 年，江苏规模以上文化制造业主营业务收入为 7817.18 亿元，而文化制造业 R&D 经费内部支出仅为 79.68 亿元，新产品开发经费支出仅为 95.53 亿元，R&D 经费占主营业务收入比例较小。持续、充足的研发经费投入是进一步培育江苏文化制造业的创新能力的重要保障。

最后，积极搭建研发平台，不断提升产业创新能力，在促进传统文化制造业转型升级的同时，积极向创新驱动与科技驱动转变，努力探索文化制造业的“文化＋”“互联网＋”等新发展模式，借鉴互联网思维，推动大数据、人工智能等新科技在文化制造业中的运用，通过文化制造业转型升级，进一步拓宽文化制造业发展思路。

本章小结

本章在第九章、第十章研究的基础上进一步分析了影响江苏文化产业效率的相关因素，并提出了提升文化产业效率的对策建议。

研究所得为：

(1)江苏文化产业效率和与其产业质量密切相关，同步提升产业效率和产业质量更有利于江苏文化产业高质量发展。

(2)投入变量中，固定资产原价、从业人员投入均对江苏文化产业效率产生影响，从业人员投入对江苏文化产业效率的带动效应相对更大；环境变量中，管理费用对文化产业效率的提高起到了显著的促进作用，政府补助收入则对文化产业技术效率有显著的负面影响。

(3)可从“优化资源配置，提高管理水平，夯实效率提升基础”“分类施政，促效率、质量同步提升”“多措并举，推动文化制造业效率提升”三方面进一步提升江苏文化产业效率。

第三篇　江苏文化产业高质量发展动力研究

新时代我国经济发展的基本特征，就是由高速增长阶段转向高质量发展阶段。处在转变发展方式、优化经济结构、转换增长动力的攻关期，文化产业要以动力变革赢得发展主动，就迫切需要找准着力点、关注发展动力的新趋势和新问题、聆听释放新发展动力的对策建议。

本篇研究江苏文化产业高质量发展动力。

本篇共四章，包含第 12 章到第 15 章。第 12 章研究江苏文化产业竞争力特征，第 13 章研究 2014—2015 年江苏文化产业的增长点，第 14 章研究江苏国有文化企业高质量发展动力，第 15 章研究江苏文化创意产业的竞争力。

本篇首先在第 12 章对江苏文化产业竞争优势和相对不足建立充分认识的基础上，在第 13 章中讨论江苏文化产业实现高质量的最佳发力之处。通过第 12 章和第 13 章的研究，为江苏文化产业实现高质量发展进一步明晰发展着力点。之后，第 14 章聚焦研究江苏国有文化企业，为推动国有文化企业进一步落实“社会效益放在首位、实现社会效益和经济效益相统一”发现堵点、清障破难；第 15 章则聚焦研究江苏文化创意产业，为进一步靶向性培育“新产业、新业态”的竞争力、增强产业高质量发展动力提供参考借鉴。本篇主要研究内容如图 4 所示。

本篇主要观点：

(1)2013 年时，与北京、上海、浙江、山东、广东省市相比，江苏文化产业的竞争优势为：产业规模大、文化制造业在科研能力上有一定的比较优势、产业可持续发展能力强；相对不足为：江苏文化制造业在科研能力上与广州存在较大差距，需求基础有待进一步夯实，江苏文化产业应进一步提高产业效率。

(2)2014—2015 年期间江苏文化产业 10 大类行业中的增长点主要分布在：广播电视电影服务、文化信息传输服务、文化创意和设计服务、工艺美术品的生产、文化产品生产的辅助生产、文化用品生产、文化专用设备的生产等 7 个大类行业中。相对而言，文化服务业比重偏小、“文化艺术服务业”举步维艰、“文化休闲娱乐服务”发展迟缓、“新闻和出版服务”盈利下降。

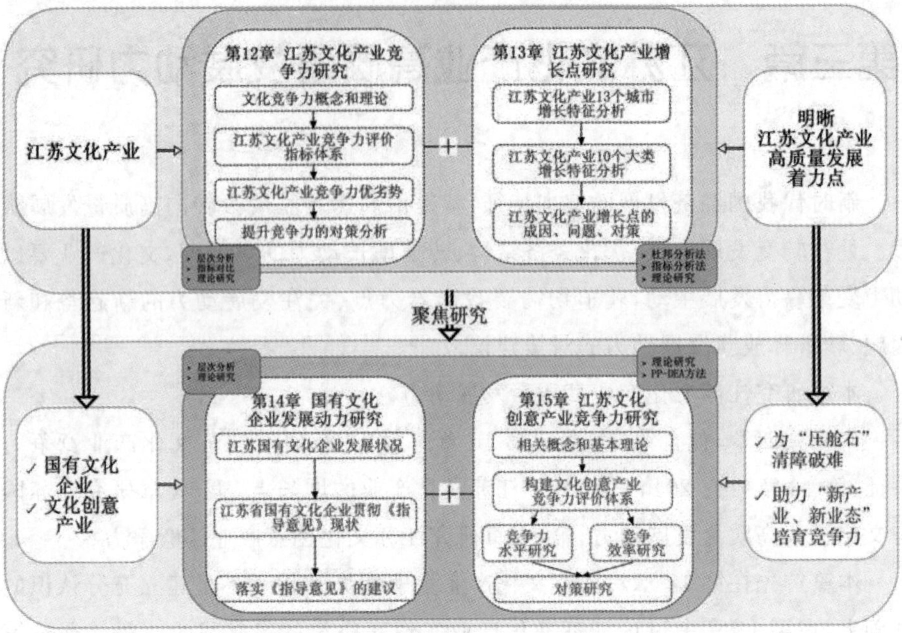

图4 第三篇主要研究内容和研究方法示意图

(3)江苏国有文化企业在贯彻2015年中办、国办印发的《关于推动国有文化企业把社会效益放在首位、实现社会效益和经济效益相统一的指导意见》过程中取得了明显成效,但还需通过“出台评价考核细则”“进一步推动企业完善内部运行机制”“鼓励资源整合、推进以资本为纽带的企业联合或重组”“一企一策、分类指导”等措施进一步推动国有文化企业进一步落实“社会效益放在首位、实现社会效益和经济效益相统一”。

(4)江苏省文化创意产业竞争力水平与效率综合评价在东部11省市中位居第二;处于“高产业竞争力水平,低产业竞争力效率”区域。江苏省文化创意产业的最佳发展着力点为进一步提升竞争效率。

第 12 章　江苏文化产业竞争力研究

江苏省委、省政府始终把大力推进文化及相关产业发展作为国民经济新增长点和转型升级的重要着力点，江苏省文化产业整体规模和综合竞争力得以快速提升。江苏省文化产业增加值从 2004 年的 258.55 亿元增加到 2014 年的 3099 亿元，对 GDP 的贡献从 1.72%上升到 4.8%，发展势头喜人。与此同时，全国其他一些省市依赖其独有的优势，文化产业同样呈现出快速发展的态势。要培育江苏文化产业高质量发展的新动力，就必须深刻认识自身的比较优势和相对不足。

本章将视角拓展到标杆省市，研究江苏文化产业竞争力特征，为扬长补短、增强江苏文化产业高质量发展动力明晰方向。

具体研究思路为：

在构建“文化产业竞争力评价指标体系”基础上，采用 2013 年江苏及全国第三次经济普查的相关统计数据，对江苏、北京、上海、浙江、山东、广东等六省市文化产业竞争力进行定量分析，以对江苏文化产业的竞争力现状建立客观的认识，为增强江苏文化产业高质量发展动力明晰方向，在此基础上提出相应的建议和对策。

首先，梳理文化产业竞争力相关概念与理论、竞争力评价方法，确定研究方法；

其次，选用多元统计分析方法与层析分析法相结合的研究方法，从现实竞争力、潜在竞争力、综合竞争力三方面构建“文化产业竞争力评价指标体系”；

再次，采用 2013 年江苏及全国第三次经济普查的相关统计数据，使用构建出的“文化产业竞争力评价指标体系”，对江苏、北京、上海、浙江、山东、广东六省市文化产业竞争力进行定量分析；

最后，提出助力江苏文化产业提升竞争力增强江苏文化产业高质量发展动力的建议和对策。

12.1 文化产业竞争力相关概念与理论

12.1.1 相关概念

12.1.1.1 产业竞争力

产业竞争力的理论研究最早可追溯到亚当·斯密(1776)在《国富论》中提出的绝对优势理论，认为一种产品在不同国家之间的绝对成本存在差异，产生了绝对优势，此乃竞争力根源所在。[181] Poter(1990)指出产业竞争力就是在贸易、市场空间以及竞争对手等多方面因素的影响下，市场能够获得的最大收益。[182]

12.1.1.2 文化产业竞争力

文化产业竞争力是指一个地区的文化产业生产和销售文化产品，提供各种文化服务、占领市场和持续发展的能力，它反映出一个地区文化产业的经济实力、科技水平和创新能力。文化产业竞争力被认为是文化产业发展的晴雨表，它既是一种现实竞争力的表现，又是一种可持续发展能力的反映。

12.1.2 竞争力评价的相关理论

12.1.2.1 比较优势理论

古典经济学家李嘉图 1817 年提出了比较优势理论，他认为两国之间的贸易活动能够进行的前提是两国的商品存在价格差异，一个国家想要在国际贸易中获益，就必须注重本国具有高生产率商品的出口和低生产率产品的进口，从而实现本国利益的最大化。20 世纪，由于比较优势理论仍存在一定的局限性，随之产生了赫克歇尔-俄林(H-O)理论。H-O 理论是对比较优势理论的继承和发展，认为如果所有的国家具有相同的生产函数，但是在土地、自然资源、劳动力、资本等生产要素上存在差异，那么这些生产要素的差异将决定国际竞争中的贸易结构。由于古典的比较优势理论只能描述静态的竞争力比较，故产生了动态比较优势理论，该理论认为一个国家的生产要素分配情况将决定一个国家的竞争力。

12.1.2.2　“钻石模型”及其改进模型

1980 年，美国著名的经济学家波特教授提出了国际竞争力的五力模型。波特认为同业者、替代业者、潜在业者、购买者和供应者这五个方面的基础竞争力决定了一个产业的内部竞争优势，这五种作用力综合起来将会影响企业的盈利水平。对于不同的产业来说，这五种作用的强度有所差异，造成产业的盈利能力也不同。之后波特通过对多个国家与国际市场的长期观察，构建了一种形似钻石的产业竞争力评价框架，这也即我们所熟悉的“钻石模型”，见图 12-1。该模型包括了四个内在因素和两个外在因素，处在相互影响、相互牵制的动态体系中。

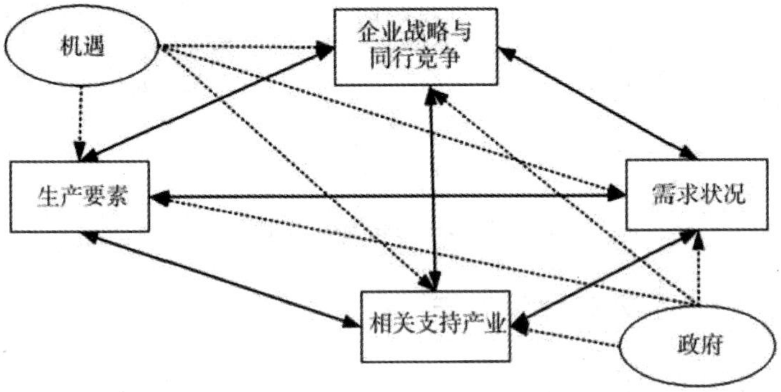

图 12-1　钻石模型

钻石模型中，生产要素、需求状况、相关产业支持以及企业战略与同行竞争因素影响产业竞争优势。生产要素是产业必要的基础，包括自然资源、基础设施、交通条件、技术、知识等要素；需求状况体现一个市场的活跃程度，大量的需求才能够促进产业的不断发展，推动产业的升级和创新，提高产业的竞争力；相关支持产业作为产业的坚实后盾，协助产业获得更大的竞争优势；企业战略与同行竞争是企业自身获取竞争力的基础，如国家制定相关的制度支持和鼓励企业创新，或者企业拥有强有力的竞争对手去刺激企业不断创新，这些都可以直接或间接提升产业的竞争力；政府虽然不直接影响竞争力，但却通过政策的制定、税率的调整来对上述四个重要因素产生影响，进而间接影响产业的竞争力；机遇的把握关系着企业的生死存亡，有的企业错失良机后丧失了原有的竞争地位，而有的企业则通过机遇的把握迎头而上。[183]

虽然波特的“钻石模型”拓展了传统的竞争理论，但在实际运用的过程中仍存在诸多的不足。钻石模型更多地适用于第一产业和第二产业的竞争力评价，对于第三产业或新兴产业而言，模型缺乏对社会价值、可持续发展等因素的考量。韩国学者 Dong-Sung Cho 借鉴传统“钻石模型”，在认真研究韩国产业基础上提出了“钻石模型”的修正模型，即竞争力九要素模型[184]，如图 12-2 所示。

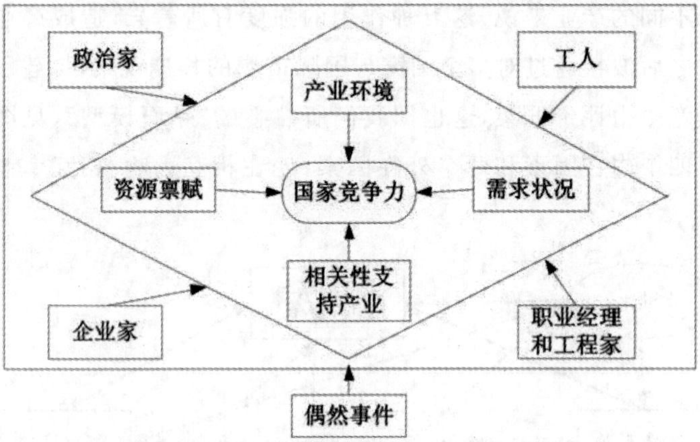

图 12-2 钻石模型改进的九要素模型

12.1.3 竞争力的评价方法

产业竞争力的评价方法是产业竞争力研究的重要组成部分，国内外众多的学者对产业竞争力的评价方法进行了大量的研究和分析，目前综合评价方法主要有德尔菲、层次分析法、灰色关联、模糊综合评价法、数据包络法、投影寻踪等方法。

12.1.3.1 德尔菲法

德尔菲法又被称之为专家意见法，是主观赋权的一种方法，它采用匿名的方法征询专家关于指标权重的意见，对该意见进行整理之后，将结果再反馈给专家，经过几轮的征询，使得专家小组的意见趋于一致，以此得到的往往是具有较高准确性的专家判断结果。该方法因为匿名性和反馈性的特点，便于专家的独立思考和判断，具有一定的权威性和科学性，但是征询过程较复杂、费时间，且由于主观赋权导致最终的评价结果客观性较差，因此在产业竞争力评价应用中存在比较大的局限性。

13.1.3.2 层次分析法

层次分析法（AHP）是竞争力评价中最常用的方法，该方法将影响竞争力的有关因素分成了目标层、因素层、具体指标三个层次，通过专家对影响竞争力的各个因素的重要性进行两两评估后获得相应的权重，然后按照各个因素的权重大小排序，从而得出影响竞争力的因素的重要性排序。层次分析法将评价体系进行分解、比较、再综合，具有较强的逻辑性、实用性和系统性，操作简单，易于理解和使用。但该方法定性的成分较多，使得评价结果客观性不足；同时当指标数据较大时，分解的阶数增加，使得特征值和特征向量的计算变得复杂，应用时具有一定的局限性。

12.1.3.3　灰色关联法

灰色系统理论是研究少数据、贫信息、不确定性问题的方法，通过对部分已知的信息来推测和生成、提取相关有价值的信息，实现对整个系统规律的了解、掌握和控制。采用灰色关联法可以对产业竞争力的各因素，通过计算得到的关联系数而得出关联度，排出关联序，列出关联矩阵，找出随机因素序列间的关联性、主要影响因素和主要特征。灰色关联法可以在不完全、不确定的信息中，在随机的因素之间找到关联性，发现主要矛盾，对样本的要求较小，分析结果也较为理想。但目前灰色理论的量化模型存在适用范围的局限性，在文化创意产业竞争力评价中有一定限制。

12.1.3.4　多元统计方法

多元统计方法是产业竞争力评价中常用的方法，在众多定量评价研究中有很高的使用率。主要包括主成分分析方法和因子分析方法。主成分分析是利用降维的思想，将多个指标利用数学变换组合成几个不相关，且包含原始指标较多信息的综合指标。该方法分析直观，便于软件操作，结果较为客观，但对于处理后的综合指标难以命名解释，同时在处理贡献度不高的指标时存在一定局限。因子分析方法与主成分方法相类似，是将原始指标中相关性较高的归纳为同一类因子的统计方法，也能达到降维处理的目的。它是对原有指标信息进行组合，找出共同因子，方便计算，减少原有信息的丢失，对研究问题具有较强的分析解释能力。但因子分析对数据量和成分有要求，需要进行 KOM 检测以判断是否可以运用因子分析法。

12.1.3.5　数据包络分析

数据包络分析(DEA)是多投入、多产出的多个决策单元的效率评价方法，广泛用于效率评价。DEA 是一个线性的规划模型，表示为产出对投入的比率，通过一个特定单元的效率和一组提供相同服务的类似单元的绩效比较，试图使服务单元的效率最大化。虽然 DEA 对异常值非常敏感，在此基础上得出的处理结果也不够稳定，但 DEA 在分析效率方面具有的优势，该方法适用于多投入多产出的复杂系统，无须权重假设，操作中利用实际数据求的最优权重，排除主观误差，具有较强的客观性，因此成为产业竞争力效率评价的有效方法。

12.1.3.6　投影寻踪方法

投影寻踪(Projection Pursuit，简称为 PP)产生于 1960 年左右，是综合了统计学、数学和计算机编程的数据分析方法，该方法直接由样本数据驱动，适用于非线性、非正态的高纬数据处理。投影寻踪的原理是将高维数据在低维子空间投影，通过对函数的优化，找到最能反映原始数据结构特征的投影值，来达到分析高维数据的目的。PP 法在处理高纬度数据方法有着独特的优势，能够排除不影响结构的无关数据的干扰，不假定数据的分布，也不对指标数据进行筛选，能够尽可能地降低信息丢失，找到数据的内在规律。虽然在操作的过程中较为费时，在算法进行的过程中稍微损失一定的客观性，但其本身的适应性很强，具有较广的适用范围，可以有效解决一些传统评价方法的不足，是进行产业竞争力水平评价较为合适的方法。

本章将多元统计分析方法与层次分析法相结合，构建"文化产业竞争力评价指标体系"，采用 2013 年江苏及全国第三次经济普查的相关统计数据，定量对比分析江苏、北京、上海、浙江、山东、广东等六省市文化产业竞争力，并据此为江苏文化产业竞争力的快速提升、增强高质量发展动力提出建议和对策。具体分析步骤和研究方法如表 12-1 所示。

表 12-1　研究过程、研究方法简表

研究过程		研究方法
步骤 1：构建指标体系	指标初选	文献研究法
	指标二次筛选、分层和命名	层次分析法、因子分析法
步骤 2：评价六省市文化产业竞争力		排序计分、因子加总

12.2　文化产业竞争力评价指标体系构建与评价方法

12.2.1　文化产业竞争力评价指标体系的构建

评价文化产业竞争力是一项综合性的研究，重点在于构建出一套合理的评价指标体系。本章在科学性与系统性、代表性与可行性、动态与静态结合的指标体系构建原则指导下选择评价指标、构建文化及相关产业竞争力评价指标体系。其中，科学性指应遵循一定的理论基础，系统性指从文化产业整体出发、综合平衡兼顾各因素，代表性指抓住核心指标、提炼产业竞争力最基本因素，可行性指方便数据信息采集。

12.2.1.1　指标初选

本章在文献研究的基础上，依据现有研究成果提供的思路，从产业表现、发展环境、资源获得、成长潜力等方面选取了 23 个指标作为文化产业竞争力评价的初选指标。

12.2.1.2　指标二次筛选、分类和命名

本章使用因子分析法进行指标的二次筛选、分层和命名。

首先，本章采用 2013 年全国 31 个地区的数据、使用因子分析法对 23 个初选指标进行筛选，剔除了其中存在横跨因子现象的 4 个指标。

其次，从剩余的 19 个指标中提取出五个因子，通过计算得到五个因子解释的总方差为 83.48%，总解释力理想(如表 12-2 所示)。

表 12-2　提取因子解释的总方差

成分	初始特征值			提取平方和载入		
	合计	方差的%	累积%	合计	方差的%	累积%
1	8.2	43.0	43.0	8.2	43.0	43.0
2	3.2	16.6	59.6	3.2	16.6	59.6
3	1.9	9.8	69.4	1.9	9.8	69.4
4	1.5	8.0	77.4	1.5	8.0	77.4
5	1.2	6.1	83.5	1.2	6.1	83.5

最后，根据指标内涵对因子进行命名，构建出包括现实竞争力和潜在竞争力两个准则层因子、五个指数层因子、十九个指标层指标组成的文化产业竞争力评价指标体系。该指标体系分为四层(如图 12-3、表 12-3 所示)，第一层为目标层，即文化产业综合竞争力；第二层为准则层，分别描述了文化产业的现实竞争力和潜在竞争力，现实竞争力反映文化产业目前的发展现状，潜在竞争力则说明文化产业未来的发展潜力；第三层为指数层，是对准则层的进一步细分和阐述，包括了产业规模、科研能力、投入和产出、可持续发展能力、需求基础等 5 个项目；第四层为指标层，是反映文化产业竞争力各个方面具体的评价指标，指标层各指标计算公式和说明见附表 12-1。

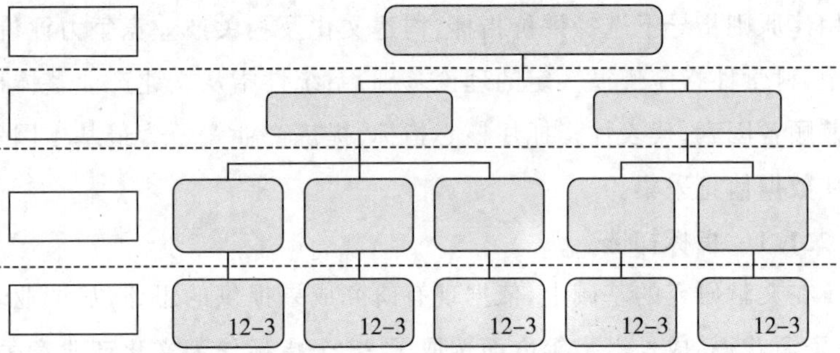

图 12-3　文化产业竞争力评价指标体系层次结构图

表 12-3　文化产业竞争力评价指标体系

准则层	指数层	指标层指标	序号
现实竞争力	产业规模	文化及相关产业增加值占全国比重	1
		文化及相关产业总产出占全国比重	2
		应交增值税	3
		文化及相关产业增加值	4
		年末产业从业人数	5
		利润总额	6
	科研能力	专利申请数	7
		有效发明专利数	8
	投入和产出	文化及相关产业固定资产投资增速	9
		文化事业费占财政支出比重	10
		固定资产产出率	11
		劳动报酬产出率	12

（续表）

准则层	指数层	指标层指标	序号
潜在竞争力	可持续发展能力	文化及相关产业发展指数	13
		R&D 项目平均经费内部支出	14
		R&D 项目人均全时当量	15
		文化及相关产业增加值增长率	16
	需求基础	人均地区生产总值	17
		城乡人均纯收入	18
		城乡人均文化消费支出比例	19

12.2.2　文化产业竞争力评价方法

按照所构建的评价指标体系，采用排序计分、因子加总法对六省市的文化产业竞争力进行评价。首先从第四层的指标层开始对六省市指标层数值（指标数值如表 12-4 所示）进行排序、按照“排序第一计 6 分，排序第六计 1 分”的方法进行计分，并将各指标得分加总，得出指标层竞争力分值。然后，将指标层得分按因子汇总至相应指数层，计算出各指数层因子得分。之后，汇总指数层得分至相应准则层，汇总各准则层得分至目标层。在各层上得分越高说明在该因子上的竞争力越强。

表 12-4　六地区指标数据一览表①

序号	指标名称	单位	北京	上海	江苏	浙江	山东	广东
1	文化及相关产业增加值占全国比重	%	8.2	6.9	12.5	7.8	10.0	15.0
2	文化及相关产业总产出占全国比重	%	8.1	10.2	13.1	7.0	9.5	19.4
3	应交增值税	亿元	101.7	95.4	184.8	101.3	164.3	226.4
4	文化及相关产业增加值	亿元	1647.2	1388.0	2500.7	1560.0	2015.0	3011.0
5	年末产业从业人数	万人	41.6	35.0	100.6	50.8	53.7	184.3
6	利润总额	亿元	390.2	447.4	667.0	549.7	395.7	681.3
7	专利申请数	件	272.0	887.0	4758.0	5218.0	2811.0	8147.0
8	有效发明专利	件	689.0	638.0	2142.0	634.0	1218.0	5396.0

① 注：本章指标数据来自《2014 中国文化及相关产业统计年鉴》，其中专利申请数、有效发明专利数、R&D 项目平均经费内部支出、R&D 项目人均全时当量四个指标数据口径为规模以上文化制造业，其余文化产业指标数据口径为文化及相关产业法人单位（下同），指标值计算说明见附表 1。

(续表)

序号	指标名称	单位	北京	上海	江苏	浙江	山东	广东
9	文化及相关产业固定资产投资增速	%	117.6	113.1	129.9	114.0	121.3	118.0
10	文化事业费占财政支出比重	%	3.7	2.0	2.2	2.2	1.9	1.7
11	固定资产产出率	%	392.7	481.0	208.8	546.1	248.8	303.9
12	劳动报酬产出率	%	57.2	91.6	106.3	157.8	167.5	62.6
13	文化及相关产业发展指数	%	114.1	121.7	126.8	114.1	119.4	113.5
14	R&D项目平均经费内部支出	万元	143.0	286.3	230.5	140.8	416.1	199.9
15	R&D项目人均全时当量	人年	5.9	7.0	9.8	6.0	8.2	6.4
16	文化及相关产业增加值增长率	%	120.8	129.7	131.1	124.1	125.4	114.3
17	人均地区生产总值	万元	9.2	8.9	7.5	6.8	5.6	5.8
18	城乡人均纯收入	万元	3.7	4.1	2.6	3.0	2.0	2.6
19	城乡人均文化消费支出比例	%	14.8	14.2	15.0	11.6	10.3	12.7

12.3　六省市文化产业竞争力现状的评价与分析

使用2013年全国文化产业统计数据，按照所构建的评价指标体系，采用排序计分、因子加总法对六省市文化产业竞争力进行评价，评价结果呈现出以下三个特征。

12.3.1　文化产业“综合竞争力”江苏位列六省市榜首

江苏文化底蕴深厚，文化资源丰富，文化建设一直走在全国前列。“十二五”期间，江苏以加快转变经济发展方式为主线，大力推进文化产业发展，文化体制改革继续保持强力推进态势，文化产业规模化、集约化、专业化水平不断提高，文化产业与关联产业实现了多业联动和融合式发展，既增加了相关产业文化含量，又延伸了文化产业链，提高了附加值，在发掘文化资源，建设特色文化城市和特色文化街区，加强文化遗产保护利用等方面取得重大进展，文化产业增加值总量、文化产业增加值占GDP的比重都呈现稳步提升的发展态势，如图12-4所示。

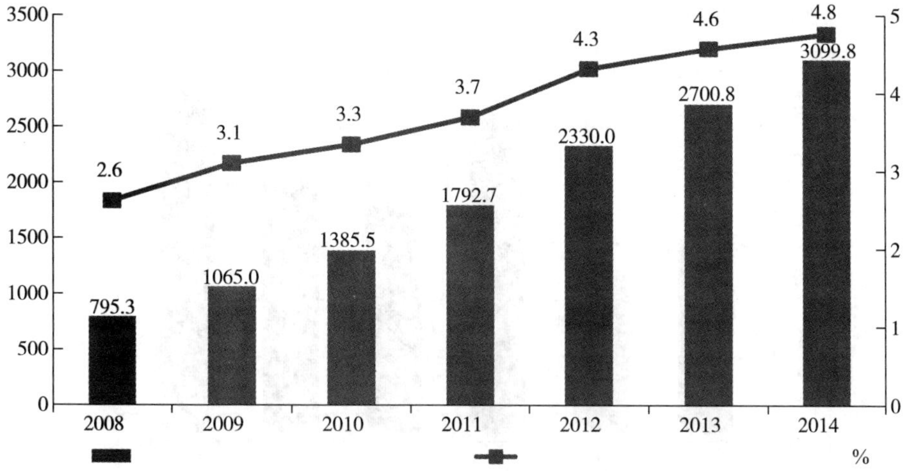

图 12-4　2008—2014 年江苏省文化产业增加值及增加值占 GDP 比重

依据 2013 年统计数据(见表 12-4),应用前面所述的文化产业竞争力评价方法,得出六省市文化产业的综合竞争力(如图 12-5 所示)。六省市中,文化产业"综合竞争力"江苏位列榜首,广东位列第二,其他依次为山东、上海、北京、浙江。这充分说明江苏文化产业发展不仅具有良好的现实基础,更有强大的潜力可挖,在我国未来经济社会发展中的地位将更加凸显。

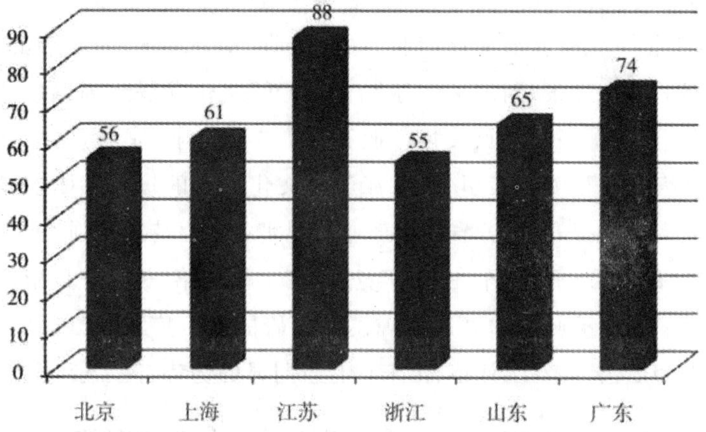

图 12-5　六省市文化产业"综合竞争力"

12.3.2　文化产业"现实竞争力"广东领跑,江苏位于第二

文化产业"现实竞争力"比较结果,六省市中广东领跑,江苏省紧跟其后、位

于第二，如图 12-6 所示。

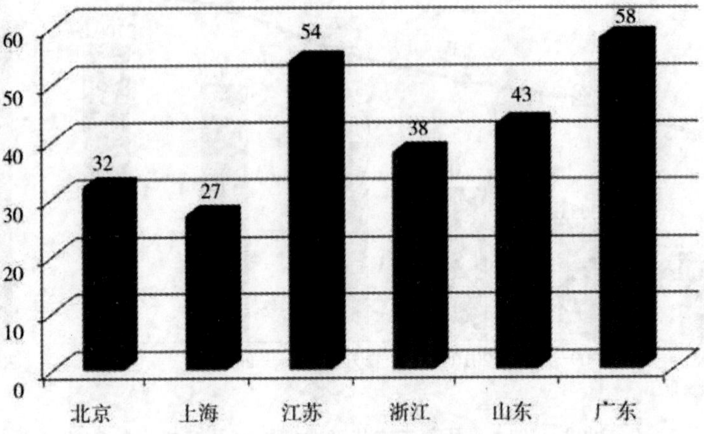

图 12-6 六省市文化产业"现实竞争力"

起步于改革开放之初的广东省文化产业具有雄厚的产业发展基础和发展实力，在子目标"现实竞争力"和准则层"产业规模""科研能力"上，广东均位于第一位，优势明显。

江苏文化产业起步虽晚，但发展速度喜人，在"现实竞争力"及三个准则层上均位于第二位，发展势头直追广东。近年来，江苏省委、省政府高度重视文化产业发展，坚持文化事业与文化产业"双轮驱动"发展理念，先后推出了加快文化产业振兴的若干政策，制定了江苏省"十二五"文化发展规划，启动实施了文化建设工程，培育了一批重点文化产业和骨干文化企业，文化产业园区和基地建设成果喜人。在相关政策引领下，江苏对文化产业的投入不断增加，文化产业的科研能力快速提升，江苏省文化产业的现实竞争力持续增强。

继广东和江苏之后，山东在"现实竞争力"上位列第三位，之后依次为浙江、北京和上海。三个准则层中，"产业规模""科研能力"，广东、江苏、山东位于前三位，"投入和产出"，浙江、江苏、山东具有较明显的优势，位于前三位。

12.3.3 文化产业"潜在竞争力"，江苏、上海并列第一

文化产业的"潜在竞争力"指标，江苏、上海以相同的得分（34 分）位于六省市第一（如图 12-7 所示），北京得 24 分列第三，江苏、上海在"潜在竞争力"上具有较为明显的竞争优势。

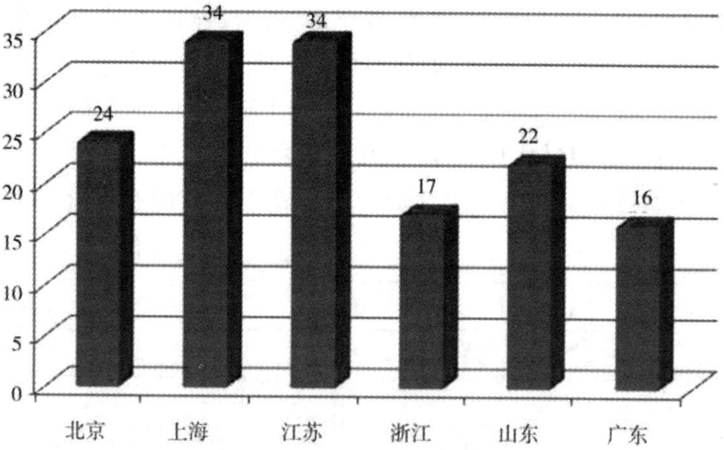

图 12-7　六省市文化产业"潜在竞争力"

"十二五"期间，江苏积极推进公共文化服务体系建设，改革文化管理体制，深化文化事业单位改革，进一步提高文化开放水平，实施重大文化产业项目。与此同时，省委、省政府出台相关政策和措施，积极鼓励各类企业投资科技创新，并将科技创新作为江苏文化产业发展的重要引擎，科技创新拓展了新市场、催生了新业态，增加了文化产品的感染力和传播力，为江苏文化产业的持续健康发展提供了政策引领。在"潜在竞争力"子目标、"可持续发展能力"准则层上，江苏位于六地区之首，上海和山东紧随其后，北京、浙江、广东得分相同，位于后三位。

从"潜在竞争力"指标的得分情况看，江苏、上海和山东得分相近，且与后三位的北京、浙江、广东拉开了较大的距离。江苏省文化产业发展潜力大、后劲足，应积极将可持续发展能力转化为产业竞争力，抢占先机，以实现文化产业的跨越式发展。

12.4　江苏文化产业竞争力优劣势分析

12.4.1　六省市文化产业内部相对竞争优势分析

对六省市内部五个准则层得分情况（如图 12-8、图 12-9、图 12-10 所示）进一步分析发现，北京和上海的相对优势在于“需求基础”，江苏和山东的相对优势在于“可持续发展能力”，浙江的相对优势在于“投入与产出”，广东的相对优势在于“产业规模”和“科研能力”。说明在我国文化产业的整体发展中，六省市已逐步形成各自的相对优势，这不仅有助于六省市文化产业合理选择竞争战略、做出自身特色，更有利于我国文化市场形成良性有序的竞争态势。

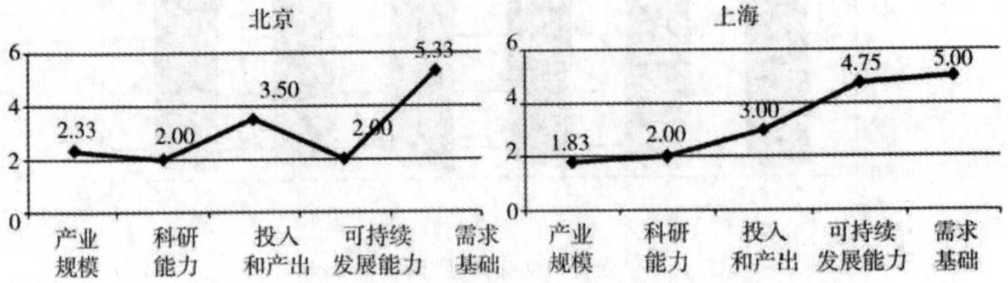

图 12-8　北京、上海文化产业内部相对竞争优势示意图

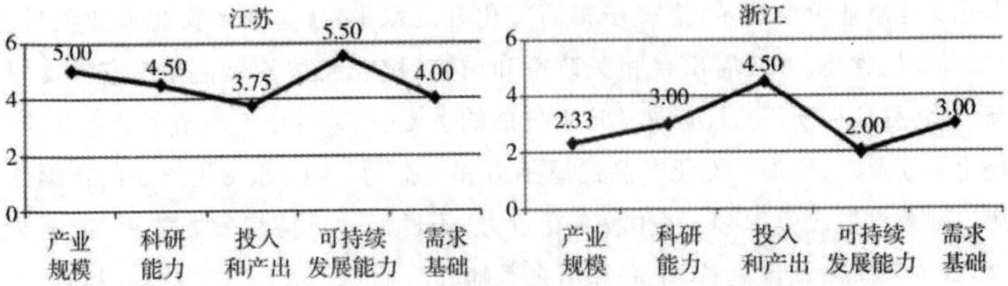

图 12-9　江苏、浙江文化产业内部相对竞争优势示意图

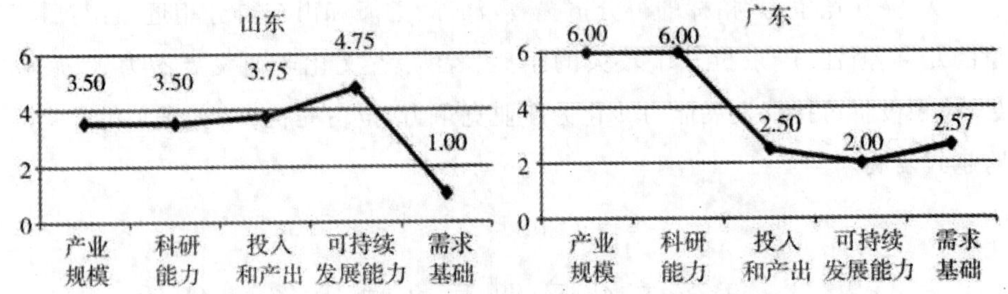

图 12-10　山东、广东文化产业内部相对竞争优势示意图

12.4.2　江苏文化产业优势分析

12.4.2.1　江苏文化产业规模大

在积极推进文化产业健康快速发展的进程中，江苏大力实施重大文化产业

项目带动战略，培育重点文化产业和骨干文化企业，在基础设施建设、土地使用、税收政策等方面积极支持文化产业园区和基地建设，呈现出产业规模大、发展速度快的态势，在六省市中具有相对竞争优势。

六省市中，广东在“产业规模”指标上优势明显（如表 12-5 所示），不但总位次位于第一，六个指标层指标也均位于第一。江苏紧随其后，总位次和六个指标层指标均排在第二，与广东相比江苏在文化产业规模上还有较大的提升空间，但与排在后面的山东等省市相比又具有较为明显的相对竞争优势。

其中，“文化及相关产业增加值占全国比重”“文化及相关产业总产出占全国比重量”指标江苏排在六省市第二位，说明江苏省文化产业的产业规模在全国的文化产业中地位重要，处于我国文化产业发展的第一梯队之列。“应交增值税”“文化及相关产业增加值”“年末产业从业人数”“利润总额”位于六省市第二，表明江苏文化产业在经济贡献、吸纳就业的绝对数量上具有明显的领先优势，为江苏经济社会又好又快的发展作出了重要贡献。

表 12-5　江苏文化产业竞争优势分析表(一)——产业规模

序号	指标名称	广东	江苏	山东	北京	浙江	上海
1	文化及相关产业增加值占全国比重	6	5	4	3	2	1
2	文化及相关产业总产出占全国比重	6	5	3	2	1	4
3	应交增值税	6	5	4	3	2	1
4	文化及相关产业增加值	6	5	4	3	2	1
5	年末产业从业人数	6	5	4	2	3	1
6	利润总额	6	5	2	1	4	3
	得分	36	30	21	14	14	11
	位次	1	2	3	4	4	6

12.4.2.2　江苏文化制造业在科研能力上有一定的比较优势

在文化产业发展进程中，江苏始终走科技创新的发展之路，2012 年更是明确了发展文化产业要强化科技支撑，注重核心技术研发，突破制约文化产业发展的技术瓶颈，出台相关激励政策积极扶持文化企业走科技创新发展之路。评价结果表明（如表 12-6 所示），江苏省规上文化制造业的专利申请数和有效发明专利数均位于六省市第二，虽与位列第一的广东省还具有较大差距，但与北京、上海相比有较大的竞争优势，特别是在有效发明专利上，2013 年江苏规上文化制造业有效发明专利为 2142 项，是第三位山东省的近一倍(山东为 1218 项)。

表 12-6 江苏文化产业竞争优势分析表(二)——科研能力

序号	指标名称	广东	江苏	山东	浙江	北京	上海
1	专利申请数	6	4	3	5	1	2
2	有效发明专利数	6	5	4	1	3	2
	得分	12	9	7	6	4	4
	位次	1	2	3	4	5	5

12.4.2.3 江苏文化产业可持续发展能力强

“十二五”期间，江苏通过加快对文化产业人才培养的步伐、加大对文化产业的财税扶持力度、构建多元化投融资服务体系、完善文化产业发展的保障条件等多种手段培育文化产业，不仅使江苏省文化产业有了较大的产业规模和较强的产业发展基础，更为关键的是极大提升了江苏文化产业健康、可持续发展的能力。

评价结果表明(如表 12-7 所示)，“可持续发展能力”指标江苏在六省市中名列第一，其中“文化及相关产业发展指数”“文化及相关产业增加值增长率”“R&D 项目人均全时当量”三项指标江苏均位于六省市之首。一方面说明了江苏文化产业增加值增速快于其他五省市，对地区总产值增加的支撑作用也高于其他五省市，另一方面还显示出文化产业在三次产业健康协调发展中的作用正在不断增强。

更可喜的是，江苏文化制造业在 R&D 项目上的人力资源投入位于六省市之首，这为高新技术在江苏文化产业的应用打下了坚实的人才基础。但同时，由于在“R&D 项目平均经费内部支出”指标上仅位于六省市中游，江苏还需加大在 R&D 项目上的平均经费投入。

表 12-7 江苏文化产业竞争优势分析表(三)——可持续发展能力

序号	指标名称	江苏	上海	山东	北京	浙江	广东
1	文化及相关产业发展指数	6	5	4	3	2	1
2	文化及相关产业增加值增长率	4	5	6	2	1	3
3	R&D 项目人均全时当量	6	4	5	1	2	3
4	R&D 项目平均经费内部支出	6	5	4	2	3	1
	得分	22	19	19	8	8	8
	位次	1	2	2	4	4	4

12.4.3　江苏文化产业劣势分析

12.4.3.1　江苏文化制造业在科研能力上与广东存在较大差距

江苏文化产业在科研能力虽然具有一定的比较优势，在六省市中位于第二位，但从绝对数上看，与位于第一位的广东还具有相当明显的差距。如表 12-8 所示，在专利申请数上，广东为 8147 件，而江苏为 4758 件，仅为广东的 58%，在有效发明专利上，广东为 5396 件，而江苏为 2142 件，不到广东的 40%。绝对数上的差距一方面源于广东文化产业起步早，文化制造业创新意识强，另一方面也说明江苏还需进一步加大政策上的支持力度，积极鼓励和支持文化产业加大对科技创新的投入。

表 12-8　六省市专利情况一览表

指标名称		北京	上海	江苏	浙江	山东	广东
专利申请数	数量	272	887	4758	5218	2811	8147
	位次	6	5	3	2	4	1
有效发明专利	数量	689	638	2142	634	1218	5396
	位次	4	5	2	6	3	1
位次合计		10	10	5	8	7	2
排序		5	5	2	4	3	1

12.4.3.2　江苏文化产业的需求基础有待进一步夯实

江苏文化产业的"需求基础"指标位于北京、上海之后，排在第三位(如表 12-9 所示)。观察其中的三个三级指标不难发现，江苏在"城乡人均文化消费支出比例"指标上位于六省市首位，但主要受到"城乡人均纯收入""人均地区生产总值"位次靠后的制约，使"需求基础"准则层得分位于第三位。一方面说明了江苏城乡居民具有优良的文化消费传统，为江苏文化产业的发展提供了广阔的市场空间，另一方面则表明了由于江苏城乡居民的人均收入不及北京、上海，削弱了江苏文化产业的需求基础，因此只有进一步提高江苏城乡居民的收入，才能更好地夯实江苏文化产业的需求基础。

表 12-9 江苏文化产业竞争劣势分析表(一)——需求基础

序号	指标名称	北京	上海	江苏	浙江	广东	山东
1	人均地区生产总值	6	5	4	3	2	1
2	城乡人均纯收入	5	6	2	4	3	1
3	城乡人均文化消费支出比例	5	4	6	2	3	1
	得分	16	15	12	9	8	3
	位次	1	2	3	4	5	6

12.4.3.3 江苏文化产业应进一步提高产业效率

六省市的投入产出评价结果如表 12-10 所示。浙江省在两个投入指标上(“文化及相关产业固定资产投资增速”“文化事业费占财政支出比重”)虽仅位于第五位和第二位,但在两个产出指标上(“固定资产产出率”“劳动报酬产出率”)却分别排在了第一位和第二位,浙江省在文化产业投入增加并不快,但产出处于较高水平,浙江省文化产业投入产出效率高。

相对浙江省,虽然江苏省和山东省得分相同,排在第二位,但这一得分主要得益于江苏对文化产业的高投入,并不是来源于产业自身发展的高效率。江苏虽在两个投入指标“文化及相关产业固定资产投资增速”“文化事业费占财政支出比重”上分别位于第一位和第三位,但在两个产出指标(“固定资产产出率”“劳动报酬产出率”)上却只排到了第六位和第三位,与浙江和山东相比,江苏文化产业的产业效率还存在较大的提升空间。

表 12-10 江苏文化产业竞争劣势分析表(二)——投入和产出

序号	指标名称	浙江	江苏	山东	北京	上海	广东
1	文化及相关产业固定资产投资增速	2	6	5	3	1	4
2	文化事业费占财政支出比重	5	4	2	6	3	1
3	固定资产产出率	6	1	2	4	5	3
4	劳动报酬产出率	5	4	6	1	3	2
	得分	18	15	15	14	12	10
	位次	1	2	2	4	5	6

12.5　培养竞争力优势、增强高质量发展动力的对策

12.5.1　提高城乡经济发展水平，夯实文化消费的收入基础

文化产业的繁荣发展与经济水平的高速发展紧密相连，江苏文化产业发展中，居民人均文化消费支出比例位于六省市之首，但区域经济发展不平衡影响了江苏文化产业发展的需求基础。

12.5.1.1　减少收入分配差距，协调区域发展

要提升江苏文化产业的整体需求基础，就要缩小苏南、苏北地区的收入差距，增加城乡居民的可支配收入。积极拓展有利于苏北经济发展的优势项目，实现文化产业的粗放型经营向集约型经营转变；同时政府要适当地加大对苏北地区经济支持的力度，增加文化产业政府财政支出、税收优惠等政策的扶持。

12.5.1.2　积极引导江苏文化消费需求

生产、流通与消费是产业发展的三个环节，消费和需求决定生产，因此文化产品的生产要因地制宜，充分考虑到群众的文化需求，紧跟时代的步伐。在苏南经济发展较好的市县，引导人们参予高层次的文化娱乐、休闲旅游服务和以高新技术为代表的文化活动；而在经济欠发达的苏北地区，要引导人们多读书、读好书、培养他们养成良好的文化消费习惯。

12.5.2　优化产业政策，实现产业提质增效

12.5.2.1　完善文化产业的振兴政策

江苏要围绕"一带一路"倡议，进一步完善文化产业振兴政策，确立文化产业重点支持对象，培育一批骨干文化企业，构筑文化产业高地，加快文化产业园区和基地建设、建设现代文化市场体系、发展新兴文化业态和扩大对外文化贸易；与此同时要进一步明确相关政策的着力点，积极鼓励和支持文化产业加快转型升级的步伐，实现产业的提质增效。

12.5.2.2　鼓励市场力量进入江苏文化产业

江苏要更加充分地发挥市场的资源配置作用，进一步激发企业的经营主体

意识，促进文化产业的健康发展。要进一步扩大市场准入，降低创意设计类企业的市场准入门槛，鼓励个人、企业、机构和社会资金进入文化产业，积极探索合伙制、股份制、混合所有制等多种形式的发展方式，进一步丰富市场主体，鼓励良性竞争，激发市场活力，提高产业效率。

12.5.3 对接互联网思维与技术，加快产业转型升级

12.5.3.1 对接互联网思维，推动文化产业商业模式创新

移动互联网环境下，文化产业商业模式正在悄然发生变化。平台为王、内容为王、专业垂直、延长产业链、股权众筹以及在线直播和在线参与等商业模式将成为文化产业发展的主流，江苏要进一步抢抓机遇，及时出台相关支持政策，鼓励有条件的文化企业对接互联网思维，大胆创新商业模式，加快推进文化产业转型升级。

12.5.3.2 积极对接“互联网＋”，促进文化产业与科技的深度融合

在国家大力促进“互联网＋”行动的大背景下，强抓机遇，强化大数据、云计算、3D 打印、智能终端、人机对话等高新技术在文化产业创意设计领域中的运用，重点围绕工业设计、工程设计以及演艺、出版印刷、工艺美术、广告会展等相关产业开展技术创新和应用服务示范，进一步提升产品的艺术创造力、感染力和传播力。加快推动文化与科技融合发展，把提高科技对新兴文化业态的创生能力与加快科技对传统文化产业的改造升级结合起来，在此基础上，构建以企业为主体、市场为导向、产学研用相结合的文化科技创新体系，培育一批特色鲜明、创新能力强的创新型文化企业，进一步提升江苏文化产业竞争力。

12.5.4 提高研发水平，增强产业核心竞争力

12.5.4.1 重视创意人才，提升区域文化产业创新能力

要进一步充分认识并发挥创意人才在增强文化产业核心竞争力中的决定性作用，整合人力资源、集聚人力资本，加大文化产业高端人才基地建设，完善人才的引进和培育制度，培养或引进高层次复合型人才和专业型、实用型人才。通过文化创意人才的集聚，加强人才之间的思想交流和知识互通，提升文化产业创新能力，开发一批原创性强、科技含量高、市场前景好的文化产品，进一步提升科技创新对产业竞争力的支撑作用。

12.5.4.2　完善公共技术服务平台，鼓励文化制造企业的科技孵化

技术成果只有进行转化、逐步走向市场才能完成由潜在发展能力向现实竞争力的转化。江苏应积极建立和完善文化产业科技孵化器公共技术服务平台，提供公共实验室、中试车间、大型通用仪器和通用测试平台等孵化条件；同时积极利用江苏大专院校众多、人才集聚的优势，强化产学研合作机制，建立制度化的技术支持网络系统，帮助被孵化文化制造企业解决相关的技术难题。

12.5.4.3　完善创新服务模式

优化创意设计企业的贷款制度设计，通过建立无形资产评估体系和创意设计企业信用信息数据库使创意设计企业(特别是中小企业)方便获得资金上的支持。同时，健全文化金融服务体系，推进文化金融机构建设，支持有条件的创意设计类企业组建财务公司，发展一批创意设计投资基金和小额贷款公司，为创意设计企业的可持续发展奠定制度基础。

本章小结

本章研究了江苏文化产业的竞争优势和相对不足。

2008—2014 年，各省市文化产业呈现蓬勃发展态势，对标分析、认识自我，才能扬长补短、精准提升，增强高质量发展新动力。本章通过对江苏、北京、上海、浙江、山东、广东等六省市文化产业竞争力进行定量分析，发现优势、认识不足，为精准提升江苏文化产业竞争力、增强高质量发展新动力提供依据。

研究所得为：

(1)可从“现实竞争力”“潜在竞争力”“综合竞争力”三方面评价文化产业竞争力，本章研究构建了由目标层、准则层、指数层构成的“文化产业竞争力评价指标体系”；

(2)江苏文化产业综合竞争力位列六省市榜首，广东领跑文化产业现实竞争力、江苏位于第二，江苏与上海文化产业潜在竞争力并列第一；

(2)六省市已逐步形成各自的相对优势：北京和上海的相对优势为需求基础、江苏的相对优势为可持续发展能力、浙江的相对优势为投入与产出、山东为可持续发展能力、广东为产业规模和科研能力；

(3)江苏文化产业的优势为：产业规模大、文化制造业在科研能力上有一定的比较优势、产业可持续发展能力强。江苏文化产业的不足为：江苏文化制造业在科研能力上与广州存在较大差距，需求基础有待进一步夯实，江苏文化产业应进一步提高产业效率；

(4)可从四方面提升江苏文化产业竞争力、增强高质量发展新动力。一是提高城乡经济发展水平，夯实文化消费的收入基础；二是优化产业政策，实现产业提质增效；三是对接互联网思维与技术、加快产业转型升级；四是提高研发水平，增强产业核心竞争力。

本章附录

附表 12-1 文化及相关产业竞争力评价指标体系

准则层	指数层	指标层	计算公式和说明	序号
现实竞争力	产业规模	文化及相关产业增加值占全国比重	地区文化及相关产业增加值/全国文化及相关产业增加值	1
		文化及相关产业总产出占全国比重	地区文化及相关产业营业收入/全国文化及相关产业总营业收入	2
		应交增值税		3
		文化及相关产业增加值		4
		年末产业从业人数		5
		利润总额		6
		专利申请数	规上文化制造业	7
		有效发明专利数	规上文化制造业	8
	科研能力	文化及相关产业固定资产投资增速		9
		文化事业费占财政支出比重	文化体育与传媒/地方公共财政支出	10
	投入和产出	固定资产产出率	文化及相关产业营业利润/固定资产折旧	11
		劳动报酬产出率	文化及相关产业营业利润/劳动报酬	12

（续表）

准则层	指数层	指标层	计算公式和说明	序号
潜在竞争力	可持续发展能力	文化及相关产业发展指数	“主营业务收入” 2008—2013 年平均增速	13
		R&D 项目平均经费内部支出	R&D 项目经费内部支出/ R&D 项目数(规上文化制造业)	14
		R&D 项目人均全时当量	R&D 项目人员全时当量/ R&D 项目数(规上文化制造业)	15
		文化及相关产业增加值增长率	2004—2008 年平均增速	16
	需求基础	人均地区生产总值		17
		城乡人均纯收入	用城乡人口数加权	18
		城乡人均文化消费支出比例	用城乡人口数加权	19

第 13 章 江苏文化产业高质量发展增长点研究

“十三五”期间，江苏省委、省政府认真贯彻落实党的十八大精神，抢抓文化大发展大繁荣的良好机遇，充分利用丰厚的文化资源优势和文化产业基础，加快传统文化产业提档升级步伐，推动新兴文化产业迅速崛起，全省文化产业整体规模和综合竞争力持续提升。驱动最具培育前途的产业率先发展，并通过产业链带动整体发展，是实现江苏文化产业高质量发展的最优途径之一。研究江苏文化产业的增长点，可进一步精准定位江苏文化产业实现高质量发展的最佳发力之处。

本章研究 2014—2015 年江苏文化产业的增长点，旨在探明江苏文化产业高质量发展的最佳发力之处。

具体研究思路为：

文化产业高质量发展既要规模扩张，又要质效提升。不同于以往仅关注产业规模扩张的研究，本章从规模扩张、质效提升两方面研究江苏文化产业增长点。

本章使用 2014 年、2015 年江苏省文化产业统计数据，从产业规模扩张、提质增效两个方面对江苏 13 个城市、文化产业 10 大类的相关数据进行深度挖掘，对江苏文化产业增长点特征、成因及培育路径展开分析。本章还对制约江苏文化产业进一步转型升级、实现高质量发展的不利因素进行了剖析，并就如何促进江苏文化产业新增长点的培育、实现“三强两高”的高质量发展战略目标提出了相应的对策和建议。

首先，采用指标对比法和杜邦分析法[①]，分别从产业规模扩张、产业提质增

① 杜邦分析法(DuPont Analysis)是利用主营业务利润率、总资产周转率等几种主要的财务比率之间的关系来综合地分析的财务状况，评价盈利能力和股东权益回报水平的一种经典方法。其基本思想是将净资产收益率(ROE)逐级分解为多项财务比率乘积，这样有助于深入分析比较经营业绩。该模型最显著的特点是将若干个用以评价经营效率和财务状况的比率按其内在联系有机地结合起来，形成一个完整的指标体系，可使财务比率分析的层次更清晰、条理更突出，并最终通过净资产收益率来综合反映经营和盈利状况。

效两个方面，对江苏 13 个城市的相关数据进行深度挖掘，讨论江苏 13 个城市文化产业增长点的特征；

其次，采用指标对比法和杜邦分析法，分别从产业规模扩张、产业提质增效两个方面，对江苏文化产业 10 大类的相关数据进行深度挖掘，讨论江苏文化产业 10 大类的增长点的特征；

再次，分析江苏文化产业增长点成因、主要存在问题；

最后，提出加快培育江苏文化产业高质量发展新增长点的对策建议。

13.1　江苏文化产业 13 个城市增长特征分析

本节使用 2014 年、2015 年江苏文化产业统计数据，分别从产业规模扩张、产业提质增效两个方面，对江苏 13 个城市文化产业增长点情况进行分析。产业规模扩张对产业从业人员、资产总计、营业收入、应交增值税四个指标进行分析；提质增效使用净资产收益率、人均利润两个指标进行分析（其中，“净资产收益率”为杜邦分析法[①]中的核心指标，反映净资产获利能力）。

13.1.1　基于规模的 13 个市文化产业增长点分析

13.1.1.1　产业规模分析

从 2015 年 13 个市的从业人员、总资产、营业收入、应交增值税四个指标的总量和占比看，苏南城市在江苏省文化产业有明显的优势地位。

如图 13-1 和图 13-2 所示，其中南京、苏州位于第一方阵，这两个地区 2015 年从业人员在江苏省文化产业中占比为 38.84%，资产总额占比为 51.19%，营业收入占比为 48.56%，应交增值税占比为 31.14%，可以说在江苏省文化产业中占有绝对优势。

常州、无锡位于第二方阵，这两个地区 2015 年从业人员在江苏省文化产业中占比为 26.33%，资产总额占比为 22.89%，营业收入占比为 19.27%，应交增值税占比为 19.45%，在江苏文化产业发展占重要地位。

---

① 在杜邦分析法中，净资产收益率是整个分析系统的起点和核心，该指标的高低反映了投资者的净资产获利能力的大小，指标值越高，说明投资带来的收益越高企业增长越快。

第一方阵和第二方阵在从业人员、总资产、营业收入、应交增值税四个指标上，占据了 2015 年江苏文化产业的半壁江山。

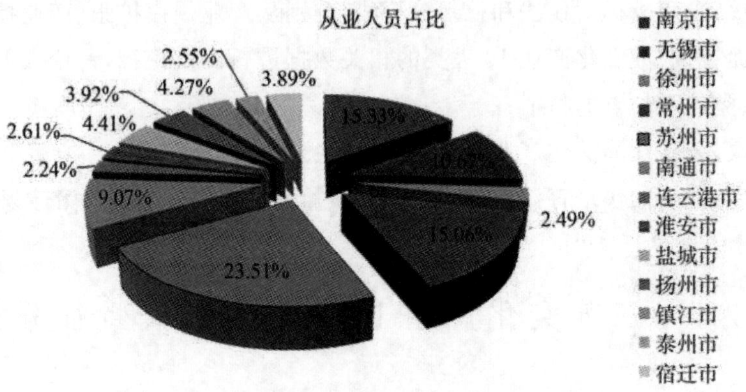

图 13-1　江苏 13 个市文化产业从业人数占比

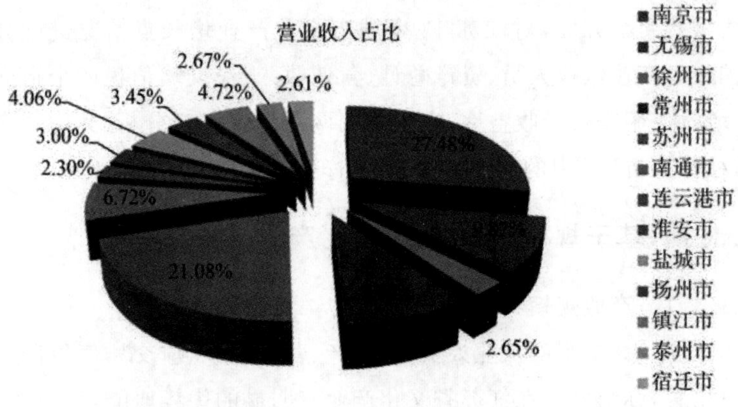

图 13-2　江苏 13 个市文化产业营业收入占比

13.1.1.2　产业规模扩张分析

如表 13-1 所示，南京市的产业规模扩张速度位于全省前列。南京市 2015 年总资产增长率为 65.29%、增速位于全省第一，营业收入增长率为 82.94%、增速位于全省第一，应交增值税增长率为 36.37%、增速位于全省第二，从业人员增长率为 19.78%、增速位于全省第三，规模扩张速度位于全省前列。

苏北、苏中城市文化产业规模扩张迅速。连云港市、泰州市、宿迁市在从业人员增长率、总资产增长率、营业收入增长率、应交增值税增长率四个指标上均超过全省平均增速，徐州市在总资产增长率、营业收入增长率、应交增值税增长率三个指标上超过全省平均增速，盐城市从业人员增长率、总资产增长率、营业收入增长率三个指标上超过全省平均增速。苏北、苏中城市在江苏文化产业外延扩张过程中势头喜人。

表 13-1　江苏 13 市规模扩张率及位次表

	从业人员增长率		总资产增长率		营业收入增长率		应交增值税增长率	
	增长率%	位次	增长率%	位次	增长率%	位次	增长率%	位次
江苏省	5.28	—	21.90	—	26.50	—	15.22	—
南京市	19.78	3	65.29	1	82.94	1	36.37	2
无锡市	1.55	10	16.85	7	2.41	11	6.35	12
徐州市	4.66	7	13.64	8	46.53	2	47.77	1
常州市	4.50	8	−3.35	12	1.38	12	13.22	9
苏州市	−0.20	11	10.11	9	13.27	9	−3.01	13
南通市	2.37	9	9.64	10	10.15	10	14.32	7
连云港市	15.97	4	36.66	3	23.07	7	21.29	4
淮安市	−26.07	13	−10.21	13	−4.72	13	13.53	8
盐城市	9.57	5	27.87	5	27.18	6	8.57	11
扬州市	−1.79	12	1.61	11	20.22	8	12.26	10
镇江市	5.42	6	16.98	6	28.51	4	16.31	6
泰州市	31.41	1	51.32	2	46.03	3	36.04	3
宿迁市	28.78	2	33.95	4	28.48	5	16.85	5

13.1.2　基于净资产收益率的 13 个市文化产业增长点分析

13.1.2.1　净资产收益率分析

如表 13-2 所示，2015 年，淮安市、扬州市、徐州市、泰州市、连云港市、宿迁市、南通市、常州市、盐城市净资产收益率超过 15%，高于全省 10.51%的平均水平。

表 13-2 江苏省及其 13 个市的净资产收益率增长率及位次

	2014 年	2015 年	增长速度	
			增速(%)	位次
江苏省	12.13%	10.51%	−13.36%	——
南京市	14.68%	4.93%	−66.43%	13
无锡市	8.12%	9.84%	21.10%	5
徐州市	16.56%	21.75%	31.35%	3
常州市	18.72%	16.64%	−11.10%	11
苏州市	6.47%	6.71%	3.66%	9
南通市	16.86%	17.67%	4.82%	7
连云港市	27.84%	20.44%	−26.59%	12
淮安市	17.25%	25.53%	47.95%	1
盐城市	16.01%	15.30%	−4.45%	10
扬州市	15.49%	22.14%	42.95%	2
镇江市	6.68%	8.73%	30.77%	4
泰州市	20.50%	21.56%	5.17%	6
宿迁市	18.92%	19.72%	4.19%	8

13.1.2.2 净资产收益率增长分析

2015 年,淮安市、扬州市、徐州市、镇江市、无锡市净资产收益率的增长速度超过 20%,位于全省前五位;泰州市、南通市、宿迁市、苏州市的净资产收益率也有一定程度的提升。

13.1.3 基于人均利润的 13 个市文化产业增长点分析

13.1.3.1 人均利润分析

从人均利润的绝对数量看,2015 年,徐州市、淮安市、镇江市、泰州市、连云港市人均利润为全省前五位。

如表 13-3 所示,徐州市、泰州市、淮安市、镇江市四个地区在 2014 年进入了江苏省文化产业人均利润额的全省前五位,2015 年继续保持在领先水平。说明徐州市、泰州市、淮安市、镇江市四个地区在人均利润上保持了稳定良好的状况。此外，2015 年连云港市跻身江苏文化产业人均利润全省前五位。

表 13-3　江苏省及其 13 个市的人均利润及增长率

	2014 年 人均利润(万元/人)	2015 年 人均利润(万元/人)	增长速度	
			增速(%)	位次
江苏省	5.99	6.15	2.65	—
南京市	9.89	6.02	−39.16	13
无锡市	4.38	6	37.13	2
徐州市	7.42	11.11	49.86	1
常州市	6.56	6.16	−6.2	12
苏州市	4.01	4.7	17.38	7
南通市	5.25	5.24	−0.29	10
连云港市	6.8	7.27	6.82	9
淮安市	7.02	9.33	32.81	3
盐城市	5.64	6.75	19.55	6
扬州市	5.08	6.55	28.92	4
镇江市	6.98	8.69	24.41	5
泰州市	7.13	8.36	17.31	8
宿迁市	6.6	6.54	−1.03	11

13.1.3.2　人均利润增长分析

从 2014—2015 年人均利润的增长看，徐州市、无锡市、淮安市、扬州市、镇江市人均利润增速位于全省前五位。

以上分析显示：南京市、苏州市对江苏省文化产业的贡献率大；在规模扩张上，南京、连云港、泰州、宿迁 4 市文化产业扩张迅速。在人均利润、净资产收益率的增速上，淮安、扬州、徐州、镇江、无锡 5 市文化产业增长速度快。这五个地区在2015年人均利润额的增速和净资产收益率的增速均位于全省前五位，说明这5市文化产业内涵发展势头强劲。

综上所述，从规模、净资产收益率、人均利润三方面综合分析，2015年江苏文化产业13个市各有增长侧重点，苏北、苏中城市在规模扩张和提质增效两方面增长相对更快。

13.2 江苏文化产业大类行业增长特征分析

按照国家统计局颁布的《文化及相关产业分类2012》标准（下文统称为"分类标准"），文化产业被划分为10个大类。本节应用2014年、2015年江苏文化产业统计数据，从产业规模扩张、净资产收益率增长、人均营业利润增长三方面，分析江苏文化产业规模扩张、质效提升情况，研判产业增长点。

13.2.1 基于规模的文化产业10大类增长点分析

13.2.1.1 产业规模分析

从2015年江苏省文化产业10大类的产业规模看，第九大类"文化用品的生产"规模位列十大类之首，第七大类"工艺美术品的生产"规模紧随其后。2015年"文化用品的生产"吸纳就业人员45.77万人，资产总计4511亿元，实现营业收入7055.92亿元，应交增值税127.67亿元，它们分别占全省文化产业的39.41%、39.82%、56.66%、49.69%，四项规模指标均排10大类第一位（见图13-3）。

2015年第七大类"工艺美术品的生产"吸纳就业人员14.65万人，资产总计698.66亿元，实现营业收入1364.61亿元，应交增值税44.75亿元，它们分别占全省文化产业的12.62%、6.17%、10.96%、17.42%，除了"资产总额"排名第6外，从业人员排名第三，营业收入、应交增值税指标均排全省第2，说明贡献较大。

第五大类"文化创意和文化设计服务"继续保持良好发展的态势。2015年，吸纳就业人员17.48万人，在全省占比15.05%；资产总计1235.06亿元，在全省占比10.90%；实现营业收入1002.41亿元，在全省占比8.05%；应交增值税

19 亿元，在全省占比 7.40%，上述四项指标在文化服务业中均位列第一。

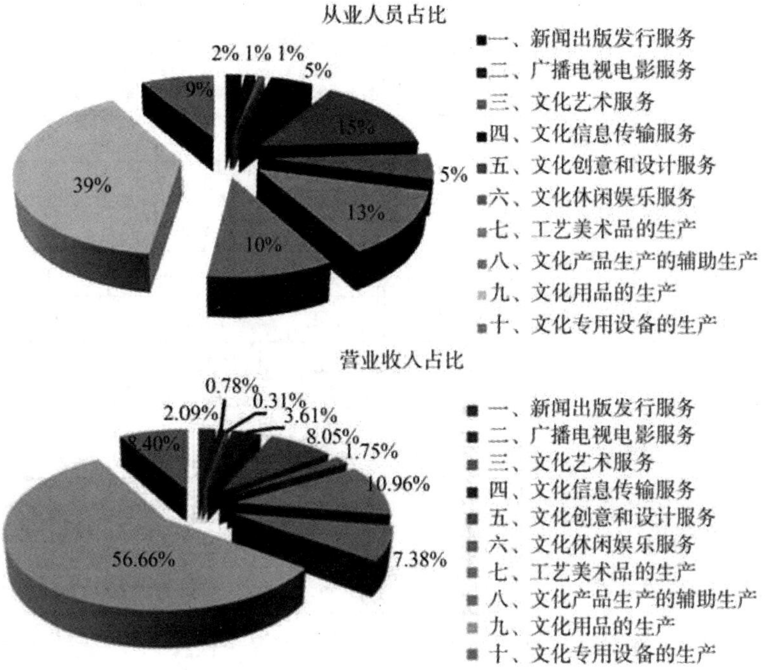

图 13-3　2015 年 10 大类总体分布情况

13.2.1.2　产业规模扩张分析

第二大类“广播电视电影服务”和第四大类“文化信息传输服务”规模扩张处于领先地位。第二大类“广播电视电影服务”年资产总额增速为54.39%、营业收入增速为 46.29%、应交增值税增速为 44.57%，三项指标增速均位于 10 大类第一；而同期该产业从业人员数量增速为 2.06%，为全省第八，说明该大类具有较高的劳动生产率。第四大类“文化信息传输服务”是 2015 年唯一四个指标均增速超过全省平均水平的行业大类。该行业从业人员增长率 6.83%、排名全省第四，资产总额增长率 30.58%、排名全省第二，营业收入增长率 43.52%、排名全省第二，应交增值税增长率 22.90%，排名全省第三，四项指标增长均衡（见表 13-4）。

此外，第九大类“文化用品的生产”规模扩张情况良好，其资产总额、营业收入保持高速增长态势，分别为 29.84%、34.45%，增速均位列 10 大类第三，为江苏文化产业的快速发展作出了贡献。

表 13-4 2014—2015 年江苏文化产业十大类别主要经济指标增长率及位次

	从业人员增长率		总资产增长率		营业收入增长率		应交增值税增长率	
	增长率%	位次	增长率%	位次	增长率%	位次	增长率%	位次
江苏省	5.28		21.90		26.50		15.23	
一、新闻出版发行服务	−4.62	10	17.73	7	34.09	4	−3.77	10
二、广播电视电影服务	2.06	8	54.39	1	46.29	1	44.57	1
三、文化艺术服务	17.98	2	5.32	9	−1.60	10	9.08	7
四、文化信息传输服务	6.83	4	30.58	2	43.52	2	22.90	3
五、文化创意和设计服务	1.71	9	20.55	4	16.07	6	8.01	9
六、文化休闲娱乐服务	30.45	1	18.65	6	19.22	5	26.20	2
七、工艺美术品的生产	4.67	6	7.30	8	12.67	9	19.76	4
八、文化产品生产的辅助生产	4.74	5	3.58	10	14.63	7	8.59	8
九、文化用品的生产	3.59	7	29.84	3	34.35	3	13.04	6
十、文化专用设备的生产	10.10	3	19.34	5	13.78	8	15.23	5

以上分析显示，第九大类“文化用品的生产”不仅规模位列 10 大类之首，且规模扩张的速度名列前茅；第七大类“工艺美术品的生产”、第五大类“文化创意和文化设计服务”规模较大；第二大类“广播电视电影服务”、第四大类“文化信息传输服务”规模扩张速度位于 10 大类前列。

因此，第九大类“文化用品的生产”是江苏文化产业重要的规模扩张点。第七大类“工艺美术品的生产”、第五大类“文化创意和文化设计服务”、第二大类“广播电视电影服务”、第四大类“文化信息传输服务”有较明显的规模扩张潜力。

13.2.2 基于净资产收益率的文化产业十大类增长点分析

13.2.2.1 净资产收益率分析

2015 年，江苏文化产业的第七大类“工艺美术品的生产”、第十大类“文化专用设备的生产”的净资产收益率分别为 23.72%、18.45%，位列文化产业 10 大类前两位。第五大类“文化创意和设计服务”、第八大类“文化产品生产的辅助生产”、第九大类“文化用品的生产”三类的净资产收益率均超过 11%，分别为

14.42%、11.92%、11.48%，高于全省 10.51%的平均水平(见表 13-5)。

表 13-5　2014、2015 年江苏文化产业十大类别净资产收益率及其增速

文化产业十大类别	2014 年	2015 年	增长速度	
			增速(%)	位次
江苏省	12.13	10.51		
一、新闻出版发行服务	5.50	5.68	3.35	5
二、广播电视电影服务	7.12	4.65	−34.67	8
三、文化艺术服务	24.45	4.10	−83.21	9
四、文化信息传输服务	12.29	2.05	−83.30	10
五、文化创意和设计服务	15.98	14.42	−9.77	6
六、文化休闲娱乐服务	2.83	2.93	3.55	4
七、工艺美术品的生产	20.35	23.74	16.65	2
八、文化产品生产的辅助生产	10.12	11.92	17.77	1
九、文化用品的生产	14.29	11.48	−19.62	7
十、文化专用设备的生产	17.67	18.45	4.39	3

13.2.2.2　净资产收益率增长分析

第八大类“文化产品生产的辅助生产”、第七大类“工艺美术品的生产”的净资产收益率分别为 17.77%、16.65%，增速领跑全省十大类文化产业。此外，第十大类“文化专用设备的生产”、第六大类“文化休闲娱乐服务”、第一大类“新闻出版发行服务”的净资产收益率与 2014 年相比也有一定程度的提升，增速分别为 4.39%、3.55%、3.35%。

以上分析显示，第七大类“工艺美术品的生产”、第八大类“文化产品生产的辅助生产”、第十大类“文化专用设备的生产”不仅净资产获利能力具有优势，而且还以较快的速度提升其净资产获利能力，表现出较好的发展势头。第五大类“文化创意和设计服务”、第九大类“文化用品的生产”也具有较好的资产获利能力。

因此，第七大类“工艺美术品的生产”、第八大类“文化产品生产的辅助生产”、第十大类“文化专用设备的生产”是江苏文化产业主要的资产获利增长点。第五大类“文化创意和设计服务”、第九大类“文化用品的生产”也有较好的表现。

13.2.3 基于人均利润的江苏文化产业十大类增长点分析

13.2.3.1 人均利润分析

2015年江苏文化产业人均利润总体水平为6.15万元/人，其中第一大类“新闻出版发行服务”人均利润水平最高，达到9.9万元/人，第二大类“广播电视电影服务”、第十大类“文化专用设备的生产”紧随其后，分别为9.33万元/人、7.91万元/人（见表13-6）。

13.2.3.2 人均利润增长分析

2015年，江苏文化产业10个大类产业中有6大类产业的人均利润为正增长，人均利润的增长速度均超过13%，远超全省2.65%的人均利润增长速度。第一大类“新闻出版发行服务”人均利润增速高达91.21%，列10大类之首；第二大类“广播电视电影服务”、第十大类“文化专用设备的生产”同样表现不俗，人均利润增速分别为37.97%、35.32%。第八大类“文化产品生产的辅助生产”、第五大类“文化创意和设计服务”、第七大类“工艺美术品的生产”其人均利润增速均超过13%，分别为18.81%、14.79%、13.67%（见表13-6）。

表13-6 2014—2015年江苏文化产业十大类别人均利润及其增速

	2014年人均利润（万元/人）	2015年人均利润（万元/人）	增长率/%	位次
江苏省	5.99	6.15	2.65	—
一、新闻出版发行服务	5.18	9.90	91.21	1
二、广播电视电影服务	6.77	9.33	37.97	2
三、文化艺术服务	5.57	4.39	−21.04	9
四、文化信息传输服务	6.03	4.47	−25.90	10
五、文化创意和设计服务	5.19	5.96	14.79	5
六、文化休闲娱乐服务	4.79	4.26	−11.04	7
七、工艺美术品的生产	5.35	6.08	13.67	6
八、文化产品生产的辅助生产	5.31	6.30	18.81	4
九、文化用品的生产	6.85	6.03	−11.86	8
十、文化专用设备的生产	5.84	7.91	35.32	3

以上分析显示，第一大类“新闻出版发行服务”、第二大类“广播电视电影服

务”、第十大类“文化专用设备的生产”不仅具有较高的人均利润水平，而且人均利润增速也位列前茅。第八大类“文化产品生产的辅助生产”、第五大类“文化创意和设计服务”、第七大类“工艺美术品的生产”的人均利润水平也有较好的增长。

因此，第一大类“新闻出版发行服务”、第二大类“广播电视电影服务”、第十大类“文化专用设备的生产”是江苏文化产业主要的人均利润增长点。第八大类“文化产品生产的辅助生产”、第五大类“文化创意和设计服务”、第七大类“工艺美术品的生产”在人均利润增长上也有较好的潜力。

综上所述，从规模、净资产收益率、人均利润三方面综合分析，2015 年江苏文化产业 10 大类行业中的增长点主要分布在：广播电视电影服务、文化信息传输服务、文化创意和设计服务、工艺美术品的生产、文化产品生产的辅助生产、文化用品生产、文化专用设备的生产等 7 个大类行业中。

其中："工艺美术品的生产”和“文化创意和设计服务”不仅规模大、净资产获利能力和劳动力获利能力也较强；“文化用品生产”规模大、净资产获利能力较理想；“广播电视电影服务”“文化专用设备的生产”“文化产品生产的辅助生产”和“文化信息传输服务”等行业，则在净资产获利能力和劳动力获利能力方面各具优势，也是支撑 2015 年江苏文化产业稳定发展的重要增长点。其中：“广播电视电影服务”劳动生产率高、人均获利能力强；“文化专用设备的生产”和“文化产品生产的辅助生产”净资产和劳动力的获利能力均较理想，“文化信息传输服务”规模四项主要经济指标增速均居前位。

13.3　江苏文化产业增长点成因

13.3.1　政府高度重视，文化产业政策引领切实有效

江苏省委、省政府历年来高度重视文化建设，始终坚持把经济硬实力和文化软实力同步提升摆在突出位置，持之以恒加以推进。1996 年，江苏就提出了建设文化大省的战略目标；2001 年，制定了文化大省“十年发展规划”；2006 年，提出从文化大省向文化强省跨越；2011 年以来，全省上下以“文化建设工程”为

重要抓手,省委省政府先后出台《江苏省政府关于加快文化产业振兴若干政策的通知》《江苏省重点文化产业园区管理办法》《江苏省重点文化科技企业管理办法》等10多份切合江苏省文化产业实际的文件,形成覆盖文化产业各行业、面向各具体环节、有针对性和可操作性的“管理性”与“扶持性”相统一的文化产业政策体系,为江苏文化产业全面发展提供了强有力的政策保障。

13.3.2 培养引进结合,积极打造文化人才高地

人才是文化产业健康可持续发展的重要保障。“十三五”期间,江苏省加强对文化产业高层次人才、重点专业人才、基层文化骨干的培养,实施文化名人带动战略,建立全方位、多层次的人才引进和培养机制。一方面,充分发挥江苏高等院校数量多、层次丰富的优势,积极培养各类文化人才,特别是加快培养服务于各级文化机构的文化艺术骨干和文化管理人才,培养从事文化艺术研究、艺术创作、舞台艺术表演、文化艺术精品设计的人才,培养文化遗产保护、开发和利用的人才;另一方面,制订“江苏省十大类高端人才引进计划”等相关政策与措施积极引进文化产业人才,围绕企业和高校对文化类高端人才的需求,突出国际化、高端化、专业化、精准化引才,重点引进文化经营管理、文化市场推广、文化创意设计、影视剧制作和演艺运作等方面的“高、精、尖、缺”人才。人才引进和培养措施的大力实施,为江苏省文化产业的快速增长提供了强有力的人才支撑。

13.3.3 创新融资渠道,产业投资规模不断扩大

江苏省在不断加大对文化产业财政支持力度的基础上,积极引导社会力量参与文化事业建设,自2007年起每个年度都设立省级文化产业引导资金,初始规模1亿元,2013年省级文化产业引导资金增加至2.6亿元;紫金文化发展基金2009年设立,资金规模20亿元,其中财政资金11亿元。此外,江苏省在有条件的地区也相应设立市级的文化产业引导资金和奖励资金,多元化的融资渠道为江苏文化产业快速发展提供了资金支持。2014年江苏文化产业固定资产投资额为578.86亿元,比2012年增长68.56%,年平均增速达29.82%,比同期全社会固定资产投资年均增速高出15.35个百分点。

13.3.4　创新发展之路，文化与多领域深度融合

江苏作为经济、文化与科技大省，不断探索“文化＋科技”“文化＋创意”“文化＋金融”“文化＋互联网”等多种途径的文化产业发展之路，促进文化产业和科技、创意、金融、互联网等多领域的深度融合，引领并滋生出文化金融、文化科技、文化旅游、文化养生等诸多新型业态，显示了蓬勃朝气和旺盛生命力。江苏作为科技大省所拥有的科技创新能力，更加剧了这一渗透融合态势。在“双轮驱动”战略支撑下，互联网＋、云计算、物联网、大数据等技术广泛应用，加速了文化创意产业与现代服务业、先进制造业的相互融合，促进了云终端、众筹、互联网金融、车联网等新兴业态快速发展。

13.3.5　加强区域合作，促进产业协调发展

江苏文化产业发展中，苏南城市有明显的传统优势，苏中、苏北各市文化产业发展相对滞后。为此，江苏各地区文化产业积极打破地区壁垒，以旅游区域合作等为抓手，加强与邻近或发达地区文化产业的合作和交流，使文化产业的空间正溢出效应充分发挥，实现了文化产业的跨越式发展。同时，江苏各地区在发展文化产业时，注重各自比较优势的发挥，实施错位发展战略。各地区根据自身文化基础、资源禀赋和区域特色，并结合自身优势条件，重点打造培育具有比较优势的文化产业，从而形成了各具特色的文化产业集群与文化产业基地，进而提升文化产业规模效应。苏中、苏北文化产业的快速发展使江苏省文化产业发展更协调、更具潜力，发展质量更高。

13.3.6　强化市场牵引，产业供需良性互动

随着江苏经济社会的快速发展，特别是随着人们文化程度的提高和生活品位的提升，市场主要需求不再是传统的衣食住行，而是更高层次的精神需求，这就要求文化产业的“供给方”适时设计和生产出符合需求的创新型文化产品，加快推进产业自身的发展，实现供需双方的良性活动。以“工艺美术文化产业集群”为代表的江苏文化产业充分发挥市场需求对产业发展的牵引作用，抢抓新一轮科技革命和产业变革的重大发展机遇，坚持“传承与创新”相结合的发展理念，从文化产品设计、文化产品制造到文化产品销售全过程注重“传统工艺与现

代技术”的深度融合，不断推出满足市场需求的创新文化产品，实现了整个产业集群的快速增长，同时也为江苏文化产业的供给侧改革提供了宝贵的经验。

13.4　江苏文化产业转型升级中存在的主要问题

13.4.1　文化服务业比重偏小

反映产业规模的“从业人员数、资产总额、营业收入、应交增值税”四个指标统计数据显示，2015 年江苏文化产业 10 个大类中，第九大类“文化用品的生产”均位于全省首位，从业人员数和资产总额的全省占比接近 40%，营业收入、应交增值税的全省占比在 50%左右；2015 年江苏文化产业的 50 个中类中，共有 9 个中类在四个统计指标上均位于全省前 13 位(即，前 1/4)，其中有 6 个中类属于文化制造业，2 个中类属于文化服务业，上述数据说明江苏省文化产业总体结构偏硬，文化服务业比重偏小。

而在人均利润增速前十位的文化产业中类里，有 7 个中类属于文化批零业和文化服务业，文化制造业仅占 3 个；在净资产收益率增速前十位的文化产业中类里，有 8 个中类属于文化批零业和文化服务业，文化制造业仅占 2 个，说明“偏软”的文化产业增长能力相对更强。江苏文化服务业比重偏小，不利于文化产业进一步的快速增长。

13.4.2　“文化艺术服务业”发展困难

“文化艺术服务业”面临前所未料的生存和发展危机，外部受新媒体快速发展的冲击、消费观念、消费方式和市场需求不断变化的影响，内部受体制机制、人才和资金紧缺的影响，产业规模小且发展困难。在反映产业规模的“从业人员数、资产总额、营业收入、应交增值税”四个指标上，第三大类“文化艺术服务”均排在全省 10 个大类的最后一位，除资产总额占比为 1.35%，其余三个指标的占比都不超过 1%；而其中的“文艺创作与表演服务”“文化遗产保护服务”“群众文化服务”3 个中类在人均利润、净资产收益率两项指标 2015 年与 2014 年相比均出现较大幅度的负增长。

13.4.3 “文化休闲娱乐服务”发展迟缓

随着人民群众生活水平的不断提升，对文化休闲娱乐服务的需求呈现快速增长的态势，为该行业的发展提供了广阔的市场空间，然而统计数据显示，涵盖“景区旅游服务”“娱乐休闲服务”在内的第六大类“文化休闲娱乐服务”行业缺乏改革的勇气和创新的精神，产业的供给跟不上需求的变化，有效“供给”相对不足，“供需错位”现象较为严重，导致该产业发展迟缓。该产业 2015 年资产总额达 1716.75 亿元，占全省文化产业总资产的 15.15%，排 10 个大类第 2 位；然而它的营业收入只占全省文化产业总收入的 1.75%，排 10 个大类第 8 位，应交增值税只占全省文化产业总应交增值税的 0.49%，排 10 个大类第 9 位。

13.4.4 “新闻和出版服务”盈利下降

“新闻服务”“出版服务”两个中类同属第一大类“新闻出版发行服务”，统计数据显示，2015 年与 2014 年相比，“出版服务”业的人均利润、净资产收益率两个指标均出现较大幅度的负增长，排在 50 个中类的最后位；“新闻服务”的净资产收益率同样也出现较大幅度的负增长。分析产生此现象的原因主要是互联网技术的迅猛发展推动了传媒方式的深刻变化，从传统的纸质媒体一枝独秀到今天的以互联网为代表的多媒体共存，服务对象消费方式的网络化和移动化给传统产业带来了前所未有的挑战。

13.5 加快培育江苏文化产业新增长点、促进产业高质量发展的对策建议

遵照习近平总书记 2014 年 12 月在视察江苏时明确提出的“推动文化建设迈上新台阶”“努力建设社会文明程度高的新江苏”的要求，遵循省委省政府“关于推动文化建设迈上新台阶的意见”中明确提出的“三强两高”高质量发展战略目标，江苏文化产业必须进一步培育文化产业新增长点，加快产业发展步伐，巩固其在国民经济中的支柱地位，全面提升文化产业发展质量。

13.5.1 转变观念,进一步加快文化产业供给侧改革步伐

文化产业的供给侧改革,需要的是树立新的发展理念,转变发展方式,提高发展质量和效益。面对人们更高层次的体验娱乐和个性化需求,文化产业"供给方"提供的产品,一旦与人们内心深处的潜在精神需求相契合,就可能"制造"出现实购买力,即有效需求。苹果公司每年发布新品的作用就是在有序地"引导和制造"需求。而图书、影视、休闲娱乐等文化产品更是这样,所有的文化市场的需求都是"被制造"出来的。为此,必须加快促进文化与科技融合的步伐,在文化产业的供给侧着力,推动"互联网+"和"文化+"的产业结构提档升级。推进科技成果的产业化,需要推动文化与科技的深度交流,改变文化人不懂得科技、科学家不了解文化需求的状况。加快文化产业供给侧改革的步伐,提升文化企业自主创新意识和创新能力,打造更加符合市场需求,甚至能够引导市场需求的新的生产方式,以推进文化产业健康快速发展。

13.5.2 创新模式,进一步推动龙头文化企业做大做强

从国际经验看,在文化产业从投资驱动转向效率驱动的关键时期,文化市场将掀起兼并重组高潮,文化市场更加趋向寡头化;大型文化企业的商业模式将从"全产业链模式"转向更加强调金融、版权、销售和发行等业务的"产业链高端垄断模式";大型文化企业与中小企业、自由职业者之间将以市场导向型项目、股权交叉持有、战略联盟等方式形成更加紧密的分工协作关系;对外文化贸易将快速发展,大型文化企业在构建国际垂直分工体系中作用更加突出。因此在文化产业成为社会资本追求新热点的背景下,如何打破行业间的"壁垒",逐步放松对企业集中化、部分媒体所有权和跨行业经营的监管,继续推进龙头文化企业做大做强,将成为江苏下一阶段文化产业高质量发展的重要任务。

13.5.3 整合资源,进一步推进"三大产业链"集聚发展

经过多年的建设和发展,江苏形成了"影视文化""出版发行文化""工艺美术文化"三个快速发展的产业链,但它们还存在两方面的不足:一是"影视文化""出版发行文化"两个产业链的源头产业尚未实现快速发展,新品、精品的设计跟不上社会需求快速提升的步伐;二是三大产业链的内部还存在着发展不均衡

的现象,影响了它们今后更好更快发展。为此,必须坚持走创新之路,进一步整合三大产业链上的有效资源,推进链上前后向产业更加有机的集聚,以助推三大产业链迈上新的发展台阶,为江苏文化产业的整体发展作出新的贡献。

13.5.4　狠抓落实,进一步提升文化创意和设计服务发展水平

江苏文化底蕴深厚,经济和科教实力全国领先,文化创意和设计服务资源丰富,发展潜力和空间巨大。虽然江苏文化创意和设计服务产业快速发展,但还存在总体水平不高,有影响力的龙头企业和有竞争力的知名品牌不多,与相关产业融合发展成效不够明显等问题。为此,要进一步认真贯彻落实《省政府关于加快提升文化创意和设计服务产业发展水平的意见》精神,以创新、跨界、融合思维谋划文化创意产业发展,坚持"文化创意产业＋互联网""文化创意产业＋资本市场""文化创意产业＋科技创新""文化创意产业＋文化消费""文化创意产业＋文化贸易",走出文化创意和设计服务与相关产业融合发展新路径,抓创新驱动、抓需求培育、抓成果转化、抓重点突破,强化文化创意和设计服务的先导作用,实现与相关产业全方位、深层次、宽领域的融合发展。

13.5.5　双效统一,进一步助推"新闻、艺术服务业"走出困境

新闻、出版、艺术服务业独具鲜明的文化引领和舆论导向作用,必须紧紧围绕"四个意识""四个全面""四个自信"战略布局,坚持党的领导,坚持中国特色社会主义文化发展道路,坚持以人民为中心的创作生产导向,遵循社会主义市场经济规律,遵循精神文明建设要求,遵循文化产品生产传播规律,建立健全确保把社会效益放在首位、实现社会效益和经济效益相统一的体制机制,推动社会主义文化大发展大繁荣。作为该产业核心和中坚力量的国有文化企业,首要任务是认真贯彻落实中共中央《关于推动国有文化企业把社会效益放在首位、实现社会效益和经济效益相统一的指导意见》,制订切实可行的措施,在体制机制不断完善的基础上,坚持改革开放,依托国有文化企业人才、技术和资金优势,创造更多的精品力作,唱响社会主义文化的主旋律,以满足人民群众日益增长的文化需求,不断增强行业的核心竞争力。

13.5.6　勇于创新,进一步推进文化休闲娱乐服务提档升级

研究表明"文化休闲娱乐服务行业"的发展跟不上经济社会发展的脚步,也

跟不上富裕起来的民众需求快速增长的脚步。文化休闲娱乐服务要在新形势下摆脱困境取得新发展，必须要深化改革开放，探索“跨、融、提”发展的新路子，即跨界(地区)发展、融合发展、提档升级。跨界发展和跨地区发展要求文化休闲娱乐服务业更新发展理念，与微电影等新产业、新模式、新技术、新业态联合，旅游业要与其他产业(如医疗、教育、文化、娱乐、体育、医疗、农林)跨界联合、深化资源共享，扩大经营，争取市场。与此同时，文化休闲娱乐服务业要正视困难、抢抓各项技术快速发展的机遇，坚持走“互联网＋旅游”“互联网＋休闲娱乐”“技术＋旅游”“技术＋休闲娱乐”等多技术融合发展的道路。提档升级要求文化休闲娱乐服务行业坚持创新驱动，加快供给侧改革步伐，精心谋划和设计新产品、新项目，创造“令人心动的有效供给”，从根本上破解行业供需错位的矛盾，提升行业竞争力和经营绩效，促进行业又好又快发展。

本章小结

本章研究了江苏13个城市、江苏文化产业10个大类文化的增长点情况，旨在探索江苏文化产业高质量发展的最佳发力点。

研究所得为：

(1)2014—2015年江苏文化产业13个市各有增长特点。南京市、苏州市对江苏省文化产业的贡献率大；在文化产业规模扩张上，南京、连云港、泰州、宿迁4市文化产业扩张迅速；在文化产业提质增效方面，淮安、扬州、徐州、镇江、无锡5市文化产业增长速度快。

(3)2014—2015年江苏文化产业10大类行业中的增长点主要分布在：广播电视电影服务、文化信息传输服务、文化创意和设计服务、工艺美术品的生产、文化产品生产的辅助生产、文化用品生产、文化专用设备的生产等7个大类行业中。

(4)2014—2015年江苏文化产业增长点的成因包括：系统有效的文化产业政策、积极打造的文化人才高地、不断扩大的产业投资规模、文化与多领域深度融合、不断加强的区域合作、积极的市场牵引作用。

(5)2014—2015年江苏文化产业转型升级中存在的主要问题包括：文化服

务业比重偏小、“文化艺术服务业”举步维艰、“文化休闲娱乐服务”发展迟缓、“新闻和出版服务”盈利下降。

(6)加快培育江苏文化产业新增长点、促进产业高质量发展的对策建议包括:转变观念、进一步加快文化产业供给侧改革步伐;创新模式、进一步推动龙头文化企业做大做强;狠抓落实、进一步提升文化创意和设计服务发展水平;双效统一、进一步助推“新闻、艺术服务业”走出困境;勇于创新、进一步推进文化休闲娱乐服务提档升级。

第 14 章　国有文化企业高质量发展动力研究

2015 年中办、国办印发的《关于推动国有文化企业把社会效益放在首位、实现社会效益和经济效益相统一的指导意见》(以下简称《指导意见》)[①],指明了国有文化企业必须坚持“双效合一”,为江苏国有文化企业高质量发展指明了动力之源。国有文化企业是文化产业高质量发展的“压舱石”,研判国有文化企业在落实“双效合一”所取得的成效和面临的困难、并提出对策,既可进一步激发国有文化企业以“双效合一”为发展动力,继往开来、更上层楼,发挥文化引领作用,又可推动江苏文化产业进一步提升整体高质量发展水平。

本章聚焦研究江苏国有文化企业,助力国有文化企业进一步落实“双效合一”,进一步增强高质量发展动力。

具体研究思路为:

首先,使用 2015 年江苏国有企业统计数据,从江苏国有文化企业整体、三种产业类型、十大类别、十三个地区四个方面讨论了江苏省国有文化企业的发展态势;

其次,按照国家统计局统一制定的调查方案,采取走访企业、会议座谈、发放调查问卷相结合的方式,研究了江苏省国有文化企业贯彻《指导意见》所取得的成效和面临的困难;

最后,针对研究和调查结果,提出进一步落实《指导意见》、增强国有文化企业高质量发展动力的建议。

国有文化企业作为文化产业的重要力量,在引领社会新风尚、传播优秀文化、践行社会主义核心价值观、发掘文化资源等方面均起到“压舱石”的重大作用。近年来,江苏国有文化企业经营规模不断扩大,产出和利润持续增长,总体保持了稳健发展态势。2015 年中办、国办印发的《关于推动国有文化企业把社

① 以下将“把社会效益放在首位、实现社会效益和经济效益相统一”简称“双效合一”。

会效益放在首位、实现社会效益和经济效益相统一的指导意见》(以下简称《指导意见》)为江苏国有文化企业发展指明了方向。本章在分析 2015 年江苏国有企业统计数据的基础上,结合江苏省国有文化企业在贯彻《指导意见》中的现状,探讨江苏在贯彻《指导意见》中遇到的困难、讨论问题的成因,并提出增强国有文化企业高质量发展动力的相应对策。

14.1 江苏省国有文化企业发展状况分析

14.1.1 江苏省国有文化企业总体特征分析

在江苏从“文化大省”向“文化强省”跨越的历史进程中,江苏国有文化企业通过完善法人治理结构、强化社会效益考核、狠抓企业文化建设等举措不断深化体制机制改革,企业经营规模不断扩大,营业收入稳步增长,利润水平保持较好的水平。

14.1.1.1 产业规模不断扩大,吸纳就业人员能力不断增强

江苏国有文化企业经营规模不断扩大。企业个数由 2014 年的 231 家增加到 2015 年的 242 家,增速为 4.76%。资产总额从 2014 年的 1053.88 亿元上升到 2015 年的 1322.95 亿元,增速为 25.53%(如图 14-1 所示)。

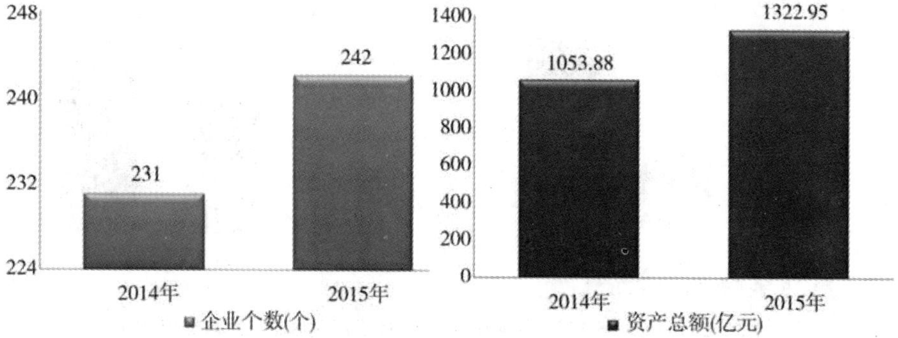

图 14-1 2014 年、2015 年江苏国有文化企业数量和资产总额

在规模扩大的同时,国有文化企业吸纳就业人员能力不断增强。国有文化企业数量全省占比由 2014 年的 3.59%下降到 2015 年的 3.55%,而从业人数占比则从 2014 年 4.08%增加到 2015 年的 4.17%,为民生的保障和改善作出了贡

献(如图 14-2 所示)。

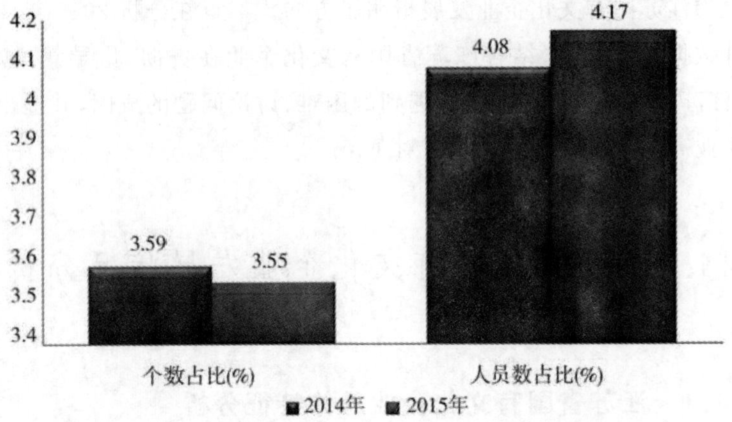

图 14-2 2014 年、2015 年江苏国有文化企业数量占比和人员占比

14.1.1.2 营业收入持续增长,盈利水平优于全行业平均水平

国有文化企业的经营绩效保持了较好的状态。2015 年年末江苏省 242 家国有文化企业实现营业收入 398.73 亿元,实现利润总额 37.53 亿元。

如图 14-3 所示,从营业收入看,江苏国有文化企业 2013 年到 2015 年营业收入和人均营业总收入均呈现上升趋势。2015 年营业收入为 398.73 亿元,比 2014 的 364.56 亿元增长 9.37%,2013 年到 2015 年的年均增速为 4.9%;2015 年人均营业总收入 82.38 万元,比 2014 年的 81.08 万元增长 1.65%,2013 年到 2015 年的年均增速为 2.2%。

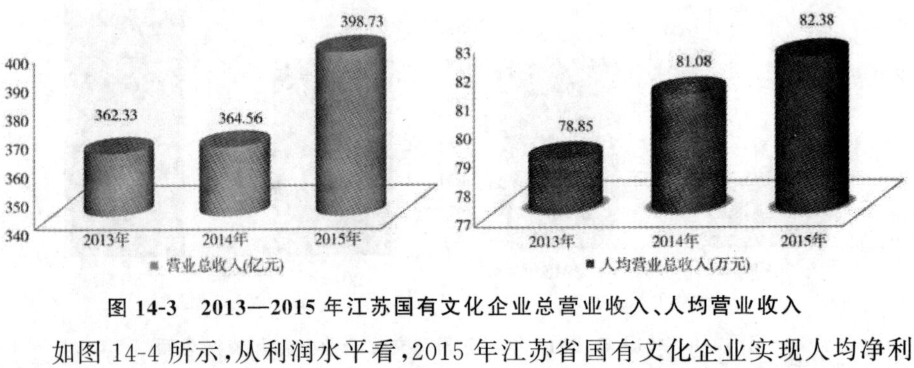

图 14-3 2013—2015 年江苏国有文化企业总营业收入、人均营业收入

如图 14-4 所示,从利润水平看,2015 年江苏省国有文化企业实现人均净利润 7.04 万元/人,比全省文化产业平均水平 5.38 万元/人高出 30.86%;人均利润总额 7.75 万元/人,比全省文化产业平均水平 6.61 万元/人高出 19.05%。

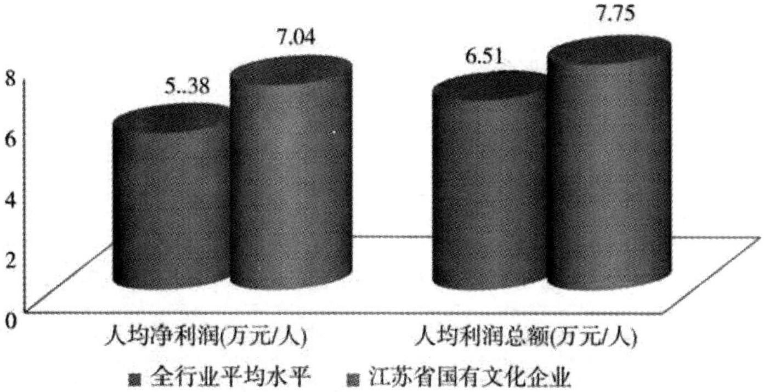

图 14-4　2015 年江苏省文化企业人均净利润、人均利润总额对比图

14.1.2　江苏省国有文化企业的产业类型特征分析

14.1.2.1　国有文化服务业规模大

近年来，江苏国有文化服务业在较大的规模基数上快速增长，成为江苏国有文化企业的主力军。江苏国有文化服务业一方面满足了人们对新闻服务、广播电视电影服务、文化休闲娱乐服务等不断增长的传统文化服务的需求，另一方面服务于出版发行和版权服务、文化艺术及代理服务等新兴文化服务需求，产业发展呈现良好态势。

2015 年江苏国有文化服务业企业个数 204 个、吸纳就业人员 40039 名、总资产 1230.16 亿元，占所有国有文化企业的比例分别为 84.30%、82.36%、92.99%，在文化制造业、文化批零贸易业、文化服务业三种产业类型中均占有绝对优势地位。

2014 年和 2015 年国有文化服务业企业个数占比、从业人员数占比、总资产占比的增长速度也远快于文化制造业、文化批零贸易业（见表 14-1、表 14-2、图 14-5、图 14-6），表明文化服务业的集中度在不断提升，文化服务业对文化产业发展的贡献度不断增强。

表 14-1　2014 年国有文化企业三种类型企业数、人数、总资产占比表

	企业个数		从业人员数		总资产（亿元）	
	数量	占比（%）	数量	占比（%）	数量	占比（%）
文化产业制造业	13	5.63	5613	12.48	68.92	6.54

（续表）

	企业个数		从业人员数		总资产（亿元）	
	数量	占比（%）	数量	占比（%）	数量	占比（%）
文化产业批零业	28	12.12	2661	5.92	22.49	2.13
文化产业服务业	190	82.25	36707	81.61	962.47	91.33

表 14-2　2015 年国有文化企业三种类型企业数、人数、总资产占比表

	企业个数		从业人员数		总资产（亿元）	
	数量	占比（%）	数量	占比（%）	数量	占比（%）
文化产业制造业	11	4.55	5810	11.95	69.85	5.28
文化产业批零业	27	11.16	2766	5.69	22.94	1.73
文化产业服务业	204	84.30	40039	82.36	1230.16	92.99

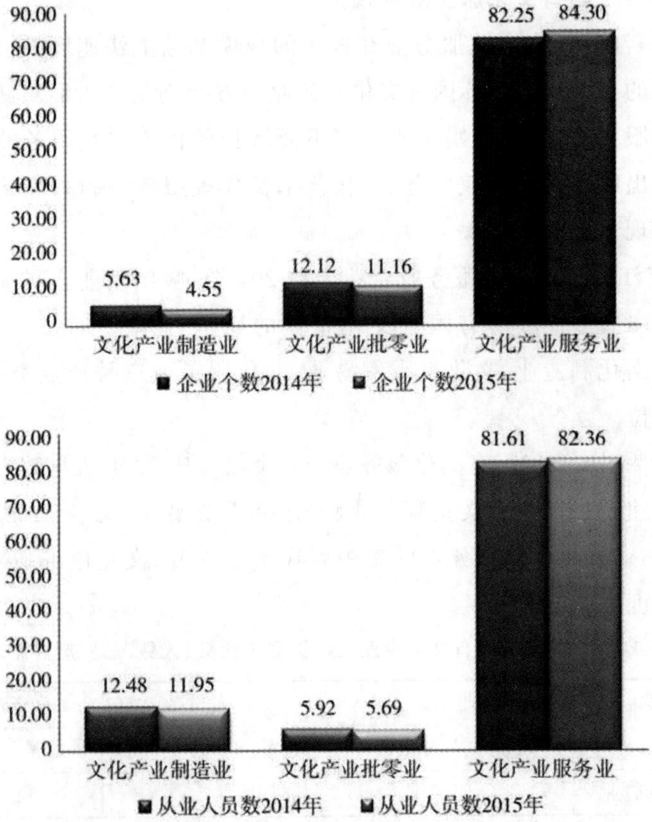

图 14-5　2014 年、2015 年三种类型江苏国有文化企业企业数、人数对比图

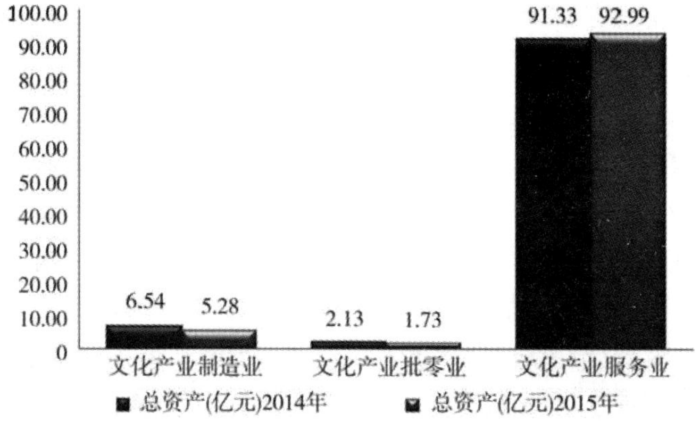

图 14-6　2014 年、2015 年三种类型江苏国有文化企业总资产对比图

14.1.2.2　国有文化制造业效益好

江苏国有文化制造业依托制造业大省所特有的技术和市场优势，开发新技术、拓展新市场，经济效益不断提升。2015 年，江苏国有文化产业制造业人均营业收入为 203.79 万元/人、人均利润为 8 万元/人、资产利润率为 6.41%；而同期全省国有文化企业人均营业收入为82.38万元/人、人均利润为7.75 万元/人、资产利润率为 2.84%，国有文化制造业的创利水平远高于全省平均水平，数据见表 14-3。

表 14-3　2015 年三种类型江苏国有文化企业效益指标对比表

	人均利润(万元)	资产利润率(%)	人均营业收入(万元)
国有文化企业平均	7.75	2.84	82.38
文化产业制造业	8.00	6.41	203.79
文化产业批零业	3.72	4.49	121.62
文化产业服务业	8.00	2.60	62.71

此外，2015 年江苏国有文化制造业人均营业收入和人均利润两项指标也均高于全省文化制造业人均营业收入 105.47 万元/人和人均利润 6.48 万元/人的平均水平。

14.1.2.3　三种产业类型内部亮点纷呈

(1)国有文化服务业内部特征分析

①“互联网信息服务”获利能力、资产保值增值能力领跑国有文化服务业

互联网的迅速发展，特别是移动互联网的快速普及带动了文化产业的发

展，互联网＋文化产业成为“互联网＋”的亮点和重点。通过互联网平台，不断创造出新产品、新业务与新模式，形成双向互动，极大地推动着“互联网信息服务”的提质增效。2015年江苏省国有规模以上服务业中，“互联网信息服务”表现突出，人均利润31.95万元，资产利润率18.09％，人均营业收入280.24万元，较全省国有规模以上服务业8.00万元的人均利润、2.60％的资产利润率、62.71万元的人均营业收入，分别高出299.3％、595.8％、347.9％，提质增效势头喜人。

②“有线广播电视传输服务”等七个行业也有良好的经营绩效和较强的资产保值增值能力

新兴文化服务需求的不断增加为“有线广播电视传输服务”“广告业”“音像制品出版”“文化艺术培训”“其他文化艺术经纪代理”“图书出版”“其他未列明商务服务业”等行业的发展注入了活力。这七个行业的人均利润、资产利润率、人均营业收入也均超过全省国有文化服务业的平均水平，同样有较好的经营绩效和较强的资产保值增值能力，数据见表14-4。

表14-4　2015年江苏国有文化服务业效益指标对比表

	人均利润(万元)	资产利润率(％)	人均营业收入(万元)
国有文化服务业平均	8.00	2.60	62.71
互联网信息服务	31.95	18.09	280.24
广告业	35.59	16.00	86.24
有线广播电视传输服务	24.67	8.01	103.11
音像制品出版	15.58	15.97	144.69
文化艺术培训	11.15	32.72	111.98
其他文化艺术经纪代理	11.11	4.52	45.70
图书出版	10.94	6.46	140.48
其他未列明商务服务业	10.49	11.97	55.78

③“文物及非物质文化遗产保护”获利能力强，“新闻业”等三个中类资产保值增值能力强

江苏省坚持文物及非物质文化遗产可持续利用原则，出台的《江苏省文物保护条例》《江苏省非物质文化遗产保护条例》等地方性法规为文物和非物质文

化遗产的保护和利用提供了制度保障。“十三五”期间，国有文化企业以文物资源、非物质文化遗产为载体积极弘扬优秀传统文化，将具有地缘文化特质和区域品牌特征的文化产品应用于商业、贸易、旅游、交通等领域，“文物及非物质文化遗产保护”行业在继承优秀历史文化遗产基础上取得了较好的经济效益。2015 年“文物及非物质文化遗产保护”人均利润 36.57 万元，在国有文化服务业内部位列首位，远高于国有文化服务业 8 万元的平均水平。

除以上九个大类外，“新闻业”“工程勘察设计”“其他文化艺术业”三个行业也有较强的资产保值增值能力。新闻业的资产利润率为 9.92%；工程勘察设计的资产利润率为 7.21%；其他文化艺术业的资产利润率为 9.56%，不但优于国有规模以上文化服务业 2.60%的平均水平，也优于江苏省规模以上文化服务业的平均水平。

(2)国有文化制造业内部特征分析

①大型文化制造企业获利能力强，中型文化制造企业资产保值增值能力强

如表 14-5、表 14-6、图 14-7、图 14-8 所示，大型国有文化制造企业人均利润 11.01 万元/人，人均出口交货值 17.59 万元/人，获利能力明显优于中型和小型企业；中型国有文化制造企业的资产保值增值能力强，其资产利润率为 10.18%，不但优于国有文化制造业的 6.41%，同时也优于全省文化制造业平均水平 9.27%。

表 14-5　2015 年江苏国有文化制造业效益指标对比表

	人均利润（万元）	资产利润率（%）	人均营业收入（万元）	人均出口交货值（万元）
全省国有文化制造业平均	7.70	6.41	196.22	11.05
大型	11.01	6.65	304.86	17.59
中型	7.02	10.18	89.56	6.58
小型	0.31	0.47	49.66	0

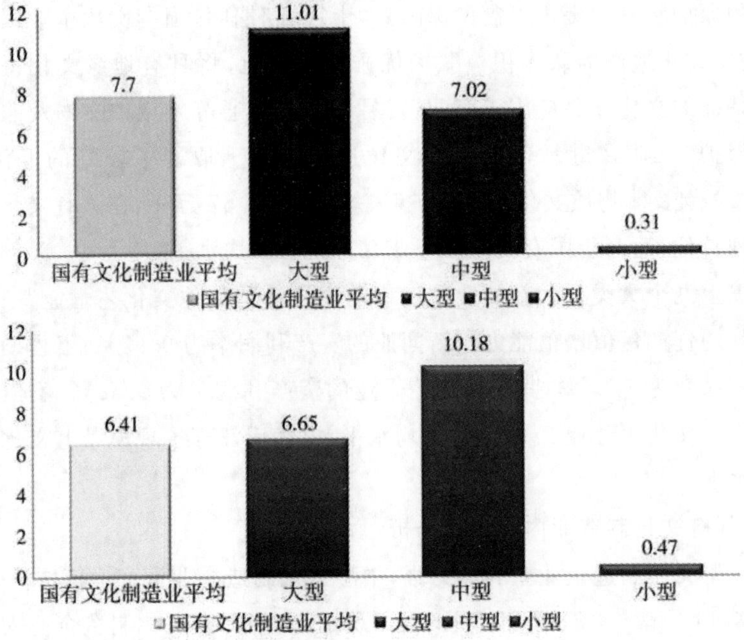

图 14-7　不同规模文化制造业人均利润、资产利润率对比图

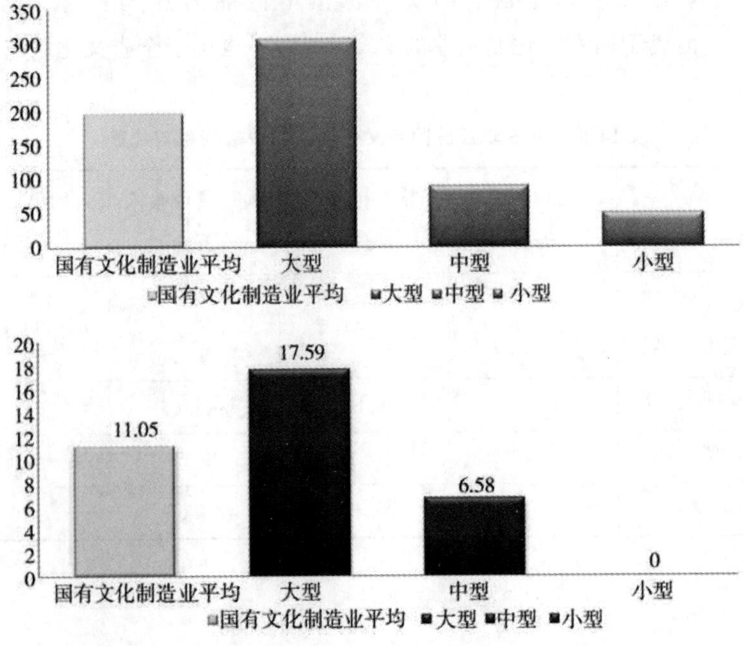

图 14-8　不同规模文化制造业人均营收、出口交货值对比图

②“信息化学品制造业”获利能力强

信息化学品行业属“文化用品的制造”大类、“文化用化学品的制造”中类，其产品专用性强、功能性强、技术密集、附加价值高的特点，是国家重点支持的高科技行业。江苏国有文化制造业中，信息化学品制造的获利能力表现突出，2015 年其人均利润为 20.54 万元/人、人均出口交货值为 48.41 万元/人，不仅优于国有文化制造业在这两项指标上 6.48 万元/人和 34.18 万元/人的平均水平，也优于江苏全省信息化学品制造业人均利润 16.89 万元/人、人均出口交货值 26.00 万元/人的平均水平。

③ “电视机制造”“机制纸及纸板制造”“应用电视设备及其他广播电视设备制造”资产保值增值能力较强

作为文化大省，江苏旺盛的文化需求带动了电视机、应用电视设备、其他广播电视设备等硬件的制造和文化用纸的生产，2015 年“电视机制造”的资产利润率为 25.82%，优于江苏省文化制造业平均水平；“机制纸及纸板制造”的资产利润率为 8.38%，“应用电视设备及其他广播电视设备制造”的资产利润率为 6.6%，优于国有文化制造业 6.41%的平均水平。

(3)国有文化批零业内部特征分析

江苏百姓历来具有热爱阅读的文化传统，“十三五”期间“书香江苏”的建设更进一步推动了“图书、报刊零售”企业的快速发展。2015 年国有批发和零售业文化企业中“图书、报刊零售”表现突出。

2015 年，“图书、报刊零售”的人均利润 8.28 万元，资产利润率为 7.82%，人均营业收入 125.36 万元，与江苏省国有批发和零售业文化企业人均利润 3.72万元、资产利润率 4.49%、人均营业收入 121.62 万元相比，分别高出 122.58%、74.16%和 3.08%，表明其获利能力和资产保值增值能力高于其他行业。

此外，随着江苏经济社会的进一步发展，以投资理财和以玩赏为目的的收藏需求均快速增加，拉动了工艺美术品和收藏品销售，2015 年国有“工艺美术品及收藏品零售”企业的资产利润率为 4.88%，高于江苏省国有批发和零售业文化企业 4.49%的平均水平，资产保值增值能力较强。

14.1.3　江苏省国有文化企业十大类别特征分析

江苏省国有文化企业十大类别的人均利润、资产利润率、人均营业收入数据见表 14-6、图 14-9。

表 14-6 十大类别江苏省国有文化企业人均利润、资产利润率、人均营业收入

	人均利润（万元）	资产利润率（%）	人均营业收入（万元）
国有文化企业平均	7.75	2.84	82.38
新闻出版发行服务	0.75	0.46	60.54
广播电视电影服务	5.27	1.72	43.68
文化艺术服务	0.17	0.16	13.35
文化信息传输服务	24.76	8.20	108.49
文化创意和设计服务	7.78	4.49	69.75
文化休闲娱乐服务	3.42	0.36	47.06
工艺美术品的生产	3.93	4.36	63.24
文化产品生产的辅助生产	1.03	0.83	45.60
文化用品的生产	7.73	6.22	244.15
文化专用设备的生产	3.19	6.60	71.78

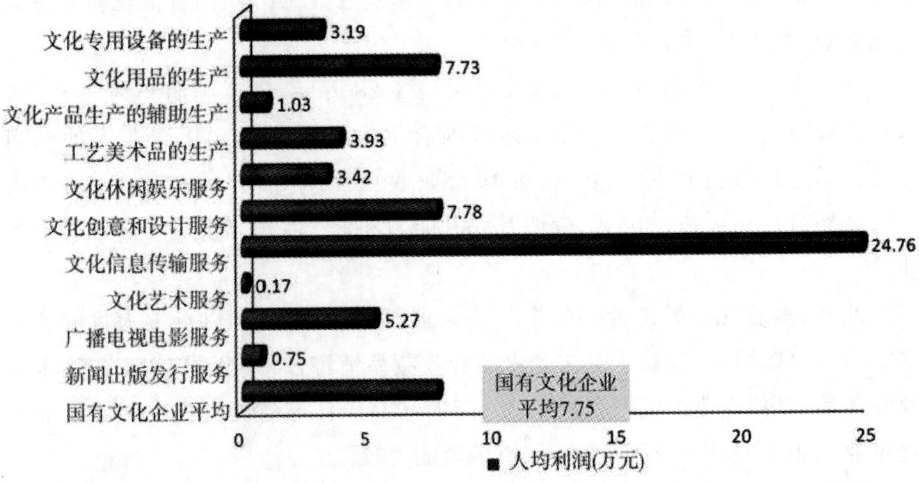

图 14-9 十大类江苏国有文化企业人均利润、资产利润率、人均营业收入对比图

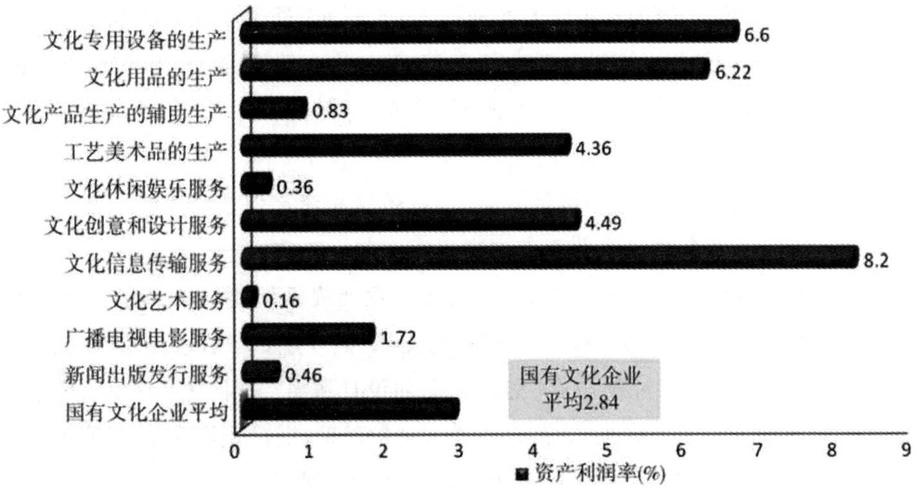

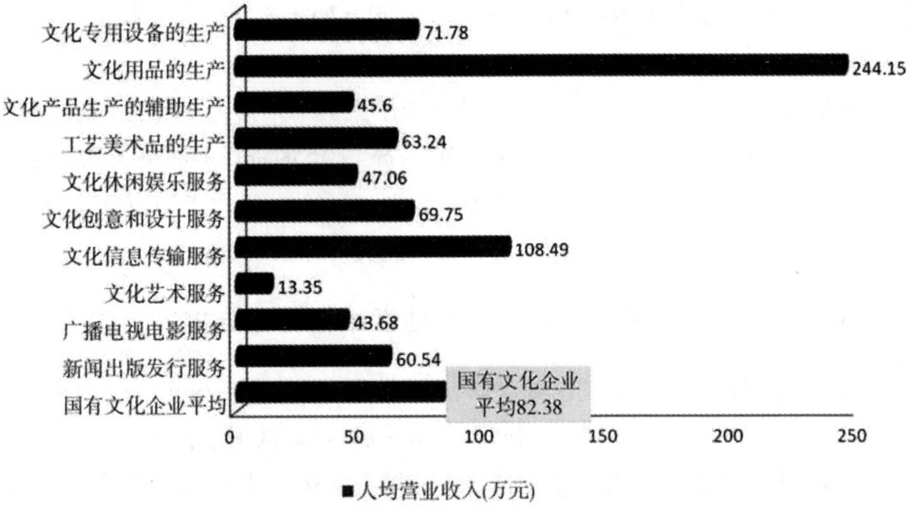

图 14-9　十大类江苏国有文化企业人均利润、资产利润率、人均营业收入对比图(续)

14.1.3.1　“文化信息传输服务”经济效益和资产保值增值能力领跑全省文化企业

江苏“文化信息传输服务”大类的国有文化企业借助层次分明、互联互通、多种方式共用的信息传输网络，将承载优秀中华文化的数字内容广泛传播，在确保社会效益的同时实现了较好的经济效益。

2015 年江苏国有“文化信息传输服务”大类实现人均利润 24.76 万元，资产利润率 8.20%，人均营业收入 108.49 万元，不仅领跑国有文化企业十个大类

(2015 年江苏国有文化企业实现人均利润 7.75 万元,资产利润率 2.84%,人均营业收入 82.38 万元),也优于江苏省 2015 年文化产业平均水平(2015 年江苏国有文化企业实现人均利润 6.51 万元,资产利润率 6.67%,人均营业收入 107.23 万元)。

14.1.3.2 "文化创意和设计服务"经济效益和资产保值增值能力在全省国有文化企业中表现突出

江苏省积极落实《国家"十一五"时期文化发展规划纲要》中明确提出的"发展文化创意产业"重要任务,推出了一系列支持和推动文化创意产业发展的政策。借此东风,2015 年江苏国有"文化创意和设计服务"产业发展良好,获利能力和资产保值增值能力较强,人均利润为 7.78 万元,资产利润率为 4.49%,高于国有文化企业 2015 年 7.75 万元和 2.84%的平均水平。

14.1.3.3 "文化专用设备的生产""文化用品的生产""工艺美术品的生产"三个大类的资产保值增值能力相对较强

如表 14-6、图 14-9 所示,在江苏文化产业十大类中,"文化专用设备的生产"大类的资产利润率为 6.60%、"文化用品的生产"大类的资产利润率为 6.22%、"工艺美术品的生产"大类的资产利润率为 4.36%,明显优于国有文化企业 2015 年 2.84%的平均资产利润率,有相对较强资产保值增值能力。

14.1.4 江苏省国有文化企业的地区结构特征分析

"十三五"期间,江苏通过区域联动、优势互补、错位发展等多种方式,促进苏南、苏中、苏北三个区域国有文化产业均衡发展,各地区国有文化产业齐头并进的产业格局正在逐步形成。十三地区江苏国有文化企业人均利润、资产利润率、人均营业收入见表 14-7 和图 14-10。

表 14-7 十三地区江苏国有文化企业人均利润、资产利润率、人均营业收入

	人均利润(万元)	资产利润率(%)	人均营业收入(万元)
国有文化企业平均	7.75	2.84	82.38
南京市	11.21	4.25	95.22
无锡市	4.89	1.06	33.16
徐州市	2.85	1.69	40.14

（续表）

	人均利润（万元）	资产利润率（%）	人均营业收入（万元）
常州市	3.52	1.06	67.16
苏州市	17.54	7.69	66.00
南通市	7.02	2.97	216.90
连云港市	0.64	0.45	36.45
淮安市	3.06	3.80	48.81
盐城市	2.75	1.11	47.84
扬州市	0.82	0.48	40.22
镇江市	6.14	1.21	103.72
泰州市	8.87	3.88	90.65
宿迁市	4.98	2.32	36.85

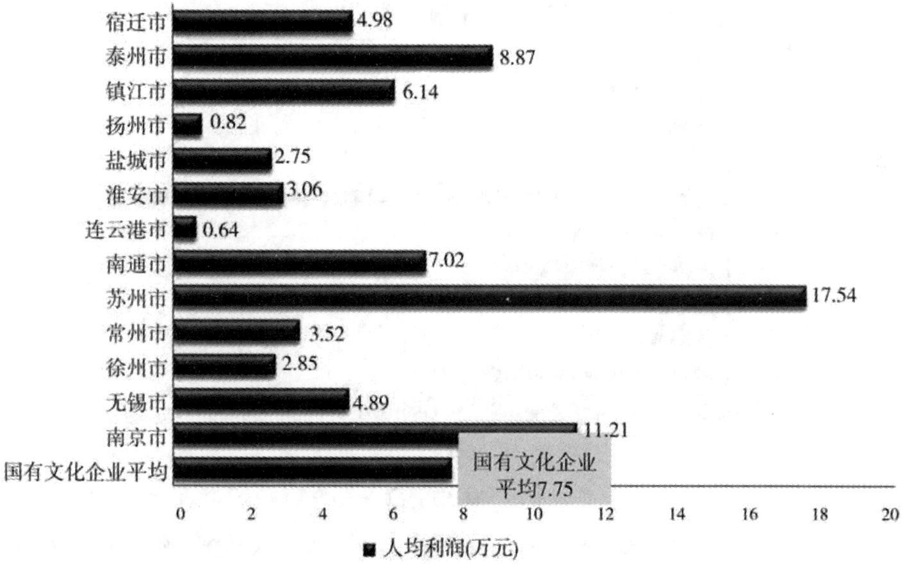

图 14-10　十三地区江苏国有文化企业人均利润、资产利润率、人均营业收入对比图

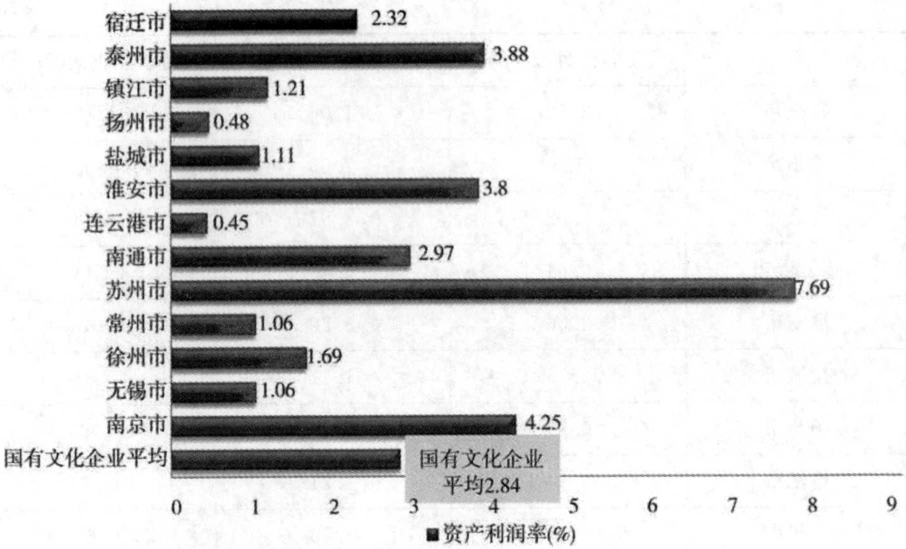

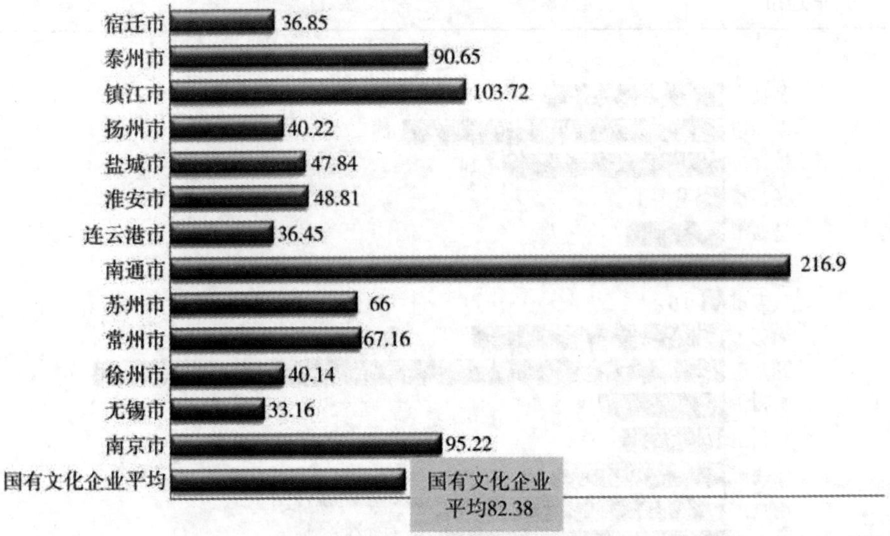

图 14-10 十三地区江苏国有文化企业人均利润、资产利润率、人均营业收入对比图(续)

14.1.4.1 南京国有文化企业领跑全省

南京人文荟萃、文化底蕴极为丰厚，既拥有江苏新华报业传媒集团有限公司等大型省属国有文化企业，又高校云集、坐拥优质人才储备，“三个一”文化产业执行体系[①]更为南京文化产业的发展提供了强有力的政策支撑。2015 年江苏省 13 个地区中，南京国有文化企业实现人均利润 11.21 万元，资产利润率 4.25%，人均营业收入 95.22 万元，三个指标均超过全省国有文化企业平均水平，人均利润、资产利润率两指标位于全省第二，人均营业收入位于全省第三，总体表现优秀，领跑全省。

14.1.4.2　苏州国有文化企业表现突出

苏州是全国最早提出"文化立市"的城市之一，苏州市委、市政府长期以来高度重视文化大发展大繁荣工作，在"十一五"期末就将文化产业作为新兴产业大力培育，出台了一系列政策意见助推文化产业发展，"十三五"更是逐年扩大文化产业发展资金的规模，重点扶持具有示范性、导向性和文创产品生产和文化服务项目，努力将苏州打造成区域性文化创意产业中心。2015 年苏州国有文化企业实现人均利润 17.54 万元，资产利润率 7.69%，两指标均位于全省首位，在获利能力、资产保值增值上表现突出。

14.1.4.3　泰州国有文化企业后发优势明显

泰州围绕建成"形神兼备的文化名城"的目标，充分利用苏中在文化产业发展上的后发优势，以"一核两带十园区"的"1210 工程"[②]为重要抓手促进文化产业大发展。2015 年泰州国有文化企业实现人均利润 8.87 万元，资产利润率 3.88%，人均营业收入 90.65 万元，三个指标均高于江苏国有文化企业平均水平，在获利能力、资产保值增值方面表现突出。

14.2　江苏省国有文化企业贯彻《指导意见》现状

为了解《关于推动国有文化企业把社会效益放在首位、实现社会效益和经

① "三个一"文化产业执行体系指：一张规划蓝图：《南京市创意文化产业空间布局和功能区发展规划》(2016—2020)；一份行动计划：《南京市推进文化创意和设计服务与相关产业融合发展行动计划(2015—2017 年)》；一套政策措施：《南京市关于促进文化创意和设计服务与相关产业融合发展的若干政策措施》。

② "1210 工程"中的"一核两带"指："一核"是主城区复合型文化创意产业发展核心区；"两带"是沿江地区制造型文化用品产业带和里下河地区消费型文化旅游产业带。

济效益相统一的指导意见》(以下简称《指导意见》)贯彻落实情况,反映国有文化企业落实"双效统一"遇到的新问题及政策需求,为进一步完善两个效益相统一的相关政策措施提供参考依据,江苏省统计局按照国家统计局统一制定的调查方案,于2016年7月份对南京、苏州、无锡、镇江、常州、南通6市共59家国有文化企业开展了《指导意见》落实情况的调查。

此次调查按照国家统计局统一制定的调查方案,采取走访企业、会议座谈、发放调查问卷相结合的方式,先后共走访9家企业,召开3个座谈会,发放调查问卷59份,收回59份。参与填写调查问卷的59家国有文化企业,主要涵盖图书出版(12家)、影视制作(3家)、文艺演出(7家)、电影院线(8家)、图书发行(6家)、有线电视网络(12家)和国有文化资产管理(11家)等文化内容生产和文化信息传播的国有文化企业。

14.2.1 江苏省国有文化企业积极承担文化传承使命,始终坚持"双效合一"

14.2.1.1 在落实《指导意见》的过程中,国有省属企业做大做强做优上作用凸现

参与调研的59家国有文化企业,2015年年末企业的资产合计1503.6亿元,从业人员48166人;其中,江苏新华报业传媒集团有限公司、江苏省广电有线信息网络股份有限公司、江苏省广电有线信息网络股份有限公司、江苏凤凰出版传媒集团有限公司、江苏省演艺集团公司、江苏省文化投资管理集团有限公司等6家(占调查企业的10.2%)国有省属企业2015年年末企业的资产合计904.8亿元(占调查企业的60.15%),年营业收入合计331.4亿元(占调查企业的80.5%),实现利润总额49.7亿元(占调查企业的75.3%),从业人员3.3万人(占调查企业的68.8%);平均资产利润率为5.5%,人均创造利润15.1万元,较好地实现了资产保值增值和经济效益。

江苏新华报业传媒集团有限公司始终坚持"服务好党和政府中心工作和广大读者需求"的理念,不断提升办报质量,做优报纸传统传播平台;加快资源整合步伐,重组期刊出版传播平台;按照市场化原则,建设网络媒体传播平台;跟踪加强新技术研发,建设移动媒体传播平台。有着83年光荣历史的《新华日报》连续多年位列全国省级党报三甲;居全国晚报都市报发行量之首的《扬子晚

报》获得了中国标杆品牌、亚洲品牌 500 强等诸多殊荣;《党的生活》办出特色,成为中组部确定的全国 4 本重要核心党刊之一。集团控股重组的江苏最大的门户网站中国江苏网,全新改版后全球排名从 3 万位左右上升到 5000 位左右,被中央外宣办评为全国 10 家优秀网站之一。

江苏省广播电视总台(集团)成立以来,以"责任塑造形象,品质成就未来"为办台理念,以"高标准建设全国一流新型媒体集团"为奋斗目标,五次入选全国"文化企业 30 强",连续十二年入选"中国 500 最具价值品牌排行榜",综合实力位居全国省级广电前列。

江苏省广电有线信息网络股份有限公司以"双核驱动,双超百亿,确保第一"为总体目标,以"三网融合"试点和公司上市为强大引擎,连续多年入选"全国文化企业 30 强",被评为"2007—2009 年度江苏省文明单位"。

江苏省文化投资管理集团有限公司逐步搭建文化服务平台、稳步拓展文化金融业务,文化产业基金项目取得突破性进展。江苏凤凰出版传媒集团有限公司和江苏省演艺集团公司,坚持围绕中心、服务大局,切实履行宣传文化职责,多次入选全国"文化企业 30 强"。

14.2.1.2　国有文化企业积极承担社会责任,扩大社会效益

参与调研的国有文化企业充分发挥各自的优势,加强文化产品市场营销,积极打造具有核心竞争力的文化品牌,努力扩大市场影响力和话语权,积极履行企业的社会责任。

无锡日报报业集团抢抓发作机遇,积极向现代综合传媒集团转型,为无锡加快率先基本实现现代化提供精神动力、智力支持,营造良好舆论氛围,发表的《做好事"潜伏"27 年"炎黄"终于找到了》作品获第 25 届中国新闻奖一等奖。南通市海门新华书店责任有限公司积极探索传统书店转型之路,其下辖的书店秉承着"让海门喜欢读书的人有个好去处"的初衷,不光为卖书而卖书,始终坚持把社会效益放在第一位,入选"江苏最美书店"。

常州龙城旅游控股集团有限公司,在改造新北中心公园、飞龙运动公园、高铁生态公园等城市公园的基础上,开发了城市生态绿地,为提升城市的生态文明内涵和百姓的生活居住品质作出了贡献。深挖新龙生态林、东方盐湖城、孟河小黄山等项目旅游的文化魅力,自身的文化旅游产业链也得以不断延展、完善,品牌效益和带动作用日益显现。镇江市西津渡文化旅游公司坚持文化旅游

发展理念。将文化产业打造成为西津渡持续发展的核心竞争力，形成传统文化、渡口文化、时尚文化交汇融合之地，通过 HiFi 西津渡、西津渡国际纪录片盛典等活动创品牌，引进文化创意、手工艺、文化展览等企业创造就业岗位、提升社会效益。

14.2.1.3 国有文化企业积极打造精品力作，拓展传播渠道，增强优秀文化作品的传播力和影响力

江苏国有文化企业坚持以人民为中心的文化产业发展理念，围绕弘扬主旋律和践行社会主义核心价值观，打造出一大批有影响力的精品力作，积极拓展传播渠道，增强文化产业的传播力。

江苏演艺集团积极开展“深入生活、扎根人民”主题实践活动，丰富了“高雅艺术进农村进校园进基层”“演出季”等惠民品牌，形成了“交响音乐季”“朱鹮艺术节”“环球昆曲在线”等艺术品牌；南京市演艺集团近年来打造推出了一大批精品力作，先后荣获 5 项国家大奖，2 台剧目入选国家艺术基金扶持剧目，其中，以吴仁宝等一批江苏好村干部为原形的话剧《枫树林》获得“文华大奖”、大型史诗话剧《雨花台》入围省精品工程。

江苏凤凰出版传媒集团坚持社会主义先进文化前进方向，弘扬时代精神，传播主流价值，引领文明风尚。集团策划出版的《抗战 70 周年》《四个全面研究丛书》《习近平治国理政》等政治理论读物发行量居全国前列；集团《长城志》《运河志》等十大出版工程中，有 7 个入选“中国文艺原创精品工程”；原创音乐剧《锦绣过云楼》成功申报国家艺术基金。

14.2.1.4 国有文化企业保证社会效益的前提下，取得良好经济效益

调研显示，江苏国有文化企业在坚持社会效益为先的指导原则下，深化改革，创新发展，加强文化产品的生产和创作，不断开拓新的文化市场，取得了较为良好的经济效益。参与调研的 59 家国有文化企业 2015 年年末总资产 1503.6亿元，年度营业收入 447.1 亿元，当年实现利润总额 66.6 亿元。

6 家省属文化企业 2015 年年末总资产 904.44 亿，年度营业收入 331.92 亿元，当年实现利润总额 49.66 亿元（其中：1 家企业当年亏损 2.52 亿元）。6 家省属企业当年平均资产利润率 5.49%，人均利润 14.83 万元，较好地实现了资产保值增值和经济效益。

53 家国有文化企业 2015 年年末总资产 599.2 亿元，从业人员 14684 人，年

度营业收入 115.7 亿元，当年实现利润总额 16.9 亿元(其中：12 家企业当年亏损 1.15 亿元)。

14.2.2　国有文化企业落实《指导意见》的保障机制

14.2.2.1　地方政府出台多项管理办法，为落实《指导意见》构建有效制度保障

为贯彻落实《指导意见》，“十三五”期间，江苏全省及各级地方政府相继出台各类相关管理办法和制度，积极构建落实《指导意见》的制度保障。如《江苏省省级文化企业负责人年度绩效考核暂行办法(试行)》，建立了文化企业干部人才考核评价制度，其中明确规定履行宣传文化职责、社会公信力与影响力、群众满意度等社会效益指标与利润总额(或减亏总额)、经济增加值和营业总收入等经济效益指标，在省级文化企业负责人的绩效考核中占有相同比重。调查显示：参与调研的 59 家企业中，56 家(占调查企业的 94.9%)企业认为当地主管部门对本行业管理不存在唯票房、唯收视率、唯发行量、唯点击率的考核。

同时，各地积极出台各类管理办法，建立对国有文化资产运营的监管机制和对企业绩效的评价考核机制。如苏州市出台了《苏州市市级国有文化企业重大事项管理实施办法》《苏州市市属媒体年度绩效考核管理办法(试行)》等制度，规范国有文化资产监管运营机制和评价考核机制。无锡市围绕“舆论导向、宣传业务、公益宣传服务、精品生产、创新体系建设、受众满意度”六个指标构建量化指标体系评价国有企业的社会效益。常州市出台了《关于推动文化建设迈上新台阶的实施意见》《常州市市级国有文化企业重大事项管理实施暂行办法》，为落实《指导意见》提供制度保障。

14.2.2.2　制定灵活多样的扶持政策，促进《指导意见》的贯彻落实

参与调研的 59 家文化企业中，41 家(占调查企业的 69.5%)企业对当地实施的引导国有文化企业自觉追求社会效益最大化并保证合理经济效益的经济政策有所了解。在 6 家省属重点国有文化企业中有 5 家企业享受过政府扶持资金；在 53 家非省属重点国有文化企业中，40 家(占非省属重点国有文化企业 75.5%)企业享受过政府扶持资金。目前，各地正在组织落实省属重点文化企业在 2020 年年底前免缴国有资本收益的政策，通过对社会效益突出的产业项目给予资金扶持、省市级文化引导资金、各类对主题宣传和活动的扶持、事业单

位改制的文化企业免五年所得税、政府采购等具体措施，推动了《指导意见》在国有文化企业的贯彻落实。

14.2.2.3 国有文化企业内部运行机制逐步完善

在参与调研的 59 家国有文化企业中，56 家企业（占调查企业的 94.9%）知道《指导意见》已颁布实施；42 家（71.2%）在企业章程和各项规章制度中，非常明确具体体现出社会效益第一、社会价值优先的经营理念，14 家（23.7%）有体现，但具体措施尚未制定，只有 3 家（5.1%）暂时还没有体现；20 家（占 33.9%）企业党委成员以双向进入、交叉任职的方式进入董事会、监事会和经营管理层；47 家（79.7%）企业设立了专门的党建机构或党群综合工作部门。

参与调研的 6 家省属重点国有文化企业均知道《指导意见》已颁布实施，它们在企业章程和各项规章制度中，都非常明确具体体现出社会效益第一、社会价值优先的经营理念，均设立了专门的党建工作机构，建立了较为完善的企业绩效评价考核机制、企业干部人才管理制度；5 家企业党委成员以双向进入、交叉任职的方式进入董事会、监事会和经营管理层，建立完善了编辑委员会、艺术委员会等专门机构，以完善审核把关机制。

参与调研的非省属重点国有文化企业共有 53 家，其中 48 家（占非省属重点国有文化企业 90.6%）知道《指导意见》已颁布实施，36 家（占非省属重点国有文化企业 67.9%）在企业章程和各项规章制度中非常明确具体体现出社会效益第一、社会价值优先的经营理念，35 家（占非省属重点国有文化企业 66.0%）企业做到党委领导与完善法人治理结构的有机结合，37 家（占非省属重点国有文化企业 69.8%）通过内部考核激励体制引导“双效合一”指导意见落地。

14.2.2.4 国有文化企业的股份制改造和并购重组向纵深推进

参与调研的 59 家国有文化企业中，15 家（占调查企业的 25.4%）企业已经完成公司制股份制改造；10 家（占调查企业的 16.9%）企业目前已经上市；14 家（占调查企业的 23.7%）企业有上市的意愿，其中 9 家企业积极筹备上市。

参与调研的 6 家省属重点国有文化企业中，1 家企业完成公司制股份制改造；2 家企业目前已经上市；2 家企业有上市的意愿，其中 1 家企业正在积极筹备上市。

在参与调研的 53 家非省属重点文化企业中，14 家（占非省属重点国有文化企业 26.4%）企业已经完成公司制股份制改造；8 家（占非省属重点国有文化企业 15.1%)企业目前已经上市;13 家(占非省属重点国有文化企业 24.5%)企业有上市的意愿,其中 8 家企业积极筹备上市。

14.2.2.5 七成以上文化企业负责人对《指导意见》政策落实情况表示满意

参与调研的 59 家企业中,43 家(占调查企业的 72.9%)的企业负责人对目前《指导意见》政策落实情况非常满意或满意,11 家(占调查企业的 18.6%)的企业负责人对目前《指导意见》政策落实基本满意。

33 家(占调查企业的 55.9%)的企业负责人认为《指导意见》对该企业的作用显著,主要是在明确企业党委领导地位、促进完善企业内部运行机制、落实配套经济政策、促进文化企业对国有资产的监督管理等方面起到了积极作用。

14.2.3 落实《指导意见》中遇到的困难与问题

14.2.3.1 企业内部运行机制需进一步完善

在参与调研的 53 家非省属重点国有文化企业中,42 家(占非省属重点国有文化企业 79.2%)设立了党建工作机构或党群综合工作部门,有完善审查把关制度的企业仅有 24 家(占非省属重点国有文化企业 45.3%),与《指导意见》的要求相比,还存在一定距离。

在参与调研的 6 家省属重点国有文化企业中,还有 1 家尚需进一步落实企业党委成员以双向进入、交叉任职的方式进入董事会、监事会和经营管理层的要求,完善编辑委员会、艺术委员会制度,并进一步完善审核把关机制。

14.2.3.2 企业以资本为纽带做大做强的愿望不够强烈

充裕的资金是国有文化企业做强、做优、做大的必要保证。除依靠自身发展和政府支持外,从资本市场上吸纳资金是国有文化企业筹集资金的重要途径。但在参与调研的 6 家省属国有文化企业中,2 家企业尚无上市意愿、2 家有上市意愿的企业中,仅有一家在筹备上市。53 家非省属重点国有文化企业中,尚有 39 家未完成公司制股份制改造,32 家企业没有上市意愿。

14.2.3.3 文化经济政策的激励保障作用需要强化

59 家参与调研的国有文化企业中,有 41 家企业(占调查企业的 69.5%)虽然对当地实施的引导国有文化企业自觉追求社会效益最大化并保证合理经济效益的经济政策有所了解,但 41 家企业中有 12 家不能列举出具体政策。换言之,59 家参与调研的国有文化企业中,有 30 家企业无法及时借助相关的经济政策助推自身发展。其中 18 家企业对相关政策不了解，12 家对相关政策的具体内容不明晰。

在 59 家参与调研的国有文化企业中，对于省属重点文化企业在 2020 年年底前免缴国有资本收益的政策，33 家企业认为尚未得到落实，占调查企业的 55.9%。在 25 家认为得到落实的企业中，14 家认为落实免缴政策对企业效益将产生显著的影响，占比为 56%，还有近一半的企业不认为落实免缴政策对企业效益将产生显著的影响。

14.2.3.4 经营中的实际困难制约了经济效益和社会效益的良性互馈

首先，体制机制需要进一步理顺。部分转制院团均提出转制带来的历史遗留问题尚未得到根本性解决，继而难以保证国有文化企业获取合理的经济效益，也无法确保企业职工得到合理的经济收益。

其次，技术、人才储备不足也是制约国有文化企业实现“双效合一”的重要制约因素。调查中了解到，一些传统纸媒编辑出版企业，因受到新媒体的挑战，传统纸质媒体的经营业务量总体呈逐年下滑之势，而面临数字化转型升级的新竞争环境，企业普遍受到人才储备和技术能力的瓶颈制约。与此同时，演艺类文化企业也同样面临拔尖人才缺乏、人才培养储备不足等相同困难和问题。

最后，人员经费、创作经费、场地设施不足，也影响着国有文化企业做大做强。据调查了解，目前文化企业人员经费、创作经费、场地设施的不足，已成为制约国有文化企业发展的普遍问题。规模较小的文化企业希望政府能进一步加大财政支持力度，“扶上马、送一程”，有效地培育企业自我发展能力。一些经济基础较好，自我发展能力原本较强的企业，则提出希望对文化精品工程、高端演艺场所建设给予一定的资金扶持。尤其是对那些能充分体现社会效益和公共服务功能的投资项目、民生项目，应给予奖励和优惠政策。

14.3　进一步落实《指导意见》、增强国有文化企业高质量发展动力的建议

14.3.1　出台《指导意见》评价考核细则，进一步推动企业完善内部运行机制

根据江苏实际，结合竞争性文化企业和垄断型文化企业的不同特点，充分考虑不同行业、不同类型国有文化企业的功能和绩效水平，对《指导意见》执行情况的评价考核具体化，并具有可操作性，既使企业能更好地将《指导意见》与企业内部运营、管理、考核相结合，为企业发展发挥积极的推动作用，也通过颁布实施评价考核机制，推动《指导意见》在国有文化企业更好地贯彻落实。

14.3.2　鼓励资源整合，加快推进以资本为纽带的企业联合重组

继续围绕“双效统一”，深化国有文化企业改革，锐意创新，进一步完善现代企业制度。加大对媒体融合的投入，适应网络技术、移动技术迅速发展的态势，在资金、设备、技术等方面给予传统媒体行业必要的扶持，帮助企业建设强化基于移动互联网、大数据等技术的媒体融合传播能力。充分发挥江苏凤凰出版传媒集团有限公司、江苏省广电有线信息网络股份有限公司、江苏省广播电视集团有限公司等国有或国有控股骨干文化企业的资本优势，推动以资本为纽带的跨地区、跨行业、跨所有制的企业联合、重组。鼓励符合条件的国有文化企业上市融资，积极稳妥推进江苏新华报业传媒集团有限公司、江苏省文化投资管理集团有限公司等整体或相关业务板块上市。

14.3.3　一企一策分类指导，尽快将扶持国有文化企业发展的政策落实到位

国有文化企业大多数具有良好的社会效益，只有促进其经济效益的提高，才能保证其社会效益的持续发挥。必须根据不同企业的具体情况，认真梳理落实《指导意见》的瓶颈问题，继而分类指导，“一企一策”，有针对性地给予政策、

资金上的支持，切实达到保障、激励的效果。以文艺创作与表演、艺术表演场馆文化企业为例，这两类企业“两端＋中间”的特征显著，其遇到的问题各不相同，必须分类指导。“两端＋中间”的一端是高端综合性文艺团体（主要是省级文艺团体），这类企业人才济济，艺术创作水平高，是江苏地方文化的名片，但精品艺术作品需要投入大量的资金，只有政府予以充分的资金保障，这类文化企业才能安心创作，出精品、树品牌。“两端＋中间”的另一端是以小剧种为代表的县级文化企业，虽然江苏省在 2015 年出台了有关支持戏曲传承发展实施意见文件，明确要抢救丹剧、通剧等相对弱势的小剧种，推动江苏戏曲活起来、传下去、出精品、出名家，从“高原”迈向“高峰”，但这类企业的发展还是面临许多障碍，需要进一步加大资金扶持的力度，解决其在生存发展过程中存在的资金紧缺、人才紧缺的两大难题。“两端＋中间”的中间主要是市级为代表的文艺团体企业，这类企业近年来充分挖掘地方资源，关注社会、反映生活、赞扬美好、鞭挞落后，坚持走精品创作的发展之路，同时积极面向市场，已经在一定程度上形成了社会效益和经济效益良性互馈的发展态势，但要进一步做强做优做大，还需要资本引领，从政策上鼓励它们遵循文艺规律、以资本为纽带助推这类文化企业健康可持续发展。

综上所述，江苏省国有文化企业落实“双效合一”指导意见总体情况良好，如能通过进一步的政策引领，激发企业的内在发展动力，持续加大精品创作，为国家和社会打造出更多更优秀的主旋律文艺作品，切实发挥江苏文化弘扬正能量，服务全社会，引领新风尚的表率作用，江苏国有文化企业就一定会更好的实现“把社会效益放在首位、实现社会效益和经济效益相统一”的高质量发展目标。

本章小结

本章在讨论了江苏省国有文化企业的发展态势后，采用实地调研研究了江苏省国有文化企业贯彻《指导意见》所取得的成效和面临的困难，并据此提出了进一步落实《指导意见》、增强国有文化企业高质量发展动力的几点建议。

研究所得为：

(1)江苏国有文化企业在贯彻《指导意见》过程中所取得了四大成效：首先，江苏国有文化企业产业规模不断扩大，吸纳就业人员能力不断增强，营业收入持续增长，盈利水平优于全行业平均水平；文化服务业规模大，文化制造业效益好。其次，江苏原有文化企业积极承担文化传承使命，扩大社会效益、始终坚持“双效合一”。再次，省属企业在做大做强做优上作用凸现，积极打造精品力作，拓展传播渠道，增强优秀文化作品的传播力和影响力。最后，国有文化企业中南京领跑全省，苏州表现突出，泰州后发优势明显。

(2)在江苏国有文化企业落实《指导意见》过程中，地方政府出台多项管理办法、制定灵活多样的扶持政策，为落实《指导意见》构建了有效制度保障；在国有文化企业内部，运行机制逐步完善、股份制改造和并购重组向纵深推进促进了《指导意见》的贯彻落实。调查显示，七成以上文化企业负责人对《指导意见》政策落实情况表示满意。

(3)江苏国有文化企业在贯彻《指导意见》过程中所遇到的困难是：企业内部运行机制还需进一步完善；以资本为纽带做大做强的愿望不够强烈；文化经济政策的激励、保障作用需要进一步落实；经营中的实际困难制约了经济效益和社会效益的良性互馈。

(4)进一步落实《指导意见》、增强国有文化企业高质量发展动力的对策和建议：出台《指导意见》评价考核细则，进一步推动企业完善内部运行机制；鼓励资源整合，推进以资本为纽带的企业联合、重组；一企一策分类指导，尽快将扶持国有文化企业发展的政策落实到位。

第15章 江苏文化创意产业竞争力研究

在江苏文化产业高质量发展过程中，以江苏文化创意产业为代表的新兴产业发展势头强劲。“十一五”期间，江苏省文化创意产业产值年增长率超过30%，[①]高于全省地区生产总值和第三产业的增速。同时，江苏省政府也相继出台多项政策扶持产业发展，2010年江苏省委、省政府提出“文化强省”战略，从“文化事业强、文化产业强、文化人才队伍强、文化综合实力强”四个方面建设文化强省，2015年江苏省又下发了《关于加快提升文化创意和设计服务产业发展水平的意见》《关于加快提升文化创意和设计服务产业发展水平行动计划(2015—2017)》等文件，对全省文化创意及相关产业发展做了全面部署。文化创意产业的发展作为“新产业、新业态”的代表，是促进江苏省文化产业结构升级的重点产业之一，探索研究江苏文化创意产业的竞争力特征，可在提升江苏文化创意产业竞争力水平的同时，对文化产业中的“新产业、新业态”探寻高质量发展动力提供参考借鉴。

本章聚焦研究江苏文化创意产业的竞争力。

具体研究思路为：

首先，梳理相关研究、明晰文化创意产业的范围和文化创意产业竞争力内涵；

其次，构建“文化创意产业竞争力水平评价指标体系”和“文化创意产业竞争力效率分析评价指标体系”；

再次，进行江苏文化创意产业竞争力的实证分析，研究选取2012—2015年东部十一个省市(北京、天津、河北、辽宁、山东、上海、江苏、浙江、福建、广东、海南)的面板数据，一是采用基于遗传算法的投影寻踪模型(Projection Pursuit, PP)从横向和纵向两方面对东部十一个省市文化创意产业竞争力水平进行评价，二是采用数据包络分析模型(Data Envelopment Analysis, DEA)从横向和

---

① 数据来源江苏文化产业网 http://www.jsci.com.cn/,2016-08-16/2016-10-04。

纵向两方面对东部十一个省市文化创意产业竞争力效率进行评价，三是采用四象限分析、竞争力指数分析将两种模型结果进行综合比较分析，明确了江苏省在研究期内竞争力水平和效率的情况；

最后，本章研究针对江苏文化创意产业的实际情况，结合实证研究的分析结果，提出了提升江苏文化创意产业竞争力的措施建议。

15.1　文化创意产业概述

在经济快速发展的时代，各个国家和地区都在寻求新的经济增长点，以期实现经济的稳定增长。因文化创意产业具有高科技附加值和产业融合性等特点，使得其在全球范围内迅速发展，成为一些国家和地区新型的经济支柱产业。文化经济学家霍金斯认为全世界创意经济每天制造 220 亿美元的价值，并以 5%的速度增长。① 但至今，学者对于文化创意产业的内涵仍然没有形成统一的认识。本节通过总结国内外相关研究结果，结合我国现实情况，界定文化创意产业。

15.1.1　文化创意产业的概念

文化创意产业理念发展可追溯到 1912 年，著名经济学家熊彼特认为促使经济发展的核心动力不是资本，也不是劳动力，而是创新。[185] 随后，罗默(1986)提出新创意会衍生出无穷的新产品、新市场和财富，创造的新机会，所以新创意才是推动一国经济成长的原动力。[186] 上述两位学者虽明确了创意的重要性，但并没有明确提出“创意产业”概念并对其做出定义。

1998 年英国政府出台了《英国创意产业路径文件》(Creative Industries Mapping Document)，首次明确提出了创意产业(Creative Industries)的概念，并提出创意产业是将个人的技术、智慧、创造力和知识转变为知识产权的物化表现，并充分运用积极开发，形成具有高附加值和创新性的产业。[187] 英国学者 David Thorsby(1994)提出：所谓创意产业，就是将抽象的文化直接转化为具有

① 数据来源中国经济网 http://www.ce.cn/culture/gd/201504/23/t20150423_5193357.shtml。

高度经济价值的“精致产业”。[188]他认为这种创意产业具有三大特色：第一，创意产业活动会在生产过程中运用某种形式的“创意”；第二，创意产业活动的象征意义产生与沟通有关；第三，创意产业的产品至少有可能是某种形式的“智能财产权”。英国“创意产业之父”Howkins(2007)认为创意产业指其产品均在知识产权法的保护范围之内的经济部门，知识产权有四大类：专利、版权、商标和设计。[189]Oakley(2006)认为涉及到更宽泛的文化领域时，“文化创意产业”与“创意产业”含义相同。[190]Towse(2010)认为文化产业与艺术产业一并称为创意产业。[191]

从国外学者研究文化创意产业的定义来看，大多都是从知识经济学角度来对其进行定义和阐述。

我国学者研究文化创意产业则大多结合我国实际情况，辨析“文化产业”“创意产业”以及“文化创意产业”，这更有助于深层次定义和理解相关概念。厉无畏，王慧敏(2006)认为创意产业是通过促成不同行业、不同领域的重组与合作，是一个全新的产业概念。[192]姚东旭(2007)指出文化创意产业并非传统国民经济统计意义上的产业概念，文化创意产业在新技术条件下诞生，是对产业链分解后的重新组合，渗透于产业链的各个环节，文化创意产业的核心与关键是创意。[193]兰建平和傅正(2008)认为虽然文化产业和创意产业是两个不同的概念，但是两者包含的行业内容具有较大的重叠性。[194]金元浦(2009)指出，从整体上来讲，文化创意产业、广义的文化产业和广义的文化经济，在总体上大致观念是一致的，是一个一般性、总体性的概念。[195]朱自强和张树武(2012)通过辨析、梳理文化产业、创意产业以及文化创意的概念，指出文化创意产业的内涵和外延都未定型，处于动态建构中。[196]

总结国内学者的研究成果，可见，对文化创意产业的概念总体可以分为三类：第一，认为文化创意产业就是创意产业(Ⅰ)；第二，认为文化创意产业是文化产业与创意产业的融合部分(Ⅱ)；第三，认为文化创意产业是文化产业与创意产业的总和(Ⅲ)。如图 15-1 所示的分类：

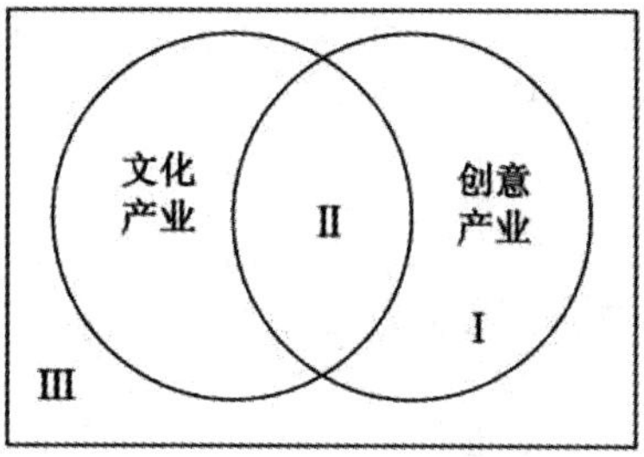

图 15-1　文化创意产业的概念辨析

在学者们辨析研究文化创意产业内涵的同时，世界各国纷纷大力发展创意产业。

新加坡、澳大利亚、中国香港等地沿用了英国对创意产业概念的理解。在美国，文化创意产业则被命名为“版权产业”，即生产与分销知识产权的产业，主要囊括文化艺术类服务业的核心版权，电子游戏等交叉版权，设计类行业的部分版权，同时还保留受版权保护的物品宣传、传播和销售等行业的相关支撑。[197]此外，联合国贸发会议等组织也对创意产业从更加广义的视角进行定义，指出在思维创意和知识资本不断投入的基础上，围绕着一系列与知识有关的经济活动，进行产品与服务的创造、生产和销售的全过程都是文化创意产业。[198]在欧盟和日本、芬兰等地区，文化创意产业则被称为内容产业。[199]

在我国，北京市将文化创意产业界定为相关的工业部门或与之相关的行业集群，其产品是创造、创新的成果，产品的核心价值体现是其文化内容，产品受到知识产权的保护。[200]上海市认为文化创意产业，具备创意、技术、创新等核心要素，通过一系列的创造活动，实现产品的增值，最后在市场上实现价值，满足需求。[201]杭州市将文化创意产业定义为以人的才智为核心，借助科学技术开发和运用知识为主体的知识密集型、智慧主导型战略新兴产业，并将产业分为重点发展的 8 大行业。[202]

虽然各个国家和地区的学术界、产业界对于文化创意产业概念的理解有一定差异，但其内涵的核心大体是相同的，都是指在经济全球化的背景下产生的、核心竞争力为创造力的新兴产业。[203]无论是文化产业、创意产业、版权产业或者文化创意产业等提法，之间的主要区别源于界定的角度不同，从外延上看，虽然外延具有不同程度的差异，但是其本身的“同”大于“异”。结合现有的文献和我国的基本国情，本章将文化创意产业定义为：以文化资源为基础，以创意为核心，以科技为支撑，以市场为导向，以产品与服务为载体，综合设计、研发、制造、销售、传播和使用等要素，形成文化创意与相关产业融合发展的文化产业新型业态。

15.1.2 文化创意产业的特征

文化创意产业在技术不断进步的基础上，运用技能、知识、人才等不断创造和提升传统文化资源，进而生产出高附加值的产品或服务。具体来看，主要具有以下几个特征：

(1)高知识性

一般而言，文化创意产品或服务都是以文化资源、创意理念为基础，是知识、人才、劳动在该领域的物化表现。文化创意产业的生产过程需要结合多种专业知识，比如信息技术、自动化技术等，从而具有较高的智能性、知识性和应用性。比如现在的电视电影广告的制作过程中，都需要高科技的仿真技术、光电技术、传媒等。

(2)强创新性

文化创意产业的本质在于文化，核心是创新创意。文化是知识的一种体现，知识的集中运用。创新创意是人类智慧、知识、创造力结合在一起形成的独特的思维，文化创意产业必然具有强创新性。

(3)高附加值

文化创意产业能够利用较少的实体资源，通过人才的创新和创意生产出高附加值的产品或服务，并在其中注入创新创意的理念，加强产品的文化属性、赋予其文化内涵和象征意义，使得消费者愿为之支付更高的价格，从而实现较高的利润。

(4)高融合性

文化创意产业将技术、创新创意、商业运作模式融合为一体，旨在生产创造出富含文化含义的产品或服务以满足消费者的特定需求。[204]文化创意产业在组织形态上与传统产业有所不同，它可以融入传统产业之中，也可以形成新形态的产业组织形式，其特征在于与众多产业之间都具有关联性，并为这些关联产业的产品和服务注入创新和创意。因此文化创意产业具有高度的融合性，能够为传统创业带来增值效果。此外，文化创意产业虽处于产业价值链的高端环节，但与传统产业并不对立，可通过向传统产业渗透，为其注入新的价值理念，打造出更有质量的产品。

15.1.3　文化创意产业的分类

由于各个国家和地区对文化创意产业的概念理解不同，所以对于文化创意产业的划分标准与方式也有所不同。下面列举几个较为典型的文化创意产业分类，具体见表 15-1。

表 15-1　各国或组织对文化创意产业的划分[205]

国家/组织	产业划分
英国	包括广告、建筑业、艺术和文物交易、工艺品、设计、时尚设计、电影、互动休闲软件、音乐、表演艺术、出版、软件以及电视和广播等 13 个行业
澳大利亚	广播服务、影片前后制作、书籍报刊出版、音像出版、游戏出版、在线广播、付费电视、信息目录电子商务、新媒体通信在线服务、广告、建筑与设计服务、表演艺术、视觉艺术、健康与教育
美国	核心版权产业：图书报刊、计算机软件、表演艺术、电影电视节目、音箱制品等。部分版权产业：纺织、建筑设计、珠宝设计生产、服装生产、家具生产等。交叉版权产业：电视机、乐器、计算机及其配件生产、照相机等。边缘支撑产业：交通与仓储、批发与零售业、通信业、运输业、互联网等
日本	立体文化产业：图书出版、电影、电视节目、报刊等。大众文化娱乐产业：体育类、兴趣类、综艺类。艺术服务产业：艺术演出、展览策划、美术品展会等。文化信息传播产业：网络传媒、影视副产品制造公司、新媒体传媒公司等。大文化范畴内文化产业、和服生产、建筑设计、手工制作等
联合国教科文组织	包含出版印制业和著作文献、音乐、音频媒体、视听媒体、社会文化活动、视觉艺术、表演艺术、体育和游戏、文化遗产、环境和自然等 10 类

我国最早对文化创意产业进行分类的是台湾地区，2002 年，台湾“经济部”工业局提出：文化创意产业是源于创意或文化累积，透过智慧财产的形式与运用，具有创造财富与就业机会潜力，并促进整体生活提升之行业。[206]该分类与英国提出创意产业的观点基本一致。2003 年 9 月，根据香港大学文化政策研究中心完成的

《香港创意产业基线研究》发布，此报告指出香港创意产业在狭义上分为三类，包括 11 个行业。[207] 2006 年 12 月，北京市统计局、国家统计局北京调查总队联合制定发布《北京市文化创意产业分类标准》，将文化创意产业定义为“是以创作、创造、创新为根本手段，以文化内容和创意成果为核心价值，以知识产权实现或消费为交易特征，为社会公众提供文化体验的具有内在联系的行业集群”。随后我国大陆各个城市都对文化创意产业进行了分类，各城市分类具体见表 15-2。

表 15-2 我国各地区对文化创意产业的划分

城市	产业划分
台湾	包括电视、广播、数字内容、电影、视觉艺术、音乐与表演艺术、流行音乐与文化、广告设计、文化资产与展演设施应用、建筑设计、产品设计、视觉传达设计、品牌时尚、创意生活和出版行业
香港	分为三大类，共包括 11 项子产业，分别为：文化艺术类，即音乐、表演艺术、艺术品与古董；设计类，即出版、广告、建筑、设计；电子传媒类，即电视与电台、电影与录像带、数字娱乐、软件与计算机
北京	包含文化艺术；新闻出版；广播、电视、电影；广告会展；艺术品交易；设计服务；旅游、休闲娱乐；软件、网络及计算机服务；其他辅助服务。共涉及 27 个中类行业，88 个小类行业
上海	包括研发设计创意、建筑设计创意、文化传媒创意、咨询策划创意和时尚消费创意，涉及 38 个中类行业，55 个小类行业
深圳	包括创意设计、休闲旅游、动漫游戏、演艺娱乐、数字影视、传媒出版、工艺美术
杭州	主要包括 8 大行业，现代传媒业、信息服务业、设计服务业、文化休闲旅游业、教育培训业、动漫游戏业、艺术品业、文化会展业

资料来源：根据各地区文化创意产业发展规划及报告整理所得。

本节综合众多文化创意产业分类，根据上文对文化创意产业的定义，综合设计、研发、制造、销售、传播和使用等要素将文化创意产业分为 10 个大类。具体包括传媒业、广播电影业、文化信息传输服务业、设计服务业、数字内容与动漫游戏业、文化旅游业、文化艺术服务业、文化会展业、文化用品及设备的生产以及文化用品及设备的销售。

15.2　文化创意产业竞争力概述

社会经济发展以及消费方式的转变，文化创意产业得到了前所未有的发展，成为我国国民经济新的增长点。2015 年，我国文化创意产业增加值达 18000 亿元，占 GDP 的比重超过 5%。① 党的十九大报告指出：要“坚定文化自信，推动社会主义文化繁荣兴盛”“健全现代文化产业体系和市场体系，创新生产经营机制，完善文化经济政策，培育新型文化业态”，要“推动中华优秀传统文化创造性转化、创新性发展”“激发全民族文化创新创造活力，建设社会主义文化强国”。文化创意产业作为一种新型文化业态，与传统产业相比，在创新性发展、产业融合、高科技附加值等方面具有极大的优势。在供给侧结构性改革的背景下，大力发展文化创意产业，培养创新创意人才，提升相关传统产业的创新价值能有效帮助实现产业结构转型升级和经济增长的宏观目标。基于此，文化创意产业整体竞争力已成为国家或地区的综合竞争力的重要指标之一。

15.2.1　文化创意产业竞争力内涵

文化创意产业竞争力的概念是在产业竞争力基础上的延伸和细化，因此文化创意产业竞争力内涵的研究可以追溯到对“产业竞争力”的理解。乔治·斯蒂格勒指出产业竞争力的四个方面构成要素：竞争主体、竞争对象、竞争能力和竞争结果。[208] 因此文化创意产业竞争力的概念也可以从这四个要素展开：竞争主体是一个国家或地区的文化创意产业，具体为生产、经营、销售同种产品或服务以及其替代品的有关文化创意活动；竞争对象则是该产业在竞争市场上的占有率的竞争，其市场占有率反映了文化创意产品或服务实现价值的能力；从竞争能力上来说，文化创意产业的竞争力就是竞争主体所具有的综合实力的外在表现；文化创意产业的市场份额、盈利能力都是其竞争的主要结果。

① 数据来源中国经济网 http://www.ce.cn/culture/gd/201504/23/t20150423_5193357.shtml。

本章研究认为文化创意产业的竞争力是指,某个国家和地区受益于目前产业发展态势,利用基础环境和文化资源、充分发挥核心潜力,在生产经营过程中逐渐积累的一种能够及时迅速对文化创意市场和外界环境发生变化时做出调整的综合能力。同时,文化创意产业的竞争力还体现在能结合各种文化、科技、创意等要素,不断推出适应消费者需求的高技术、高知识、高附加值文化创意产品和服务,使其自身获得持续性的竞争优势,产生较高的经济效益和社会效益。

15.2.2 文化创意产业竞争力的层次结构

文化创意产业是多种要素综合作用而形成的,具有一定的系统性,其竞争力的大小取决于各要素在空间、时间、质量上的排列。根据文化创意产业竞争力内涵,在文献总结的基础上,本章将文化创意产业的竞争力分为基础竞争力、显性竞争力、潜在竞争力。

基础竞争力是文化创意产业竞争力的资源基础,包括文化资源、环境基础两个方面。其中,文化资源是发展文化创意产业的基础条件,拥有丰富多样的文化资源,才能够创造多种多样的创意产品和服务,文化资源是创意的主要来源,有助于文化创意产业的多元化发展,生产具有文化内涵、有创意的特色产品,提高盈利能力。环境基础是文化创意产业竞争力的工具基础,正是利用各式各样的设施设备,跟随科技发展才能保证产业的持续发展。

显性竞争力是文化创意产业竞争力的动力,包括产业规模、经济效益和相关产业。其中,产业规模是产业竞争力提升的保证,实现产业规模化可形成规模经济,从而降低产品的生产成本,随着产品的价格下降带来市场占有的扩大,确保产业健康可持续高质量发展。经济效益是文化创意产业竞争力最主要的目标,任何行业都为谋求利益的最大化而积极发展,经济效益也是驱动产业可持续发展的最强大动力。相关产业协同可增强文化创业产业的竞争力,文化相关产业的发展,可以带动文化创意产业的发展。如旅游业发展的同时,可以带动文化产品的生产和销售,可以提供更多的文化服务,促进文化创意产业的发展。

潜在竞争力是文化创意产业的核心潜能,包括政府政策、市场需求和创新能力。其中:创新能力是文化创意产业的核心,创新能力的大小直接决定了文化创意产业竞争力的强弱,创新是出奇制胜的法宝,是企业生存的灵魂,赋予产业生命和活力，是提升产业竞争力的关键所在。市场需求是文化创意产业保持竞争力的前提，现阶段的市场变为买方市场，从生产拉动型经济向需求拉动型经济转变，文化创意产业存在的意义也就是为了满足人们日益不断的需求，正是这样的需求，文化创意产业才得以发展。政府政策是文化创意产业竞争力的保障，完善健全的政策、规章和法律体系是产业发展的保护伞，政府政策为文化创意产业提供了一个公平、公正的竞争环境，支持推进产业健康发展，打击不法行为，保障产业稳健、高质量发展。

15.2.3　文化创意产业竞争力相关研究

国外文化创意产业竞争力研究以竞争力评价研究为主，其中影响范围比较大的包括波特的"钻石"模型和 Florida(2002)提出的 3T 理论，几乎每种指标体系都可用于反映和比较地区间产业发展的差异。针对创意产业竞争力，Florida 提出了"创意指数"度量法，即 3TS 指标，包括技术指数(Technology)、人才指数(Talent)、宽容度指数(Tolerance)，后来，Florida 对于 14 个欧洲国家和全球 45 个国家进行调研，创建了欧洲创意指数和全球创意指数。[209] Landry(2011)提出了组织文化、意志与领导素质、人员质量、人才的发展空间、都市空间与设施、地方认同、网络动力关系的七要素理论。[210] 2004 年香港大学研究人员在 3T 理论及欧洲创意的基础上，加入了与文化创意相关的社会文化因素，将所有指标组合成 5Cs(创意资本理论)作为香港创意指数的框架，即结构与制度资本、人力资本、社会资本、文化资本和创意成果。[211] 2006 年上海创意经济中心编制了上海城市创意指数指标体系，由产业规模、科技研发、文化环境、人力资源、社会环境等五方面组成。[212] 同时，北京也于同年在相关研究基础上颁布了北京文化创意指数体系，包含文化创意产业规模、科技研发、人力资源、文化环境、社会环境五个部分。[213]

除了上述各地区的文化创意产业指数评价体系研究外，国内也有很多学者在文化创意产业竞争力指标体系的建立和应用中进行研究。何娟(2011)在相关研究的基础上建立了文化创意产业竞争力评价体系，运用 ANP 层次分析法对指标赋予权重，通过统计数据和实地调研对吉林省文化创意产业中的四个领域进行了实证分析。[214] 张伟和谢宇鸿(2012)建立城市创意产业竞争力指标体系，比较分析广州、上海、深圳三个城市的文化创意产业竞争力，发现广州还存在生产效率和创新能力较差、现有资源未得到最有效的利用等不足。[215]高秀艳和邵晨曦(2013)对文化创意产业进行了界定,并根据迈克尔·波特的钻石模型,构建了区域文化创意产业竞争力评价体系,然后以辽宁省为例,利用因子分析法,对文化创意产业竞争力进行了系统的评价与分析[216]。赵继新等(2014)将德尔菲法运用在文化创意产业竞争力评价的研究中,得到区域文化创意产业竞争力评价指标的权重,从而构建出评价指标体系。[217]鲍枫和沈颂东(2013)构建了涵盖广播电视、电影、表演艺术、书刊出版、新媒体等 11 个方面 22 项指标的评价体系,利用因子分析法对 2010 年我国 31 个省市的文化创意产业竞争力进行了评价,提炼了影响竞争力的 5 大因素。[218]邹艳春(2014)提出文化创意产业竞争力是一个包含创新能力、文化能力和经济能力的三维结构,同时基于广东省 21 个地级市数据对三维结构模型进行了实证分析。[219]

从上述文献中可以看出,国内外对文化创意产业竞争力的研究重点为建立指标体系、进行竞争力评价。国外主要集中于创意指数的构建研究,而国内相关学者都以钻石模型为基础进行相关竞争力评价的实证研究。综合国内外研究,虽然关于文化创意产业竞争力的研究很多,但仍存在一些不足:

(1)指标体系均基于相关竞争力理论模型构建,较少深刻考虑文化创意产业的内涵、竞争力因素以及我国产业发展情况,例如文化创意产业要充分考虑创意的作用,结合实际就是创新能力以及知识产权,但目前成果较少。

(2)大多数文献对于文化创意产业竞争力的研究都是对区域整体进行竞争力水平评价,仅分析文化创意产业外在竞争力水平差异,而缺乏对资源的投入、利用到转化为各项产出的内在竞争效率评价研究。

(3)对江苏省文化创意产业竞争力的研究较少,也缺乏将江苏省文化创意产业与其他地区文化创意产业竞争力比较分析的研究。

本章以江苏省文化创意产业为对象,从竞争力水平、竞争效率两个方面入手综合评价,并在指标构建中充分考虑文化创意产业的特点,以期明晰江苏省文化创意产业的竞争特点,并提出相应对策建议。

15.3　研究方法、指标体系构建及模型设计

15.3.1　研究方法

投影寻踪(Projection Pursuit,简称为 PP)较为合适进行竞争力水平评价,数据包络分析(DEA)为效率评价的有效方法,PP-DEA 方法将两者结合进行综合评价,在对复杂对象进行评价研究时具有很好的效果,越来越多的学者选此方法来进行相关研究。

吴佳妮(2015)在总结传统评价方法的优缺点基础上,提出采用 PP-DEA 相结合的方法对中国新型城镇化质量进行综合评价。[220]张晓瑞和王振波(2012)利用投影寻踪模型和数据包络分析模型分析安徽省区域城镇化发展差异,研究结果表明,基于 PP-DEA 模型的研究方法可以有效克服传统的统计方法的综合评价技术的不足,能够更加科学全面的反应城镇化发展的差异情况。[221]王旭(2013)在构建区域建筑业竞争力评价指标体系基础上利用 PP-DEA 模型对建筑业竞争力进行综合评价。[222]徐俐俐(2016)利用 PP-DEA 模型对河南省的城镇化水平进行测度以及空间差异分析,从静态水平和动态效率两个角度分析城镇化水平。[223]王良建等(2014)通过采用数据包络分析以及投影寻踪模型对我国土地供应绩效及影响因素进行了实证研究。[224]

目前鲜有学者将 PP-DEA 方法应用于产业竞争力的研究中,在文化创意产业竞争力研究领域的成果更为少见。对于文化创意产业竞争力这类复杂系统,PP-DEA 方法能够有效克服传统综合评价技术的不足,同时,多指标评价与效率评价相结合,评价维度更全面、得到的评价结论也更加科学。本节研究采用基于遗传算法的投影寻踪方法和数据包络方法对江苏省文化创意产业竞争力进行水平评价和效率评价的综合评价,全面考察文化创意产业竞争力的外在表现和内在能力。

15.3.2　文化创意产业竞争力评价的指标体系构建

前文对文化创意产业进行了定义、分类,可以看出文化创意产业整体是一

个结构复杂庞大的系统，内部包含多种子系统，如果仅有几个指标对其竞争力进行定量或定性的分析，难以得出全面客观的评价结果。因此，要根据文化创意产业竞争力理论内涵及文化创意产业自身特点，对其子系统进行分解，找出影响文化创意产业竞争力的内外部因素，从而构建出一套科学合理、全面客观的评价指标体系；同时，要针对指标体系和数据结构特征，选择合适的评价方法设计评价模型，以准确反映区域文化创意产业竞争力水平。

本节依据科学性与系统性、代表性与可行性、动态与静态结合的指标体系构建原则，结合国内外文化创意产业发展情况以及统计学的相关规范，选择评价指标以科学客观评价文化创意产业竞争力。

15.3.2.1 评价指标体系构建过程中应考虑的因素

如前文所述，Florida 通过对美国和欧洲不同地区创意产业的发展情况做了大量的调研和分析，最终选择了技术（Technology）、人才（Talent）、宽容度（Tolerance）三个指数，形成全球创意指数来测定创意产业的竞争力，创建了“3T”理论。

“3T”理论是基于大量的基础调研和数据挖掘，对创意产业竞争力进行测度的实证性理论，具有较高的权威性和科学性，对后来的创意竞争力研究具有直接的指导性意义。其中，欧洲根据“3T”理论创建了欧洲创意指数体系 ECL，实现了对国家或地区创意水平的衡量；香港于 2004 年建立了香港创意指数，衡量的范围在原有“3T”理论内容中进行了扩展，对地区创意产业的发展水平进行有效评价。

“3T”理论适合于文化开放、创意产业先进的发达国家进行创意产业竞争力评价，对于文化创意产业未成熟的国家或地区的适宜性有待进一步探索；同时，该理论没有考虑到其与其他产业的共性，且部分指标在数据获取上存在一些困难。但考虑到“3T”理论内涵因素，其可以作为本章研究构建指标时的参考依据。

综合研究文献可发现，目前相关学者对于文化创意产业竞争力体系的构建，按照基于的理论基础和考虑因素的不同，大致分为以下两种思路：

一是从产业竞争力内涵出发、考虑应包含的作用要素，并依据作用要素构建评价指标体系。其中最具代表性的是迈克尔·波特教授在 20 世纪末提出来的“钻石”模型，该模型由六个方面组成，主要用来评价一个国家或地区产业竞争力的发展情况。波特的“钻石”模型在评价国家层面的产业竞争力时更适合发达国家和地区，分析不发达国家和地区则效果一般。即使“钻石”模型存在一定缺陷，它仍然为之后的产业竞争力分析提供了分析框架。众多学者根据研究对象的特征在不同程度上对“钻石”模型进行改进，以提升其适应性。例如，Rugman(1998)对加拿大产业竞争力进行分析和研究时提出了“双重钻石模型”；[225]Cho 在分析韩国产业发展的具体情况后修正了本国产业竞争力分析框架，在原模型的基础上增添了 4 种人力要素，即工人、官员、企业家以及工程师；[226]我国学者朱喆(2009)在“钻石”模型加入原因和结果两方面来分析。[227]

另一种思路则更关注要素的作用结构，按照“目标层→核心层→要素层→指标层”将产业竞争力的要素层层分解。目标层即为产业竞争力；其次是构建核心层，主要确定从哪些模块来说明产业竞争力；再是要素层，确定每个模块的主要构成要素；最后是指标层，用具体的指标衡量要素。构建核心层是这种思路构建指标体系的关键步骤。我国学者祁述裕(2004)从 3 大模块，即核心竞争力、基础竞争力以及环境竞争力构建文化产业竞争力。[228]此后众多学者纷纷基于研究对象考虑竞争力的不同模块。

第一种思路是从影响竞争力的最终要素出发构建，无论是“钻石”模型或是其改进模型，都更加符合“前因→结果”的因果关系；第二种则层层分解，构建出竞争力组成模块及要素，直至最后指标的选择，更直观明晰、层次分明。而究其本质，两种构建思路殊途同归，主要表现在竞争力研究范式大多起源于波特教授的“钻石”模型，因此，无论采用哪种思路构建评价体系，纳入竞争力评价体系的因素必含有“钻石”模型的五大要素。

本节综合上述两种思路，一是将文化创意产业竞争力分为基础竞争力、显性竞争力、潜在竞争力，二是在要素层将“钻石”模型五要素纳入指标构建。

在具体构建过程中，首先以“产业竞争力”与“文化”为检索词进行文献检索；之后，梳理出既被较多同一研究领域学者认同的、又较为贴近文化创意产业竞争力内涵的评价指标；最后，按照基础竞争力、显性竞争力、潜在竞争力归类。得到的具体指标见表 15-5。

表 15-5 文化创意产业竞争力评价的指标库

维度	指标	
基础竞争力	互联网上网人数	公共图书馆每百万人拥有数
	每百人公共图书馆藏书	艺术表演团体演出场次
	广播节目综合人口覆盖率	普通高等学校数
	影剧院/艺术表演场所每万人拥有数	博物馆参观人数
	城镇化率	法人单位数
	每十万人口高等学校平均在校人数	文化机构数
显性竞争力	从业人数	固定资产产出率
	固定资产投资	旅游总收入、旅游人数
	产业增加值占 GDP 比重	电影票房总收入
	国民经济贡献率	广告经营额
	重点企业数量	电子出版物出版数量
	劳动生产率	
	人均营业收入	
潜在竞争力	文化体育与传媒支出占财政支出比重	专利授权数
	教育支出占财政支出比重	R&D 经费
	信息传输等服务的固定资产投资额	版权合同登记
	人口迁入率、人口迁出率	产业研发投入比率
	城镇家庭人均文化娱乐消费支出	文化创意产业园区数量
	地区进出口总额	

15.3.2.2 文化创意产业竞争力评价指标体系的建立

(1)指标体系的筛选与建立

上节对文化创意产业竞争力各子系统的指标进行了列举和初步选定,基本涵盖了文化创意产业发展的环境基础、文化资源、政府扶持、相关产业、经济效益、创新能力的方方面面，但是其中列举的指标有冗余或难获得，需进行进一步的筛选，从而最终得到全面、简明、科学的评价指标体系。指标的筛选过程如下图 15-4 所示。

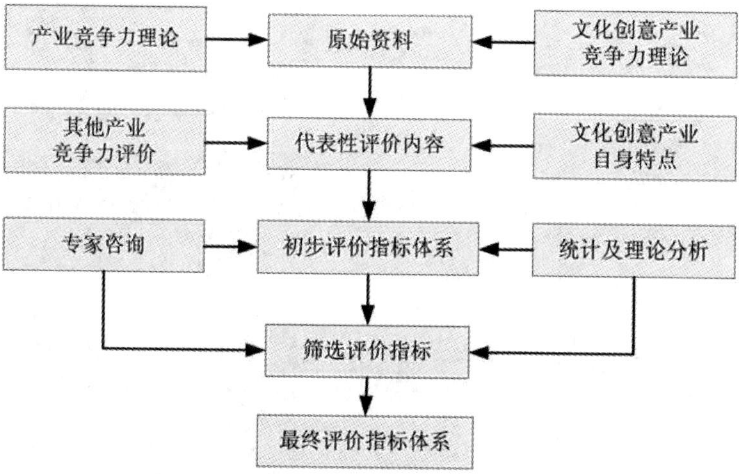

图 15-4　评价指标体系筛选过程

在指标筛选过程中，一是考虑指标含义，如“文化机构数”“法人单位数”，均是从数量角度描述文化创意产业的基础竞争力，但相对而言，“法人单位数”指标含义更清晰明确，包含了文化创意产业中的营利性与非营利性机构，因此选择“法人单位数”；二是考虑数据可得性，对指标数值无法获取的指标不纳入评价指标体系。

经过对指标库分析、筛选以及合并，最终得到较为精简全面的文化创意产业竞争力评价指标体系，见图 15-5。评价体系分为系统层、子系统层、准则层、指标层四个层次：系统层即文化创意产业竞争力水平；子系统层包括基础竞争力、显性竞争力以及潜在竞争力；准则层包含环境基础、文化资源、产业规模、经济效益、相关产业、政府政策、市场需求、创新能力 8 个方面；指标层是细分下的 27 个指标。

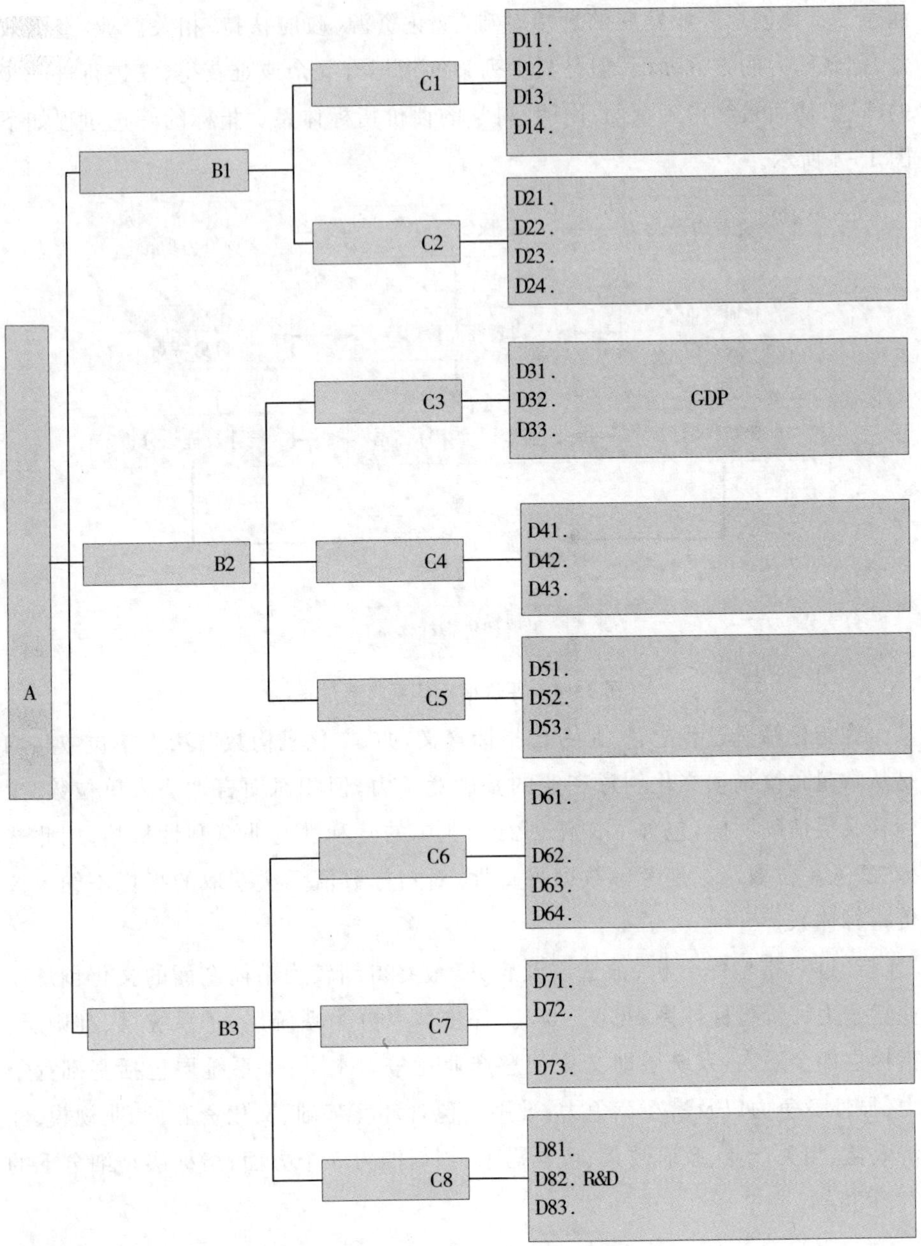

图 15-5　文化创意产业竞争力评价指标体系

(2)指标解释及定义计算公式

从指标含义、计算公式、数据获取方式具体描述指标层的 27 个指标。

D11 城镇化率(%)：该指标指一个地区城镇常住人口占该地区常住总人口的比例，反映地区基础设施发展状况，是发展文化创意产业的基础层面，是一个国家或地区经济社会发展进步的主要反映和重要标志。

D12 每十万人口高等学校平均在校人数(人)：该指标指地区人口中高等学校学生数的比重，反映地区环境基础中高等教育的受教育人数，有统计数据。

D13 互联网上网人数(万人)：该指标反映地区使用互联网人数，文化创意产业发展需要互联网的支持，体现了产业发展基础，有统计数据。

D14 电视节目综合人口覆盖率(%)：该指标计算公式为某区域“能收到”电视频道的人数/该区域“电视人口”×100%，为反映电视媒体覆盖水平的首要指标，电视媒体价值评估体系中最基础的元素。

D21 艺术表演团体演出场次(万场次)：该指标反映地区文化部门及相关演出团体表演场次，是文化资源的重要组成部分，有统计数据。

D22 人均拥有图书馆藏量(册/人)：指标反映地区人均图书丰富情况，是文化资源的重要组成部分，计算公式为某地区图书馆藏书量/该地区人口总数。

D23 博物馆参观人数(万人次)：该指标反映地区博物馆发展情况，博物馆是文化部门的重要组织机构，是体现文化发展水平的重要资源，有统计数据。

D24 法人单位数(个)：该指标指一个地区文化及相关产业的法人单位数，法人单位数自主经营，是实现文化创意产业发展的重要资源，有统计数据。

D31 从业人数(人)：指标反映地区文化及相关产业的从业人数，从人数上反映文化创意产业规模情况，从而体现其发展情况和程度。

D32 产业增加值占 GDP 比重(%)：指标反映地区国民经济核算中文化及相关产业增加值对 GDP 的贡献度，计算公式为地区产业增加值/该地区国民生产总值，反映出该地区产业发展规模。

D33 固定资产投资(万元)：该指标是指以货币形式表现出的企业建造和购置固定资产的经济活动，反映出文化产业固定资产的投资规模，有统计数据。

D41 人均营业收入(万元/人)：该指标指文化及相关产业日常经营活动中产生经济利益的人均情况，计算公式为地区文化创意产业营业收入/该地区产业从业人数，反映出该地区产业发展的经济效益。

D42 全员劳动生产率(%)：该指标为考核产业经济活动的重要衡量指标，是产业发展的综合效益体现，计算公式为地区文化及相关产业增加值/该地区产业的从业人数。

D43 固定资产产出率(%)：该指标反映地区文化及相关产业固定资产投资效果，即产出与投入之比情况，计算公式为地区文化及相关产业固定资产投资额/该地区产业利润总额，反映出产业的经济效益。

D51 电影票房总收入(亿元)：该指标反映地区电影市场的票房收入，电影作为文化创意产业的重点相关产业，其票房总收入能反映产业竞争力水平。

D52 旅游总收入(亿元)：该指标是指地区旅游接待部门在一定时期内通过销售旅游商品而获取的全部货币收入，反映出地区旅游产业的发展情况，作为文化创意产业的重点相关产业，对竞争力的评价具有较大意义，有统计数据。

D53 广告经营额(万元)：指标反映地区广告业的经济发展情况，广告业是创意经济的重要组成部分，其对文化创意产业的发展具有促进作用，有统计数据。

D61 公共财政文化体育与传媒支出占财政支出比重(%)：该指标为政府在财政支出方面对文化体育与传媒的支出比重，反映政府对文化相关方面的财政支持，计算公式为地区公共财政文化体育与传媒支出/该地区财政总支出。

D62 信息传输等服务的固定资产投资额(亿元)：该指标为地区在信息传输等服务上的固定资产投资，信息传输加速了互联技术的发展，对文化创意的发展具有重要作用，体现出政府在信息方面的政策支持，有统计数据。

D63 教育支出占财政支出比重(%)：该指标反映地区财政在教育上的支出比重，教育事业是人类发展的百年大计，任何行业离不开教育的发展，它对产业竞争力有较大意义，计算公式为地区教育支出/该地区财政总支出。

D64 人口迁入率(%)：该指标为地区人口迁入情况，反映出地区对人的吸引程度，计算公式为地区人口迁入数/该地区年平均人口数，其中人口迁入数为住本乡、镇、街道，户口在外乡、镇、街道，离开户口登记地半年以上人口数。

D71 城镇家庭人均文化娱乐消费支出(元)：该指标为地区城镇家庭在文化方面的消费支出，体现出居民在文化方面的消费需求，有统计数据。

D72 城镇家庭人均文化娱乐消费支出占总消费支出比重(%)：该指标为城镇居民人均在文化及相关方面的消费支出比重。D71 说明绝对水平，本指标则进一步描述文化娱乐消费的相对占比情况。

D73 出口总额(千美元)：该指标反映地区文化相关产品的出口总额，消费需求有内需，还有外需，因此出口也是很大的消费需求，有统计数据。

D81 专利授权数(个)：该指标为地区文化及相关产业的专利授权数，反映出产业的创新能力，有统计数据。

D82 R&D 经费(万元)：该指标为地区文化及相关产业的研发经费，研发经费代表着产业的研发投入能力，一定程度上能造就客观的创新能力有统计数据。

D83 版权合同登记(份)：该指标为文化产业中版权合同的登记数量，版权相关的产业是文化创意产业的重要组成部分，其中版权合同登记数量对产业竞争力具有代表意义，有统计数据。

15.3.3 文化创意产业竞争力评价模型设计

15.3.3.1 基于遗传算法的投影寻踪模型

(1)基本原理

投影寻踪(Projection Pursuit,PP)模型属于直接由样本驱动的探索性数据分析方法。它是通过把高维$\{X(i,j)\}$通过某种组合投影到低维子空间$\{Z(i)\}$上，投影出来的构形，采用投影指标函数 $Q(Z(i))$来描述投影过程中显示出原系统某种分类排序结构的可能性大小，寻找出最优投影指标函数(即能反映高维数据结构或特征)的投影值 $Z(i)$，然后根据该投影值来分析高维数据的分类结构特征(如投影寻踪聚类评价模型)，或根据该投影值与研究系统的实际输出值之间的散点图构造适当的数学模型以模拟系统输出(如投影寻踪等级评价模型)。

遗传算法(Genetic Algorithm)借鉴达尔文进化论的自然选择和遗传学的生物进化过程原理，与计算机技术结合模拟自然进化过程搜索最优解的方法，经常被用来解决数学模型中目标函数最优解的问题。遗传算法广泛应用于自然科学领域及社会科学领域。

上述可知，投影寻踪最为重要的环节就是求解投影指标函数 $Q(Z(i))$的最优值 $Z(i)$，因此基于遗传算法的投影寻踪模型能够很好地解决众多评价优化问题。基于加速遗传算法的投影寻踪模型是解决高维、非正态、非线性复杂问题最优解的有效方法，结合这两种方法，构造出基于遗传算法的投影寻踪模型用于评价文化创意产业竞争力水平，不仅可以对评价对象样本进行优劣排序，还可以用优化后的投影方向来反馈出评价指标对综合评价结果影响的重要程度，在竞争力评价方面具有较大优势，模型流程图如下图 15-6：

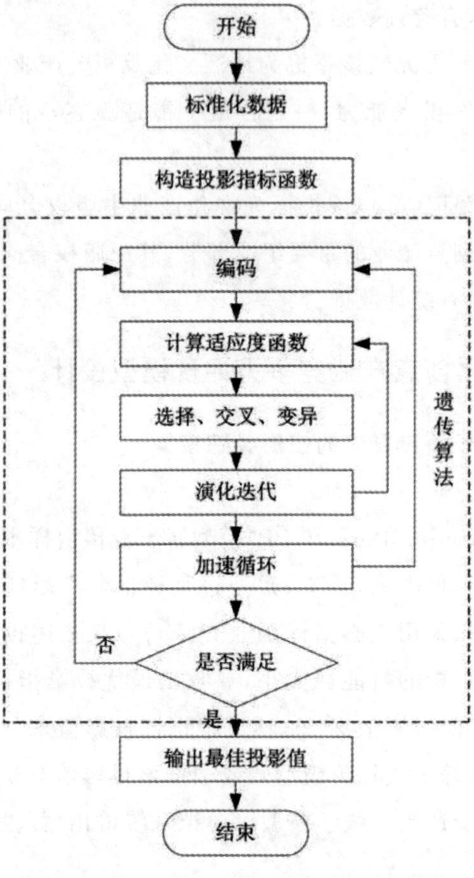

图 15-6　基于遗传算法的投影寻踪模型流程

(2)建模步骤

① 指标数据的归一化处理

由于每个指标代表的内涵是不同的，因此指标数据存在数量级和量纲上的差异。然而不同的数量级和量纲之间的比较是没有意义的，因此需要对指标进行无量纲化处理，即数据的标准化处理。设样本集为 $\{x^*(i,j) \mid i=1\sim n, j=1\sim p\}$，其中 $x^*(i,j)$ 为第 i 个样本的第 j 个指标值，为消除量纲及统一指标值的变化范围，采用如下方式进行极值归一化处理：

$$x(i,j)=[x^*(i,j)-x_{\min}(i,j)]/[x_{\max}(i,j)-x_{\min}(i,j)] \quad 式(15\text{-}1)$$

式中 $x_{\max}(i,j)$、$x_{\min}(i,j)$分别为第 j 个指标的最大值和最小值。

②构造投影指标函数

投影寻踪方法就是将 P 维数据$\{x(i,j)|j=1\sim p\}$综合为以 $a=(a(1),a(1),\cdots,a(p))$为投影方向的一维投影值 $z(i)$。

$$z(i)=\sum_{j=1}^{p}a(j)x(i,j) \qquad \text{式(15-2)}$$

接下来根据$\{z(i)|i=1\sim n\}$的一维散布图进行分类。式(15-2)中 a 为单位长度向量。在求出综合投影值时，要求投影值 $z(i)$散布特征的局部投影点尽可能密集，能凝聚成若干点团是最好的；同时整体上投影点团之间尽可能分散。据此可以构造投影指标函数为：

$$Q(a)=S_zD_z \qquad \text{式(15-3)}$$

式中，S_z 为投影值 $z(i)$的标准差，D_z 为投影值 $z(i)$的局部密度，即

$$S_z=\left[\sum_{i=1}^{n}(z(i)-Ez)^2/(n-1)\right]^{0.5}$$

$$D_z=\sum_{i=1}^{n}\sum_{j=1}^{n}(R-r_{ij})u(R-r_{ij})$$

上述式中，E_z 为 $z(i)$的平均值；R 为密度窗宽，取值要依据投影点 $z(i)$在区域中的分布情况进行调整，一般可取值 $0.1S_z$；r_{ij} 表示样本之间距离；$u(t)$为单位越阶函数，当 $t\geqslant 0$ 时，函数值为 1，当 $t<0$ 时，函数值为 0。

③ 优化投影指标函数

当各指标值的样本集给定不变时，投影指标函数 $Q(a)$只随着投影方向 a 的变化而改变。可通过求出投影指标函数最大化问题来估计最大可能显示高维数据某类特征结构的最佳投影方向：

$$\max Q(a)=S_zD_z$$
$$\text{s.t.}\quad \sum_{j=1}^{p}a^2(j)=1 \qquad \text{式(15-4)}$$

这是优化变量为$\{a(j)|j=1\sim p\}$的复杂非线性优化问题，可以采用加速遗传算法(AGA)来求解。将 $Q(a)$作为目标函数，各个指标的投影 $a(j)$作为优化标量，利用遗传算法求出最佳投影方向 $a^*(j)$，接着计算出各个样本的 $z(i)$值，然后对 $z(i)$排序用以进行综合评价。

④ 建立聚类模型

上个步骤求得的最佳投影方向 $a^*(j)$ 代入式(15-2)后得到各样本的投影值 $z^*(i)$。投影值 $z^*(i)$ 与 $z^*(j)$ 越接近，表示样本 i 与样本 j 越倾向于分为同一类。按 $z^*(i)$ 值从大到小进行排序，据此可把各指标的样本集进行分类。

15.3.3.2 数据包络分析(DEA)模型

(1)基本原理

数据包络分析(Data Envelopment Analysis，DEA)最初是由运筹学家 Charnes、Copper 和 Rhodes 于 1978 年首次提出来的，是一种基于被评价对象间相对比较的非参数效率分析方法，因此最初的 DEA 模型命名为 CCR 模型。CCR 模型假设生产技术的规模收益不变，或者生产技术规模收益可变，但所有的决策单元均处于最优规模的生产状态，所以 CCR 模型得出的技术效率包含了规模效率成分。1984 年 Banker、Charnes 和 Cooper 在 CCR 模型基础上提出了估计规模效率的 DEA 模型——BCC 模型。BCC 模型基于规模收益可变(VRS)，得出的技术效率排除了规模影响，因此又称为"纯技术效率"(PTE)。本章对文化创意产业竞争力效率分析时采用了 BCC 模型。

(2)BCC 模型

假设要评价对象的样本数量为 n，每一个评价对象记为 DMU，并且每一个 DMU 包含 m 种输入和 s 种输出。用 x_{ij} 表示第 j 个决策单元对第 i 种类型的投入量，用 y_{rj} 表示第 j 个决策单元对 r 种类型的输出量，每个决策单元的投入和产出表示为：$X_j=(x_{1j},x_{2j},\cdots,x_{mj})^T$，$Y_j=(y_{1j},y_{2j},\cdots,y_{mj})^T$，$j=1,2,\cdots,n$。再假定 v 为投入的权重系数，且 $v=(v_1,v_2,\cdots,v_m)^T$；u 为产出的权重系数，且 $u=(u_1,u_2,\cdots,u_s)^T$。

则决策单元 j 的效率评价指数为：

$$h_j=\frac{\sum_{r=1}^{s}u_r y_{rj}}{\sum_{i=1}^{m}v_i x_{ij}},j=1,2,\cdots,n \qquad \text{式(15-5)}$$

选取权重系数 v 和 u 满足：

$$h_j\leqslant 1,j=1,2,\cdots,n$$

下面，对第 j_0 个决策单元进行效率评价($1\leqslant j_0\leqslant n$)，其中权重系数 v 和 u 为变量，以第 j_0 个决策单元的效率指数为目标，所有决策单元的效率指数(包括

第 j_0 个决策单元)为约束,这样便形成了如下最优化模型:

$$\max \frac{\sum_{r=1}^{s} u_r y_{rj_0}}{\sum_{i=1}^{m} v_i x_{ij_0}} = h_{j0}^*$$

$$\text{s. t.} \quad \frac{\sum_{r=1}^{s} u_r y_{rj}}{\sum_{i=1}^{m} v_i x_{ij}} \leqslant 1 \quad j = 1,2,\cdots,n \qquad 式(15\text{-}6)$$

$$u \geqslant 0, v \geqslant 0$$

上式规划为分式规划,在此基础上加入凸性约束条件 $\sum_{j=1}^{n} \lambda_j = 1$, 即为 BCC 模型:

$$\min\theta = \theta_{VRS}$$

$$\text{s. t.} \sum_{j=1, j\neq j_0}^{n} X_j\lambda_j + s^- = \theta X_0$$

$$\sum_{j=1, j\neq j_0}^{n} Y_j\lambda_j - s^+ = Y_0 \qquad 式(15\text{-}7)$$

$$\lambda_j \geqslant 0, j = 1,2,\cdots,n$$

$$s^+ \geqslant 0, s^- \geqslant 0$$

通过计算若 $\theta_{VRS} = 1$,则称 DMU_{j_0} 为纯技术有效;若 $\theta_{VRS} < 1$,则称 DMU_{j_0} 为纯技术效率无效;对于规模效率 θ_S,若 $\theta_S = 1$,则表示该决策单元处于最佳规模状态;若 $\theta_S \neq 1$,表示该决策单元规模无效,需要对规模结构进行调整。其中加入模型的 $\sum_{j=1}^{n} \lambda_j = 1$ 表示规模报酬状态,若存在 λ_j^* 使得 $\sum_{j=1}^{n} \lambda_j^* = 1$,则表示该决策单元规模报酬不变;如果 $\sum_{j=1}^{n} \lambda_j^* < 1$ 表示规模报酬递增,即适当增加指标投入量会增加产出;如果 $\sum_{j=1}^{n} \lambda_j^* > 1$ 表示规模报酬递减,即单元的投入指标规模应减少。

(3)指标体系确定

不同于 PP 方法主要评价文化创意产业竞争力水平,应用 DEA 方法评价文化创意产业竞争力,重点是讨论文化创意产业竞争效率,即,对内部资源投入到各项产出的效率进行评价。

因此,研究的输入主要包括文化创意产业的相关投入,输出指标考虑文化创意产业的经济效益和创意效益,同时,考虑 15.3.3 中建立的"文化创意产业竞争力评价指标体系",因此,效率评价的投入及产出指标从"文化创意产业竞争力评价指标体系"中选取,这样与投影寻踪模型分析相结合更具有说服力,结果也更加客观。

通过借鉴相关学者的研究、DEA 方法的指标选取原则以及考虑评价指标体系中指标的内涵,本章研究构建出文化创意产业竞争力效率评价的投入及产出指标体系(见表 15-6)。

表 15-6 文化创意产业竞争力效率评价的投入及产出指标体系

投入指标	产出指标
固定资产投资	固定资产产出率
从业人数	人均营业收入
R&D 经费	专利授权数

15.4 江苏文化创意产业竞争力实证研究

已有研究或为在某一时间截面上静态评价区域文化创意产业竞争力水平,或为对文化创意竞争力做了单独的效率评价,但鲜有对文化创意产业竞争力从外在水平和内在效率两方面进行评价以及综合对比分析研究。本节在相关研究基础上,考虑研究对象的特点和两种方法的特点,采用 PP-DEA 对区域文化创意产业竞争力进行综合评价。

15.4.1 江苏省文化创意产业发展概况

江苏历史悠久,文化底蕴深厚,人才辈出,科教优势显著。2015 年江苏省下发了《关于加快提升文化创意和设计服务产业发展水平的意见》《关于加快提升文化创意和设计服务产业发展水平行动计划(2015—2017)》等文件,此后省内各地市陆续出台相关文件进行贯彻落实,促进了文化创意产业在江苏的迅速发展。江苏各地依托独创性文化资源,形成了各具特色的创意基地、创意企业、创意产品:南京 1912 时尚休闲街区通过开发民国文化资源,涉及的行业包括文化演艺、休闲娱乐等,被评为“中国创意产业最佳街区”;常州中华恐龙园、春秋淹城、环球嬉戏谷创造了“无中生有”“借题发挥”“变虚为实”三大文化创意领域经典案例;苏州太仓 LOFT 工业设计园共孵化出 70 多家文化创意设计企业,涉及文化传媒、广告设计、传媒咨询等多个门类,是江苏首个“工业设计创新与孵化基地”。目前江苏的新闻出版发行、动漫、广告以及旅游产业等在全国处于领先的地位,优势明显。

15.4.1.1　新闻出版业

近年来,江苏省新闻出版业始终坚持把社会效益放在首位,文化服务更加活跃,有力促进了江苏文化创意产业的发展和文化市场繁荣,极大地促进了社会效益和经济效益的同步提升。2014 年统计数据显示,全省新闻出版业总产出 1795.99 亿元,营业收入 1751.04 亿元,资产总额 1505.28 亿元,利润总额 117.72亿元,增加值 421.31 亿元,全行业产业活动经济单位 26779 个,直接就业人员 40.03 万人。其中,所有图书、报纸、期刊、电子音像制品出版共 613 家,出版物销售 179705.38 万册,位列全国第一,占比全国总销售量 9.02%。

全省印刷单位合计 14168 家,资产总额 958.11 亿元;出版物发行单位 9922 家,资产总额 312.81 亿元。同时,“互联网+”等产业融合迅速发展带动了江苏省网络出版产业,近年来江苏数字出版产业发展势头良好,产业总产出不断增长。江苏电子图书、数字期刊、数字报纸、手机出版发展迅速,全省多家图书、电子音像、期刊报纸等单位多数都已涉及数字出版领域。江苏最大的出版机构江苏凤凰传媒集团与北大方正联合打造“CCPP 中国云出版云印刷平台”,在数字出版领域起到了标杆引领作用。江苏新华报业传媒集团有限公司控股重组的江苏最大的门户网站中国江苏网,全新改版后全球排名从 3 万位左右上升到 5000 位左右,被中央外宣办评为全国 10 家优秀网站之一。

15.4.1.2　动漫业

动漫产业是极具生机和活力的新兴文化创意产业。动漫产业的发展对于丰富人民群众生活、传播积极先进文化、优化产业结构、促进青少年健康成长、促进消费增长以及提供就业都有极其重要的意义。江苏省秉持发展动漫产业能够有效促进带动文化产业转型升级的理念，近年来取得了不错的成绩。

2005 年以来江苏动漫取得了令人瞩目的迅速发展。2005 年江苏电视动画总产量只有 528 分钟，排名全国第十，然而短短一年，2006 年就位居全国第三，2009 年及 2010 年动漫产量曾位居全国第一。2012 年全省原创动画片产量达到 85 部 47923 分钟，2013 年，全省共生产创作动画片 69 部 36819 分钟，2014 年全省生产动漫 42 部 20288 分钟，占全国总产量 10%。[①] 随着产量的不断增加，动画节目的播出时间也不断增长，丰富了电视荧屏(见表 15-3)。

表 15-3 江苏省主要城市动画节目播出时长(小时)[②]

城市	2009 年	2010 年	2011 年	2012 年	2013 年	2014 年
苏州	19617	25840	28088	29168	29789	34808
南京	20031	26252	28795	30007	30634	35112
常州	19555	25825	28116	29361	29602	34180
无锡	19519	25878	27874	29109	29602	34221

“十三五”期间江苏动漫产业发展强劲，共有动漫企业 350 多家，80%以上入驻常州、无锡、苏州及南京 4 个国家动漫产业基地，形成了成熟的产业链，其中产生了众多优秀的获奖动漫作品。据统计，2014 年，江苏省有 17 部动漫片在央视播出，9 部动漫作品被评为国家优秀动漫片，4 个动漫创意被列入“国家动漫品牌建设和保护计划”；2015 年，江苏省有 6 部原创动画片被国家新闻出版广电总局评为优秀国产电视动画片，《粉墨宝贝》获“金猴奖”电视系列片唯一金奖、“美猴奖”动画系列连续片银奖；《小龙甜品工房》获“美猴奖”动画产业价值银奖；《小包变形记》入选文化部“2015 年弘扬社会主义核心价值观动漫扶持计划入选项目”；《茅山小道士》获“丝路国际艺术民族动漫奖”大奖。

15.4.1.3 广告业

广告业作为文化创意产业的重要子产业，是推进江苏全面落实省委省政府中国制造 2025 行动纲要、助力“走出去”战略、提高文化软实力的有效手段。广

① 资料来源：中商情报网 http://www.askci.com/reports/2011/07/2815251133790.shtml。

② 数据来源：CSM 中经未来产业研究中心。

告业在推进经济转型升级、引导扩大消费、拉动经济增长、繁荣社会文化中具有突出作用，“十二五”期间江苏广告业发展迅速，对经济、文化发展的拉动作用明显，贡献率进一步提升，全省广告产业经营额对 GDP 的平均贡献率达到 0.71%，高于全国平均水平（见图 15-3）。

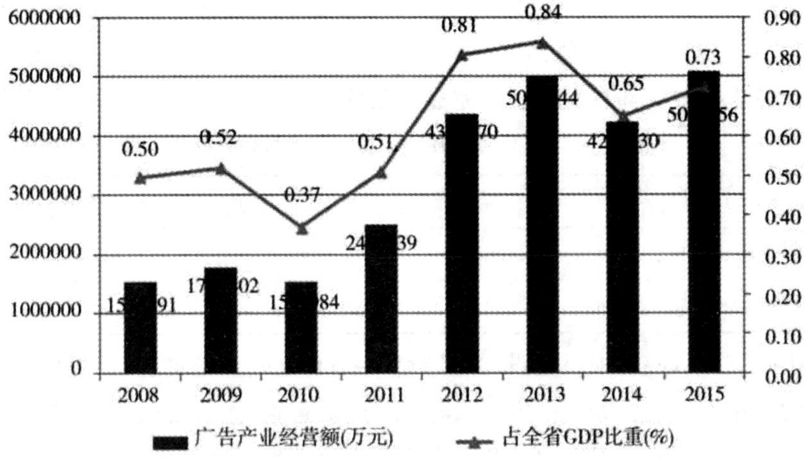

图 15-3　江苏省广告产业经营额及占全省 GDP 比重

2015 年，江苏省广告经营额达到 682 亿元，广告经营单位 3.1 万户，广告从业人员 48.5 万人[①]。其中，南京、无锡、常州国家广告产业园区和苏州国家广告产业试点园区共集聚了广告企业及广告关联企业 2400 余家，广告经营额达 251 余亿元。10 个广告业项目获 2015 年度江苏省广告业发展专项资金 550 万元扶持，2 个项目获中央文化产业发展专项资金 750 万元支持。

2015 年《中华人民共和国广告法》的修订实施，对广告市场的监管力度和执法力度进一步加大，为广告产业的健康发展提供了较好的市场环境。此外，新一代信息技术如数字传播的发展、以互联网为代表的新媒体的普及以及国家加快促进“三网”融合的步伐，对当前广告业形成了巨大影响，使得江苏在广告业领域快速拓展。江苏新媒体广告公司数量近年来增长迅速，一批广告传媒龙头企业利用互联网优势加快促进产业转型升级和提质增效，通过引导传统媒体企业建立新的业态、新的模式，进而培育出新的增长点。

① 资料来源：江苏省广告协会 http://www.jsad.net.cn/2016－03/22/c_1118405823.htm。

15.4.1.4 旅游业

江苏省旅游资源丰富，人文地理环境优越，发展旅游业是提升文化创意产业的重要基础，也是拉动经济发展的重要动力。“十二五”期间，江苏省旅游经济总量持续快速增长，发展贡献度显著提升，实现旅游总收入 3.66 万亿元，年均增长率达到 14.1%；全省累计接待境内外游客 26 亿人次，年均增长 11.5%。2015 年，实现旅游业增加值 4037 亿元，占地区生产总值比重5.7%。“十二五”期间，江苏省旅游业部分发展目标完成情况见表 15-4。

表 15-4 “十二五”江苏省旅游业主要发展目标完成情况表

指标	2015 年目标	2015 年实绩	完成进度(%)
旅游业增加值(亿元)	4000	4037	100.9
国内旅游人数(亿人次)	6	6.19	103.2

“十二五”末，旅游项目建设加速，南京牛首山文化旅游区、无锡灵山拈花湾小镇、常州东方盐湖城等一批重大旅游项目建成运营，南京汤山温泉、常州溧阳天目湖、苏州工业园区阳澄湖半岛 3 家国家级旅游度假区获批。旅游产业竞争力进一步增强，全省拥有 5A 级景区 20 家，国家级旅游度假区 5 家，均位列全国第一；4A 级景区突破 170 家，位列全国第三；全省拥有旅行社 2336 家，位列全国第一；拥有五星级酒店 88 家，位列全国第二。此外，途牛旅游网、同程网等新型旅游企业融资能力增强，在国内旅游电子商务领域持续保持领先地位。

15.4.2 基于 PP 的文化创意产业竞争力水平评价

15.4.2.1 相关数据的准备

(1)数据的采集

前文建立的“文化创意产业竞争力评价指标体系”，选定的 PP-DEA 研究方法，为实证研究工作打下了基础。

本节选取 2012—2015 年东部十一个省市(北京、天津、河北、辽宁、山东、上海、江苏、浙江、福建、广东、海南)的面板数据进行分析。数据来源于各省市统计年鉴、《中国统计年鉴》《中国文化及相关产业统计年鉴》《中国社会统计年鉴》《中国文化文物统计年鉴》《中国区域经济统计年鉴》和各省市发展统计公报等统计资料。

(2)数据的无量纲化处理

由于本节的实证研究涉及对江苏省文化创意产业竞争力水平的纵向与横向比较，因此，根据前文所述无量纲化的方法，对采集到的指标数据在 MATLAB 中进行标准化处理。

无量纲化处理包含纵向的指标数据无量纲化处理、横向指标数据无量纲化处理。其中，纵向指标数据无量纲化处理指对 2012—2015 年江苏省文化创意产业竞争力水平各项指标进行标准化处理，见表 15-7；横向指标数据无量纲化处理是指按照不同年份对东部地区 11 个省市文化创意产业竞争力水平各项指标进行标准化处理，处理后的数据见附录 15-1 到附录 15-4。

表 15-7　江苏省纵向分析标准化数据

	2012 年	2013 年	2014 年	2015 年
D11	0.0000	0.3153	0.6278	1.0000
D12	0.0000	0.2545	0.6545	1.0000
D13	0.0000	0.3082	0.6940	1.0000
D14	0.0000	0.0000	0.0000	1.0000
D21	1.0000	0.4020	0.0000	0.5757
D22	0.6923	0.0000	0.4615	1.0000
D23	0.0000	0.2629	0.6571	1.0000
D24	0.0000	0.4117	0.4724	1.0000
D31	0.0000	0.4210	0.7860	1.0000
D32	0.0000	0.3182	0.6818	1.0000
D33	0.0000	0.3195	0.8076	1.0000
D41	0.1260	0.0000	0.2437	1.0000
D42	0.0000	0.1980	0.5113	1.0000
D43	0.2261	1.0000	0.1102	0.0000
D51	0.0000	0.1837	0.4745	1.0000
D52	0.0000	0.2725	0.9804	1.0000

(续表)

	2012 年	2013 年	2014 年	2015 年
D53	0.1433	0.9107	0.0000	1.0000
D61	0.5652	0.9130	1.0000	0.0000
D62	0.0000	0.2913	0.6019	1.0000
D63	1.0000	0.4384	0.0000	0.1849
D64	0.3312	0.0000	0.6088	1.0000
D71	1.0000	0.0000	0.2054	0.3591
D72	0.0000	1.0000	1.0000	0.5294
D73	0.0000	0.0209	1.0000	0.7605
D81	1.0000	0.8809	0.7253	0.0000
D82	0.1445	0.0000	0.6649	1.0000
D83	0.2076	1.0000	0.5593	0.0000

15.4.2.2 评价过程

(1)纵向分析

根据上节基于遗传算法的投影寻踪模型构建步骤,利用 MATLAB R2014a 对指标函数及求解过程进行编程,将江苏省 2012—2015 年文化创意产业竞争力指标标准化后的数值(表 15-7)分别带入计算运行。其中各项参数设置如下:初始种群规模为 400,交叉概率 0.8,变异概率 0.05。从图 15-7 可以看出,在迭代次数趋近 250 次时,曲线趋于收敛,达到了较好的模拟效果。

程序模拟运算得到的最小目标函数值为 −1.2795,即 $\max Q(a)=1.2795$,最优投影方向 a=(0.1731,0.1966,0.1833,0.2595,0.0883,0.3503,0.1923,0.1321,0.1539,0.1829,0.1809,0.2901,0.2082,0.0100,0.2185,0.2035,0.0101,0.100,0.1777,0.0101,0.3399,0.1807,0.0100,0.2445,0.0100,0.3143,0.0100)。将最优投影方向代入式 15-2 中,即得到 2012—2015 年江苏省文化创意产业竞争力水平投影值,即为评价结果,见表 15-8。

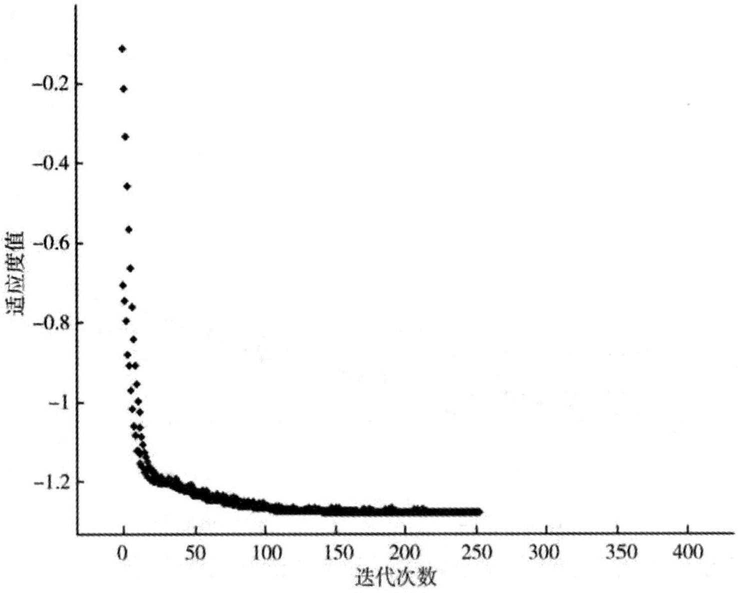

图 15-7　投影指标函数优化收敛情况

表 15-8　江苏省文化创意产业竞争力水平纵向投影值

	基础竞争力 B1	显性竞争力 B2	潜在竞争力 B3	竞争力水平 A
2012 年	0.3308	0.0403	0.3666	0.7376
2013 年	0.3016	0.3367	0.0993	0.7376
2014 年	0.7150	0.8731	0.8374	2.4255
2015 年	1.5381	1.4480	1.0899	4.0759

①江苏省文化创意产业竞争力水平投影值纵向分析

由表 15-8 及图 15-8 可知，总体上江苏省文化创意产业竞争力水平投影值呈历年增长的趋势，尤其在 2013 年后，竞争力水平明显提高，在 2015 年投影值达到 4.0759，年平均增长率达到 150%。从各子系统的投影值来看，三大子系统整体也是呈现增长的趋势，其中显性竞争力增速明显，相比之下潜在竞争力增速较缓。值得注意的是，2012 年与 2013 年江苏省文化创意产业竞争力水平几乎持平，没有出现明显变化，从子系统的分析可以发现 2013 年江苏省潜在竞争力投影值出现最低，同比出现负增长。

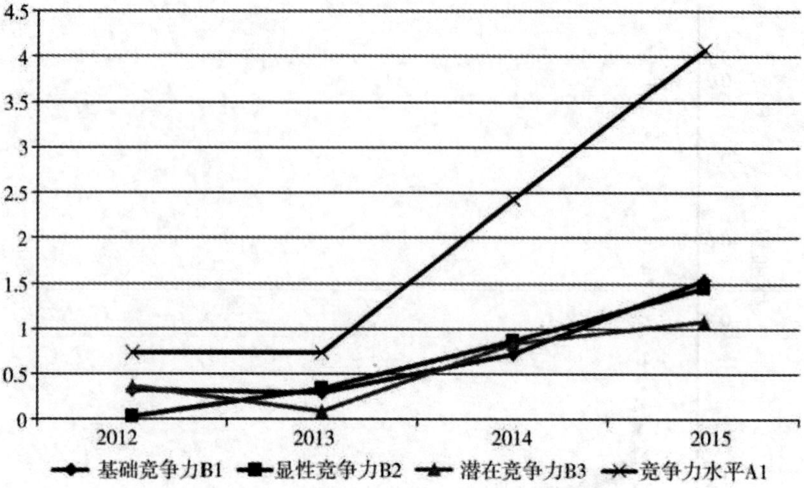

图 15-8　竞争力水平及各子系统投影值趋势

②江苏省文化创意产业竞争力水平子系统准则层纵向分析

为了更进一步分析江苏省竞争力系统的内部变化趋势，将对各子系统下的准则层投影值进行分析，根据测算结果整理作图，见图 15-9。从整体上看八个准则层随着竞争力水平的提升都有着明显的提高，也足以说明八个准则层在 2012—2015 年对竞争力水平投影值都有正向影响。

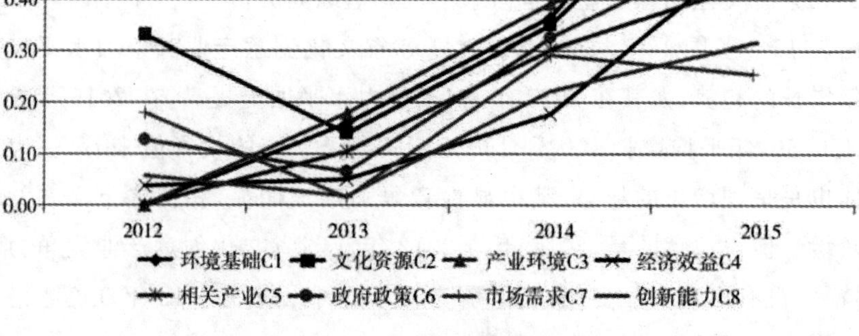

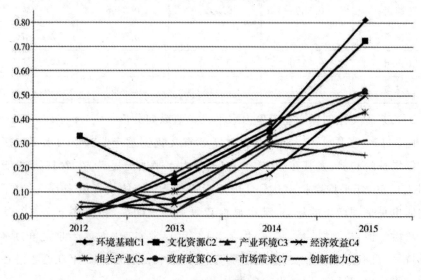

图 15-9　子系统准则层投影值趋势

从基础竞争力系统来看：基础竞争力系统包含环境基础、文化资源两个准则层，其中，环境基础的投影值得分在2012—2015年实现逐年增长，且增幅较大，发展较好，可见江苏在经济发展的同时相关基础设施建设也是越来越好；文化资源在2012年有不错的成绩，但到2013年出现了大幅回落，而后两年出现大幅度增长。总体上看，研究期内江苏省文化创意产业基础竞争力系统增长较好，2015年环境基础和文化资源投影值均达到0.7，增速领跑其他六个准则层。

从显性竞争力系统来看：显性竞争力系统包含产业规模、经济效益、相关产业三个准则层。根据曲线，产业规模逐年增长，势头强劲，增速较快，其中2014年后曲线变缓，可见江苏省产业规模在前三年实现稳定增长，规模达到一定程度后放缓增速，原因在经济转型升级的同时，相关企业的融资问题限制了总产业规模的进一步扩大；经济效益在研究期内逐年增长，同时前三年增速较缓，从2014年后出现大幅增长，与产业规模增速变化相对应，即在产业规模逐步扩大时经济效益提升缓慢，一旦达到规模效益，经济效益就会迅速提升；相关产业投影值逐年上升，态势平稳，是伴随着江苏整体经济的发展在逐步稳定增长。总体看，三个准则层得分逐年上升，发展很好，相比之下相关产业最终得分未达到0.5，总量偏小，有待从挖掘市场需求和营销渠道上扩展产业。

从潜在竞争力系统来看：潜在竞争力系统包含政府政策、市场需求、创新能力三个准则层。根据图15-9，政府政策投影得分在2013出现低谷，其余年份都在增长，原因在于这一年江苏出台的相关文化政策较少，同时财政相关支出力度也不够；市场需求得分呈波动趋势，2012年和2014年上升，2013年和2015年均下降，其中2013年为低谷，值得注意的是2013年全省人均支配收入在文化上的消费比重降低，2015年受国际形势影响文化出口缩减；创新能力发展平缓，增速不高。总体上，潜在竞争力系统三个准则层在研究期内的增长势头不是很强劲，总量也不大，其中2013年三个准则层都是最低投影值，这与前文分析2013年潜在竞争力子系统得分最低相一致。此外，市场需求和创新能力属于八大准则层相对薄弱环节，这一现象应当引起江苏的高度重视，需增加相关投入，进一步增强创新能力。

(2)横向分析

与纵向分析步骤，根据基于遗传算法的投影寻踪模型构建步骤，利用MATLAB R2014a对指标函数及求解过程进行编程，将东部地区11个省市2012年—2015年标准化后的数据(附录15-1到附录15-4)分别带入计算运行。

其中各项参数设置如下：初始种群规模为 400，交叉概率 0.8，变异概率 0.05。举例 2015 年数据运算处理，如图 15-10，当迭代次数超过 160 次，曲线收敛，说明模拟达到了较好效果。

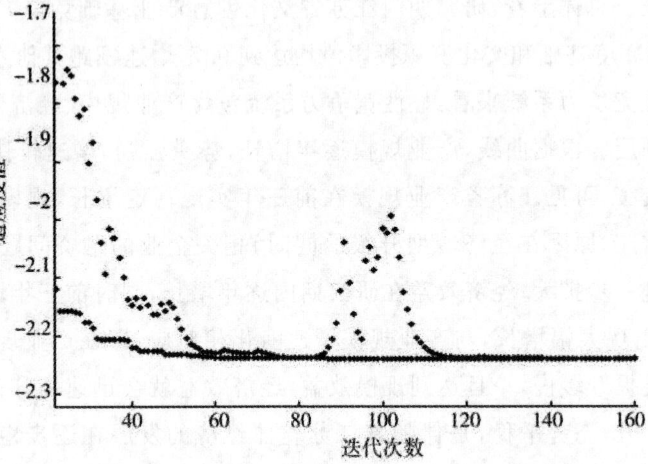

图 15-10　2015 年投影指标函数优化收敛情况

经程序模拟运算得出我国东部 11 个省市 2012 年—2015 年文化创意产业竞争力水平各指标的最佳投影方向向量，见表 15-9，将求得的最佳投影方向代入式(4.2)中得出历年各样本点的投影值 $Z(i)$，即为竞争力水平的评价值，见表 15-10。

表 15-9　2012 年—2015 年各指标最佳投影方向

子系统	准则层	指标层	最佳投影方向			
			2012	2013	2014	2015
B1	C1	D11	0.2836	0.0527	0.1191	0.1116
		D12	0.0639	0.1688	0.0869	0.1774
		D13	0.0290	0.1723	0.2999	0.0844
		D14	0.2326	0.0899	0.2454	0.2719
	C2	D21	0.0292	0.1361	0.0817	0.0506
		D22	0.2315	0.2143	0.1464	0.0989
		D23	0.2774	0.1381	0.3249	0.1464
		D24	0.2996	0.3310	0.1376	0.1925

（续表）

子系统	准则层	指标层	最佳投影方向			
			2012	2013	2014	2015
B2	C3	D31	0.0340	0.1901	0.1000	0.2264
		D32	0.0609	0.1603	0.2311	0.1509
		D33	0.1464	0.1042	0.0847	0.0391
	C4	D41	0.2460	0.0512	0.1537	0.2336
		D42	0.0023	0.0012	0.0063	0.0040
		D43	0.2956	0.1914	0.1017	0.1296
	C5	D51	0.2320	0.3337	0.1832	0.3188
		D52	0.2673	0.3001	0.3214	0.2813
		D53	0.1346	0.1661	0.2026	0.1129
B3	C6	D61	0.1349	0.0815	0.1735	0.1710
		D62	0.2044	0.3092	0.2125	0.1623
		D63	0.0011	0.0696	0.0222	0.1052
		D64	0.1832	0.0362	0.0812	0.1280
	C7	D71	0.2963	0.2917	0.2560	0.2986
		D72	0.2245	0.2722	0.3199	0.2921
		D73	0.0662	0.1805	0.2335	0.1430
	C8	D81	0.1975	0.1959	0.2066	0.3322
		D82	0.2068	0.0915	0.0624	0.1997
		D83	0.0632	0.2237	0.2042	0.1886

表 15-10　2012 年—2015 年各省市水平最佳投影值及排名

地区	水平最佳投影值									
	2012 年	排名	2013	排名	2014 年	排名	2015 年	排名	平均值	排名
北京	2.7400	2	2.7330	2	2.7786	3	2.8714	2	2.7808	2
天津	1.1428	7	0.8976	8	1.1034	9	1.2837	7	1.1069	8
河北	0.5658	10	0.7464	10	0.9205	10	0.9082	10	0.7852	10
辽宁	1.0868	9	0.8934	9	1.1102	8	1.0692	9	1.0399	9
山东	1.4854	6	1.3517	6	1.6600	6	1.7562	6	1.5633	6

(续表)

地区	水平最佳投影值									
	2012 年	排名	2013	排名	2014 年	排名	2015 年	排名	平均值	排名
上海	2.7389	3	2.0041	5	2.0783	5	2.3021	5	2.2809	4
江苏	2.7404	1	2.7323	3	2.7786	2	2.8692	3	2.7801	3
浙江	2.0373	5	2.0068	4	2.0830	4	2.3073	4	2.1086	5
福建	1.1398	8	1.0768	7	1.1107	7	1.2814	8	1.1522	7
广东	2.7364	4	2.7335	1	2.7799	1	2.8761	1	2.7815	1
海南	0.2169	11	0.1233	11	0.1329	11	0.2114	11	0.1711	11

①竞争力水平投影值横向分析

由于运用投影寻踪模型算出的最佳投影方向是根据研究期历年的数据测算出来的,所以每年的指标最佳投影方向之间没有可比性,因此测算出来的各样本的最佳投影值在时间序列上的对比也是无意义的,只能在同一年中进行横向比较。各年的综合投影值的排名情况,见图 15-11。

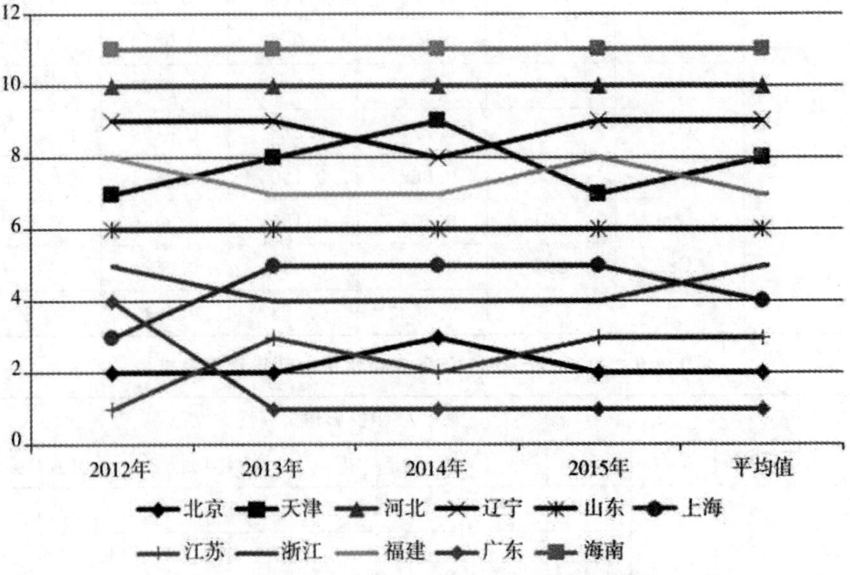

图 15-11 各省市历年综合投影值排名情况

根据表 15-10 和图 15-11,可对东部 11 省市文化创意产业竞争力水平投影值进行对比分析。

从总体看，各年 11 省市内部之间的排名变化不大，只有少数几个地区的排名有所波动，每年投影值排名比较靠前的省市为北京、广东、上海、江苏和浙江，这些地区经济发展相对比较发达，各类资源较丰富，发展文化创意产业具有相对优势；排名较后的地区主要为海南以及河北。

就各个年份看：2012 年江苏省投影值达到 2.7404，以微弱优势超越北京，位列东部第一，上海位列第三，广东排在第四，但是值得注意的是 2013 年、2014 年、2015 年三年，广东每年都是第一，说明广东文化创意发展较为迅速，水平也较高；2013 年，江苏排名降到第三，投影值与广东和北京相差不大，上海降到第五，福建、天津、辽宁、河北、海南投影值都低于 1，相对落后；2014 年江苏同样以微弱优势高于北京，其他地区排名几乎没有变化；2015 年，前三依然是广东、北京以及江苏，天津排名得到上升，排在第 7，排名相对落后省市依然不变。

各地区历年投影值虽然无法纵向比较，但是为了直观体现研究期整体发展情况，将各年数据进行平均，以平均值来反映研究期各地区文化创意产业竞争力水平的评价情况。由表 15-10 可知，排在前三位的为广东、北京以及江苏，其平均投影值都超过了 2.78；上海、浙江紧随其后，其平均投影值达到了 2；山东第 6，达到了 1.5；福建、天津以及辽宁跟随其后，平均投影值达到了 1；排在末尾的依然是河北以及海南，平均投影值低于 1。由图 15-11 可知，整体看山东相当于一个分水岭，每年位居第六，处在下方的为竞争力水平较高的地区，处在上方的为竞争力水平相对薄弱的地区。

② 竞争力水平子系统及准则层投影值横向分析

为了更好地对分析子系统及准则层投影值进行横向分析，计算出各子系统及准则层投影值 2012 年—2015 年的平均值，见表 15-11。

表 15-11　2012 年—2015 年子系统及准则层平均投影值

	北京	天津	河北	辽宁	山东	上海	江苏	浙江	福建	广东	海南
B1	0.759	0.517	0.400	0.427	0.588	0.771	0.883	0.777	0.470	0.823	0.045
C1	0.490	0.419	0.244	0.296	0.251	0.428	0.372	0.323	0.251	0.420	0.022
C2	0.269	0.098	0.157	0.131	0.337	0.343	0.511	0.453	0.218	0.403	0.023
B2	0.861	0.263	0.189	0.288	0.509	0.732	0.730	0.570	0.237	0.895	0.034
C3	0.192	0.066	0.074	0.047	0.157	0.106	0.189	0.114	0.084	0.214	0.006

（续表）

	北京	天津	河北	辽宁	山东	上海	江苏	浙江	福建	广东	海南
C4	0.234	0.105	0.024	0.016	0.092	0.347	0.068	0.091	0.020	0.073	0.028
C5	0.434	0.091	0.091	0.226	0.260	0.279	0.473	0.365	0.133	0.608	0.000
B3	1.161	0.328	0.196	0.325	0.466	0.778	1.167	0.762	0.445	1.064	0.092
C6	0.336	0.103	0.086	0.116	0.129	0.173	0.310	0.225	0.186	0.281	0.089
C7	0.577	0.170	0.084	0.174	0.131	0.506	0.471	0.261	0.186	0.452	0.002
C8	0.248	0.055	0.026	0.034	0.206	0.099	0.387	0.276	0.073	0.331	0.001

根据表 15-11 显示的平均投影值测算出竞争力水平子系统及准则层投影值。

第一，基础竞争力子系统，基础竞争力水平子系统的测算结果见图 15-12。

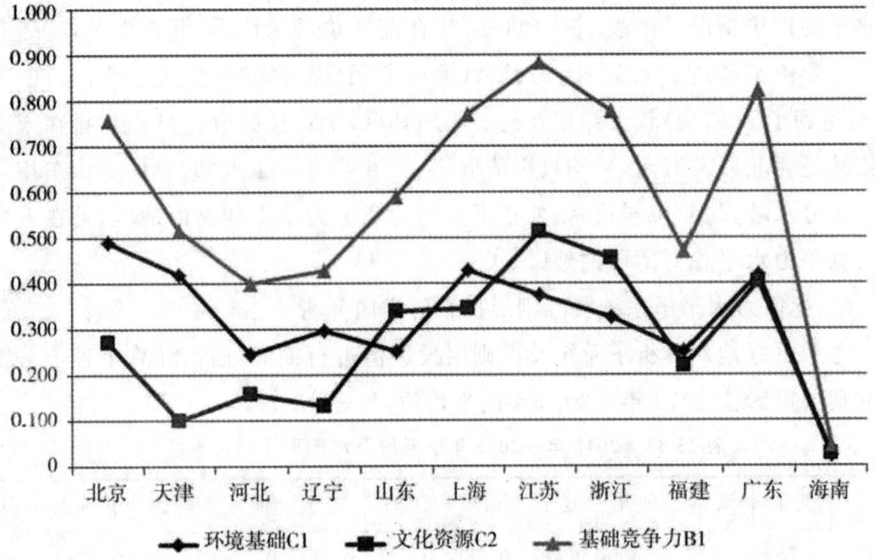

图 15-12　基础竞争力系统平均投影值

除了海南，东部 11 省市整体上基础竞争力系统投影值都达到了 0.4，其中江苏省排在首位，达到 0.883，基础竞争力强劲；从准则层来看，江苏文化资源也是排在首位的，这是其基础竞争力投影值较高的主要原因，但是江苏环境基础的得分并不高，投影值为 0.372，落后于北京、天津、上海以及广东，其中北京达到 0.49，与这些地区相比江苏在环境相关的基础设施建设上还有较大差距；广东与福建在准则层上的投影值都很均衡，环境基础与文化资源相差不大；此外，海南在东部地区中处于明显落后状态，无论是竞争力子系统还是各准则层投影值都较低，显示文化创意产业基础较薄弱。

第二，显性竞争力子系统，对显性竞争力子系统分析结果见图 15-13。

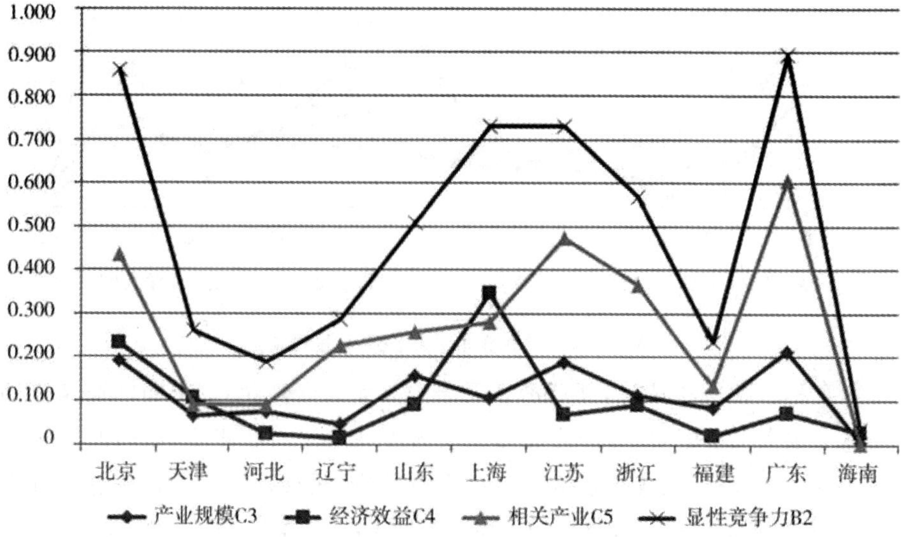

图 15-13　显性竞争力系统平均投影值

东部 11 省市在显性竞争力平均投影值上的差异比较明显，北京以及广东水平较高，投影值高达 0.8 以上，而河北、海南以及辽宁等水平较低，投影值处于 0.4 以下；江苏排在第四位，略低于上海，投影值为 0.730，与北京、广东相比存在一定差距；从显性竞争力系统三大准则层来看，产业规模是差异相对最小的部分，江苏得益于经济发展水平较高，规模排名前列；相关产业曲线图能体现各地区的水平差异，其曲线变化趋势与显性竞争力曲线几乎一致，江苏相关产业分值较高，与广东一样受益于经济体量的庞大，相关产业发展较好；从经济效益来看，上海遥遥领先，其次为北京，说明两市文化创意产业发展结果较为理想，文化创意产业效益对经济发展具有很高的促进作用，江苏排名处于中游水平，需要提高经济效益来提升产业竞争力。

第三，潜在竞争力子系统，对潜在竞争力子系统分析结果见图 15-14。

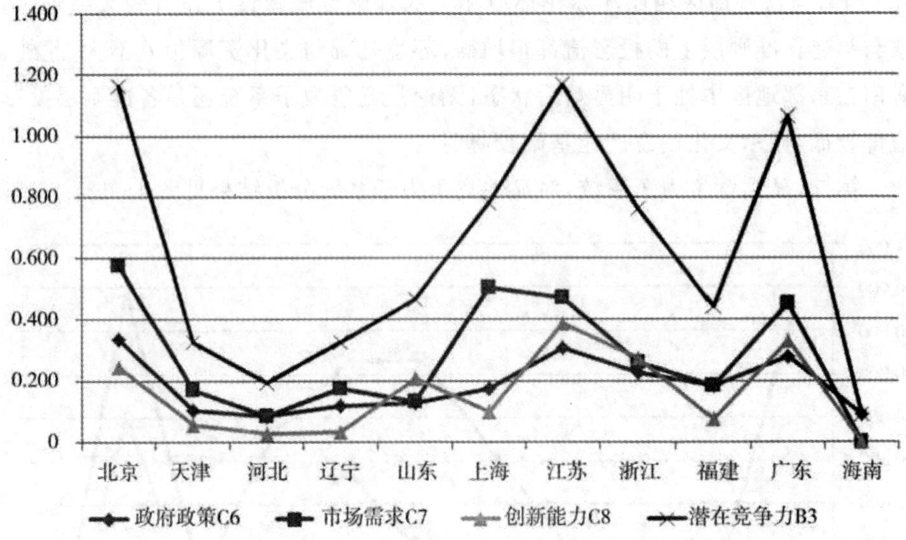

图 15-14 潜在竞争力系统平均投影值

与东部其他省市相比，江苏潜在竞争力处于领先地位，这说明江苏文化创意产业有很大发展潜力，对产业总体竞争力外在水平有积极提升作用；从子系统三大准则层来看，在政府政策上北京排在首位，北京是最早出台概念及分类的地区，对文化创意产业高度重视；在市场需求上，江苏落后于北京、上海；创新能力上江苏虽排在首位，与其他地区相比有一定优势，但分值不高，并未达到 0.4，没有形成提升竞争力水平的关键点。

15.4.3 基于 DEA 的文化创意产业竞争力效率评价

15.4.3.1 相关数据的准备

根据产业竞争理论，竞争力是一个比较得出的相对概念。产业竞争能力中包含效率因素，因此，文化创意产业竞争力在内部效率上也存在比较优势，即文化创意产业竞争力效率就是产业内部对资源的投入、利用到转化为各项产出的内在竞争效率。

前文确定了文化创意产业竞争力效率分析的方法及模型，在已经建立的“文化创意产业竞争力评价指标体系”的基础上，综合考虑 DEA 方法的特点，建立了文化创意产业竞争力效率评价的投入及产出指标体系。

本节使用数据为 2012—2015 年东部十一个省市的面板数据，数据的处理过程与竞争力水平分析过程基本相同。由于 DEA 分析软件包含数据处理的过程,因此在效率分析上并不需要将数据进行标准化处理,直接输入原始数据即可;同时江苏省文化创意产业竞争力效率分析也包括纵向与横向,但是效率分析一般按照面板数据的年份分析,决策单元为东部 11 个省市,所以只需按照不同年份对所有决策单元进行效率分析,使用最后的结果进行横向分析以及纵向分析。

15.4.3.2　评价过程

按照上述效率分析的数据处理过程,运用 DEAP2.1 对投入指标与产出指标数据进行投入导向型的 BCC-DEA 分析,得到 2012—2015 年我国东部 11 个省市文化创意产业竞争力的综合效率值(TE)、纯技术效率值(PTE)、规模效率值(SE)以及规模报酬情况,2015 年情况见表 15-12,2012—2014 年见附录 5～7。纯技术效率是考虑规模收益时的技术效率,规模效率考虑规模收益,纯技术效率和规模效率是综合效率的细分,三者之间的关系:TE=PTE×SE。最后规模特征中 irs 表示规模收益递增,drs 表示规模收益递减,"—"表示规模不变。

表 15-12　2015 年东部 11 省市文化创意产业竞争力 DEA 效率值

地区	综合效率	纯技术效率	规模效率	规模特征
北京	1	1	1	—
天津	0.755	1	0.755	drs
河北	0.762	0.781	0.976	irs
辽宁	0.59	0.613	0.962	irs
山东	0.39	0.445	0.876	drs
上海	1	1	1	—
江苏	0.564	1	0.564	drs
浙江	1	1	1	—
福建	0.415	0.434	0.957	irs
广东	0.673	1	0.673	drs
海南	1	1	1	—

下面通过效率测算结果进行描述统计,从纵向和横向对江苏省文化创意产

业竞争力效率进行评价，重点分析江苏省文化创意产业竞争力内在效率在时间维度上的变化趋势以及与东部其他省市相比所存在的差异。

(1)纵向分析

将效率分析的测算结果整理可得 2012—2014 年江苏省文化创意产业竞争力 DEA 效率值，见图 15-15。

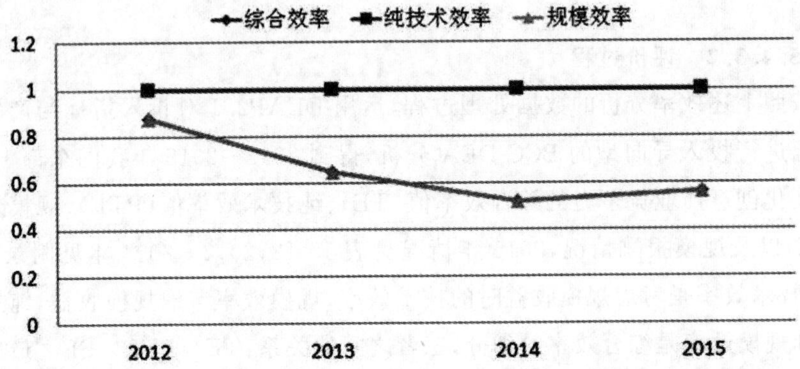

图 15-15　2012—2015 年江苏省文化创意产业竞争力 DEA 效率值变化过程

由图 15-15 可知，从整体来看江苏省文化创意产业竞争力并未达到 DEA 有效。

2012—2015 年 4 年间综合效率大致上呈现出降低的趋势，总体上效率最高的当属 2012 年，其综合效率达到了 0.878；但从 2014 年开始出现了上升趋势，2015 年综合效率同比上升了 9%左右。具体来看，四年间江苏省纯技术效率值都为 1，都要比当年的规模效率高，由于 TE＝PTE×SE，所以规模效率较低是造成江苏省文化创意产业竞争力综合效率值下降的重要原因，即在目前的技术水平上，江苏省在产业中投入资源的使用是有效率的，未能达到综合有效的根本原因在于其规模无效，未能很好地发挥产业的规模效益；此外根据 DEA 测算结果，历年江苏省规模特征都为 drs，即规模效益递减，也正说明江苏省在规模效率上存在不足，从而导致文化创意产业竞争力综合效率未达到 DEA 有效。

(2)横向分析

分地区来看，我国东部 11 省市之间文化创意产业竞争力效率差异显著，有明显的地域特征。通过上一节各年份 DEA 数据分析的结果，利用各地区 2012—2015 年各效率平均值为代表进行分析，表 15-13 对 2012—2015 年间东部 11 个省市文化创意产业竞争力的综合效率、纯技术效率、规模效率的平均值进行了汇总排序，图 15-16 描述了 2012—2015 年东部 11 个省市文化创意产业竞争力效率平均值趋势变化。

表 15-13　文化创意产业竞争力效率均值

地区	综合效率		纯技术效率		规模效率	
	得分	排名	得分	排名	得分	排名
北京	1.000	1	1.000	1	1.000	1
天津	0.852	5	0.998	6	0.853	10
河北	0.823	6	0.833	7	0.988	5
辽宁	0.548	10	0.576	10	0.951	7
山东	0.405	11	0.480	11	0.854	9
上海	1.000	1	1.000	1	1.000	1
江苏	0.651	8	1.000	1	0.651	12
浙江	1.000	1	1.000	1	1.000	1
福建	0.375	12	0.386	12	0.973	6
广东	0.644	9	0.797	9	0.831	11
海南	1.000	1	1.000	1	1.000	1
平均值	0.754	7	0.825	8	0.918	8

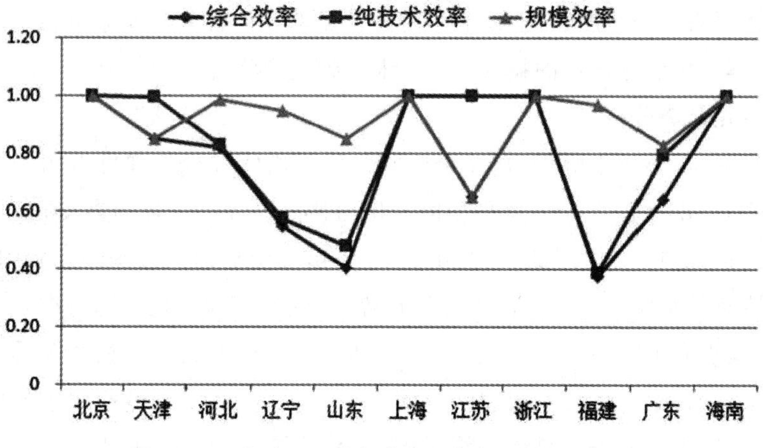

图 15-16　各地区文化创意产业竞争力效率平均值

①效率均值分析

由表 15-13 和图 15-16 可知，2012—2015 年间我国东部 11 个省市文化创意产业竞争力效率存在地区间的差异。横向比较综合效率评价值，达到 DEA 有效只有北京、上海、浙江、海南这四个省市，江苏在综合效率得分中排名第 8，略低于平均水平，原因在于江苏产业规模效率较低，自身并不处于产业经营的最佳投资规模状态；东部地区综合效率平均值达到0.754，排在后三名的省市为辽宁、山东和福建，其产业竞争力综合效率较低，原因是这些地区无论在规模效率还是纯技术效率上都不高，产业投入与产出不相匹配。

进一步分析文化创意创业竞争力综合效率的分解项，纯技术效率得分上排名前列的有北京、上海、江苏、浙江、海南五个省市，其分值都达到了 1，表明这些省市在给定的产业投入下达到了获取最大产出的能力；东部地区纯技术效率的平均值达到 0.825，水平普遍较高，山东、福建两省排名落后；规模效率中分值达到 1 的仍然是北京、上海、浙江、海南这四个省市，表明省市地区文化创意产业规模处于合适的生产经营状态，具有良好的规模效益；整体平均值为 0.918，表明我国东部文化创意产业规模处在一个较好的状态；江苏省得分 0.651，排名末尾，远低于平均分值，体现出江苏省在文化创意产业的规模上未达到最佳状态，这与纵向分析的结论一致，应引起重注。

此外，广东省在研究期内文化创意产业效率平均值均低于平均水平，其纯技术效率和规模效率均未达到有效。从文化创意产业的发展实际看，广东作为我国经济强省，文化创意产业发展相对比较成熟。但就其产业竞争力效率计算值来看，其文化创意产业的投入与产出未达到最优状态。

②变化趋势分析

将东部 11 个省市历年 DEA 分析的效率平均值进行整理可得图 15-17，由该图可知，东部地区综合效率平均值变化的整体趋势呈下降趋势，2012 年处于研究期峰值，2014 年达到低谷，但在 2015 年出现明显的上升趋势。其中，纯技术效率变化较平缓且呈现逐渐上升的趋势，规模效率的变化情况与综合效率是一致的，呈现先下降后上升的现象。究其原因，近年来文化创意产业受到越来越多的关注，得到了大力发展，产业规模不断增长，在投入初期会出现规模无效的情况，而随着产业发展日趋成熟，既定投入下产出不断增加，投入与产出关系不断优化；规模效率逐渐体现，向着最优规模状态逐渐发展。

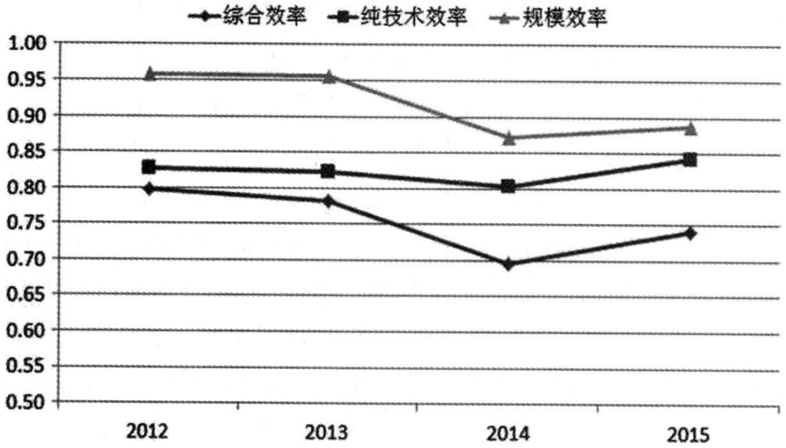

图 15-17　2012—2015 年竞争力效率平均值变化趋势

③规模报酬分析

表 15-14 显示了东部 11 个省市历年 DEA 分析结果的规模效益情况。

表 15-14　2012—2015 年规模效益情况

地区	规模效益			
	2012	2013	2014	2015
北京	—	—	—	—
天津	—	drs	drs	drs
河北	irs	—	irs	irs
辽宁	drs	irs	irs	irs
山东	drs	drs	drs	drs
上海	—	—	—	—
江苏	drs	drs	drs	drs
浙江	—	—	—	—
福建	irs	irs	irs	irs
广东	—	irs	drs	drs
海南	—	—	—	—

注:"irs"代表规模收益递增;"drs"代表规模收益递减;"—"代表规模收益不变。

如表 15-14 所示，第一，在 2012—2015 年间，北京、上海、浙江和海南 4 个省市均处于规模报酬不变状态，DEA 均为有效，说明 4 个省市文化创意产业的投入规模与产出是匹配的。天津和广东在 2012 年、河北在 2013 年均曾处于规模报酬不变状态，这时它们的 DEA 有效。第二，2014—2015 年期间，天津、山东、江苏以及广东处于规模报酬递减状态。这四个省市增加投入后，产出的增加比例会小于投入的增加比例，因此提高产业竞争效率的重点是提升资源利用率、提高纯技术效率。第三，2014—2015 年期间，河北、辽宁和福建处于规模报酬递增状态。这三个地区增加产业投入后，产出的增加比例大于投入的增加比例，因此需要适当加大文化创意产业的投入力度，扩大产业规模以期获得更高的产出比例。

15.4.4 PP-DEA 评价结果的综合对比分析

以上研究显示，江苏省在竞争力水平上整体表现较好，但内部子系统及准则层上还有提升空间，如江苏显性竞争力整体有待提升，特别是其中的产业规模和经济效益，与产业发达地区相比有一定差距；潜在竞争力上，横向分析江苏表现强劲，但是纵向分析显示研究期内竞争力提升缓慢，特别是在创新能力、市场需求方面还需进一步提升竞争力。基础竞争力中的环境基础上升空间巨大，文化资源需稳步提升。DEA 对竞争力效率的分析结果则显示江苏文化创意产业的竞争力效率低于平均值，主要原因是规模效率较低，因此需大力提升规模效益，使产业竞争力迈上新台阶。

为综合评价江苏文化创意产业竞争力在东部 11 省市所处地位，本节进行竞争力水平与竞争力效率的综合评价。

本节采用四象限分析、竞争力指数分析两种方法，将 PP 分析得到的竞争力外在水平评价与 DEA 分析得到竞争力内在效率加以综合。

15.4.4.1 四象限分析

根据文化创意产业竞争力水平和效率两方面的测评，可以使用四象限分析法将研究对象分成不同区域，见图 15-18，其中 X 轴为竞争力水平，Y 轴为竞争力效率，交叉点为(1.8,0.7)。

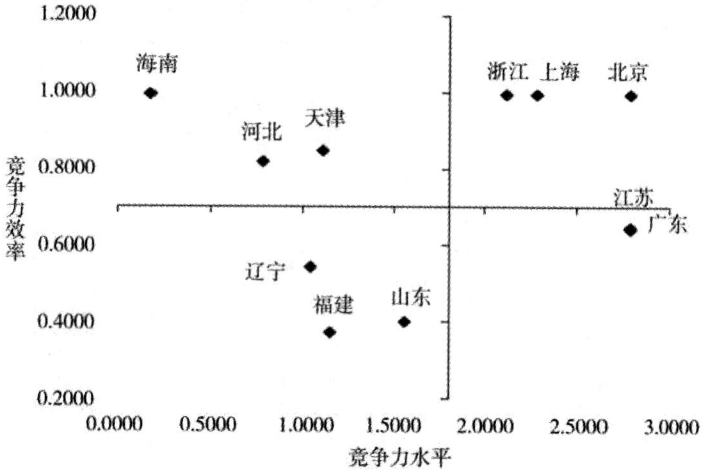

图 15-18　四象限分析

据此将东部 11 省市分成四大区域：高产业竞争力水平，高产业竞争力效率(第一象限)：该区域包括北京、上海以及浙江；低产业竞争力水平，高产业竞争力效率(第二象限)：该区域包括天津、河北以及海南；低产业竞争力水平，低产业竞争力效率(第三象限)：该区域包括山东、福建以及辽宁；高产业竞争力水平，低产业竞争力效率(第四象限)：该区域包括江苏和广东。

如图 15-18 所示，四象限综合分析显示：第一，北京处在龙头地位，其竞争力水平和效率都很高，上海、浙江紧随其后，三省市处在“双高”区域；第二，第二象限三省市中，海南竞争力水平相对较低、但其竞争力效率较高，说明海南在现有产业发展上虽然水平不高，但是产业的投入和产出处在均衡状态。河北、天津两地区竞争力效率较高，但是竞争力水平有待进一步提高；第三，江苏和广东文化创意产业竞争力水平相对较高、但其效率表现不佳，低于平均水平；第四，处于“双低”区域的辽宁、福建以及山东，应该借鉴北京等地区的发展经验，调整产业结构，优化市场环境，使产业得以健康发展。

15.4.4.2　竞争力指数分析

此外，本节研究借鉴王旭(2013)的处理方法，[222]针对竞争力水平和效率的分析结果构建文化创意产业竞争力指数，其中 PP 评价结果权重为 0.7，综合效率评价结果为 0.3，最终结果见表 15-15。

表 15-15 东部 11 省市文化创意产业竞争力指数综合分析结果

地区	PP 评价结果	DEA 评价结果			竞争力指数	
		综合效率	纯技术效率	规模效率	得分	排名
北京	2.7808	1.000	1.000	1.000	2.2465	1
天津	1.1069	0.852	0.998	0.853	1.0304	7
河北	0.7852	0.823	0.833	0.988	0.7965	10
辽宁	1.0399	0.548	0.576	0.951	0.8923	9
山东	1.5633	0.405	0.480	0.854	1.2158	6
上海	2.2809	1.000	1.000	1.000	1.8966	4
江苏	2.7801	0.651	1.000	0.651	2.1414	2
浙江	2.1086	1.000	1.000	1.000	1.7760	5
福建	1.1522	0.375	0.386	0.973	0.9190	8
广东	2.7815	0.644	0.797	0.831	2.1402	3
海南	0.1711	1.000	1.000	1.000	0.4198	11

如表 15-15 所示，北京位列东部 11 省市首位，得分达到 2.2465；江苏与广东相差无几，分列二、三位；上海第四，浙江第五，分值为 1.89 和 1.77；分值低于 1 的有 4 个地区，排在最后的为海南，分值仅为 0.42。总体看江苏在东部地区具有较强的产业竞争力，但这只是最终分值呈现结果，只有一定的参考和分析意义，从根本上更好地发展江苏文化创意产业还需要剖析产业内部，找出不足之处，对症下药。因此，在文化创意产业竞争力水平及效率的综合分析来看，很有必要对产业竞争力进行水平和效率的双重测度，以便更好地发现产业内部发展问题，提出相应建议对策。

15.5 文化创意产业动能转变的对策研究

15.5.1 营造良好产业发展环境

15.5.1.1 深化改革，建立健全法律法规

任何一个产业的发展都离不开政府的支持，政府对产业的发展起到了强大

的推动作用，通过宏观上政策引领和微观上执法监管，政府的作为可以直接关系产业的兴衰。文化创意产业作为新兴朝阳产业，得到了各地政府乃至国家的高度重视，成为经济增长的重点领域。然而，必须认识到在发展过程中会存在旧的文化体制机制的制约，相关政府的职能管理部门的功能和范围需要调整，不适应文化创意产业发展政策法规，则需要修正。这就需要政府认识到营造良好产业发展环境的重要性，就需要进一步深化改革，建立健全相关法律法规。

前文提到目前北京、上海等省市对文化创意产业内涵及分类进行了界定，但江苏省目前只有南京和苏州两地出台了文件对文化创意产业进行了说明，全省统一的标准暂时还未落实。同时，政府应该简政放权，优化管理结构，在产业行政审批，办事流程上做到统一、高效和精简；此外江苏应该进一步建立健全相关的法律法规，使有关产业项目建设、政府资金投入、市场监管以及扶持措施都需要得到政府的保障。江苏省应该坚持正确的文化创意产业立法理念，科学合理构建法律体系，有效落实，加强执法监管，为文化创意产业提供良好的法律政策环境，促进产业持续、健康发展。

15.5.1.2　加强知识产权保护

产权作为创意产业的核心内容，其对产业经济发展的促进作用不容忽视，注重知识产权保护实际上是对文化创意产业发展环境提供保障，有利于不断提高产业创意主体积极性，保证产业的竞争优势。因此，江苏省要更加注重知识产权的保护，首先大力宣传知识产权，普及知识产权相关知识，增强社会群众知识产权保护意识；其次完善有关知识产权保护的法律法规，设立相关监管部门和保护维权通道，做到有法可依，违法必究，严厉打击盗取他人创意成果活动，营造良好的制度环境；最后政府应该构建知识产权服务平台，包括网站、部门以及开通人工服务渠道，为广大人民群众解答有关问题。

15.5.1.3　拓宽产业融资渠道

影响产业发展的一个重要问题就是资金问题，文化创意产业也不例外，产业融资困难制约着产业竞争力的提升，有效的资金可以为产业规模扩大、管理创新、技术研发、人才培养等诸多方面提供帮助。为更好地提升文化创意产业竞争力，江苏省应该建立多元化、多渠道的融资机制。一是，政府自身在财政支出上增加文化创意产业预算，加大资金的投入力度，落实相关产业政策，在产业发展较好的地方或项目上给予相应资金支持；二是，积极吸收民间资本，拓宽资金渠道，创新产业发展融资新模式，可以借鉴市政基础设施工程中的PPP模式，采取政府和社会资本合作，达到更为有益的效果；三是，完善担保机制，促进金融机构贷款向产业倾斜，将文化创意产业作为重点产业进行宣传推介，使金融机构可以放心贷款，重点项目的融资贷款问题可以有效、快速解决。

15.5.2 优化文化创意产业结构

15.5.2.1 重视产业集聚效应

集聚效应可对产业发展起到了重要推动作用，针对文化创意产业，重视集聚效应有助于形成地区文化品牌，促进产业内部的良性竞争。江苏文化创意产业发展虽然已经初具规模，但还未发挥很好的集聚效应，市场占有率相对不高，可以通过培育重点文化创意产业园区、龙头企业以及开发重点项目等形成产业集群和完整的产业链，提升产业竞争力。江苏省在现有基础上已经发展了众多文化创意园区，包括江苏（国家）未来影视文化创意园区、苏州阳澄湖数字文化创意产业园、常州创意产业基地等，但是总体来看大多数集中于苏南以及南京地区。江苏省可出台政策引领省内各地区产业集聚平衡，在苏北、苏中及苏南三个地区都形成强有力的产业聚集区，促进省内文化创意产业集聚区空间布局合理。同时，积极培育区域特色重点品牌，以重点大项目带动产业发展，发挥优势，共同发展，提升文化创意产业竞争力。

15.5.2.2 促进相关产业融合

文化创意产业具有低能耗、高科技附加值、高相关产业融合度等特点，是当前国家供给侧机构性改革背景下重点扶持和发展的产业。推进文化创意产业结构调整高度契合高质量的战略目标，加强对传统文化产业如制造、印刷等进行升级改造，可运用互联网技术、大数据技术、多媒体技术提高产业的技术含量和科技附加值。江苏以创新、跨界、融合思维谋划文化创意产业发展，坚持“文化创意产业＋互联网”“文化创意产业＋资本市场”“文化创意产业＋科技创新”“文化创意产业＋文化消费”“文化创意产业＋文化贸易”，走出文化创意与相关产业融合发展新路径，抓创新驱动、抓需求培育、抓成果转化、抓重点突破，强化文化创意的先导作用，实现与相关产业全方位、深层次、宽领域的融合发展。

15.5.3　提升文化创意产业创新能力

15.5.3.1　积极推动产业技术创新

科学技术是第一生产力，文化创意产业核心是创意，创意来源于技术创新，因此技术创新是文化创意产业竞争的制胜法宝。文化创意产业发达的地区都会坚持技术创新与文化双轮驱动，将技术创新融入产业发展中，促进文创产业技术提升，落地更多的成果。江苏省要进一步推动文化创意产业的技术创新，首先，加大研发投入，提升自主创新能力，配置重点研究机构进行研发，努力在重点领域推动更多研究成果落实；其次，出台相关政策，对技术创新、新技术、新工艺、创意产品等成果进行奖励表扬，企业内部也可实行创新激励机制，激发全员的创新热情，以积极响应国家“大众创业，万众创新”的号召；最后，政府构建技术平台，方便各方进行信息交流，将高新技术展现出来以便各产业或相关方进行交流、学习，完成创新技术与文化的融合，提高文化创意产业的创新技术含量，提升产业竞争力。

15.5.3.2　培养和引进产业人才

文化创意产业是知识、技术、创新相互融合的新兴产业，其高质量发展离不开文化创意人才，人才对文化创意产业竞争力的提升具有关键作用。与北京、上海这类文化创意产业发展较快的地区相比，江苏省在人才的培养和引进方面还存在一定差距，因此江苏需要借助自身科学教育优势，面向产业培养和引进高端复合型创新人才。首先，要多渠道培养人才，江苏省作为教育大省，省内高校资源丰富，因此要充分整合利用高校、科研院所资源，加强产学研融合，为文化创意产业输送更多创新人才；其次，制定相应的产业人才引进计划，用优厚的条件吸引全国乃至海外创新人才来发展江苏文化创意产业，为他们提供良好的平台和舒适环境，并用建立多元化、完善的激励机制使之发挥自身聪明才智，为产业发展提供力量，使江苏成为一块创意人才的聚集地。

15.5.4　加强文化创意产业市场体系建设

15.5.4.1　开拓文化创意消费市场

任何一个产业的发展离不开市场的作用，作为新兴文化产业，文化创意产业的高质量发展更需要完善的产业市场体系。江苏省在现有产业规模的基础上，应充分拓展文化创意有关的消费市场。党的十八大后我国进入了新时代，其主要矛盾转变为人民日益增长的美好生活需要和不平衡不充分发展之间的矛盾，随着生活水平的提高，人们更加关注文化和精神的需求。因此江苏省应紧紧抓住这一历史机遇，研究开发迎合大众需求的文创项目，大力宣传和推荐文创产品，扩大文化消费市场。此外，江苏省政府要放眼国际市场，在法律、产业结构、投融资、税收、出口政策等方面给文化创意产业大力支持，使本省在全球激烈竞争环境中不仅能够占领国内市场，还要积极拓展国际市场，通过文化创意产业“走出去”更好地在全世界彰显中国文化的影响力。

15.5.4.2 拓展文化创意营销渠道

随着互联网技术的发展，多媒体、自媒体等技术的不断应用，为了更好地在产业市场中抢占份额，应在注重内容为王的基础上强调营销致胜。江苏应积极采用多种营销方法，线上利用新媒体中各类载体策划营销活动，建立文化创意网站、设置微信公众号、利用微博以及网站广告投放；线下采用报纸、宣传海报、图书等纸质媒介进行宣传营销，同时举办各类大型活动，如文化节、旅游节、美食节等主题活动，让更多人参与进来，促进文化消费，取得营销效果。并进一步拓展多元化营销渠道，扩大消费需求，完善产业市场体系，形成良性竞争，有利于促进产业提质增效，实现竞争力的提升。

本章小结

本章聚焦研究江苏文化创意产业的竞争力，旨在为文化产业“新产业、新业态”进一步探寻提高产业竞争力、增强产业高质量发展动力提供参考借鉴。

本章在梳理相关研究基础上，首先，明晰了文化创意产业的范围和文化创意产业竞争力内涵；其次，构建了文化创意产业竞争力水平评价指标体系和效率分析指标体系；再次，运用 PP-DEA 模型进行了产业竞争力外在水平和内在效率的实证研究，明确了江苏省在研究期内竞争力水平和效率的状况；最后，针对分析结果和江苏省实际情况提出了提升竞争力的措施建议。

研究所得为：

(1)文化创意产业可定义为以文化资源为基础，以创意为核心，以科技为支撑，以市场为导向，以产品与服务为载体，综合设计、研发、制造、销售、传播和使用等要素，形成文化创意与相关产业融合发展的文化产业新型业态。文化创意产业可分为 10 个大类，包括传媒业、广播电影业、文化信息传输服务业、设计服务业、数字内容与动漫游戏业、文化旅游业、文化艺术服务业、文化会展业、文化用品及设备的生产以及文化用品及设备的销售。

(2)可从“基础竞争力”“显性竞争力”“潜在竞争力”三个子系统构建“文化创意产业竞争力评价指标体系”，本章构建了由以上三个子系统、8 个准则层、27 个具体指标组成的评价指标体系。

(3)江苏省文化创意产业竞争力水平在研究期内上升明显；在东部 11 省市中名列前茅、水平较高；但从内部子系统及准则层分析依然存在需要进一步加强和提升之处。

(4)江苏省文化创意产业竞争力效率在研究期内存在规模效率较明显的不足，呈现出下降趋势；在东部 11 省市中江苏省文化创意产业综合效率处在落后状态，排名第 8，低于平均水准，原因主要在于规模效率不高，同时规模报酬处于递减状态。

(5)综合江苏省文化创意产业竞争力水平与效率后发现：江苏省文化创意产业竞争力水平与效率综合评价在东部 11 省市中位居第 2 位；处于“高产业竞争力水平，低产业竞争力效率”区域、综合效率与北京等地区相比有待提高。

本章附录

附录 15-1　2012 年数据标准化处理

	北京	天津	河北	辽宁	山东	上海	江苏	浙江	福建	广东	海南
D11	0.93	0.82	0.00	0.44	0.13	1.00	0.38	0.39	0.30	0.48	0.11
D12	1.00	0.66	0.00	0.22	0.05	0.41	0.21	0.06	0.07	0.01	0.04
D13	0.17	0.07	0.42	0.29	0.56	0.20	0.57	0.45	0.30	1.00	0.00
D14	1.00	1.00	0.84	0.71	0.56	1.00	0.98	0.91	0.69	0.87	0.00
D21	0.14	0.00	0.49	0.07	0.25	0.26	0.75	1.00	0.76	0.34	0.02

(续表)

	北京	天津	河北	辽宁	山东	上海	江苏	浙江	福建	广东	海南
D22	0.27	0.28	0.00	0.19	0.06	1.00	0.20	0.26	0.18	0.13	0.27
D23	0.05	0.05	0.27	0.16	0.68	0.26	1.00	0.55	0.30	0.56	0.00
D24	0.73	0.06	0.14	0.29	0.55	0.59	0.94	0.88	0.29	1.00	0.00
D31	0.28	0.03	0.07	0.08	0.28	0.24	0.51	0.31	0.17	1.00	0.00
D32	1.00	0.46	0.15	0.00	0.39	0.43	0.29	0.31	0.36	0.33	0.18
D33	0.11	0.17	0.45	0.34	1.00	0.06	0.70	0.32	0.27	0.41	0.00
D41	0.40	0.43	0.11	0.19	0.52	1.00	0.28	0.19	0.00	0.08	0.07
D42	0.28	1.00	0.36	0.01	0.38	0.12	0.10	0.13	0.17	0.00	0.39
D43	0.93	0.01	0.00	0.01	0.05	1.00	0.15	0.29	0.08	0.43	0.01
D51	0.68	0.06	0.07	0.24	0.20	0.53	0.63	0.56	0.17	1.00	0.00
D52	0.46	0.18	0.17	0.51	0.59	0.47	0.87	0.63	0.22	1.00	0.00
D53	1.00	0.07	0.00	0.05	0.09	0.24	0.24	0.13	0.06	0.25	0.00
D61	1.00	0.09	0.00	0.12	0.21	0.12	0.29	0.34	0.13	0.17	0.31
D62	0.41	0.13	0.18	0.32	0.18	0.28	0.75	0.25	0.35	1.00	0.00
D63	0.23	0.32	0.85	0.07	1.00	0.00	0.55	0.83	0.90	0.72	0.28
D64	0.77	0.29	0.00	0.32	0.09	1.00	0.22	0.55	0.49	0.49	0.21
D71	1.00	0.34	0.00	0.17	0.14	1.00	0.71	0.46	0.36	0.66	0.01
D72	1.00	0.29	0.00	0.27	0.07	0.81	0.95	0.29	0.39	0.82	0.02
D73	0.10	0.08	0.05	0.10	0.22	0.36	0.57	0.39	0.17	1.00	0.00
D81	0.18	0.07	0.05	0.07	0.28	0.19	1.00	0.70	0.11	0.57	0.00
D82	0.07	0.08	0.03	0.10	0.84	0.17	0.90	0.48	0.19	1.00	0.00
D83	1.00	0.02	0.00	0.02	0.03	0.11	0.12	0.11	0.00	0.01	0.00

附录 15-2　2013 年数据标准化处理

	北京	天津	河北	辽宁	山东	上海	江苏	浙江	福建	广东	海南
D11	0.92	0.82	0.00	0.44	0.14	1.00	0.39	0.38	0.30	0.47	0.11
D12	1.00	0.67	0.00	0.24	0.06	0.39	0.21	0.08	0.10	0.03	0.04
D13	0.17	0.07	0.45	0.31	0.60	0.19	0.56	0.44	0.30	1.00	0.00
D14	1.00	1.00	0.84	0.71	0.60	1.00	0.98	0.91	0.69	0.98	0.00
D21	0.11	0.00	0.49	0.08	0.34	0.20	0.52	1.00	0.75	0.26	0.02
D22	0.26	0.27	0.00	0.18	0.07	1.00	0.17	0.25	0.14	0.11	0.06
D23	0.04	0.05	0.38	0.15	0.70	0.26	1.00	0.60	0.32	0.57	0.00
D24	0.93	0.16	0.25	0.23	0.55	0.35	0.91	0.82	0.30	1.00	0.00
D31	0.22	0.05	0.04	0.09	0.28	0.18	0.54	0.27	0.19	1.00	0.00
D32	1.00	0.51	0.09	0.00	0.12	0.40	0.21	0.26	0.30	0.24	0.08
D33	0.09	0.12	0.58	0.36	1.00	0.05	0.81	0.35	0.31	0.42	0.00
D41	0.50	0.84	0.45	0.05	0.41	1.00	0.18	0.22	0.00	0.05	0.13
D42	0.45	0.95	1.00	0.03	0.22	0.25	0.11	0.22	0.17	0.00	0.37
D43	0.66	0.16	0.00	0.01	0.06	1.00	0.16	0.30	0.09	0.32	0.05
D51	0.61	0.06	0.09	0.24	0.21	0.50	0.66	0.58	0.20	1.00	0.00
D52	0.45	0.20	0.20	0.54	0.58	0.44	0.86	0.65	0.24	1.00	0.00
D53	1.00	0.10	0.00	0.05	0.12	0.25	0.27	0.17	0.07	0.22	0.00
D61	1.00	0.05	0.00	0.09	0.13	0.16	0.28	0.29	0.12	0.01	0.25
D62	0.46	0.12	0.25	0.27	0.22	0.24	1.00	0.31	0.31	0.77	0.00
D63	0.43	0.65	0.76	0.00	1.00	0.26	0.69	0.89	0.73	0.98	0.54
D64	0.85	0.28	0.00	0.25	0.03	1.00	0.17	0.61	0.54	0.49	0.18
D71	1.00	0.20	0.02	0.17	0.05	0.78	0.53	0.34	0.20	0.34	0.00
D72	1.00	0.15	0.12	0.24	0.09	0.63	0.83	0.28	0.23	0.47	0.00
D73	0.09	0.07	0.04	0.10	0.21	0.32	0.51	0.39	0.16	1.00	0.00
D81	0.26	0.10	0.07	0.09	0.32	0.20	1.00	0.84	0.15	0.71	0.00
D82	0.03	0.15	0.02	0.05	0.74	0.16	0.66	0.37	0.17	1.00	0.00
D83	1.00	0.03	0.01	0.03	0.03	0.16	0.20	0.05	0.00	0.01	0.01

附录 15-3 2014 年数据标准化处理

	北京	天津	河北	辽宁	山东	上海	江苏	浙江	福建	广东	海南
D11	0.92	0.82	0.00	0.44	0.14	1.00	0.39	0.39	0.31	0.46	0.11
D12	1.00	0.66	0.00	0.25	0.10	0.38	0.23	0.09	0.12	0.08	0.07
D13	0.17	0.07	0.46	0.31	0.61	0.19	0.56	0.44	0.30	1.00	0.00
D14	1.00	1.00	0.84	0.78	0.67	1.00	0.98	0.93	0.71	0.98	0.00
D21	0.09	0.01	0.39	0.03	0.90	0.11	0.31	1.00	0.57	0.22	0.00
D22	0.27	0.28	0.00	0.19	0.06	1.00	0.18	0.27	0.15	0.15	0.06
D23	0.05	0.11	0.34	0.14	0.68	0.26	1.00	0.58	0.31	0.56	0.00
D24	0.88	0.18	0.27	0.24	0.63	0.37	0.88	0.86	0.31	1.00	0.00
D31	0.25	0.08	0.07	0.08	0.31	0.19	0.59	0.28	0.20	1.00	0.00
D32	1.00	0.17	0.10	0.02	0.09	0.31	0.19	0.26	0.11	0.24	0.00
D33	0.03	0.12	0.54	0.35	1.00	0.04	0.92	0.38	0.28	0.44	0.00
D41	0.58	0.47	0.05	0.00	0.43	1.00	0.16	0.20	0.00	0.04	0.13
D42	0.61	1.00	0.82	0.07	0.28	0.31	0.14	0.34	0.09	0.00	0.41
D43	1.00	0.17	0.00	0.00	0.06	0.79	0.11	0.26	0.07	0.26	0.03
D51	0.53	0.06	0.10	0.22	0.21	0.46	0.66	0.55	0.19	1.00	0.00
D52	0.43	0.21	0.24	0.55	0.65	0.33	0.97	0.66	0.25	1.00	0.00
D53	1.00	0.11	0.00	0.05	0.14	0.24	0.22	0.16	0.08	0.36	0.00
D61	1.00	0.00	0.06	0.08	0.06	0.05	0.30	0.30	0.14	0.09	0.24
D62	0.32	0.21	0.22	0.39	0.29	0.17	1.00	0.38	0.24	0.84	0.00
D63	0.53	0.71	0.79	0.00	1.00	0.26	0.69	0.96	0.86	0.93	0.65
D64	0.96	0.27	0.00	0.18	0.03	1.00	0.24	0.57	0.56	0.39	0.24
D71	1.00	0.28	0.07	0.25	0.13	0.87	0.51	0.34	0.21	0.39	0.00
D72	1.00	0.32	0.26	0.46	0.29	0.76	0.81	0.30	0.28	0.57	0.00
D73	0.09	0.08	0.05	0.08	0.22	0.32	0.53	0.42	0.17	1.00	0.00
D81	0.37	0.12	0.09	0.09	0.36	0.25	1.00	0.94	0.18	0.90	0.00
D82	0.03	0.25	0.04	0.07	0.83	0.18	0.89	0.43	0.22	1.00	0.00
D83	1.00	0.06	0.01	0.02	0.04	0.15	0.18	0.05	0.00	0.02	0.02

附录 15-4　2015 年数据标准化处理

	北京	天津	河北	辽宁	山东	上海	江苏	浙江	福建	广东	海南
D11	0.93	0.83	0.00	0.42	0.15	1.00	0.40	0.38	0.30	0.46	0.10
D12	1.00	0.66	0.00	0.24	0.12	0.39	0.25	0.09	0.12	0.10	0.05
D13	0.16	0.07	0.45	0.31	0.59	0.18	0.54	0.43	0.30	1.00	0.00
D14	1.00	1.00	0.84	0.79	0.68	1.00	1.00	0.93	0.77	0.98	0.00
D21	0.10	0.05	0.36	0.08	0.60	0.10	0.37	1.00	0.37	0.16	0.00
D22	0.29	0.28	0.00	0.19	0.06	1.00	0.20	0.29	0.15	0.12	0.06
D23	0.06	0.11	0.33	0.13	0.65	0.23	1.00	0.58	0.29	0.53	0.00
D24	0.85	0.15	0.25	0.25	0.57	0.32	0.99	0.92	0.38	1.00	0.00
D31	0.26	0.08	0.08	0.07	0.36	0.22	0.66	0.31	0.22	1.00	0.00
D32	1.00	0.17	0.09	0.09	0.09	0.88	0.19	0.27	0.11	0.19	0.00
D33	0.07	0.15	0.67	0.25	1.00	0.01	0.94	0.48	0.35	0.47	0.00
D41	0.67	0.53	0.11	0.00	0.47	1.00	0.31	0.34	0.11	0.11	0.19
D42	0.74	0.46	0.89	1.00	0.30	0.91	0.16	0.39	0.09	0.00	0.55
D43	0.43	0.10	0.00	0.00	0.05	1.00	0.08	0.17	0.04	0.18	0.03
D51	0.48	0.06	0.12	0.22	0.23	0.44	0.65	0.53	0.19	1.00	0.00
D52	0.41	0.23	0.29	0.54	0.66	0.30	0.87	0.67	0.26	1.00	0.00
D53	1.00	0.12	0.00	0.04	0.20	0.27	0.28	0.20	0.09	0.46	0.00
D61	1.00	0.05	0.03	0.26	0.08	0.13	0.28	0.55	0.34	0.00	0.31
D62	0.27	0.10	0.12	0.21	0.35	0.08	1.00	0.34	0.31	0.68	0.00
D63	0.31	0.41	0.75	0.15	1.00	0.00	0.70	0.82	0.81	0.43	0.53
D64	0.96	0.55	0.00	0.15	0.07	1.00	0.27	0.51	0.44	0.59	0.20
D71	1.00	0.29	0.14	0.24	0.18	0.86	0.48	0.37	0.25	0.41	0.00
D72	1.00	0.35	0.43	0.45	0.39	0.80	0.75	0.40	0.36	0.59	0.00
D73	0.08	0.07	0.05	0.07	0.22	0.30	0.52	0.43	0.17	1.00	0.00
D81	0.37	0.14	0.11	0.09	0.39	0.24	1.00	0.94	0.24	0.96	0.00
D82	0.03	0.23	0.04	0.07	0.95	0.16	1.00	0.47	0.28	0.96	0.00
D83	1.00	0.03	0.01	0.01	0.04	0.14	0.11	0.05	0.00	0.04	0.00

附录 15-5　2012 年东部 11 省市文化创意产业竞争力 DEA 效率值

地区	综合效率	纯技术效率	规模效率	规模特征
北京	1	1	1	—
天津	1	1	1	—
河北	0.864	0.867	0.996	irs
辽宁	0.539	0.595	0.906	drs
山东	0.461	0.603	0.763	drs
上海	1	1	1	—
江苏	0.878	1	0.878	drs
浙江	1	1	1	—
福建	0.385	0.389	0.992	irs
广东	0.648	0.648	1	—
海南	1	1	1	—

附录 15-6　2013 年东部 11 省市文化创意产业竞争力 DEA 效率值

地区	综合效率	纯技术效率	规模效率	规模特征
北京	1	1	1	—
天津	0.94	1	0.94	drs
河北	1	1	1	—
辽宁	0.569	0.592	0.961	irs
山东	0.391	0.395	0.99	drs
上海	1	1	1	—
江苏	0.647	1	0.647	drs
浙江	1	1	1	—
福建	0.347	0.355	0.98	irs
广东	0.715	0.718	0.996	irs
海南	1	1	1	—

附录 15-7　2014 年东部 11 省市文化创意产业竞争力 DEA 效率值

地区	综合效率	纯技术效率	规模效率	规模特征
北京	1	1	1	—
天津	0.713	0.993	0.718	drs
河北	0.667	0.682	0.978	irs
辽宁	0.493	0.505	0.975	irs
山东	0.377	0.478	0.788	drs
上海	1	1	1	—
江苏	0.516	1	0.516	drs
浙江	1	1	1	—
福建	0.351	0.365	0.962	irs
广东	0.538	0.82	0.656	drs
海南	1	1	1	—

结论与展望

研究结论

1. 文化产业质量有规模质量、效益质量、营运质量、增长质量四大固有质量属性。

2. 2005—2012 年期间，江苏省文化产业总体处于成长期，有一定实力，但获利能力尚需提高。江苏文化产业内部九大产业处于不同的质量区间，内部结构不断优化，产业整体质量不断提升。这一时期质量变革的路径特点为：瘦狗产业不断减少、问号产业加速生成、明星产业努力定型、现金牛产业大类稳步增多。

3. 2013—2015 年期间，江苏文化产业质量变革的路径特点为：(1)通过培育和助推，新兴产业迅速崛起；(2)通过挖掘和深耕，传统产业提档升级；(3)从单体增长向产业集群聚合演进。通过质量变革，江苏文化产业传统产业提档升级、新兴产业迅速崛起，上下游产业捏指成拳、产业集群成效初现，已初步聚合形成的多业态深度融合、产业有机集聚的“影视文化”“出版发行文化”“工艺美术文化”三大产业集群。

4. 2013—2015 年期间，江苏文化产业效率提升的主要影响因素为：(1)显著影响江苏文化产业技术效率的因素为产业质量、从业人员投入、固定资产原价、管理费用、政府补助收入。其中，产业质量、从业人员投入、固定资产原价、管理费用产生正向影响，政府补助收入对文化产业技术效率有显著的负面影响。相较于固定资产原价，从业人员投入的影响更大。(2)影响江苏文化制造业技术效率的主要原因为规模效率。(3)影响江苏文化制造业全要素生产率的因素为：在江苏文化制造业“由小变大”的过程中，产业规模扩张为全要素生产率提升的主要原因，而在“从好到优”的过程中，技术进步则推动着江苏文化制造业全要素生产率提升。

5. 2014—2015 年期间江苏文化产业最佳发展着力点为：(1)产业大类的增

长点在广播电视电影服务、文化信息传输服务、文化创意和设计服务、工艺美术品的生产、文化产品生产的辅助生产、文化用品生产、文化专用设备的生产 7 个大类行业中。(2)为进一步激发江苏国有文化企业发展动力，需通过“出台评价考核细则”“进一步推动企业完善内部运行机制”“鼓励资源整合、推进以资本为纽带的企业联合或重组”“一企一策、分类指导”等措施，推动国有文化企业进一步落实 2015 年中办、国办印发的《关于推动国有文化企业把社会效益放在首位、实现社会效益和经济效益相统一的指导意见。(3)江苏省文化创意产业的最佳发展着力点为进一步提升规模效率。

研究展望

1. 在高质量发展中，质量、效率、动力相互联系、相互作用，共同起效。本书沿着江苏文化产业高质量发展之路，分三篇分别研究了江苏文化产业高质量发展的质量变革路径、效率提升影响因素、发展最佳着力点，得出的结论相互印证，为探索产业高质量发展内在规律性提供了参考借鉴。但如能在进一步探索质量、效率、动力推动江苏文化产业高质量发展的综合作用机制，则可在认识单个因素作用机制的基础上，更系统地认识文化产业高质量发展的内在规律性。

2. 本书研究了 2005—2015 年期间江苏文化产业的形成期、成长期的高质量发展特征。“十三五”期间，我国文化产业迎来了发展黄金期，如能进一步讨论发展黄金期中江苏文化产业的高质量发展特点，并将之与目前的研究成果整合，形成更长时距的研究，必然能更准确地梳理出文化产业高质量发展的内在规律性。

参考文献

[1] [英]爱德华·泰勒. 原始文化[M]. 桂林:广西师范大学出版社,2005.

[2] 鲍枫. 中国文化创意产业集群发展研究[D]. 吉林:吉林大学,2013.

[3] 徐丹丹,孟潇,卫倩倩. 文化创意产业发展的文献综述[J]. 云南财经大学学报,2011,(2):105-111.

[4] 韩岳. "金字塔模型"下的纪录片产业化探析——以《舌尖上的中国》为例[J]. 现代视听,2015(6):9-13.

[5] 王新武. 宜昌市文化产业项目发展战略研究[D]. 宜昌:三峡大学,2016.

[6] 胡惠林. 文化产业发展与国家文化安全——全球化背景下中国文化产业发展问题思考[J]. 上海社会科学院学术季刊,2000(2):114-122.

[7] Scott A J. Cultural-products Industries and Urban Economic Devel-opment: Prospectsfoe Growth and Market Contestation in Global Context [J]. Urban Affairs Review,2004,39(4):461-490.

[8] MI Nadiri. Innovations and Technological Spillovers[R]. Working Paper NO. 4423,Cambridge,MA:National Bureau of Economic Research,1993:183-249.

[9] Yusuf S,Nabeshima K. Creative Industries in East Asia[J]. Cities,2005. 22. 2.

[10] Oakley K. Include Us Out:Economic Development and Social Policy in the Creative Industries [J]. Cultural Trends,2006,15(4):255-273.

[11] Greg R,Julie W. Developing creativity in tourist experiences:A solution to the serial reproduction of culture? [J]. Tourism Management,2006,(27):1209-1223.

[12] John Fiske. Investments: analysis and management[M]. Beijing. China Machine Press,2007.

[13] Lash S,Lury C. Global Culture Industry:the Mediation of Things. Cam-

bridge:Polity Press,2007.

[14] 王晔君. 基于 DEA-Tobit 分析法的上海文化产业效率及影响因素研究[D]. 上海:东华大学,2015.

[15] Stefan Seidel. Toward a theory of managing creativity-intensive processes:a creative industries study[J]. Information Systems and e-Business Management,2011,9 (4):407-446.

[16] Irma Booyens. Creative Industries, Inequality and Social Development: Developments, Impacts and Challenges in Cape Town [J]. Urban Forum, 2012,23 (1):43-60.

[17] Christian Barrère. Heritage as a basis for creativity in creative industries: the case of taste industries[J]. Mind & Society,2013.

[18] EH Hobikoglu, M Cetinkaya. In Innovative Entertainment Economy Framework, Economic Impacts of Culture Industries: Turkey and Hollywood Samples[J]. Procedia-Social and Behavioral Sciences,2015,195:1435-1442.

[19] FZ Fahmi, S Koster, JV Dijk. The location of creative industries in a developing country: The case of Indonesia[J]. Cities,2016,59:66-79.

[20] JA Porfirio, T Carrilho, LS Monico. Entrepreneurship in different contexts in cultural and creative industries [J]. Journal of Business Research,2016,69(11):5117-5123.

[21] L Townsend, C Wallace, G Fairhurst, et al. Broadband and the creative industries in rural Scotland[J]. Journal of Rural Studies,2016.

[22] 孟育耀,殷俊. 重庆文化产业发展路径分析[J]. 重庆工商大学学报(社会科学版),2013,30(4):78-82.

[23] 金雯,陈舒. 新常态背景下江苏文化产业融合发展的实践演进与路径优化[J]. 江苏社会科学,2016(6):262-266.

[24] 胡宗哲. 新疆克拉玛依文化供给侧结构改革的路径选择[J]. 实事求是,2016(6):100-103.

[25] 戴钰. 湖南省文化产业集聚及其影响因素研究[J]. 经济地理,2013,33(4):114-119.

[26] 曹清峰,王家庭,杨庭. 文化产业集聚对区域经济增长影响的空间计量分析

[J]. 西安交通大学学报社会科学版,2014,34(5):51-57.
[27] 薛东前,张志杰,郭晶,等. 西安市文化产业集聚特征及机制分析[J]. 经济地理,2015,35(5):92-97.
[28] 严霜天. 基于灰色理论的我国文化创意产业政策评价研究[D]. 上海:东华大学,2013.
[29] 刘元发. 促进我国文化产业发展的财税政策研究[D]. 北京:财政部财政科学研究所,2014.
[30] 祁述裕. 我国文化产业政策之展望[N]. 中国财经报,2016-10-27(007).
[31] 孟东方. 经济新常态背景下文化产业竞争力的评估研究——兼论提升文化产业竞争力的路径[J]. 探索,2015(4):158-161.
[32] 杨晓琳. 基于因子分析法的地区文化产业竞争力实证研究[J]. 商业经济研究,2016(3):193-196.
[33] 王波,吴子玉. 城市文化产业竞争力综合评价方法研究——基于范数灰关联度确定权重的江苏样本分析[J]. 经济问题,2016(4):79-83.
[34] 翁旭青. 文化创意产业竞争力实证研究——基于杭州与其他城市的比较[J]. 商业经济,2016(8):100-102.
[35] 黄娅娜,邓洲. 新时代经济高质量发展的内涵、现状、问题和对策[J]. 中国井冈山干部学院学报,2019,12(05):23-30.
[36] 郭春丽,易信,何明洋. 推动高质量发展面临的难题及破解之策[J]. 宏观经济管理,2019(01):7-14.
[37] 李娟,王琴梅. 我国经济高质量发展的科学内涵、理论基础和现实选择[J].《资本论》研究,2019,15(00):145-156.
[38] 王永昌,尹江燕. 论经济高质量发展的基本内涵及趋向[J]. 浙江学刊,2019(01):91-95.
[39] 朱启贵. 建立推动高质量发展的指标体系[N]. 文汇报,2018-02-06(012).
[40] 邹颖. 重庆市高质量发展评价指标体系构建及应用研究[D]. 重庆工商大学,2020.
[41] 李梦欣,任保平. 新时代中国高质量发展指数的构建、测度及综合评价[J]. 中国经济报告,2019(05):49-57.
[42] 郭淑芬,裴耀琳,任建辉. 基于三维变革的资源型地区高质量发展评价体系

研究[J]. 统计与信息论坛,2019,34(10):27-35.
[43] 宋潞平. 高质量发展指标体系构建、测算与对比研究[J]. 无锡职业技术学院学报,2019,18(01):53-55+59.
[44] 张鸿,刘中,王舒萱. 数字经济背景下我国经济高质量发展路径探析[J]. 商业经济研究,2019(23):183-186.
[45] 任保平. 数字经济引领高质量发展的逻辑、机制与路径[J]. 西安财经学院学报,2020,33(02):5-9.
[46] 韩晶,孙雅雯,陈曦. 后疫情时代中国数字经济发展的路径解析[J]. 经济社会体制比较,2020(05):16-24.
[47] 王竹君,任保平. 中国高质量发展中效率变革的制约因素与路径分析[J]. 财经问题研究,2019(06):25-32.
[48] 刘世锦. 推动经济发展质量变革、效率变革、动力变革[EB/OL]. (2017-11-16)[2019-12-15]. http://www.71.cn/2017/1116/973925.shtml.
[49] 张鹏. 以"质量变革、效率变革、动力变革"推进我国经济高质量发展[EB/OL]. (2018-01-02)[2020-2-16]. https://www.sohu.com/a/214209306_99979716.
[50] 付文飙,王禾. 如何认识和推动质量变革[J]. 中国发展观察,2018(06):35-38.
[51] 史丹,赵剑波,邓洲. 推动高质量发展的变革机制与政策措施[J]. 财经问题研究,2018(09):19-27.
[52] 陈锡稳. 我国制造业质量变革战略研究[J]. 宏观质量研究,2020,8(01):124-128.
[53] 迟福林. 转向高质量发展,要突出强调动力变革[J]. 环境经济,2018(05):38-41.
[54] 王雄飞,李香菊. 高质量发展动力变革与财税体制改革的深化[J]. 改革,2018(06):80-88.
[55] 茹少峰,魏博阳,刘家旗. 以效率变革为核心的我国经济高质量发展的实现路径[J]. 陕西师范大学学报(哲学社会科学版),2018,47(03):114-125.
[56] 李禹墨. 新时代我国高质量发展的效率变革研究[D]. 西安:西北大学,2019.

[57] 马成文,张钰铃.效率变革促进安徽经济高质量发展效应及制约因素分析[J].经济研究导刊,2020(33):31-33+40.

[58]王竹君,任保平.中国高质量发展中效率变革的制约因素与路径分析[J].财经问题研究,2019(06):25-32.

[59] 耿彦斌.交通运输高质量发展的内涵要义与实施重点[J].交通运输部管理干部学院学报,2019,29(04):24-27.

[60] 汪鸣.中国轨道交通未来发展趋势[J].现代城市轨道交通,2019(07):1-4.

[61] 高俊.关于民航高质量发展的几个问题[J].空运商务,2020(07):8-15+1.

[62] 王廷国.新时代出版业高质量发展:困境与突围[J].濮阳职业技术学院学报,2020,33(04):102-107.

[63] 段小虎,杨照.咸阳烟叶高质量发展的路径与措施[J].吉林农业,2019(20):82.

[64] 李庆奎.统筹推进电力发展质量、效率和动力变革[J].当代电力文化,2018(07):10-11.

[65] 王戬勋,沈克印.群众体育赛事高质量发展的变革机制与推进策略[J].体育成人教育学刊,2020,36(04):52-56.

[66] 宋东东,李夏,成建国.智慧化驱动的水利高质量发展思考[J].中国水利,2020(09):61-64.

[67] 程子潇.国有施工企业高质量发展评价指标体系研究[J].企业改革与管理,2020(02):222-224.

[68] 赵恒鑫,李磊,张书娴,陈浩民.昆山金融业高质量发展评价指标体系构建[J].产业与科技论坛,2020,19(04):103-104.

[69] 王晨曦,满江虹.中国体育产业高质量发展评价指标体系的构建:基于动力变革、效率变革、质量变革[J].首都体育学院学报,2020,32(03):241-250.

[70] 丁仕潮,胡方晨,魏引娣.文化产业高质量发展的评价体系构建与实证研究[J].安庆师范大学学报(社会科学版),2020,39(06):60-67.

[71] Kenett R S,Evandt. Interview with Dr J. M. Juran on the occasion of the International Quality Conference in Jerusalem on 8 November 1994[J]. Quality & Reliability Engineering International,2007,23(6):651-652.

[72] Johnson K. Philip B. Crosby's Mark on Quality[J]. Quality Progress,2001.

[73] Martinez G S. Peter F. Drucker(1909—2005)[J]. Libros De Economía Y Empresa,2006:62-64.

[74] 薛智亮. 全面质量控制之父——费根堡姆[J]. 现代班组,2010(1):21-21.

[75] 陈国华,贝金兰. 质量管理[M]. 北京:北京大学出版社,2014.

[76] 吴建伟,祝宝一,祝天敏. ISO9000:2000 认证通用教程[M]. 北京:机械工业出版社,2004.

[77] 中华人民共和国国际质量监督检验检疫总局,中国国家标准化管理委员会. GB/Z19579—2012 卓越绩效评价准则实施指南[S/OL].(2012-3-9)[2019-12-15]. http://www.sac.gov.cn/gzfw/ggcx/gjbzgg/201202/.

[78] H Flam,E Helpman. Vertical Product Differentiation and North-South Trade[J]. American Economic Review,1987(77):810-822.

[79] ST Berry. Estimating Discrete-Choice Models of Product Differentiation [J]. The RADN Journal of Economics,1994(25):242-262.

[80] RC Feenstra. New Product Varieties and the Measurement of International Prices[J]. American Economic Review,1994,84(1):157-177.

[81] R Kaplinsky,M Morris. Do the Asian Drivers Undermine Export-oriented Industrialization in SSA[J]. World Development,2008(36):254-273.

[82] Fontana R,Nesta L. Product Innovation and Survival in a High-Tech Industry[J]. Review of Industrial Organization,2009,34(4):287-306.

[83] P Lai. External Demand Decline-caused Industry Collapse in China[J]. China & World Economy,2010,18(1):47-62.

[84] K Bjorvatn,ND Coniglio. Big push or big failure:On the effectiveness of industrialization policies for economic development[J]. Journal of The Japanese and International Economies,2012,26(1):129-141.

[85] E Alvarez,PJ Moya-Fernandez,FJ Blanco-Encomienda,et al. Methodological insights for industrial quality control management:The impact of various estimators of the standard deviation on the process capability index [J]. Journal of King Saud University- Science,2015,27(3):271-277.

[86] 束怀瑞. 提高果树产业发展质量科学有序解决存在问题[J]. 中国果菜,2004(1):5-6.

[87] 陈秀琼,黄福才.中国旅游业发展质量的定量评价研究[J].旅游学刊,2006(9):59-63.
[88] 刘义成.高端产业发展质量评价指标体系构建[J].兰州学刊,2009(6):78-82.
[89] 刘伟丽,陈勇.中国制造业的产业质量阶梯研究[J].中国工业经济,2012(11):58-70.
[90] 何维达,张川,张凯.我国服务业产业内贸易水平与质量的实证研究[J].华东经济管理,2013(10):98-121.
[91] 宋海燕,李博斌,刘兴泉,等.绍兴黄酒产业规模与质量状况分析[J].中国酿造,2014(2):157-159.
[92] 叶光海.三潭枇杷栽培管理技术与产业质量提升对策[J].安徽林业科技,2016,42(5):47-49.
[93] Beck W, Maesen L, Walker A. The Social Quality of Europe[M]. The Hague, Netherlands: Kluwer Law International, 1997: 67-68.
[94] 剑文.质量安全是我国质监制度的灵魂——访武汉大学质量发展战略研究院院长程虹[J].中国质量万里行,2010(5):76-77.
[95] 卢新新.基于因子分析的河南省旅游产业发展质量研究[D].郑州:郑州大学,2014.
[96] Florida Richard. The Flight of Creative Class[M]. New York: Hrper Business, 2005.
[97] 祁述裕.中国文化产业国际竞争力报告[J].北京:社会科学文献出版社,2004.
[98] 花建.文化产业竞争力的内涵,结构和战略重点[J].北京大学学报,2005.
[99] 顾乃华,夏杰长.我国主要城市文化产业竞争力比较研究[J].商业经济与管理,2007,(12):52-68.
[100] 王颖.浙江省文化产业竞争力对比分析与思考[J].经济研究导刊,2008,(10):180-182.
[101] 李雪茹.区域文化产业竞争力评价分析:基于 VRIO 模型的修正[J].人文地理,2009(5):76-80.
[102] 王文锋.文化产业竞争力评价模型及指标体系研究述评[J].经济问题探

索,2014(1):72-76.

[103] 彭翊.中国省市文化产业发展指数研究[J].文化产业导刊,2011(2):33-38.

[104] 乐祥海.中部六省区域文化产业竞争力评价研究:2009—2011[J].系统工程,2013,31(3):52-58.

[105] 李扬.如何运用增值税促进文化产业的发展[J].法制博览(中旬刊),2013(3):317.

[106] 陈飞宇.河北省文化产业可持续发展评价研究[D].秦皇岛:燕山大学,2014.

[107] 肖黎.湖南省文化创意产业竞争力研究[D].成都:西南财经大学,2014.

[108] 徐子龙.湘西武陵山文化产业园发展战略研究[D].吉首:吉首大学,2014.

[109] 张红霞.湖北 15 个地级市文化产业竞争力评价[J].当代经济,2014(13):22-25.

[110] 张桂玲.基于 DEA 的文化产业投融资效率研究[J].会计之友,2016(21):80-83.

[111] 赵利.我国文化产业竞争力要素贡献度的测算[J].统计与决策,2016(2):94-97.

[112] 杨文.上海市文化产业园区发展现状分析——以第一批文化产业园区为例[J].法制与经济(下旬),2012(6):83-84.

[113] 刘璇,张向前.我国文化产业国际竞争力理论分析[J].经济问题探索,2013(1):103-109.

[114] 刘燮华,包文忠,张凌伟.常州市市级文化企业国有资产监管研究[J].行政事业资产与财务,2013(11):73-74.

[115] 张宝英.文化产业竞争力评价指标体系构建与实证分析——以华东六省一市为例[J].中国矿业大学学报(社会科学版),2014(2):137-144.

[116] 汪欢.湖北省文化产业竞争力评价分析[D].成都:西南财经大学,2014.

[117] 陈颇,詹新寰.中国体育产业上市公司与文化产业上市公司生存状态的比较研究[J].河北体育学院学报,2014,28(4):12-19.

[118] 于泽,朱学义.文化强省评估指标体系研究[J].统计与决策,2014(5):28-

30.
[119] 王双阳. 浅析文化产业园的绩效评估体系[J]. 企业改革与管理,2014(12):152-152.
[120] 何凡. 文化产业的研发投入能促进企业盈利能力的提高吗?[D]. 南昌:华东交通大学,2016.
[121] 庄锴,王虹. 我国区域文化产业竞争力评价与提升对策[J]. 山东社会科学,2012(8):154-157.
[122] 赵瑞峰,曾宁峰,刘华明,等. 基于ANP模型的区域文化产业竞争力评价实证研究[J]. 商业经济研究,2014(13):137-139.
[123] 尹潇. 文化企业成长性的影响因素研究[D]. 济南:山东大学,2016.
[124] 钞小静,任保平. 中国经济增长质量的时序变化与地区差异分析[J]. 经济研究,2011,46(04):26-40.
[125] 萨缪尔森,P. A. 经济学(下)[M]. 北京:中国发展出版社,1992.
[126] Farrell M J. The Measurement of Productive Efficiency[J]. Journal of the Royal Statistical Society,1957,120(3):253-290.
[127] 樊纲. 市场机制与经济效率[M]. 上海:上海人民出版社,1992.
[128] 何大昌. 公平与效率均衡理论研究[J]. 华东经济管理,2002,16(2):26-28.
[129] 卫兴华.《资本效率理论与产业增长》评介[J]. 经济学动态,2008(5):135-135.
[130] Leibenstein H. Allocative Efficiency vs. "X-Efficiency"[J]. American Economic Review,1966,56(3):392-415.
[131] Donald Vitaliano. Assessing Public Library E fficiency Using Data Envelopment Analysis[J]. Annals of Publicand Cooperative Economics,1998(15):107-122.
[132] CP Barros,A Matias. Assessing the efficiency of travel agencies with a stochastic cost frontier:a Portuguese case study[J]. International Journal of Tourism Research,2006,8(5):367-379.
[133] Koksal C ,Aksu A. An Efficiency Evaluation of a-group Travel Agencies with Data Envelopment Analysis:a Case Study in the Antalya Region,

Turkey[J] Tourism Management,2007(3):830-834.

[134] Last A,Wetzel H. Baumol's-Disease. Efficiency and Productivity in Performing Arts: An Analysis of GermanPublic Theaters[R]. Working Pape,2010.

[135] Hamed Taheri,Sina Ansari Measuring the relative efficiency of cultural-historical museums in Tehran:DEAapproach,2013(10) :431-438.

[136] AV Altoe,NDC Jr,ALM Lopes,et al. Technical efficiency and financial performance in the Brazilian distribution service operators [J]. Socio-Economic Planning Sciences,2017.

[137] 韩元军,夏少颜,周生辉.中国旅游业服务质量规制与产业效率提升[J].财贸经济,2011(10):127-134.

[138] 王志民.基于 DEA-Ml 模型的江苏沿江旅游区旅游效率评价研究[J].南京师大学报(自然科学版),2014(4):120-125.

[139] 吴静.政府补助能提升文化企业的投资效率吗?[J].财会通讯,2017(6):109-112.

[140] 申鹏鹏,周年兴,张允翔等.基于 DEA-Malmquist 指数二次分解模型的江苏省旅游产业效率时空演变及影响因素[J].长江流域资源与环境,2018(1).

[141] 杨芳.我国 31 个省市文创产业效率及影响机制研究[D].上海:上海社会科学院,2019.

[142] 余荣辉.长江经济带旅游产业效率评价及影响因素研究[D].重庆:重庆工商大学,2020.

[143] 徐文燕,张玉兰.基于 DEA 的文化产业投入与产出效率趋势实证研究——以江苏 2004—2010 年文化产业投入产出数据为例[J].南京财经大学学报,2013(5):51-55.

[144] 焦潇.湖北省文化产业效率研究[D].武汉:华中师范大学,2014.

[145] 唐辉.我国食品产业效率评价及影响因素分析[D].合肥:合肥工业大学,2014.

[146] 刘海英,谢建.政政府补贴、农户收入和城镇化对粮食生产效率的影响[J].江西师范大学学报(自然版),2016,40(1):22-26.

[147] 顾群.财政补贴对企业创新效率影响研究——基于创新投资异质性视角

[J]. 财会通讯,2016(36):41-44.

[148] 刁丽琳,张蓓,马亚男. 基于 SFA 模型的科技环境对区域技术效率的影响研究[J]. 科研管理,2011,32(04):143-151.

[149] 牛泽东,王文. 中国地区装备制造业的技术创新效率及影响因素分析[J]. 科技和产业,2016,16(06):76-82.

[150] 韩东林,袁茜,李春影. 我国中部地区文化制造业科技创新效率评价[J]. 科技进步与对策,2016,33(17):43-48.

[151] 张荣刚,刘鹏飞. 文化制造业效率与社会资本介入关系研究——基于 DEA-Tobit 模型的分析[J]. 西藏发展论坛,2016(5).

[152] Fried H O,Lovell C A K,Schmidt S S,et al. Accounting for Environmental Effects and Statistical Noise in Data Envelopment Analysis[J]. Journal of Productivity Analysis,2002,17(1-2):157-174.

[153] 陈巍巍,张雷,马铁虎,等. 关于三阶段 DEA 模型的几点研究[J]. 系统工程,2014(9):144-149.

[154] 罗登跃. 三阶段 DEA 模型管理无效率估计注记[J]. 统计研究,2012,29(4):104-107.

[155] 陈伟,刘强. 基于 DEA 方法的高端装备制造业企业经营绩效研究[J]. 工业技术经济,2017,36(3):56-63.

[156] 田泽,程飞. 我国东部沿海地区装备制造业生产效率研究——基于三阶段 DEA 模型[J]. 工业技术经济,2017,36(5):13-20.

[157] 韩东林,袁茜. 中国文化制造业 R&D 创新效率行业差异分析[J]. 南阳师范学院学报,2017,16(2):9-14.

[158] 郭淑芬,郭金花. 中国文化产业的行业效率比较及省域差异研究[J]. 中国科技论坛,2017(5):71-79.

[159] 张荣刚,刘鹏飞. 文化制造业效率与社会资本介入关系研究——基于 DEA-Tobit 模型的分析[J]. 西藏发展论坛,2016(5).

[160] 王晔君. 基于 DEA-Tobit 分析法的上海文化产业效率及影响因素研究[D]. 上海:东华大学,2015.

[161] 梁健娟. 中国饮料制造业效率研究——基于 13 个四位数行业的视角[D]. 武汉:华中农业大学,2014.

[162] 焦潇. 湖北省文化产业效率研究[D]. 武汉:华中师范大学,2014.
[163] 仇健勇. 我国省际制造业效率及影响因素分析[D]. 天津:天津财经大学,2013.
[164] 韩学周,马萱. 基于 DEA 模型的中国文化产业发展效率研究[J]. 云南财经大学学报,2012,28(3):146-153.
[165] 陈静,雷厉. 中国制造业的生产率增长、技术进步与技术效率——基于 DEA 的实证分析[J]. 当代经济科学,2010,32(4):83-89.
[166] 李春顶. 中国制造业行业生产率的变动及影响因素——基于 DEA 技术的 1998—2007 年行业面板数据分析[J]. 数量经济技术经济研究,2009(12):58-69.
[167] 王飒飒. 江苏省制造业生产率的实证研究[D]. 南京:南京农业大学,2009.
[168] Kang S M,Kim M H. Analysis of Technical Efficiency and Productivity Using Meta-frontier-Manufacturing Industries in Korea and China[J]. 2012.
[169] Kumar S. Decomposition of total factor productivity growth:A regional analysis of Indian industrial manufacturing growth[M]. 2006.
[170] Mahadevan R. A DEA Approach to Understanding the Productivity Growth of Malaysia's Manufacturing Industries[J]. Asia Pacific Journal of Management,2002,19(4):587-600.
[171] 李亚男. 基于 DEA 方法的文化产业效率及其影响因素研究[D]. 北京:北京外国语大学,2017.
[172] 付冰婵,付雪阳. 重庆市制造业 R&D 效率研究——基于三阶段 DEA 模型[J]. 湖北第二师范学院学报,2017,34(2):73-78.
[173] 曾远东. 基于三阶段 DEA-Malmquist 指数的云南省工业生产效率研究[D]. 昆明:云南财经大学,2017.
[174] 谢婷. 基于三阶段 DEA 模型的高新技术产业研发绩效分析[D]. 南京:南京工业大学,2016.
[175] 余诺,YU Nuo. 华东六省一市文化产业效率的实证研究——基于三阶段 DEA 模型[J]. 科技和产业,2016,16(6):47-50.

[176] 张慧. 长江经济带高技术产业全要素生产率研究[D]. 重庆:重庆理工大学,2016.

[177] 张锐. 基于DEA模型的我国各省市文化产业效率分析[D]. 厦门:厦门大学,2014.

[178] 王欣. 我国装备制造业全要素生产率测度[D]. 成都:西南财经大学,2010.

[179] 王家庭,张容. 基于三阶段DEA模型的中国31省市文化产业效率研究[J]. 中国软科学,2009(9):75-82.

[180] 晏玲菊. 出口与行业生产率——基于中国制造业行业的检验[J]. 兰州学刊,2009(4):66-69.

[181] 亚当·斯密等. 国富论:国民财富的性质和起因的研究[M]. 长沙:中南大学出版社,2003.

[182] Cho D S, Moon H C. From Adam Smith to Michael Porter: Evolution of Competitiveness Theory [J]. 2015, Volume 7: i.

[183] 陈圻,王汉友,陈国栋,等. 中国设计产业竞争优势研究——基于钻石模型的双结构方程检验 [J]. 预测,2016,35(3):19-25.

[184] 赵东成. 基于"ser-M模型"的竞争力研究[M]. 天津:南开大学出版社,2008.

[185] Scherer F M. Schumpeter and Plausible Capitalism [J]. Journal of Economic Literature, 1992, 30(3): 1416-1433.

[186] Riverabatiz L A, Romer P M. Economic Integration and Endogenous Growth [J]. Quarterly Journal of Economics, 1991, 106(2): 531-555.

[187] Htton W. Staying ahead: the economic performance of the UK's creative industries [J]. Work Foundation, 2007.

[188] Throsby D. The Production and Consumption of the Arts: A View of Cultural Economics [J]. Journal of Economic Literature, 1994, 32(1): 1-29.

[189] Howkins J. The Creative Economy: How People Make Money from Ideas [J]. 2007.

[190] Kate Oakley. Include Us Out-Economic Development and Social Policy in the Creative Industries [J]. Studies in Culture & Art, 2009, 15(4): 255-273.

[191] Ruth Towse.. Creativity, Copyright and the Creative Industries Paradigm [J]. Kyklos, 2010, 63(3): 461-478.

[192] 厉无畏,王慧敏.创意产业促进经济增长方式转变——机理·模式·路径[J].中国工业经济,2006(11):5-13.

[193] 姚东旭.文化创意产业的界定及其意义[J].商业时代,2007(8):95-96.

[194] 兰建平,傅正.创意产业、文化产业和文化创意产业[J].浙江经济,2008(4):40-41.

[195] 金元浦.文化创意产业的多种概念辨析[J].同济大学学报(社会科学版),2009,20(1):47-48.

[196] 朱自强,张树武.文化创意产业概念及形态辨析[J].东北师大学报(哲学社会科学版),2012(1):117-121.

[197] 范小舰.美国文化创意产业培育与启示[J].求索,2012(7):84-85.

[198] 吴庆阳.文化创意产业概念辨析[J].经济师,2010(8):57-58.

[199] 林颖.西方文化创意产业研究前沿述评[J].福建师范大学学报(哲学社会科学版),2014(4).

[200] 姜玲,王丽龄.文化创意产业集聚效益分析——以北京市文化创意产业发展为例[J].中国软科学,2016(4):176-183.

[201] 张振鹏,王玲.我国文化创意产业的定义及发展问题探讨[J].科技管理研究,2009(6):564-566.

[202] 竺照轩.浙江杭州文化创意产业的发展及策略研究[D].杭州:浙江工业大学,2010.

[203] 马骏.文化创意产业发展对经济增长影响研究[J].统计与决策,2014(20):149-152.

[204] 易华,玉胜贤.文化创意产业商业模式创新动力分析[J].现代管理科学,2016(2):90-92.

[205] 王慧敏等.文化创意产业研究[M].上海社会科学院出版社,2016.

[206] 林秀琴.台湾文化创意产业政策的发展[J].东岳论丛,2011,32(11):140-146.

[207] 乐正,王为理.深圳与香港文化创意产业发展报告(2010)[M].北京:社会科学文献出版社,2010.

[208] 黄建军.产业链纵向关系的演进分析[M].北京:经济管理出版社,2014.

[209] 贺亮，龚唯平. 文化创意产业研究文献综述[J]. 产经评论，2011(2)：15-22.
[210] Landry C. The Creativity City Index [J]. City Culture & Society，2011，2(3)：173-176.
[211] 陈颖，龚雪，高长春，等. 全球创意指数的比较与分析[J]. 软科学，2010，24(12).
[212] 王荣华. 2006 上海创意产业发展报告[M]. 上海：上海科学技术文献出版社，2006.
[213] 张小洁，徐燕，张勇顺，等. 北京文化创意指数研究[J]. 中国文化产业评论，2012(1)：291-306.
[214] 何娟. 文化创意产业竞争力评价体系研究[D]. 长春：吉林大学，2011.
[215] 张伟，谢宇鸿. 城市文化创意产业竞争力研究——广州与上海、深圳的比较[J]. 产经评论，2012，3(5)：62-72.
[216] 高秀艳，邵晨曦. 区域文化创意产业竞争力评价与对策分析——以辽宁省为例[J]. 企业经济，2013(1).
[217] 赵继新，郑强国，董艳辉. 基于德尔菲法的区域文化创意产业竞争力评价体系研究[J]. 经济研究导刊，2014(25)：53-56.
[218] 鲍枫，沈颂东. 文化创意产业竞争力评价与集聚水平的关系分析[J]. 当代传播，2013(1)：84-86.
[219] 邹艳春. 文化创意产业竞争力的三维结构研究[J]. 学术研究，2014(6)：85-89.
[220] 吴佳妮. 中国新型城镇化质量综合评价研究[D]. 浙江工商大学，2015.
[221] 张晓瑞，王振波. 基于 PP-DEA 模型的区域城镇化发展差异的综合评价[J]. 中国人口资源与环境，2012，22(2)：130-135.
[222] 王旭，李林，邓鸿星. 我国区域建筑业竞争力综合评价研究——基于 PP-DEA 模型[J]. 技术经济与管理研究，2013，8：23-28.
[223] 徐俐俐. 基于 PP-DEA 模型的河南省城镇化水平测度及空间差异分析[J]. 新疆农垦经济，2016，7.
[224] 王良健，韩向华，李辉等. 土地供应绩效评估及影响因素的实证研究[J]. 中国人口·资源与环境，2014，24(10)：121-128.
[225] Rugman A M，Verbeke A. Corporate strategies and environmental regu-

lations: an organizing framework [J]. Strategic Management Journal, 1998, 19(4): 363-375.
[226] Cho D S, Moon H C. From Adam Smith to Michael Porter [M]// From Adam Smith to Michael Porter: World Scientific Pub. 2001: 244.
[227]朱喆. 我国文化产业国际竞争力研究[D]. 镇江:江苏大学,2009.
[228]祁述裕. 中国文化产业国际竞争力报告[J]. 北京:社会科学文献出版社,2004.